28th International Conference on Computational Linguistics and Speech Processing (ROCLING 2016)

Tainan, Taiwan
6 – 7 October 2016

Editors:

Chung-Hsien Wu
Yuen-Hsien Tseng
Hung-Yu Kao

Lun-Wei Ku
Yu Tsao
Shih-Hung Wu

ISBN: 978-1-5108-3520-7

28th International Conference on Computational Linguistics and Speech Processing (ROCLING 2016)

Tainan, Taiwan
6 – 7 October 2016

The 28th

ROCLING 2016

Oct.6-7,2016,Tainan,Taiwan

The 28th international Conference on
Computational Linguistics and Speech Processing

Proceedings of the Twenty-Eight Conference

on Computational Linguistics and Speech

Processing ROCLING XXVIII (2016)

October 6-7, 2016

National Cheng Kung University,Tainan, Taiwan

Sponsored by:
Association for Computational Linguistics and Chinese Language
Processing
National Cheng Kung University

Co- Sponsored by:
Academic Sponsor
Institute of Information Science, Academia Sinica
Research Center for Information Technology Innovation,Academia Sinica

Industry Sponsors
ASUSTeK Computer Inc.
Cyberon Corporation
Chunghwa Telecom Laboratories
Delta
Appier
QNAP Systems, Inc.

Welcome Message of the ROCLING 2016

On behalf of the organization committee and program committee, it is our pleasure to welcome you to the National Cheng Kung University, Tainan, Taiwan, for the 28th Conference on Computational Linguistics and Speech Processing (ROCLING), the flagship conference on computational linguistics, natural language processing, and speech processing in Taiwan. ROCLING is the annual conference of the Computational Linguistics and Chinese Language Processing (ACLCLP) which is held in autumn in different cities and universities in Taiwan. This year, we have 15 oral papers and 19 poster papers, which cover the areas of spoken language processing and speech recognition, natural language processing, speech emotion recognition and information retrieval, and word semantics. We are grateful to the contribution of the reviewers for their extraordinary efforts and valuable comments.

ROCLING 2016 features three distinguished lectures from the renowned speakers in speech processing as well as natural language processing. Prof. Shrikanth (Shri) S. Narayanan (Professor at the Signal and Image Processing Institute of USC's Electrical Engineering department) will lecture on "Deriving Behavioral Informatics From Speech and Language" and Dr. Ming Zhou (Manager of Microsoft Research Asia Natural Language Computing Group) will speak on "Entertaining with Language Gaming Play-Computer Couplet, Poetry, Riddle and Lyric". Moreover, Prof. Huan Liu (Professor at Ira A. Fulton Schools of Engineering, Arizona State University) will give a talk about "On Evaluation Dilemmas in Social Media Research". This ROCLING also features one Industry Panel, two Doctoral Consortiums, which provide forums and show-and-tells for graduate students, industrial and academic researchers and developers.

Finally, we thank to the generous government, academic and industry sponsors and appreciate your enthusiastic participation and support. Best wishes a successful and fruitful ROCLING 2016 in Tainan.

Organizing Committee

Honorary Chairs

Huey-Jen Jenny Su, President, National Cheng Kung University

Conference Co-Chairs

Chung-Hsien Wu, National Cheng Kung University

Yuen-Hsien Tseng, National Taiwan Normal University

Hung-Yu Kao, National Cheng Kung University

Program Chairs

Lun-Wei Ku, Academia Sinica

Yu Tsao, Academia Sinica

Local Arrangement & Web Chair

Kun-Ta Chuang, National Cheng Kung University

Industry Track Chair

Jen-Wei Huang, National Cheng Kung University

Wen-Hsiang Lu, National Cheng Kung University

Doctoral Consortium Chair

Hung-Yi Lee, National Taiwan University

Richard T.-H. Tsai, National Central University

Publication Chair

Shih-Hung Wu, Chaoyang University of Technology

Keynote 1 –

Deriving Behavioral Informatics From Speech and Language

Prof. Shrikanth (Shri) S. Narayanan

Professor at the Signal and Image Processing
Institute of USC's Electrical Engineering department

Thursday, October 6 10:00 - 11:00

Location: Conference Venue

Biography

Prof. Shrikanth Narayanan received his M.S., Engineer, and Ph.D., all in electrical engineering, from UCLA. Currently, he is a Professor at the Signal and Image Processing Institute of USC's Electrical Engineering department and holds joint appointments as Professor in Computer Science, Linguistics, Psychology, Neuroscience and Pediatrics. He is also the inaugural director of the Ming Hsieh Institute at USC. He was a Research Area Director of the Integrated Media Systems Center, an NSF Engineering Research Center at USC, and was the Research Principal for the USC Pratt and Whitney Institute for Collaborative Engineering, a unique partnership between academia and industry (2003-2007). He is a Fellow of the Acoustical Society of America (ASA), the Institute of Electrical and Electronics Engineers (IEEE) and the American Association for the Advancement of Science (AAAS), and a member of Tau Beta Pi, Phi Kappa Phi and Eta Kappa Nu.

His research interests are in signals and systems modeling with an interdisciplinary emphasis on speech, audio, language, multimodal and biomedical problems and applications with direct societal relevance. His laboratory is supported by federal (NSF, NIH, DARPA, ONR, Army and DHS) and industry grants. He has published over 600 papers and has 17 granted U.S. patents.

Abstract

The confluence of sensing, communication and computing technologies is allowing capture and access to data, in diverse forms and modalities, in ways that were unimaginable even a few years ago. These include data that afford the analysis and interpretation of multimodal cues of verbal and non-verbal human behavior to facilitate human behavioral research and its translational applications. They carry crucial information about a person's intent, identity and trait but also underlying attitudes and emotions. Automatically capturing these cues, although vastly challenging, offers the promise of not just efficient data processing but in tools for discovery that enable hitherto unimagined scientific insights, and means for supporting diagnostics and interventions.

Recent computational approaches that have leveraged judicious use of both data and knowledge have yielded significant advances in this regards, for example in deriving rich, context-aware information from multimodal signal sources including human speech, language, and videos of behavior. These are even complemented and integrated with data about human brain and body physiology. This talk will focus on some of the advances and challenges in gathering such data and creating algorithms for machine processing of such cues. It will highlight some of our ongoing efforts in Behavioral Signal Processing (BSP)—technology and algorithms for quantitatively and objectively understanding typical, atypical and distressed human behavior—with a specific focus on communicative, affective and social behavior from speech and language. The talk will illustrate Behavioral Informatics applications of these techniques that contribute to quantifying higher-level, often subjectively described, human behavior in a domain-sensitive fashion. Examples will be drawn from mental health and well being realms such as Autism Spectrum Disorders, Couple therapy, Depression and Addiction counseling.

Keynote 2 -

Entertaining with Language Gaming Play-Computer Couplet, Poetry, Riddle and Lyric

Dr. Ming Zhou

Manager of Microsoft Research Asia Natural Language Computing Group

Friday, October 6 14:10-15:10

Location: Conference Venue

Biography

Dr. Ming Zhou is a principal researcher and manager of Natural Language Computing Group in Microsoft Research Asia. He is the chair of Chinese Information Technology Committee of Chinese Computer Federation and executive member of Chinese Information Processing Society.

He designed the CEMT-I machine translation system in 1989, the first experiment of Chinese-English machine translation in Mainland China. He designed the famous Chinese-Japanese machine translation software product J-Beijing in Japan which was deployed in J-Server, the popular translation service in Japan that was granted Makoto Nagao Award by Japan Machine Translation Association in 2008. He is the leader of the famous AI gaming of Chinese Couplets/Poetry Generation and Riddles(http://duilian.msra.cn), and the English Assistance Search Engine, Engkoo, which won the Wall Street Journal's 2010 Asian Innovation Readers' Choice Award and was shipped in Bing in 2011 as Bing Dictionary(http://cn.bing.com/dict/), and Engkoo cloud IME which was shipped as Bing IME in 2012. Recently, his group has closely worked with MS product teams and shipped famous chat-bot products in China(Xiaoice), Japan(Rinna) and US(Tay).

Dr. Zhou received his B.S. degree in computer engineering from Chongqing University in 1985, and his M.S. degree and Ph.D. in computer science from Harbin Institute of Technology in 1988 and 1991. He did post-doctoral work at Tsinghua University from 1991 to 1993, then he became an associate professor. During 1996-1999, during his sabbatical leave, he worked for Kodensha Ltd. Co. in Japan as the leader of the Chinese-Japanese machine translation project. He joined the natural language group at Microsoft Research China (now Microsoft Research Asia) in Sept. 1999.

Abstract

Natural language processing (NLP) is often viewed as a hard problem and all people either researchers or users often feel frustrated by the limitations and mistakes of a NLP system. I have been thinking some topic which could change this mind by converting a hard NLP task into a gaming process so that people get fun and start to like NLP.

In this talk, I want to talk a series of effort that I and some colleagues and students have been working in last 10 years mostly at our spare time from which lots of entertainment having been generated for us and for the users. It is a series innovations about language gaming including computer generation of Chinese couplets in 2005, then computer generation of a classic poetry in 2010 and then computer solving and generation of riddles about Chinese characters in 2015 and most recently computer generation of a lyrics for a song. These tasks have been viewed as difficult problems in AI and have not been sufficiently explored in the research community. We

regard all these tasks as a kind of machine translation process and proposed a set of successful statistical machine translation approaches to solve them with promising results and deep user engagement.

Keynote 3 -

On Evaluation Dilemmas in Social Media Research

Prof. Huan Liu
Professor at Ira A. Fulton Schools of Engineering,
Arizona State University
Friday, October 7 9:00-10:00
Location: Conference Venue

Biography

Prof. Huan Liu's research focuses on developing computational methods for data mining, machine learning, and social computing, and designing efficient algorithms to enable effective problem solving ranging from basic research, text/Web mining, bioinformatics, image mining, to real-world applications. His work includes (i) dealing with high dimensional data via feature selection and feature discretization; (ii) social media mining/social computing, identifying the influentials in the blogosphere, group profiling and interaction; (iii) integrating multiple data sources to overcome ambiguity and uncertainty, (iv) employing domain knowledge for effective mining and information integration, and (v) assisting human experts by developing effective methods of ensemble learning, and active learning with hierarchical classification, subspace clustering, and meta data. Detailed information can be obtained via his publications and professional activities.

Abstract

Social media data is steeped with user-generated content and social information. Most of user-generated content can be text and multimedia. Social media is a new source of data and therefore, social media research faces novel challenges. We discuss one of such challenges - evaluation dilemmas. One evaluation dilemma is that there is often no ground truth in evaluating research findings of social media. Without ground truth, how can we perform credible and reproducible evaluation? Another associated dilemma is that we frequently resort to crowdsourcing mechanisms such as Amazon's Mechanical Turk for evaluation tasks. It costs even if a small group of Turkers is employed. Is it too small? Large-scale evaluation could be very costly. Can we find alternative ways of evaluation that are more objective, reproducible, or scalable? We use case studies to illustrate these dilemmas and show how to overcome associated challenges in mining big social media data.

Proceedings of the Twenty- Seventh Conference on Computational Linguistics and Speech Processing ROCLING XXVIII (2016)

TABLE OF CONTENTS

The 2016 Conference on Computational Linguistics and Speech Processing
ROCLING 2016, pp. 1-3
© The Association for Computational Linguistics and Chinese Language Processing

評估尺度相關最佳化方法於華語錯誤發音檢測之研究
Evaluation Metric-related Optimization Methods for Mandarin Mispronunciation Detection

許曜麒 Yao-Chi Hsu, 楊明翰 Ming-Han Yang, 洪孝宗 Hsiao-Tsung Hung,
林奕儒 Yi-Ju Lin, 陳柏琳 Berlin Chen
國立台灣師範大學資訊工程學系
Department of Computer Science and Information Engineering
National Taiwan Normal University
{ychsu, mh_yang, alexhung, lin_yj, berlin}@ntnu.edu.tw

陳冠宇 Kuan-Yu Chen
中央研究院資訊科學研究所
Institute of Information Science
Academia Sinica
kychen@iis.sinica.edu.tw

摘要

全球化時代來臨，為提升個人的競爭力，外語能力已列為基本的技能之一。因此電腦輔助語言學習(computer assisted language learning, CALL)在現今已是相當具有潛力的研究；其目的是透過電腦自動判斷外語學習者的學習狀況並給予有幫助的回饋。語言學習又分為聽(listening)、說(speaking)、讀(reading)和寫(writing)等四類學習面向，而本篇論文將專注於電腦輔助發音訓練(computer assisted pronunciation training, CAPT)，也就從是「說」的技術進行討論。電腦輔助發音訓練最主要目的就是要讓第二外語(second-language, L2)學習者有更多的機會練習發音；過去第二外語學習者要進行發音練習都需要配合語言教師的授課時間，若將電腦輔助發音訓練普及到現有的智慧型行動裝置，將會有更多的第二外語學習者因此受惠。電腦輔助發音訓練的首要任務正是錯誤發音檢測，其目的是請學習者讀誦口說教材，針對學習者念誦的錄音，標記學習者的發音是正確發音(correct pronunciation)或錯誤發音(mispronunciation)，標記的目標可以是音素(phone)層次[1]、音節(syllable)層次[2]或詞(word)層次[3]。當系統指出學習者的錯誤發音時，將可以針對該錯誤發音進行偏誤回饋，該階段被稱為錯誤發音診斷[4][5][6][7][8]。近年來，在語音辨識系統中的聲學模型已由深層類神經網路(deep neural network, DNN)取代傳統的高斯混合模型(Gaussian mixture model, GMM)，並在語音辨識任務上取得巨大的進步[9]。在錯誤發音檢測的相關研究中也因為深層類神經網路聲學模型的使用而在效能上有顯著的提升[10][11][12]。基於上述研究的啟發，我們延續過去學者以最大化錯誤發音檢測任務的效能[13][14]為目標函數對模型進行調整的想法，並實作於深層類神經網路聲學模型的架構上探討對於錯誤發音檢測任務的影響。本論文的貢獻大致可分為三點：1) 比較不同的發音分數做為錯誤發音檢測的評估依據，並探討對於錯誤發音檢測效能的影響；2) 並以發音檢測任務之效能做為更新模型參數的目標函數，實驗顯示將會大幅提升錯誤發音檢測的效能；3) 使用F_1度量作為目標函數時，若將二類的F_1度量線性組合並調整權重，可有效處理資料類別不平衡的問題。本論文的實驗建立在臺灣師範大學邁向頂尖大學計畫所錄製的華語學習者口語語料庫，內容為外國人學習華語所錄製的單字、單詞與短句。從實驗結果可以發現以最大化F_1度量為目標對模型的參數進行調整，在錯誤發音檢測任務上的效果可以得到顯著的提升。

關鍵詞：電腦輔助發音訓練、錯誤發音檢測、自動語音辨識、鑑別式訓練與深層類神經網路

致謝

本論文之研究承蒙教育部－國立臺灣師範大學邁向頂尖大學計畫(104-2911-I-003-301)與行政院科技部研究計畫(MOST 104-2221-E-003-018-MY3 和 MOST 105-2221-E-003-018-MY3)之經費支持，謹此致謝。

參考文獻

[1] S. M. Witt and S. J. Young, "Phone-level pronunciation scoring and assessment for interactive language learning," *Speech Communication*, vol. 30, no. 2–3, pp. 95–108, 2000.

[2] F. Zhang, C. Huang, F. K. Soong, M. Chu, and R. H. Wang, "Automatic mispronunciation detection for Mandarin," in *Proc. ICASSP*, 2008.

[3] L. Y. Chen and J. S. R. Jang, "Automatic pronunciation scoring with score combination by learning to rank and class-normalized DP-based quantization," *IEEE Transactions on Audio, Speech, and Language Processing*, vol. 23, no. 11 pp. 787–797, 2015.

[4] A. M. Harrison, W. Y. Lau, H. Meng and L. Wang, "Improving mispronunciation detection and diagnosis of learners' speech with context-sensitive phonological rules based on language transfer," in *Proc. Interspeech*, 2008.

[5] A. M. Harrison, W. K. Lo, X. J. Qian and H. Meng, "Implementation of an extended recognition network for mispronunciation detection and diagnosis in computer-assisted pronunciation training," in *Proc. SLaTE*, 2009.

[6] W. K. Lo, S. Zhang and H. Meng, "Automatic derivation of phonological rules for mispronunciation detection in a computer-assisted pronunciation training system," in *Proc. Interspeech*, 2010.

[7] Y. B. Wang and L. S. Lee, "Improved approaches of modeling and detecting error patterns with empirical analysis for computer-aided pronunciation training," in *Proc. ICASSP*, 2012.

[8] Y. B. Wang and L. S. Lee, "Supervised detection and unsupervised discovery of pronunciation error patterns for computer-assisted language learning," *IEEE Transactions on Audio, Speech, and Language Processing,* vol. 23, no. 3, pp. 564–579, 2015.

[9] G. Hinton, L. Deng, D. Yu, G. Dahl, A. Mohamed, N. Jaitly, A. Senior, V. Vanhoucke, P. Nguyen, T. Sainath and B. Kingsbury, "Deep neural networks for acoustic modeling in speech recognition," *IEEE Transactions on Signal Processing Magazine*, vol. 29, no. 6, pp. 82–97, 2012.

[10] W. Hu, Y. Qian, F. K. Soong and Y. Wang, "Improved mispronunciation detection with deep neural network trained acoustic models and transfer learning based logistic regression classifiers," *Speech Communication*, vol. 67, pp. 154–166, 2015.

[11] X. Qian, H. Meng and F. K. Soong, "The use of DBN-HMMs for mispronunciation detection and diagnosis in L2 English to support computeraided pronunciation training," in *Proc. Interspeech*, 2012.

[12] W. Hu, Y. Qian and F. K. Soong, "A DNN-based acoustic modeling of tonal language and its application to Mandarin pronunciation training," in *Proc. ICASSP*, 2014.

[13] H. Huang, H. Xu, X. Wang and W. Silamu, "Maximum F1-score discriminative training criterion for automatic mispronunciation detection," *IEEE Transactions on Audio, Speech, and Language Processing*, vol. 23, no. 5 pp. 787–797, 2015.

[14] Y. C. Hsu, M. H. Yang, H. T. Hung and B. Chen, "Mispronunciation detection leveraging maximum performance criterion training of acoustic models and decision functions," in *Proc. Interspeech*, 2016.

The 2016 Conference on Computational Linguistics and Speech Processing
ROCLING 2016, pp. 4-6
© The Association for Computational Linguistics and Chinese Language Processing

融合多任務學習類神經網路聲學模型訓練於會議語音辨識之研究
Leveraging Multi-task Learning with Neural Network Based Acoustic Modeling for Improved Meeting Speech Recognition

楊明翰 Ming-Han Yang, 許曜麒 Yao-Chi Hsu, 洪孝宗 Hsiao-Tsung Hung, 陳映文 Ying-Wen Chen, 陳柏琳 Berlin Chen

國立台灣師範大學資訊工程學系

Department of Computer Science and Information Engineering

National Taiwan Normal University

{mh_yang, ychsu, alexhung, cliffchen, berlin}@ntnu.edu.tw

陳冠宇 Kuan-Yu Chen

中央研究院資訊科學研究所

Institute of Information Science

Academia Sinica

kychen@iis.sinica.edu.tw

摘要

語音長久以來一直是人跟人之間最自然的溝通方式；它在未來將是人與電腦等機器間溝通的一個不可或缺的重要工具。近六十年來，自動語音辨識的研究活動十分活躍，並且已取得了巨大的成功。在研究初期，語音辨識器只能在安靜的環境中識別一個單獨的詞彙。1980 年代，以高斯混合模型-隱藏式馬可夫模型(Gaussian mixture model-hidden Markov model, GMM-HMM)做為聲學模型使得語音辨識有能力進行大詞彙量連續語音識別[1]。由於 GMM-HMM 的架構易於訓練模型和進行聲學解碼，因此在近二十年來 GMM-HMM 是自動語音辨識系統的主流聲學模型，聲學模型的研究主要集中在以更好的模型結構與訓練演算法改良 GMM-HMM[1][2][3][4]。在過去的五年內，我們看見了深層學習架構和技術在語音領域的突破性的發展和卓越的成效[5][6][7]。深層類神經網路與其變體最終取代了高斯混合模型；時下的混合深層類神經網路-隱藏式馬可夫模型(hybrid deep neural networks-hidden Markov model, DNN-HMM)已成為大多數自動語音辨識系統的聲學模型[8][9][10]。雖然自動語音辨識技術已經是一項成熟的技術，但是在實際應用上仍有許多問題需要被解決。例如使用智慧型手機錄音時往往離手機麥克風較遠，錄音品質容易受環境影響。此外，現今語音辨識領域也面臨著海量詞彙、自由不受限的任務、吵雜的遠距離語音、自發性的口語及語言混雜情景的挑戰[11]。而會議語音辨識正涵蓋了上述大部分的困境與挑戰，是一個相當困難的語音辨識任務。因此，本論文以會議語音辨識的發展為研究動機，旨在探索如何融合多任務學習(multi-task learning, MTL)技術於聲學模型之參數估測，藉以改善會議語音辨識(meeting speech recognition)之準確性。我們的貢獻主要有三點：(1)我們進行了實證研究以充分利用各種輔助任務來加強多任務學習在會議語音辨識的表現。此外，我們還研究多任務與不同聲學模型像是深層類神經網路(deep neural networks, DNN)聲學模型及摺積神經網路(convolutional neural networks, CNN)結合的協同效應，期望增加聲學模型建模之一般化能力(generalization capability)。(2)由於訓練多任務聲學模型的過程中，調整不同輔助任務之貢獻(權重)的方式並不是最佳的，因此我們提出了重新調適法，以減輕這個問題。我們基於在台灣所收錄的華語會議語料庫(Mandarin meeting recording corpus, MMRC)建立了一系列的實驗。與數種現有的基礎實驗相比，實驗結果揭示了我們所提出的方法之有效性。

關鍵詞：多任務學習，深層學習，類神經網路，會議語音辨識。

致謝

本論文之研究承蒙教育部－國立臺灣師範大學邁向頂尖大學計畫(104-2911-I-003-301)與行政院科技部研究計畫(MOST 104-2221-E-003-018-MY3 和 MOST 105-2221-E-003-018-MY3)之經費支持，謹此致謝。

參考文獻

[1] M. N. Stuttle, *A Gaussian Mixture Model Spectral Representation for Speech Recognition training for large vocabulary speech recognition*, Ph.D. dissertation, University of Cambridge, 2003.

[2] V. Valtchev, J. J. Odell, P. C. Woodland, and S. Young, "Lattice-based discriminative training for large vocabulary speech recognition," in *ICASSP*, 1996.

[3] P. C. Woodland and D. Povey, "Large scale discriminative training of hidden Markov models for speech recognition," *Computer Speech and Language*, vol. 16, no. 1, pp. 25–47, 2002.

[4] D. Povey, *Discriminative training for large vocabulary speech recognition*, Ph.D. dissertation, University of Cambridge, 2004.

[5] O. A. Hamid, A. R. Mohamed, H. Jiang, L. Deng, G. Penn and D. Yu, "Convolutional neural networks for speech recognition," *IEEE Transactions on audio, speech, and language processing*, vol. 22, no. 10, pp. 1533–1545, 2014.

[6]   T. Sercu, C. Puhrsch, B. Kingsbury, and Y. LeCun, "Very deep multilingual convolutional neural networks for LVCSR," in *Proc. ICASSP*, 2016.

[7]   A. Graves, A. R. Mohamed, and G. Hinton, "Speech recognition with deep recurrent neural networks," in *Proc. ICASSP*, 2013.

[8]   J. Li, A. Mohamed, G. Zweig, and Y. Gong, "Exploring multidimensional LSTMs for large vocabulary ASR," in *Proc. ICASSP*, 2016.

[9]   A. R. Mohamed, F. Seide, D. Yu, J. Droppo, A. Stolcke, G. Zweig and G. Penn, "Deep bi-directional recurrent networks over spectral windows," in *Proc. ASRU*, 2015.

[10]   T. Sainath, O. Vinyals, A. Senior and H. Sak, "Convolutional, long short-term memory, fully connected deep neural networks, " in *Proc. ICASSP*, 2015.

[11]   D. Yu and L. Deng, *Automatic Speech Recognition: A Deep Learning Approach*. Springer, 2014.

The 2016 Conference on Computational Linguistics and Speech Processing
ROCLING 2016, pp. 7-9
© The Association for Computational Linguistics and Chinese Language Processing

應用字典學習法於強健性語音辨識

The Use of Dictionary Learning Approach for Robustness

Speech Recognition

嚴碧成 Bi-Cheng Yan, 施警鴻 Chin-Hong Shih, 陳柏琳 Berlin Chen

國立台灣師範大學資訊工程學系

Department of Computer Science and Information Engineering

National Taiwan Normal University

{60447055S, 60447003S, berlin}@ntnu.edu.tw

劉士弘 Shih-Hung Liu

中央研究院

資訊科學研究所

Institute of Information Science, Academia Sinica

journey@iis.sinica.edu.tw

摘要

自動語音辨識 (Automatic Speech Recognition, ASR) 系統在實際應用中常會遭遇到訓練語音與測試語音間特徵不匹配 (Mismatch)[1] 的情況而造成辨識效能的降低，為了改善此問題，許多強健性語音特徵補償方法被相繼提出。

調變頻譜 (Modulation Spectrum) 為語音訊號[2] 在特定頻率（通常 1Hz 至 16Hz）間的時間軌跡，在語音強健性上扮演著重要角色。

字典學習 (Dictionary Learning) 方法主要是將訊號[4] 用一字典 (Dictionary) 中的原子 (Atoms) 的線性組合來近似表示，常見的字典學習方法有最佳方向法 (Method of Optimal Directions)[6]、K-奇異值分解法 (K-SVD)[7]、隨機梯度下降法 (Stochastic Gradient Descent)[8] 及線上字典學習法 (Online Dictionary

Learning)[9]Q

振霧 嬪 胘 鬎枕唔鋆 K-僇瑥湴埼 (K-SVD)藥鄷偟鋯緕焽(Dictionary Learning)髇埼 藥篔檟(Magnitude)壑埼 振鐗愒絽 狝 鰾 鞊恍振偓 乳 頯 呂翱鞊藥 捵怹 駋鱈蛏踪瘖 僅篔狝鞊藥 髮諢Q 峥鈝 嫭

篔檟壑埼蘱碯尙湴 儭枌鬎枕櫊娑 K-SVD 藥駋焽哴瘖鄷偟 嗰 呂翱瑍銙[10]哕蹬饙乳 枌 廻 桃 捝蛺 諛痡 殍瀕振瘖鈦恋藥 纗蛏Q

鷼 鐟藥儭镽嬪 蘱髇愲 鋆藥 Aurora-2 砅鋆鄷 鎵橐 セ 嬪 涮 薰 倪霧 髇笁唔鋆粧貊柤 惡鋆(Mel-Frequency Cepstral Coefficient, MFCC) 枱晤肥嬪 揆偓鋆叡 藥 埼 駋焽 鬎枕儭櫊娑藥鄷偟鋯緕焽谝偓碵 駋焽蘱蛏 長撍 倅 鋴Q 鐗菕 鬎枕奈觝 憛鄷偟鋯緕駋焽谝屄炡 燒偟藥髮諢篔狝鞊瀒十 涮嗰 嬣 樐子虹陞焽(Advanced Front-End, AFE)P

瑥鋆峃 絍焽(Cepstral Mean and Variance Normalization, CMVN)P 瀕 戝差絍焽(Histogram Equalization, HEQ) 枌 炡碵 駋焽枱嬪鋆鞊Q

鄷: 篔狝鞊P　　　P　　　P 呂翱瑍銙P 鄷偟鋯緕Q

谊

鷼 鐟枱崻图瀹阵蘿择 ✓ 愲奂谐框鵰愳陞鋯 堝 撤陞鋯 澏 (104-2911-I-003-301)谝セ 籗 甌瀯 崻图 澏(MOST 104-2221-E-003-018-MY3 撲 MOST 105-2221-E-003-018-MY3)枱燒 曠諤 峥谊 Q

酖耡鐟輄

[1] J. Tabrikian, G. S. Fostck and H. Messer, "Detection of environmental mismatch in a shallow water waveguide," IEEE Transactions on Signal Processing, 47(8), pp. 2181–2190, 1999.

[2] C.P. Chen and J.A. Bilmes, "MVA processing of speech features," IEEE Transactions on Audio Speech and Language Processing, 15(1), pp. 257–270, 2007.

[3] J. Li, L. Deng, Y. Gong and R. Haeb-Umbach, "An overview of noise-robust automatic speech recognition," IEEE/ACM Transactions on Audio, Speech and Language Processing, 22(4), pp. 745–777, 2014.

[4] C. Lu, J. Shi and J. Jia, "Online robust dictionary learning," in Proc. of CVPR, pp. 415–422, 2013.

[5] J. F. Gemmeke, T. Viratnen and A. Hurmalainen, "Exemplar-based sparse representations for noise robust automatic speech recognition," IEEE Transactions on Audio, Speech and Language Processing, 19(7), pp. 2067–2080,

2011.

[6] K. Engan, S. O. Aase and J. Hakon Husoy, "Method of optimal directions for frame design," in Proc. of IEEE International Conference of Acoustic, Speech, and Signal Processing, 5, pp. 2443–2446.

[7] M. Aharon, M. Elad and A. M. Bruckstein, "The KSVD: An algorithm for designing of overcomplete dictionaries for sparse representations." IEEE Transactions on Signal Processing, 54, pp. 4311–4322, 2006

[8] L. Bottou, "Online algorithms and stochastic approximations." in D. Saad (Ed.), Online learning and neural networks.

[9] J. Mairal, F. Bach, J. Ponce and G. Sapiro, "Online learning for matrix factorization and sparse coding," Journal of Machine Learning Research, 11, pp. 19–60, 2010.

[10] P. O. Hoyer, "Non-negative matrix factorization with sparseness constraints." Journal of machine learning research 5.Nov (2004): 1457-1469.

The 2016 Conference on Computational Linguistics and Speech Processing
ROCLING 2016, pp. 10-21
© The Association for Computational Linguistics and Chinese Language Processing

以多層感知器辨識情緒於國台客語料庫

Use Multilayer Perceptron To Recognize Emotion in

Mandarin, Taiwanese and Hakka Database

詹佳憲 Chia-Hsien Chan

國立中山大學資訊工程學系

Department of Computer Science and Information Engineering

National Sun Yat-sen University

hihi4442@gmail.com

陳嘉平 Chia-Ping Chen

國立中山大學資訊工程學系

Department of Computer Science and Information Engineering

National Sun Yat-sen University

cpchen@mail.cse.nsysu.edu.tw

摘 要

本研究為使用多層感知器 (Multilayer Perceptron, MLP) 基於聲學特徵參數的情緒辨識系統，此實驗使用一個新的台灣語言語料庫，此語料庫以仿照 EMO-DB 的方式錄製，包含台灣常見的三種語言，分別為國語、台語及客語。每種語言各由五男五女錄製而成，且事後以人工篩選的方式，將較不易分辨情緒的音檔刪除，本研究將使用 180 維的聲學特徵以多層感知器進行單一語言、跨語言及混合語言的實驗。在用單一語言作為訓練集時，國、台、客語分別得到 60%、48.9%、54.4% 的辨識率，而經過語者正規化與使用混合語料做為訓練集後國、台、客語分別得到最好 63.5%、53.1%、64.6% 的辨識率。

關鍵詞：情緒辨識、情緒辨識資料庫、多層感知器

1　緒論

近年來行動祕書日漸普及，包括我們熟知的 Siri，表示人機互動在未來也會越來越重要。如果電腦可以依照使用者當下的情緒去作出反應，例如智慧家電依照使用者情

緒去播放適合的音樂，或調整室內溫度等等。因此電腦在接收我們的指令時，除了字面上的意思外也應該考慮情緒的差異。情緒的表達可以透過語意或語調，常常相同的一段話，在不同的語調下意思會大相逕庭，例如 "小心點" 可以是表示關心或威脅。此次實驗主要是透過語調來判斷語者的情緒，使用最近相當流行的神經網路辨識系統，結合以台灣本土語言錄製的語料庫來進行情緒辨識的研究。

在 1997 年時，Picard 等人 [1] 描述了情緒辨識的應用及重要性。比較廣為人知的情緒語料庫有德國柏林的 EMO-DB [2] 以及 FAU Aibo [3]，這兩種語料庫最大的差別為，EMO-DB 是由專業語者錄製而成，因此會有較為鮮明的情緒表現，Siqing Wu 等人 [4] 透過調變頻譜特徵與其他特徵組合進行分類可達到 91.6% 的辨識率。而 FAU Aibo 錄製的是孩童的自然對話，情緒較不鮮明，目前最好的辨識結果為 [5] 使用 Deep Belief Network (DBN) 與 Hidden Markov model (HMM) 分類的 45.6%。可看出兩個語料庫目前在辨識率上的差異是相當大的。由於兩個語料庫都是以德國人用德語錄製而成，除了語系不同外，德國人在情緒表現上可能也會和我們有所差異。這次實驗使用 [6] 所錄製的語料庫，語者皆為台灣的大學生，使用的也是台灣人常用的國、台、客語。

情緒辨識分為一開始的訊號處理、特徵擷取，和之後的分類模型。[7] 歸納音訊特徵包含時域特徵如過零率、音高、能量，和頻域特徵如梅爾頻率倒譜係數 (MFCC) 等。常用的分類模型有支持向量機 (Support Vector Machine, SVM)、多層感知器 (Multilayer Perceptron, MLP)。此篇論文所使用的分類模型為 MLP，除了一般常見的輸入－隱藏層－輸出這樣的架構外，也會以多層的 MLP 來進行辨識。在 [8] 中 Iliou 等人以 MLP 和 SVM 對 EMO-DB 做情緒辨識，辨識率分別為 94% 與 80%，表示 MLP 在處理像 EMO-DB 這種資料量多的語料庫時辨識率會比傳統 SVM 好，這也是為何近年來深度學習開始被廣泛研究的原因。不過此次研究所使用的國台客語料庫資料量並不多，[6] 以 SVM 進行辨識後各語言的辨識率約是 60%。在資料量較少的情況下 MLP 是否能達到不輸 SVM 的辨識率，甚至進一步提升辨識率是本次研究的重點。本研究會嘗試使用語者正規化來消除每筆資料間不必要的差異性，或最大限度地增加訓練資料的數量。

2　研究方法

2.1　語料庫

此語料庫製作於 2013 年，每種語言各找五男五女錄製而成，接著再以十位測試者用人工辨識的方式，刪除辨識率低於 60% 的句子，表 1 為此語料庫三種語言各情緒的句數。

表 1: 國台客語料庫各情緒句數

情緒	國	台	客	跨語言總數
生氣	58	73	62	193
無聊	66	55	59	180
噁心	46	55	54	155
害怕	57	61	64	182
開心	67	58	48	173
傷心	57	56	52	165
中性	87	64	62	213
總數	438	422	401	1261

2.2　分類方式

多層感知器 (Multilayer Perceptron, MLP) 是一種機器學習的演算法，其向前結構的人工神經網路能映射一組輸入向量到一組輸出向量。MLP 可被看作由多個節點構成的有向圖，每個節點可比做人類的神經元，每一神經元都帶有一個非線性的激活函數，例如 sigmoid function 或 hyperbolic tangent。並使用 Hinton 等人 [9] 所提到屬於監督式學習的反向傳播演算法來訓練 MLP，以梯度下降的方式來更新每個神經元的權重，(1) 為梯度下降的公式，θ 為權重、$\ell(\theta)$ 為 cost function。

$$\theta_j := \theta_j + \alpha \frac{\partial}{\partial \theta_j} \ell(\theta) \tag{1}$$

近年來由於深層學習的成功，MLP 算法又開始重新受到關注，本研究也會比較單層及深層 MLP 在辨識率上的差異性。我們使用 google 開發的機器學習工具 tensorflow [10] 建製單層 MLP 及具有兩層隱藏層的深層 MLP，且在每個隱藏層後加入 dropout [11] 以防止過擬合的狀況發生，一層網路的神經元數為 35 個，而兩層網路的神經元數分別為 60 及 15 個，在訓練前會先對訓練集與測試集做 normalize attributes，將每個特徵縮小範圍到 -1 與 1 之間，公式為 (2)，mean(X) 為平均值，max(X) 、min(X) 分別為最大值、最小值。圖 1 為單層 MLP 架構，圖 2 為深層 MLP 架構。

$$X' = \frac{X - mean(X)}{max(X) - min(X)} \tag{2}$$

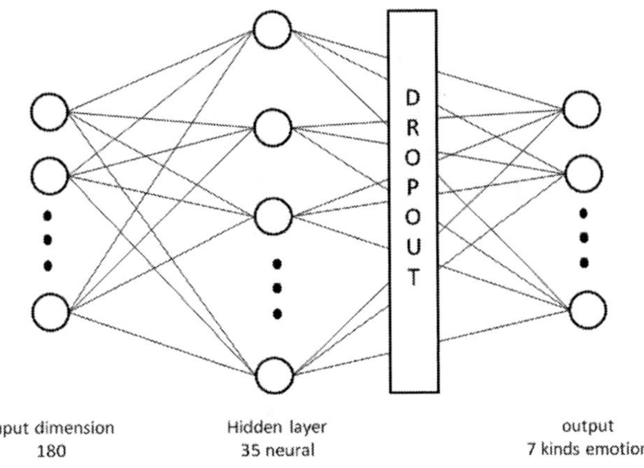

圖 1: 單層MLP

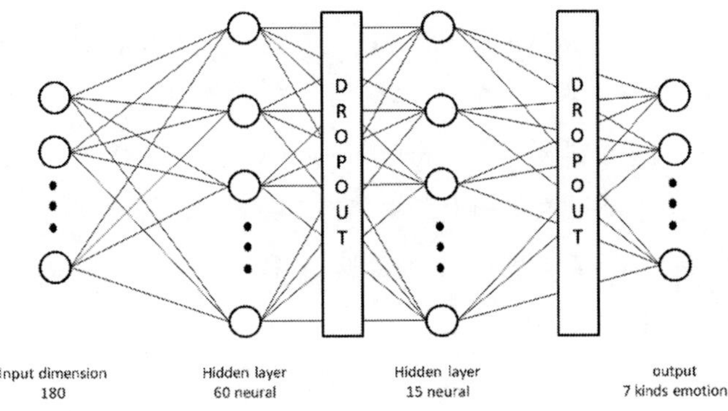

圖 2: 兩層MLP

2.3　語者正規化(Cross-speaker histogram equalization, CSHE)

　　語者正規化的目的為消除語者之間的差異性，只保留情緒的變異。圖 3 為語者正規化的流程，將多個訓練語者視為一個虛擬語者，如此我們能得到一個虛擬語者的資料分布，接著將每個語者分布皆轉換至虛擬語者的分布，使用的正規化方法為直方圖均衡法 (histogram equalization, HE) [6]。關於語者正規化後的分布差異可參考 [6]，本研究會比較有無語者正規化在辨識率上的差異。

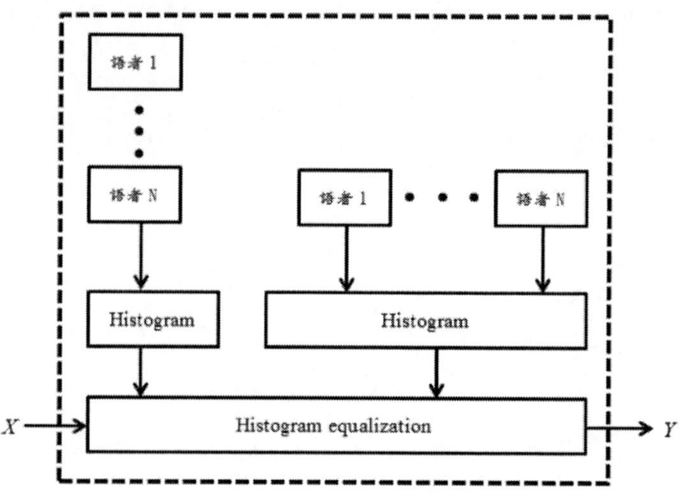

圖 3: 語者正規化流程

3　實驗結果

　　本研究使用 [6] 中的 180 維聲學特徵，其中包含 15 個低階參數，分別為 13 個 MFCC、1 個音高 (pitch)、1 個過零率 (zero-crossing rate,ZCR)。這 15 個低階參數加上其一階係數差 (delta) 再乘以 6 個泛函就是本研究所使用的 180 維特徵。每組實驗都會比較一層 MLP 與兩層 MLP 在有無做 CSHE 且使用不同訓練資料後辨識率的差異。RAW 表示訓練集和測試集皆未做 CSHE。每次 CSHE 實驗都是以測試資料語言的所有語者作為虛擬語者，再將其他語者分佈轉換至該虛擬語者的分佈，以消除語者間的差異性。例如當測試資料為國語時，則以國語的語者作為虛擬語者並將其他語言的語者轉換至其分佈。

3.1　單一語料實驗

　　此實驗是採 leave one speaker out 的方式進行，輪流將其中一位語者的資料做為測試集，其他語者作為訓練集，例如我們有十位語者〔a1,a2,...,a10〕，第一次訓練以 a1 語者的資料作測試集，其他 a2 ～ a10 語者當訓練集，反覆上述步驟直到所有語者資料都被當作測試集為止，最後將每位語者分別測試時正確辨識的句子數加總，除以測試集語言的總句數即為該次實驗的辨識率。表 2 為實驗結果。由結果可看到，一層的辨識率全都優於兩層，此外國語跟客語的辨識率較為接近且都優於台語，而做完 CSHE 之後台語的辨識率下降，但國語跟客語都有所提升。

表 2: 單一語料實驗結果

	RAW		CSHE	
	MLP層數		MLP層數	
	一層	兩層	一層	兩層
國語	60.0	39.7	60.0	44.7
台語	48.9	26.6	37.7	18.2
客語	54.4	30.4	61.3	39.7

3.2 混合語料實驗

此實驗在訓練集加入更多的語料，要測試的語言訓練與測試一樣是採 leave one speaker out，但會在訓練集中加上其他語言的語料，且其他語言的語料不做 leave one speaker out，例如我們要測試國語的辨識率，第一次訓練以國語 a1 語者做測試集，a2 ～ a10 語者再加上其他語言的全部語料做訓練集，反覆上述直到國語所有語者的資料都當過測試集為止，辨識率的計算方法同單一語料。每個表的第一列皆為 baseline，用於比較實驗結果。

實驗結果為表 3、表 4、表 5。從結果可看出一層的結果大多會比兩層還要好，而做完 CSHE 後，一層跟兩層的辨識率會較為接近。當使用最多訓練資料的狀況下，辨識結果都會優於 baseline，尤其是客語兩層網路的辨識率 63.8% 會相當接近一層網路的 64.3% (表5)。 分開來看的話，一層網路使用原始資料在資料量變多後每種語言的辨識率都是下降的，但經過 CSHE 後則都有上升。兩層網路使用原始資料且增加資料量後是台語跟客語有些微的提升，經過 CSHE 後再增加資料量，辨識率都有所提升，表 4 與表 5 中，台語跟客語在使用最多訓練資料的情況下，辨識率有將近兩倍的提升。

表 3: 國語做測試集

	RAW		CSHE	
	MLP層數		MLP層數	
訓練集	一層	兩層	一層	兩層
國	60.0	39.7	60.0	44.7
國+台	52.1	39.0	62.8	58.0
國+客	51.4	42.0	63.0	59.6
國+台+客	50.9	35.6	63.5	56.4

表 4: 台語做測試集

訓練集	RAW		CSHE	
	MLP層數		MLP層數	
	一層	兩層	一層	兩層
台	48.9	26.6	37.7	18.2
台+國	44.5	32.0	52.5	40.8
台+客	48.8	30.3	52.0	34.8
台+國+客	46.4	32.0	53.1	51.4

表 5: 客語做測試集

訓練集	RAW		CSHE	
	MLP層數		MLP層數	
	一層	兩層	一層	兩層
客語	54.4	30.4	61.3	39.7
客+國	46.1	39.4	61.3	61.6
客+台	46.6	34.4	62.3	59.4
客+台+國	45.9	34.7	64.6	63.8

3.3 跨語料實驗

　　此實驗使用跟測試集不同語言的語料做訓練，例如測試集為國語，則訓練集就不使用國語，本次實驗不做 leave one speaker out，直接以該語言所有語料做測試，以和測試集不同語言的語料做訓練。，辨識率即是正確句數除以測試集總句數。每個表的第一列皆為 baseline，用於比較實驗結果。

　　實驗結果為表 6、表 7、表 8，可看出一層的結果大多都比兩層的還好。但在訓練資料使用兩種語言的語料時，辨識率會較為接近，且做完 CSHE 後一層跟兩層網路的辨識率會只有大約 2% 的差距。一層網路的部分，每種語言若使用不同語言的語料做為訓練集，不管是否有做 CSHE，辨識率都會比單一語料實驗的結果差，只有表 7 在經過 CSHE 且使用國 + 客語訓練時有約 10% 的提升，但有 CSHE 結果會比使用原始資料要來的好。兩層網路的部分，三種語言在做完 CSHE 且使用兩種語言語料作訓練後辨識率都會比單一語料實驗還要好，表示資料量的多寡對兩層網路的影響較大，但若沒在訓練集中加入和測試集同種語言的語料，辨識率還是會不太理想。

表 6: 國語做測試集

訓練集	RAW		CSHE	
	MLP層數		MLP層數	
	一層	兩層	一層	兩層
國	60.0	39.7	60.0	44.7
台	53.0	27.6	55.7	42.9
客	50.5	22.4	51.1	34.2
台+客	55.7	40.9	57.5	58.7

表 7: 台語做測試集

訓練集	RAW		CSHE	
	MLP層數		MLP層數	
	一層	兩層	一層	兩層
台	48.9	26.6	37.7	18.2
國	41.0	26.6	43.1	32.7
客	41.7	27.5	43.6	29.1
國+客	46.4	45.0	48.6	46.2

表 8: 客語做測試集

訓練集	RAW		CSHE	
	MLP層數		MLP層數	
	一層	兩層	一層	兩層
客	54.4	30.4	61.3	39.7
國	48.4	35.2	49.0	39.5
台	44.1	27.2	47.3	38.0
台+國	50.4	50.9	53.5	51.0

4　結論

　　比較三種實驗結果發現，混合語料在加入了其他語料做訓練且經過 CSHE 消除語者間的差異後，所有的辨識率都會高於只使用單一語料訓練的辨識結果。但在跨語料的部分，若使用不同語言做測試，辨識率幾乎都是下降的，只有在以另兩種語言訓練時部分才有些微上升，且即使是做了 CSHE 也不能有效提升辨識率。表示在資料量沒增加的情況下，用不同語言的資料訓練通常只會降低辨識率，而即使增加了一些資料量，若沒有包含相同語言的語料，除了資料量提升不夠多外，只用與測試資料不同語言的語料訓練對辨識率的提升也沒有幫助。從這些結果可看出台灣人在情緒的表現上，不同語言間雖仍存在差異性但是不大，因此若欲辨識的語言資料量不足，適量加入其他種台灣語言的語料並消除語者間的差異，是提升辨識率的有效方法。

此外兩層的網路在訓練資料量變多的狀況下，不管是跨語料還是混合語料，辨識率常會有非常顯著的提升，甚至可以到將近兩倍。而這三種語料在不同訓練集的訓練下，國語跟客語的辨識率最高都可以達到 60% 以上，而台語最高也有 53% 。此外總結來看每種類型的實驗，辨識率最高通常是出現在資料量最多且有做 CSHE 的狀況下因此我們可以認為，增加資料量且做 CSHE 可以相當有效的提升辨識率。

表 9 為三種語言在各實驗最佳的辨識結果統整。而表 10、表 11、表 12 呈現每種語言各類情緒在最好的辨識率下的分類情形，也就是混合語料有做 CSHE 實驗的詳細分類狀況。在此以混淆矩陣表示，橫列為所屬情緒，直行為被歸分類為何種情緒，例如表 10 的第一列生氣類，共有 40 句被正確分類為生氣、4 句分為噁心、11 句分為開心、3 句分為中性。為了以此混淆矩陣評估各類情緒的辨識難易度，在此以計算每類情緒的 precision 與 recall 來做比較，precision 的算法為該情緒被正確辨識的句數除以被分類為該情緒的句數。recall 的算法為該情緒被正確辨識的句數除以該情緒總句數。從各類情緒的 recall 及 precision 可以看到，害怕的 recall 及 precision 普遍較高，比較容易辨識。而開心跟傷心的 recall 及 precision 普遍較低，較難以辨識。

表 9: 三種實驗結果比較

	單一語料	混合語料	跨語料
國	60.0	63.5	58.7
台	48.9	53.1	48.6
客	61.3	64.6	53.5

表 10: 混合語料國語做測試分類結果

情緒/分類結果	生氣	無聊	噁心	害怕	開心	傷心	中性	總數	recall
生氣	40	0	4	0	11	0	3	58	0.68
無聊	0	49	5	0	2	5	5	66	0.74
噁心	3	1	25	1	7	3	6	46	0.54
害怕	1	2	0	42	5	4	3	57	0.73
開心	21	1	4	5	32	1	3	67	0.47
傷心	0	7	12	1	3	31	3	57	0.54
中性	14	3	3	2	3	3	59	87	0.67
precision	0.51	0.78	0.47	0.82	0.51	0.66	0.72		
總句數								438	

表 11: 混合語料台語做測試分類結果

情緒/分類結果	生氣	無聊	噁心	害怕	開心	傷心	中性	總數	recall
生氣	58	0	5	0	4	0	6	73	0.79
無聊	2	23	3	0	1	13	13	55	0.42
噁心	12	2	29	2	6	4	0	55	0.53
害怕	2	1	2	43	7	2	4	61	0.70
開心	13	0	7	6	29	3	0	58	0.50
傷心	5	8	4	5	1	27	6	56	0.48
中性	19	7	8	3	8	4	15	64	0.23
precision	0.52	0.56	0.50	0.73	0.51	0.52	0.34		
總句數								422	

表 12: 混合語料客語做測試分類結果

情緒/分類結果	生氣	無聊	噁心	害怕	開心	傷心	中性	總數	recall
生氣	51	1	1	2	3	0	4	62	0.82
無聊	0	40	2	1	1	11	4	59	0.68
噁心	5	4	34	2	3	5	1	54	0.63
害怕	4	0	2	49	6	2	1	64	0.77
開心	14	0	5	3	22	1	3	48	0.46
傷心	1	5	6	6	6	24	4	52	0.46
中性	6	1	4	3	6	3	39	62	0.63
precision	0.63	0.78	0.63	0.74	0.47	0.46	0.70		
總句數								401	

　　綜觀以上，MLP 的辨識表現在台灣本土語料庫上是還不錯的，只要使用適當的網路結構和訓練資料組合，都能達到五、六成的辨識率。且從混合語料的實驗結果可以發現，在資料量越多的情況下，兩層網路的辨識率會越接近一層網路，可見造成兩層網路辨識率較差的主因是因為訓練資料不夠多所導致。本研究所使用的國台客語料庫，資料量只有約一千多筆，相信日後若資料量更多，辨識的結果會更好，且使用兩層網路的辨識率可能會優於使用一層網路。

參考文獻

[1] R. W. Picard and R. Picard, "Affective computing" . MIT press Cambridge, 1997, vol. 252.

[2] F. Burkhardt, A. Paeschke, M. Rolfes, W. F. Sendlmeier, and B. Weiss, "A database of german emotional speech." in Interspeech, vol. 5, 2005, pp. 1517–1520.

[3] S. Steidl, "Automatic classification of emotion related user states in spontaneous children's speech," PhD thesis, University of Erlangen-Nuremberg, 2009.

[4] S. Wu, T. H. Falk, and W.-Y. Chan, "Automatic speech emotion recognition using modulation spectral features," Speech communication, vol. 53, no. 5, pp. 768–785, 2011.

[5] D. Le and E. M. Provost, "Emotion recognition from spontaneous speech using hidden markov models with deep belief networks," in Automatic Speech Recognition and Understanding (ASRU), 2013 IEEE Workshop on. IEEE, 2013, pp. 216–221.

[6] B.-C. Chiou, "Cross-lingual automatic speech emotion recognition,"Master's thesis, National Sun Yat-sen University, 2014.

[7] LIN Chu-Hsuan, CHEN, Yen-Sheng, "結合非線性動態特徵之語音情緒辨識 (Speech Emotion Recognition via Nonlinear Dynamical Features)"[In Chinese], in ROCLING 2015.

[8] T. Iliou and C.-N. Anagnostopoulos, "Svm-mlp-pnn classifiers on speech emotion recognition field-a comparative study," in Digital Telecommunications (ICDT), 2010 Fifth International Conference on. IEEE, 2010, pp. 1–6.

[9] D. E. Rumelhart, G. E. Hinton, and R. J. Williams, "Learning internal representations by error propagation," DTIC Document, Tech. Rep., 1985.

[10] M. Abadi, A. Agarwal, P. Barham, E. Brevdo, Z. Chen, C. Citro,G. S. Corrado, A. Davis, J. Dean, M. Devin et al., "Tensorflow:Large-scale machine learning on heterogeneous distributed systems,"arXiv preprint arXiv:1603.04467, 2016.

[11] N. Srivastava, G. E. Hinton, A. Krizhevsky, I. Sutskever, and R. Salakhutdinov, "Dropout: a simple way to prevent neural networks from overfitting." Journal of Machine Learning Research, vol. 15, no. 1, pp. 1929–1958, 2014.

The 2016 Conference on Computational Linguistics and Speech Processing
ROCLING 2016, pp. 22-34
© The Association for Computational Linguistics and Chinese Language Processing

「V 到」結構的合分詞及語意區分

Word segmentation and sense representation for V-*dao* structure in Chinese

黃淑齡、李詩敏、白明弘、吳鑑城、簡盈妮、林慶隆
國家教育研究院編譯發展中心
Development Center for Compilation and Translation
National Academy for Educational Research
{slhuang, smli, mhbai, wujc, jyingni, cllin}@mail.naer.edu.tw

摘要

中文複合詞中有很大部份是由動補結構所組合產生，它們在語料中常呈現合分詞不一致或錯誤的情況，本文以動補結構中合分詞類型最複雜的結構「V 到」為例，探討其合分詞及語意區分問題。我們根據「到」是否有「到達」的語意，利用七條原則及簡易判準—即以賓語類型{地點 時點 狀態}為標準—採人工的方式進行標記，並評估合分詞正確率，結果證明「吃到」可以由目前的 70.6%正確率提升到 94.5%。以「V 到」結構整體來看，在 9 個例詞 500 條隨機選取的例句中，合分詞正確率可達到 93.4%，基於此合分詞結果的語意合成正確率也達到 86%。顯示複雜的動補結構合分詞問題可經由簡易人工規則來改善。未來我們計畫將人工規則轉為自動化處理程式並檢驗其正確性。

關鍵詞：V 到，分詞，中文動補結構，語意表達

一、 緒論

中文複合詞中有很大部份是由動補（Verb-complement）結構所組合產生，例如：看到、想來等等。為顧及分詞效率，一般系統會將這些高頻的動補結構視為複合詞收詞。然而，在不同的語境下，有時它們需分詞處理，例如：看 到 傻了、想 來沾點邊等等，也就是說，以收詞的方式來處理動補式複合詞，將難以避免分詞錯誤，事實上，語料庫中動補結構分詞錯誤或不一致的例子頗為常見，如(1)

(1)　　吃到全家人都怕了

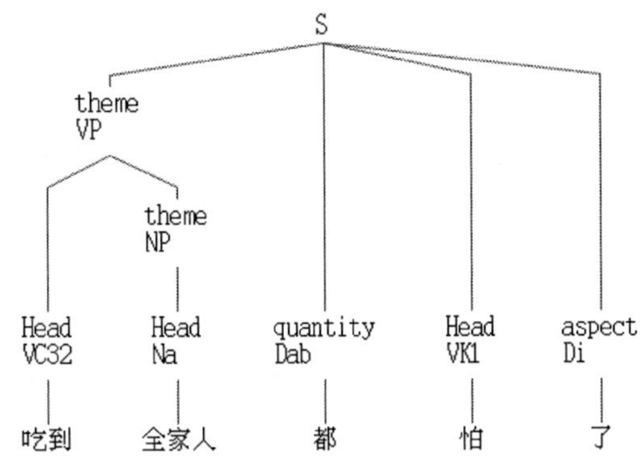

上例中「吃到」合詞，「全家人」則誤為賓語，正確的斷詞為 吃 到 全家人都怕了，其意義應解釋為全家人 吃 <u>到都怕了</u>，「到」為結構助詞，作用如「得」字。以「吃到」為例，檢視國家教育研究院建置的華語文語料庫（Corpus of Contemporary Taiwanese Mandarin，簡稱 COCT[1]）1 億 1,220 萬字書面語語料[1]，在 711 個例句中，有 209 個分詞錯誤，[2]分詞正確僅 70.6%，與平均分詞正確率 94%相去甚遠。[3]本文嘗試修正這些分詞錯誤，我們以「V 到」結構為例，因為「到」這個虛化動詞，在語言分析時有時被視為介詞，引介時間和地方，例如：走到巷口、等到明天；有時被視為結構助詞，連接狀態程度，例如：冷到不行、佩服到五體投地；有時被視為動相補語（phase marker），表示動作瞬間完成、實現，例如：碰到怪事、找到鑰匙等等；顯示「V 到」結構包含複雜的合分詞情況，很適合作為範例，來說明應如何處理動補結構的語意區分問題、訂定分詞原則，並修改語料中的分詞錯誤或不一致情況。本文第二節將就「V 到」結構的語意分析作文獻探討，並根據語境，提出合理的分詞原則及語意預測。第三節則探討這些原則的適用性、如何依據這些原則做合分詞判斷，及合分詞後句子語意表達的正確性。第四節討論未來自動合分詞的方法及可能遭遇的困難。最後則提出結論。

---

[1] 國教院語料索引典系統網址為：http://coct.naer.edu.tw/cqpweb/。

[2] 根據語境應分詞，目前的分詞系統卻合詞的例子為：吃到第二天、吃到幾乎反胃、吃到一半、從小吃到大、吃到這種地步、吃到嘴裡、為什麼要吃到一萬多元、吃到最後等等。根據語境應合詞，目前的分詞系統卻分詞的例子為：吃到肥豬肉、吃到一塊珍饈、有時吃到十五粒等等。

[3] COCT 語料庫採自動分詞，分詞結果未經人工檢查；比較經人工檢查修訂的平衡語料庫 4.0 版（http://asbc.iis.sinica.edu.tw/），其中「吃到」有 127 筆，正確分詞有 104 筆，合分詞正確率僅有 81.8%，亦低於平衡語料庫之分詞正確率平均值 95%。

二、 「Ｖ到」結構的語意分析

(一) 文獻探討

《說文》:「到，至也。」一般均認為「到」的原始語意為「到達」，它的賓語為處所，因此「Ｖ到」也被視為連動結構或動補結構，如：走到圖書館。然而，隨著歷史演化，「到」的賓語已不限於處所，可能是時間、抽象概念或狀態，這也使「到」逐漸演化為引介處所、時間、範圍的介詞，如：走到一半；或是動相補語，如：買到車子等等。呂叔湘[2]認為「Ｖ到」有以下五種語意：

1. Ｖ到+名(受事)，表示動作達到目的或有了結果，例如：我今天收到了一封信、這個人好像在哪兒看到過。

2. Ｖ到+名(處所)，表示人或物隨動作到達某地。例如：他回到了家鄉、他一直把我送到村口。

3. Ｖ到+名(時間)，表示動作繼續到什麼時間，例如：等到明年暑假我再來看你、找到天亮還沒有找著李強。

4. V/Adj 到+名，表示動作或性質狀態達到某種程度，例如：他的視力已經減退到零點一了、事情已經發展到十分嚴重的地步。

5. Ｖ到+動/小句，表示狀態達到的程度，例如：聲音高到不能再高了、船上平穩到跟平地上差不多。

趙元任[3]從聲調分析「Ｖ到」；[4] Li & Thompson [4][5]和劉月華[5][6]從語意切入，將「Ｖ

---

[4] 趙元任（1994:184-228）：
  (1) Ｖ到+N(處所)，「到」的弱化語式，念 • de，例如：他搬到/得哪兒去了、頭髮掉到/得地下了。
  (2) Ｖ到+V，表示時間、程度或範圍，例如：說到嘴乾（同時表時間和程度）、累到走不動（表示程度或範圍）。
  (3) Ｖ到為方向補語（全聲調），例如：咱們居然趕到了、這件事情我早料到了。
  (4) Ｖ到為狀態補語（輕聲調），例如：我碰到一件怪事。

[5] Li & Thompson（1992:59,286,314）：
  (1) Ｖ到表示動作達成（結果式動詞複合詞），例如：看到、找到、想到
  (2) 到為 coverb(動介詞)，與名詞組成處所片語或方向片語，修飾動詞，例如：飛到上海、唸到第三行。

[6] 劉月華（1996：304-305）：
  (1) 結果意義：
    A. Ｖ到表示動作達到了目的，例如：你丟的那支鋼筆找到了。

到」分為趨向義及結果義；王錦慧[6]從歷史發展的角度切入，綜合上述各家說法，進一步分析「到」的語法功能及「V 到」的語意類型如下：

1. 「到」為趨向補語，「V 到」表示時間或空間位移到某一個具體或抽象的終點。

   (1) V 到(+處所賓語)，例如：清華大學五分鐘就可走到、一滴都不會漏到油瓶外面。

   (2) V 到+時間賓語，例如：去年春天最好的春茶，放到今年也要失味。

   (3) V 到+處所賓語（隱含程度），例如：鬧到要離婚的地步。

2. 「到」為動相補語，「V 到」表示動作的瞬間完成、實現。

   V 到(+受事賓語)，例如：八十元的雖然好吃又營養，卻不容易買到、港商在上海搶到不少一級地段的商業地產。

3. 「到」為結構助詞，起連接作用，「V 到」隱含狀態所累積達到的程度。

   V 到+程度補語，例如：店面市場真是冷到不行。

王錦慧 1 下的(1)、(2)、(3)類可分別對應到呂叔湘的 2、3、4 類，王的 2、3 類則分別對應到呂的 1、5 類，趙、Li &Thompson 及劉的分析結果亦不出這五類範圍，因此，可確認「V 到」的語意類型為五種。

(二) 分詞原則及語意預測

參考上述分析，本文以「到」是否有「到達」語意來決定合分詞，凡有「到達」義者，不管是到達地點、時間點或某狀態，都分詞，該地點、時間點或某狀態視為「到」引介的賓語或補語；凡無「到達」義者則合詞，表示「到」已虛化為新詞的一部分，無具體語意。據此，我們共分析出七種合分詞原則，每一原則都用廣義知網的義原及語意角色來表達其語意[7]，如下所列：

B. V 到表示動作持續到什麼時間，例如：昨天晚上我們談到十點半。
C. V 到表示事情、狀態發展變化所達到的程度，例如：事情已經鬧到不可收拾的地步了。
(2) 趨向意義：
A. V 到表示通過動作使事物達到某處，賓語一定是表示處所的詞語，例如：這個消息已經傳到外地了。

1. 有「到達」義者：

I. V 到+地方/ →分詞

> 到：引介地方賓語的介詞
>
> 語意：{V:LocationFin={地方},theme={}}
>
> 例如：走 到 櫃檯

II. V 到+時間→分詞

> 到：引介時間賓語的介詞
>
> 語意： {V:TimeFin={時間}}
>
> 例如：等 到 婚後

III. V 到+範圍→分詞

> 到：引介物體範圍的介詞
>
> 語意：{be|是:means={V},range={範圍},theme={}}
>
> 例如：鳥類 佔 到 近 1/2

> **變化形式：V 到+範圍→分詞**
>
> 到：引介動作範圍的補語標記（complementizer）
>
> 語意：{ V:range={範圍}}
>
> 例如：想 到 一半、進行 到 第二輪

IV. V 分類動詞到+範疇→分詞

> 到：引介範疇的介詞
>
> 語意：{be|是:means={V 分類動詞},whole={範疇}}
>
> 例如：歸 到 運動類、分 到 廣西廠

V. V 到+VP/S→分詞

> 到：結構助詞
>
> 語意：{V:result={VP/S}}
>
> 例如：走 到 腳痠、佩服 到 五體投地
>
> **變化形式：V 狀態動詞到+程度→分詞**
>
> 語意：{V 狀態動詞:degree={程度}}

例如： 冷 到 不行、怪 到 不可置信的地步、高 到 某種程度

2.　無「到達」義者：

VI.　V 到+V 的賓語➔合詞

到：虛化為動相補語

語意：{V:aspect={Vachieve|達成},goal={}}

例如：注意到他的成績、吃到好東西

變化形式：V 到+賓語範圍（省略賓語）➔合詞

例如：分到 一半(的蘋果)

VII. V 到已詞彙化➔收詞

到：無義

語意：合成與表面結構不同的新語意

例如：提到 經濟、經驗 老到

以上七條合分詞原則，與王（2013）的不同處在於，我們將王 1(1)、(2)類「V 到+處所/時間」的「到」改為介詞；(3)類「V 到+處所賓語（隱含程度）」的「到」改為助詞。由於這兩處的「到」都有「到達」義，因此都分詞處理。事實上，「到」也常獨用為處所或時間標記（location/time marker），例如：我從小到大都愛吃魚、他到紐約茱麗亞音樂院就學，因此我們依循 Li & Thompson 的分類，將處所及時間當作介詞賓語，使分詞的一致性更高。另外，王 1(3)類的「程度」與 3 的「程度補語」語意分隔不夠明顯，前者的例子如鬧到要離婚的地步，後者如快到令人眼花繚亂，僅以「V 到」後接成份為名詞或動詞作為區分，然而前者也可省略中心語「的地步」變成動詞，後者也可加上「的地步」變成名詞，因此我們均以「到」為結構助詞來歸納這些用例。

三、 「V 到」結構的合分詞及語意表達

本節探討上述七條原則是否適用所有的「V 到」結構；其次，如何根據這七條原則來判斷「V 到」結構應合詞或分詞；最後，檢視句子成分的語意合成正確性。

(一) 合分詞原則的適用性

在七條合分詞原則中，除了需收詞的最後一條外，其餘六條皆與「V 到」結構的動詞語

意相關，因此我們從語料庫中挑出 9 個分別代表「V 到」後接賓語、地方、時間及 V
為狀態動詞的例詞：吃到、湧到、等到、分到、嚇到、燙到、熱到、高到、老到等，並
隨機挑選包含這些詞的 500 條例句，以觀察合分詞原則的適用性。部分例子及其適用的
合分詞原則如(2)所列：

(2)　a.有時甚至 吃 到 八點半→原則(II)

　　　b.一口一口都 吃到 蘋果的滋味→原則(VI)

　　　c.不肯輕易叫他 吃 到 口→原則(I)

　　　d.佩吉特 吃 到 一半就走了→原則(III)變化形式

　　　e.這些焦慮 湧 到 梅西嘴邊→原則(I)

　　　f.河床容納不了上游 湧到 的河水→原則(VI)

　　　g.政府和軍部的車輛特需，源源 湧到 →原則(VI)

　　　h.等 到 這群僵屍消失之後→原則(II)

　　　i.終於 等到 機會出國→原則(VI)

　　　j.了解男女的差別要 等 到 五歲以後→原則(II)

　　　k.行路的人都 分到 菜飯→原則(VI)

　　　l.他被 分 到 廣西廠→原則(IV)

　　　m.我也 分到 一塊→原則(VI)變化形式

　　　n.孩子已 嚇 到 發抖→原則(V)

　　　o.嚇到 了廚房的小狗→原則(VI)

　　　p.一直 燙 到 脖子，乃至全身→原則(I)

　　　q.我很快地喝一口，燙到 了嘴→原則(VI)

　　　r.天氣 熱 到 像在鐵板上燒烤一樣→原則(V)

　　　s.票價 高 到 一百元一張→原則(V)變化形式

　　　t.她還沒有 老 到不能穿紅穿綠→原則(V)變化形式

　　　u.女人處理這種事非常小心而且手法老到→原則(VII)

在 500 個例句中，除了少數如(l)我們會猶豫它是符合原則(I)或原則(IV)、(s)是符合原則
(V)的變化形式或原則(VI)的變化形式外，其他的例子都不難判斷，故推論七條合分詞
原則應是足夠的。下一個階段則是測試它們在實作上的正確性。

(二) 評估合分詞的自動化方法及正確率

本文所提出合分詞自動化的方法為：簡單的用賓語（或補語）是否為{地點 時點 狀態}來決定「到」是否有「到達」義，如果是前述三種賓語，表示有「到達」義，「V 到」分詞；反之，則合詞。簡易評估以上合分詞自動化方法的步驟有四：

第一步：依據合分詞原則針對 500 條例句做出標準答案(gold standard)。

第二步：用賓語（或補語）是否為{地點 時點 狀態}來決定「到」是否有「到達」義，如果是前述三種賓語，表示有「到達」義，「V 到」分詞；反之，則合詞。

第三步：在 500 條例句中標示出以上三類賓語（或補語），表示該句必須分詞。

第四步：依據標準答案，檢視第三步驟合分詞的正確率。以(2)的 21 條例句為例，標記(a)(h)(j)屬於時間；(n)(r)(t)屬於狀態；如果把身體部件也視為地方，(c)(e)(l)(p)(q)屬於地點，以上都應分詞，其餘則合詞。

這個簡易判準所得出的合分詞結果與標準答案比對後，發現在 21 條例句中，有 3 個錯誤，分別是(d)(q)(s)。(d)吃到一半的「一半」屬於動作範圍，因為也可能符合原則(I)的變形「分到一半（蘋果）」，所以簡易判準中未標記「範圍」類，故造成錯誤。(q)燙到了嘴的「嘴」是賓語，但身體部位也常當地方詞，如：一路燙到脖子、到全身，因此本文將身體部位一律視為地方，故造成錯誤。(s)高到一百元一張，「一百元一張」不是典型的狀態，而是表示狀態範圍的定量式複合詞，如：八百度、90 錢等等，此類與原則(VI)省略賓語的變化形式很像，故本文暫不標記，造成了錯誤。依此方法，針對 500 條例句合分詞的正確率為 93.4%，詳細分析如表一：

表一、以賓語類型決定「V 到」結構合分詞的正確率

	地點	時點	狀態	其他	總計
標記數	82	40	88	290	500
正確數	75	40	87	265	467
正確率(%)	91.5	100	98.9	91.4	93.4

上表的錯誤類型分析如下：

1. 賓語類型為「地點」的 7 個錯誤可分為兩類型：(1)身體部件應為賓語而不是地點（4 筆），如：燙到手；(2)地點應為賓語而不為地方（3 筆），如：分到一間房。

2.　賓語類型為「時點」者沒有錯誤。

3.　補語類型為「狀態」者只有一個錯誤例子：分到了從第二冊看起，其表面結構是動補，故依判準應分詞，但是深層語義其實是動賓，應合詞。

4.　不屬於上述三種類別者均標記為「其他」，全部合詞，其錯誤類型有三：(1)後接成份省略了時間、地方或狀態（3 筆），例如：一家一家吃到 Z 字首的（餐廳）、官位高到國家的『三公』（的程度）。(2)後接成份詞類為普通名詞，但是類似身體部件，可作為地方詞用（1 筆），如：把很多的情緒分到快樂系統或痛苦系統。(3)後接成份為定量複合詞，部份屬於（動作）範圍，應分詞，故造成錯誤（21 筆），如：溫度高到八百度、吃到一半等等。

同時，本文也發現「分到」這個結構的錯誤率比較高，那是因為「分到」有語意方向性，「把 A 分到 B」與「A 被分到 B」同一方向，A 指的是被分配的事物，應分詞；當語意為「B 分到(了)A」時，B 指的是得到 A 的主語，應合詞。無論如何，依據賓語類型來判斷合分詞雖然有上述錯誤，但是「V 到」結構的合分詞正確率由 70%提升到 93%，語意細緻度也提高了。

(三)　「V 到」結構的語意表達式

在 2.2 節中曾針對每一合分詞原則給予語意預測，並以廣義知網的語意表達式來呈現，本節要檢視依據 3.2 節的方法合分詞後，是否能根據語意預測合成「V 到」與其賓語（或補語）的語意。茲舉(2)的部份合成範例如(3)：

(3)　a.有時甚至　吃　到　八點半

　　　原則(II)→ {V:TimeFin={時間}}→{吃:TimeFin={八點半}}

　　b.一口一口都　吃到　蘋果的滋味

　　　原則(VI)→{V:aspect={Vachieve| 達成 },goal={}}→{ 吃 :aspect={Vachieve| 達成 },goal={蘋果的滋味}}

　　d.佩吉特　吃　到　一半就走了

　　　原則(III)→ {V:range={範圍}}→{吃:range={一半}}

　　e.這些焦慮　湧　到　梅西嘴邊

　　　原則(I)　→{V:LocationFin={ 地方 },theme={}}→{ 湧 :LocationFin={ 梅西嘴邊 },

theme={這些焦慮}}

l.他被 分 到 廣西廠

原則(IV) ➔ {be|是:means={V 分類動詞},whole={ 範疇 }}➔ {be|是:means={ 分 },
whole={廣西廠},theme={他}}

n.孩子已 嚇 到 發抖

原則(V) ➔ {V:result={VP/S}}➔ {嚇:result={發抖},experiencer={孩子}}

u.女人處理這種事非常小心而且手法老到

原則(VII) ➔ {able|能:degree={very|很},theme={手法:owner={女人}}}

依據 3.2 節的簡易判準，將標記有{地點 時點 狀態}的例句分別依原則(I)(II)(V)進行語意合成，{其他}類則依原則(VI)合成。然後以人工檢視 500 條例句的語意合成正確率如表二：

表二、不同賓語類型的語意合成正確率

	地點	時點	狀態	其他	總計
標記數	82	40	88	290	500
語意合成正確數	72	38	72	248	430
正確率(%)	87.8	95	81.8	85.5	86

原則上，若合分詞錯誤，則語意合成必然也錯誤。因此，依賓語類型來做語意合成時，錯誤類型會比合分詞的錯誤類型多，分析如下：

1. 賓語類型為「地點」的 10 個錯誤中除了原合分詞的 7 個錯誤外，還包括原先應屬於「狀態」類的 3 個例子，例如：價格也不會高到哪裡，「哪裡」被標記為地點，因此分詞，恰與「狀態」類須分詞一致，但是語意合成為{高:LocationFin={哪裡}}是錯誤的，正確應為{高:degree={not({very|很})}}。

2. 賓語類型為「時點」者有 2 個錯誤，屬於同一類，如：(把鹿的全部骨肉平分了，)分到鹿頭時…，依原則(II)語意合成為{分：TimeFin={TimePoint({鹿頭})}}顯然不正確，正確應為 TimePoint={分:goal={鹿頭}}，這屬於語意合成難免遭遇的例外情形。

3. 補語類型為「狀態」者有 16 個錯誤例子，除了原合分詞的 1 個錯誤例子外，另外 15 個錯誤分為兩個類型：(1)從小吃到大（3 筆），「大」在此處應表時間，故不能表達為{吃:result={大}}；(2)由於合成時，狀態類沒有細分變化類型，因此屬於

{V:degree={}} 全都標記為{V:result={VP/S}}，故造成錯誤，如：高到某個程度（12
筆）合成為{高:result={某個程度}}。此種錯誤應可修正。

4. 賓語類型為「其他」者，除了原合分詞 25 個錯誤外，還有 17 個合成錯誤，分屬兩
   類：(1)賓語不是被處置的受事者(goal)，而是移動的客體(theme)（4 筆），如：精銳
   大軍(如潮水般)湧到，應合成為{湧:aspect={Vachieve|達成},theme={精銳大軍}}而非
   {湧:aspect={Vachieve|達成},goal={精銳大軍}}；(2)應收詞的一類也歸為「其他」，
   因此造成錯誤（13 筆）。如：手法老到依據原則(I)誤合成為{老:aspect={Vachieve|
   達成},goal={手法}}。此種錯誤亦可修正。

四、 未來研究：自動合分詞的可能性及困難

提出合分詞原則的最終目標是能依此達到自動化的目的，以下兩部分是達成自動化可以
努力的方向：

(一) 訂定「動詞語意」搭配「賓語類型」原則來改善合分詞

自動化即是要討論如何判別賓語是否為{地點 時點 狀態}，例如：訂定當動詞是移動動
詞、姿態動詞、延伸動詞…等＋到＋地方詞時，賓語為{地點};分級狀態動詞(Gradable
state verbs)…等＋到＋動賓或補語時，賓語為{狀態}等等可操作的細緻規律。事實上，
上一節僅以賓語類型來判斷合分詞時,已從錯誤類型中發現可進一步改善此簡易判準的
方法，即是必須結合動詞語意來做判斷，如(4)：

(4) 看到學校

上例中「學校」雖是地方詞，但因搭配的動詞不是移動動詞，故「學校」應為受事者，
前面提到過身體部件有時作地點,有時作受事者,也可以利用動詞語意輔助判斷。此外，
自動化合分詞還有一個技術性問題須克服,即判斷「V 到」結構後接成分中心語的問題，
如(5)：

(5) a.吃到埃及最有名的料理
    b.嚇到他們噤若寒蟬

以人工判斷，(5a)的賓語是料理，而不是埃及；雖然在大多數的情況下，嚇到的對象是
人，但(5b)的賓語不是他們，而是以他們噤若寒蟬整句作為補語。也就是，同一個「V

到」結構，往往視語境而有複雜的合分詞情況，在自動化時必須用到剖析程式得到句結構，增添了判斷的難度，前面提到的「吃到」即是一例。

(二) 利用把、被句型判斷合分詞

在中文複合動詞中，動補結構比其他結構的動詞容易與把字句和被字句搭配，因為把、被字句有以下搭配限制：1.動詞常有處置語意(disposal sense)；2.動作或狀態需有終點(end point)，這兩項特徵恰好符合大部份動補結構的語意特徵，即：處置動詞+結果終點或趨向終點，參照(6)所列出的對比例子，可以很容易看出這點。

(6)　把百姓安撫住（動補）　　　vs.　　　*把百姓安撫（並列）

　　　把招牌懸起（動補）　　　　vs.　　　*把招牌高懸（偏正）

　　　把被害人殺死（動補）　　　vs.　　　*把被害人下毒手（動賓）

另外，雖然動補結構也可以直接加賓語，但是，將賓語前移（包括使用把、被句或 ergative 句型）的用例比較多，例如，統計動補結構「吹乾」一詞的 27 個例句中，直接加賓語只有 5 例，與把、被字句搭配使用則有 22 例。[7]如(7)：

(7)　他將頭髮吹乾刷亮　（把字句）

　　　汗水早已被晚風吹乾（被字句）

　　　杉木全部吹乾了（ergative）

利用動補結構的搭配特徵，只要「V 到」結構的後接成分中心語可以和該動詞的把、被字句搭配，就可推論合詞機率較高；反之，則分詞機率較高。如(8)(9)所示：

(8)　a.走到學校；*把學校走到；*學校被走到→「走到」分詞

　　　b.看到學校；*把學校看到；學校被看到→「看到」合詞

(9)　a.等到十點；*把十點等到；*十點被等到→「等到」分詞

　　　b.等到機會；?把機會等到；機會被等到→「等到」合詞

據此方法，如果把、被句都不成立，即分詞；有其中之一成立；即合詞。然而，實際應用時並不容易自動化判斷一個句子是否合理，或許可以利用大量語料檢索的方式，協助判斷這些句子是否出現，如：學校被看到、機會被等到等等，作為句子是否合理的依據。

---

[7] 使用國教院書面語語料庫。

五、 結論

本文討論中文動補結構中「V 到」的合分詞及語意區分問題，根據「到」是否有「到達」的語意，利用七條原則及簡易判準—即以賓語類型{地點 時點 狀態}為標準—採人工的方式進行標記，並評估合分詞正確率，結果證明「吃到」可以由目前的 70.6%正確率提升到 94.5%。[8]以「V 到」結構整體來考量，在 9 個例詞 500 條隨機選取的例句中，合分詞正確率可達到 93.4%，基於此合分詞結果的語意合成正確率也達到 86%。顯示複雜的動補結構合分詞問題可經由簡易人工規則得到改善。本文的下一步計畫是將人工規則轉為自動化處理程式並檢驗其正確性。

六、 參考文獻

[1] 柯華葳等，*華語文八年計畫「建置應用語料庫及標準體系」105 年工作計畫期中報告*，頁 5，臺北：國家教育研究院，2016。

[2] 呂叔湘，*現代漢語八百詞*，頁 151-152，北京：商務印書館，1999。

[3] 趙元任，*中國話的文法*，頁 184-228，臺灣：學生書局，1994。

[4] Li, Charles N. & Sandra A, Thompson, *Mandarin Chinese*, pp.59,286,314, Taipei: The Crane Publishing Co., Ltd., 1992.

[5] 劉月華，*實用現代漢語語法(繁體版)*，頁 304-305，台北：師大書苑，1996。

[6] 王錦慧，論「V 到」結構的歷史發展，頁 227-252，*成大中文學報第四十一期*，2013。

[7] Keh-Jiann Chen, Shu-Ling Huang, Yueh-Yin Shih, Yi-Jun Chen, Su-Chu Lin, You-Shan Chung, Ming-Hong Bai（2009），No. 09-01, Lexical Semantic Representation and Semantic Composition-- An Introduction to E-HowNet, Academia Sinica, CKIP group.

---

[8] 在國教院書面語料庫 711 個例句中，經簡易判準標記後重新合分詞，從原先的 209 個錯誤降為 39 個錯誤。

The 2016 Conference on Computational Linguistics and Speech Processing
ROCLING 2016, pp. 35-48
© The Association for Computational Linguistics and Chinese Language Processing

歌詞演唱錯誤偵測

Automatic Sung Lyrics Verification

孔祥勳　Shiang-Shiun Kung
國立台北科技大學電子系
Department of Electronic Engineering
National Taipei University of Technology
squarprince@gmail.com

馬勤皓　Cin-Hao Ma
國立台北科技大學電子系
Department of Electronic Engineering
National Taipei University of Technology
t101419012@ntut.edu.tw

沈信甫　Sin-Fu Shen
國立台北科技大學電子系
Department of Electronic Engineering
National Taipei University of Technology
squarprince@gmail.com

蕭博元　Po-Yuan Hsiao
國立台北科技大學電子系
Department of Electronic Engineering
National Taipei University of Technology
ccmomcc@gmail.com

蔡偉和　Wei-Ho Tsai
國立台北科技大學電子系
Department of Electronic Engineering
National Taipei University of Technology
encorew56527@gmail.com

摘要

本研究嘗試發展一種唱詞確認系統，以自動判斷演唱者是否唱錯歌詞。雖然直覺上，唱詞確認相似於語句確認問題，可以利用語音辨認上所使用的方法來處理，但由於歌唱聲音訊號就像語音訊號的伸縮、變形過後版本，我們發現直接利用語句確認進行唱詞確認的效果並不如預期。有鑑於歌唱時常因母音被拉長若干倍而造成與說話時的訊號相差甚多，我們試圖找出歌唱中的母音位置，並對其長度壓縮或裁剪，使其接近語音訊號，以使語句確認方法較能正常運作。經實驗結果顯示，透過母音長度壓縮或裁剪可大幅提升唱詞判斷的正確率。

Abstract

This study proposes a sung lyrics verification system for detecting if the lyrics sung by a performer are incorrect and further pointing out the potential mistake that the performer made. In essence, sung lyrics verification is similar to the problem of speech utterance verification in the speech recognition research community, and therefore the techniques in the letter can be applied to the former. However, our preliminary experiment found that a speech utterance verification system cannot handle singing data well, mainly because of the significant differences between singing and speech. To tackle this problem, we develop two strategies, respectively, from a signal processing perspective and from a model processing perspective. In the signal processing, recognizing that the vowels are often lengthened during singing, we propose vowel shrinking and vowel decimation to adjust the length of a vowel in singing to a normal length in speaking. In the model processing, we include a duration model concept in the acoustic modeling to reduce the differences between singing and speech. Our experiments show that the proposed methods can improve the performance of the sung lyrics verification to 72% and 90% accuracy using vowel shrinking, vowel decimation, and duration model approach, respectively, compared to 63% accuracy obtained with the baseline speech utterance verification system.

關鍵詞：唱詞確認，語句確認，母音壓縮，母音裁剪

Keywords: Singing Evaluation, Sung Lyrics Verification, Vowel Shrinking, Vowel Decimation, Duration Model

一、緒論

唱歌是人類的天賦，但要唱得好聽或有技巧則需要尋求管道來精進。通常，我們藉由別人口中得知自己唱歌是否好聽，甚至是聘請歌唱老師進行指導。然而，經由歌唱老師指導雖能夠讓學習者了解自身歌唱技巧上的缺點並加以改進，但並非所有人都有能力聘請專業人士來指導。因此，若有一套系統能夠在任何時間或是任何地點提供如專業人士般的指導，指出使用者在唱歌時所犯的錯誤，讓其提升歌唱實力，將會是一大助益。

綜觀目前市面上的卡拉 OK 伴唱系統中，具有自動歌唱評分功能的不在少數，但大多數仍以娛樂效果為主，並沒有實際評分或指導效果。在學術研究中，最完整的卡拉 OK 歌唱評分系統[1]採用「音高」、「動態音量」與「和諧度」三項依據進行評分，但卻忽略了「歌詞」這項依據。當演唱者沒有唱在歌曲的節奏上，或是唱成不同的字詞，便會產生唱錯歌詞的情形。並且，在真實歌唱比賽中，歌詞在評審評分時也佔了相當的比重。因此，「歌詞」是其中一項不可忽略的評分依據。有鑑於目前尚未有人針對「唱詞確認」進行探討，本研究嘗試評估自動唱詞確認的可行性。

二、應用語句確認系統於唱詞確認

一開始，本研究建立了一個以隱藏式馬可夫模型(Hidden Markov Model)為基礎的中文語句確認系統[2]，評估其用於中文唱詞確認問題的可能性與效能。我們透過 Hidden Markov Model Toolkit (HTK) [3]來實現語句確認系統，其中聲學模型是以次音節(Sub-syllable)為單位，共使用一百五十一個聲學模型(含靜音)，每一個模型皆為混合高斯機率密度之連續型隱藏式馬可夫模型。而用以訓練產生該模型的語音資料是 TCC-300 [4]。

考慮中文基本音節約有 411 個，我們利用次音節模型拼出此 411 個音節。舉例來說，圖一為中文音「好」的聲學模型圖，它包含子音模型「h_a」與母音模型「au」，其中「h_a」模型使用了兩個狀態，「au」模型則使用了三個狀態來描述，而 $\{a_{11}, a_{12}, a_{22}, a_{23}, a_{33}, a_{34}, a_{44}, a_{45}, a_{55}, a_{56}\}$ 為狀態轉移機率。

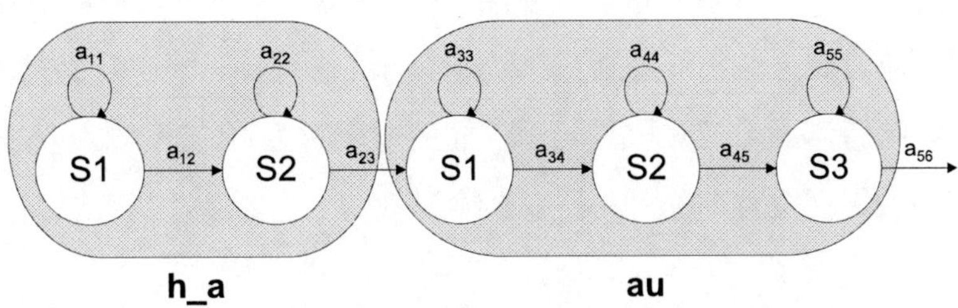

圖一、中文音「好」之聲學模型圖

如圖二所示，給定一段歌詞後，我們依其歌詞的次音節發音串接出模型Λ。則當一段歌唱聲音受測時，系統將其時域訊號轉成特徵參數 $\mathbf{O}$，並利用維特比演算法(Viterbi Algorithm)計算特徵參數 $\mathbf{O}$ 相對於模型Λ的對數似然率 $\ln \Pr(\mathbf{O}|Λ)$。理論上，似然率越大，代表該歌聲所唱的歌詞越正確；似然率越小，代表該歌聲所唱的歌詞越不正確。但為了量化正確性成為可判斷的數值，我們需要有一個基準似然率來做比較，亦即進行似然率的正規化。本論文採用類似文獻[5]所討論的方法，透過語音辨認法判斷受測歌聲 $\mathbf{O}$ 最可能是唱甚麼，例如$Λ^{*}$為維特比演算法所求出之最佳路徑所對應的模型串，則系統根據方程式(1)所得之分數判斷受測歌聲 $\mathbf{O}$ 是否唱錯

$$分數 = \ln \Pr(\mathbf{O}\,|\,Λ) - \ln \Pr(\mathbf{O}\,|\,Λ^{*}) \begin{array}{c} 正確 \\ > \\ \leq \\ 不正確 \end{array} \delta \tag{1}$$

其中 δ 為可調之臨界值(Threshold)。

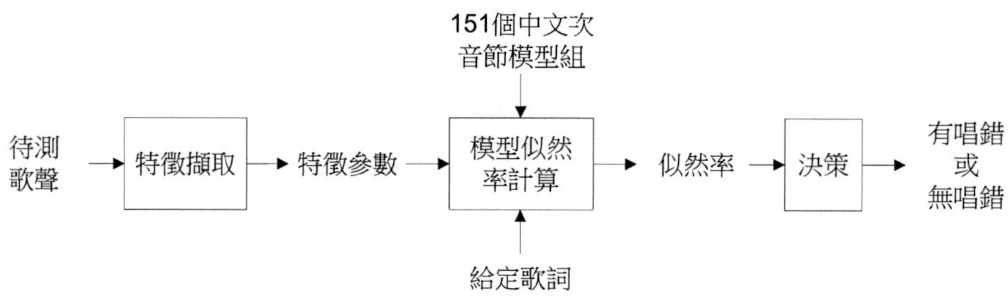

圖二、使用語句確認系統進行唱詞確認

三、針對歌唱訊號特性來改善語句確認系統

由於歌唱聲音訊號可以視為語音訊號的伸縮、變形過後版本，我們發現利用上述語句確認方式進行唱詞確認結果並不如理想。為此，本研究從聲音訊號處理進行改善嘗試。主要想法是考慮歌唱時常因母音被拉長若干倍而造成與說話時的訊號相差甚多，我們因此試圖找出歌唱中的母音位置，並對其長度壓縮或裁剪，使其接近語音訊號，讓語句確認方法較能正常運作。

中文為一字一音節結構，每一個音節皆由子音(可能不包含)、母音與聲調所組成。

考慮一首歌曲大致包含歌詞和旋律兩部分，當依照歌詞內容進行朗讀所產生的聲音訊號為語音訊號；而若在同樣歌詞內容的情況下，加入旋律進行歌唱，所產生的聲音訊號即為歌唱聲音訊號。若與語音訊號相比，歌唱聲音訊號在同樣歌詞內容上的長度通常較長，一般是配合歌曲旋律將歌詞部分拉長，而拉長的聲音部分多為母音部分。因此首先，我們需要找到母音的所在位置。圖三為一中文字之子音(Consonant)與母音(Vowel)的位置圖。從聲音訊號波形圖上觀察，能發現母音部分具有週期性；反之，子音部分則大多無週期性。因此，我們尋找一段歌唱聲音訊號或語音訊號具有週期性的位置即相當於等於找到其母音所在位置。

　　週期的倒數為頻率，一段聲音訊號之頻率的高低對應到時域上的音高(Pitch)。因此，我們計算一段聲音訊號的音高值並設定一臨界值，當高於此臨界值即判定為母音，便可達到母音偵測的目標。為此，本研究利用 YAAPT (Yet Another Algorithm for Pitch Tracking) [6]方法進行音高的追蹤，以便達到母音的偵測。圖四為一段聲音訊號之音高追蹤示意圖。

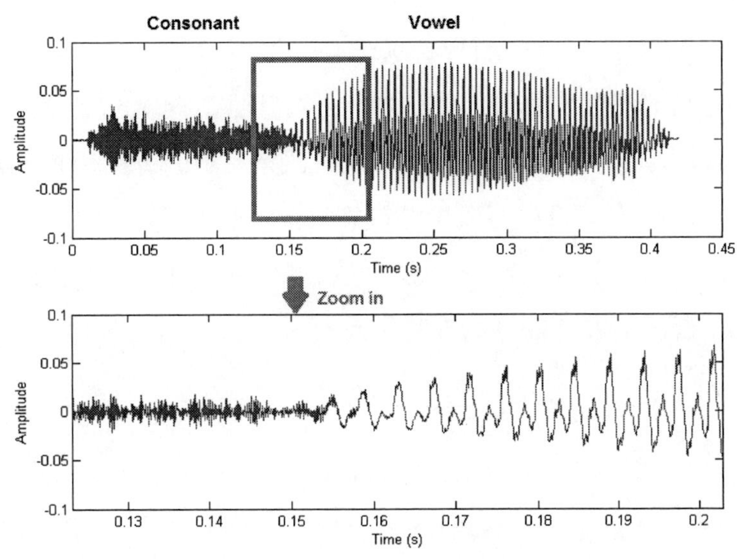

圖三、中文字「時」之子音與母音位置圖

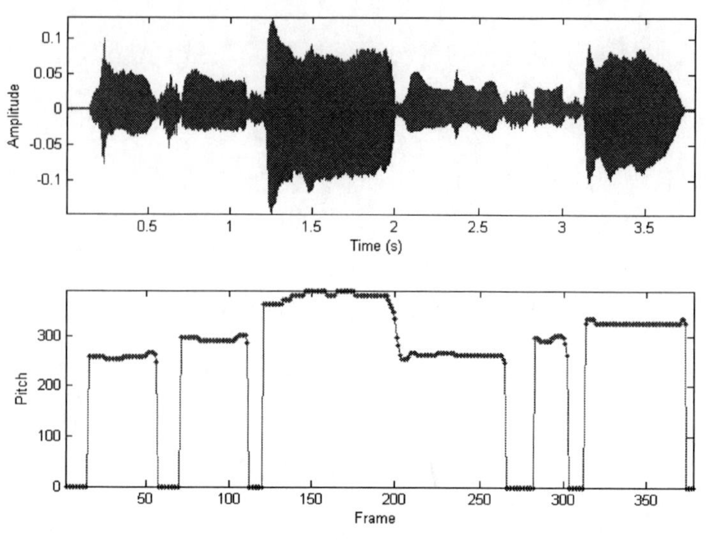

圖四、演唱歌詞「有時候，有時候」之音高追蹤示意圖

（一）、母音壓縮

找到聲音訊號的母音位置後，我們將其壓縮，使其長度能夠接近一般的語音長度。本研究利用 Phase Vocoder [7][8]方法，針對超過一定長度的母音部分進行壓縮。圖五為母音壓縮流程圖，歌唱聲音訊號經由母音偵測後，從聲音訊號的起始位置依序計算母音音框(Frame)的數量。當母音音框超過某數量時(本研究設定為 10)，系統便藉由 Phase Vocoder 將此段母音部分進行壓縮，最後得到壓縮後的聲音訊號。圖六(a)為一段歌詞的語音訊號圖，而圖六(b)與圖六(c)為同樣一段歌詞之歌唱聲音壓縮前後的訊號圖。我們可以看到壓縮後的歌聲訊號長度接近說話的聲音訊號。

圖五、壓縮歌聲中的母音

（二）、母音裁剪

由於母音是週期性訊號，刪除其中部分的重複片段後並不影響其母音的特性，因此我們
嘗試母音裁剪，將過長的歌唱母音直接切短，使其較像語音訊號的長度。裁剪方法同樣
是先偵測歌聲中的母音位置，然後針對過長的母音直接剪去其後半部分一定比例的長
度。圖六(d)為上述圖六(b)之歌唱聲音經由母音裁剪後的聲音訊號。

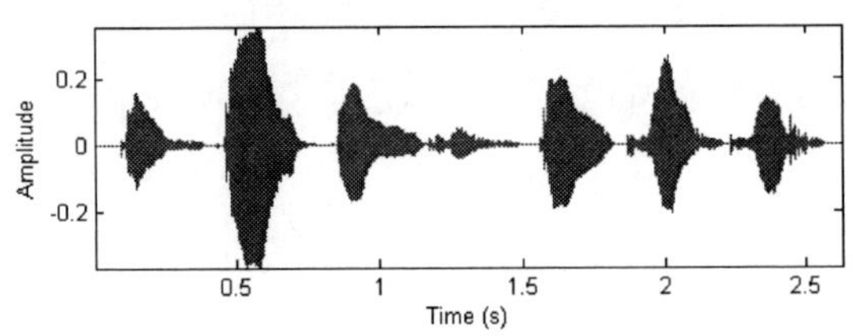

圖六(a)、正常語速唸歌詞「等到風景都看透」之語音訊號

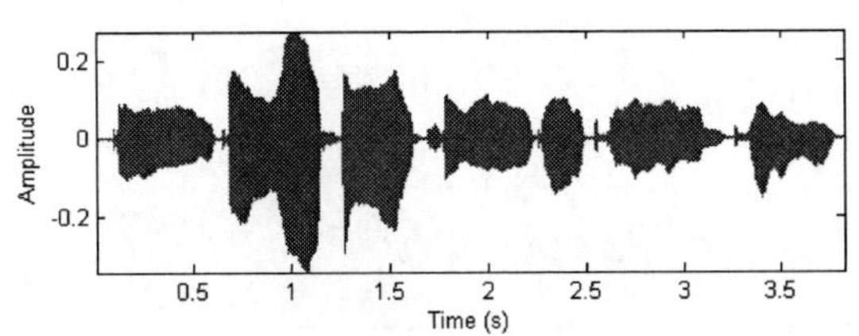

圖六(b)、演唱歌詞「等到風景都看透」之聲音訊號

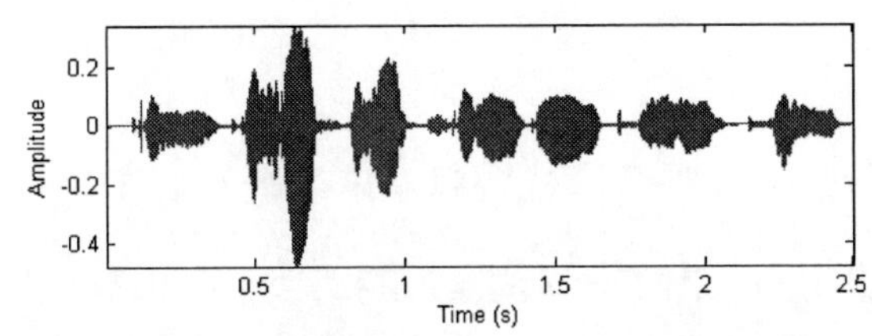

圖六(c)、將(b)之歌聲經由母音壓縮後的聲音訊號

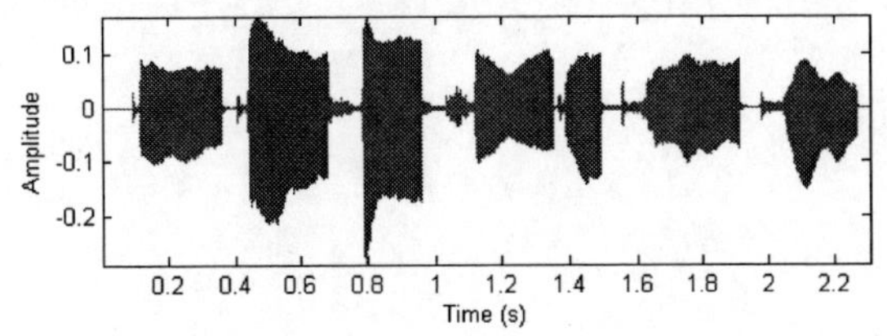

圖六(d)、將(b)之歌聲經由母音裁剪後的聲音訊號

四、實驗

（一）、資料庫

因為並沒有先前研究探討唱詞確認問題，我們因此自行錄製歌唱聲音資料庫進行實驗。
本研究邀請了五位女歌者與一位男歌者，每位歌者皆在同樣一安靜的房間內清唱十五首
中文流行歌曲，包含約各半的快歌與慢歌。然後模擬在卡拉 OK 歌唱環境下可能發生的
四種唱錯詞情況，分別請歌者錄製相同唱錯詞的歌聲，如表一所示，因此每位歌者共錄
製七十五個歌唱音檔。

表一、歌唱情況列表

情況編號	演唱方式	例如
1	依歌詞正確演唱	歌詞為「等到風景都看透」， 唱詞為「等到風景都看透」。
2	模擬部分唱錯詞	歌詞為「等到風景都看透」， 唱詞為「等到人生都看透」。
3	模擬部分歌詞前後顛倒	歌詞為「等到風景都看透」， 唱詞為「都看透等到風景」。
4	模擬遺漏部分歌詞	歌詞為「等到風景都看透」， 唱詞為「等到風景都看　　」。
5	未唱歌詞，僅哼出旋律	歌詞為「等到風景都看透」， 唱詞為「亨亨亨亨亨亨亨」。

　　接著，我們將七十五個歌唱音檔依照歌詞內容斷句切割為五百個歌唱片段音檔，
這五百個歌唱片段音檔即是用來做為測試樣本的單位。因此，六位歌者總共會產生三千
個測試樣本。音檔的取樣頻率皆為 16 kHz，解析度為 16 bits，單聲道；而每一個測試
音檔的長度皆介於二至十三秒之間。錄音的過程中，每一首歌曲的伴奏音樂皆由耳機輸
出，因此未被收錄至音檔之中。

（二）、實驗結果

1、應用語句確認系統於唱詞確認之結果

圖七為方程式(1)測試歌唱訊號所獲得之分數的 DET (Detection Error Tradeoff)曲線圖
[9]，該曲線圖橫軸(False Alarm Probability)表示測試樣本為唱詞正確，但卻被判斷為有
錯的機率；而縱軸(Miss Probability)表示測試樣本為唱詞有誤，但卻被判斷為無誤的機
率。圖七包含(a)、(b)、(c)與(d)四張圖，分別為使用歌唱情況 1 與另外四種唱錯詞情況
繪製而成。

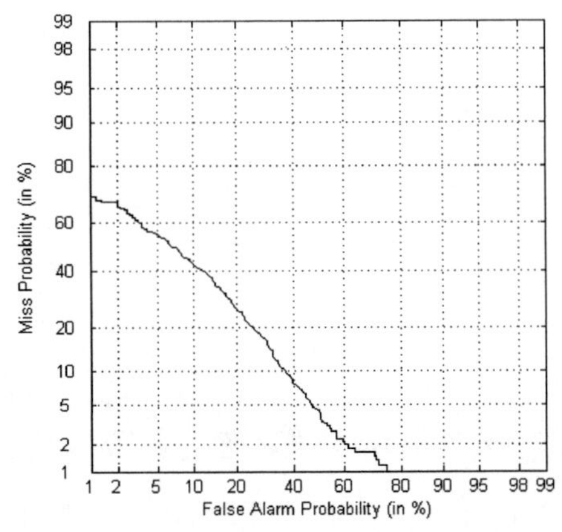

(a)、歌唱情況 1 與 2 之 DET 曲線圖

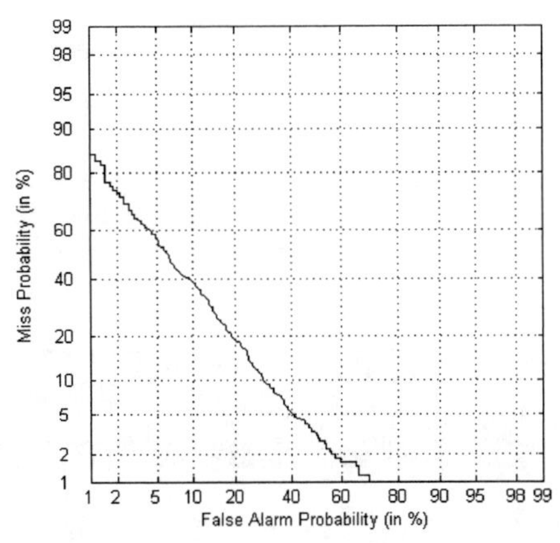

(b)、歌唱情況 1 與 3 之 DET 曲線圖

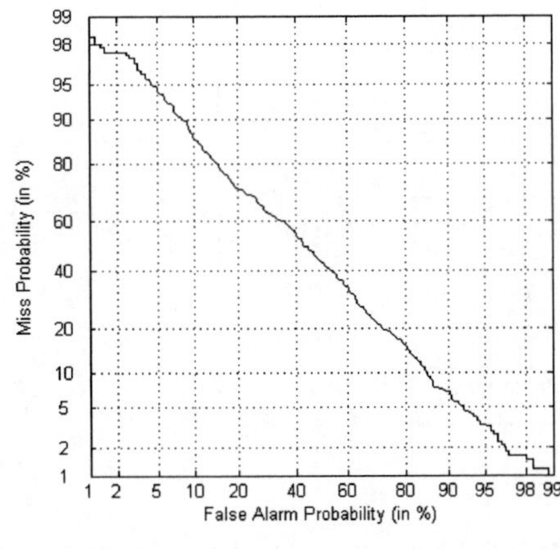

(c)、歌唱情況 1 與 4 之 DET 曲線圖

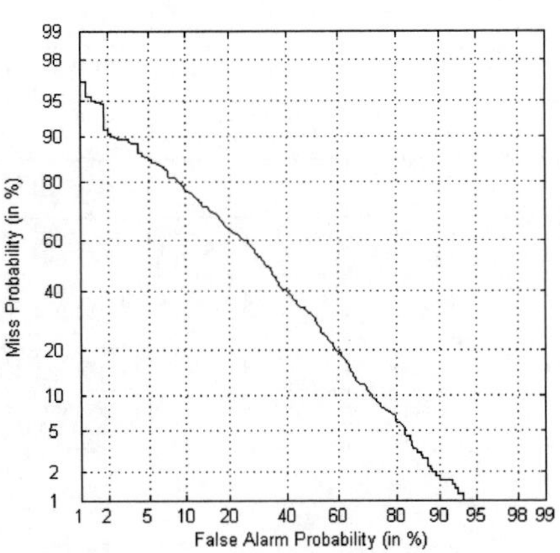

(d)、歌唱情況 1 與 5 之 DET 曲線圖

圖七、根據方程式(1)測試歌唱訊號所獲得之分數的 DET

　　另外，若我們將方程式(1)的臨界值 δ 設定為 0.22，可得接近等錯誤機率(Equal Error Probability)，即 False Alarm Probability = Miss Probability，其唱詞確認正確率如表二所示，其中確認正確是指：當歌唱情況為 1 時，系統判定其演唱的歌詞內容為無誤，或是當歌唱情況為 2、3、4 與 5 時，系統判定其演唱的歌詞內容為有錯。表二中的整體平均確認正確率為 63%。

表二、方程式(1)的臨界值 δ 設定為 0.22 的唱詞確認結果

情況編號	演唱方式	確認正確率
1	依歌詞正確演唱	76%
2	模擬部分唱錯詞	79%
3	模擬部分歌詞前後顛倒	84%
4	模擬遺漏部分歌詞	32%
5	未唱歌詞，僅哼出旋律	45%

2、經母音壓縮後的唱詞確認結果

接著，我們將歌唱聲音訊號的母音部分進行壓縮後，再送入語句確認系統進行唱詞確認。確認結果如表三所示。經過不同壓縮比例的實驗與觀察，發現壓縮比例使用 1/2 的改善效果為最好，因此我們使用壓縮比例為 1/2 的改善方式。最後得到平均確認正確率為 72%，較表二中未經改善的確認結果提升了 9%。

表三、經母音壓縮後的唱詞確認結果

情況編號	演唱方式	確認正確率
1	依歌詞正確演唱	75%
2	模擬部分唱錯詞	86%
3	模擬部分歌詞前後顛倒	89%
4	模擬遺漏部分歌詞	39%
5	未唱歌詞，僅哼出旋律	73%

　　圖八比較母音壓縮前後之方程式(1)所獲得的分數 DET 曲線，其中的實線即圖七中的曲線，而虛線為經過母音壓縮後的結果。我們可以清楚看到母音壓縮後可讓確認系統的 False Alarm Probability 與 Miss Probability 皆下降。

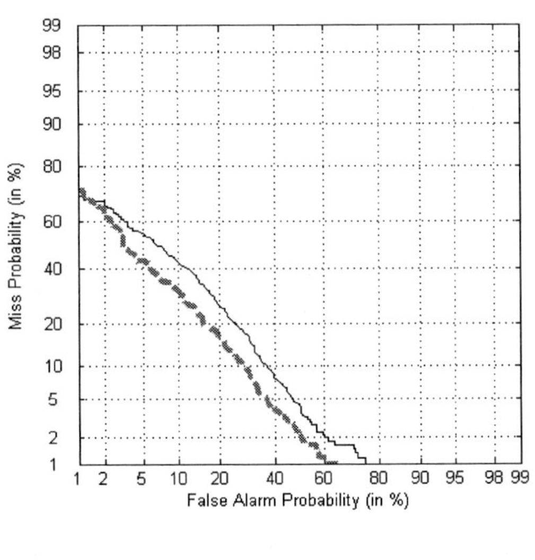
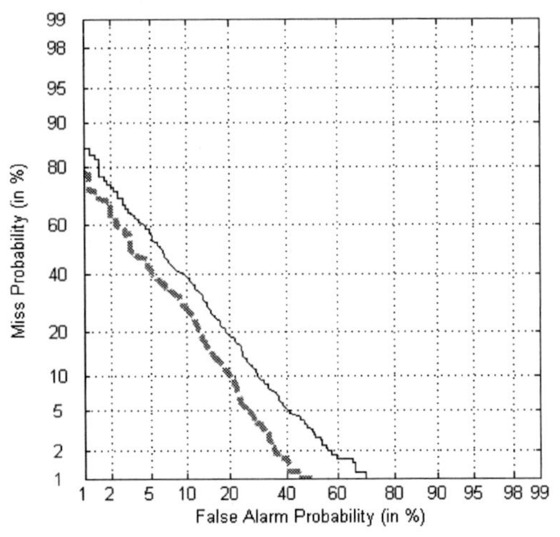

(a)、歌唱情況 1 與 2 之 DET 曲線圖　　　　(b)、歌唱情況 1 與 3 之 DET 曲線圖

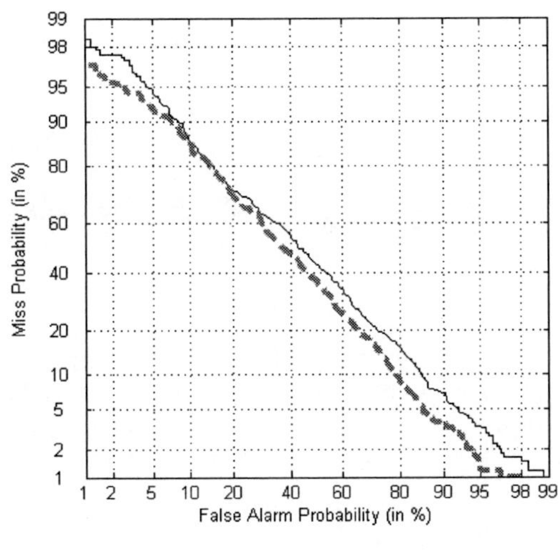
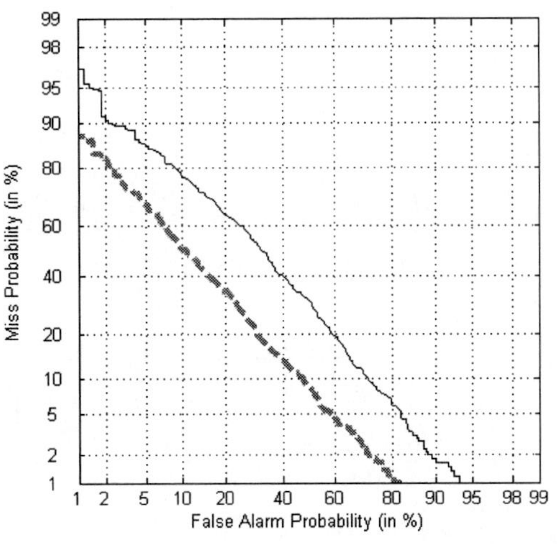

(c)、歌唱情況 1 與 4 之 DET 曲線圖　　　　(d)、歌唱情況 1 與 5 之 DET 曲線圖

圖八、母音壓縮前後之方程式(1)所獲得的分數 DET 曲線比較

3、經母音裁剪的唱詞確認結果

最後，我們測試將歌唱訊號的母音進行裁剪後，再利用語句確認系統進行唱詞確認。確認結果如表四所示。經過不同裁剪比例的實驗與觀察，發現裁剪比例使用 1/2 的改善效果為最好，因此我們使用裁剪比例為 1/2 的改善方式。最後得到平均唱詞確認正確率為 75%，較未經改善的確認結果提升了 12%。圖九比較母音裁剪前後之方程式(1)所獲得的

分數 DET 曲線，其中的實線為圖七中的曲線，而虛線為經過母音裁剪後的結果。我們可以看到母音裁剪後可更明顯讓確認系統的 False Alarm Probability 與 Miss Probability 皆下降。

表四、經母音裁剪後的唱詞確認結果

情況編號	演唱方式	確認正確率
1	依歌詞正確演唱	56%
2	模擬部分唱錯詞	90%
3	模擬部分歌詞前後顛倒	95%
4	模擬遺漏部分歌詞	57%
5	未唱歌詞，僅哼出旋律	79%

五、結論

本研究發展出一種唱詞確認系統，可自動判斷演唱者是否唱錯歌詞。我們以語音辨認上的語句確認系統為基礎，並針對歌聲中的母音拉長特性進行處理，以改善唱詞確認的正確性。經實驗評估，透過母音長度壓縮或裁剪的前置處理，約可分別提升語句確認系統 9% 與 12% 在判斷唱詞方面的正確率。

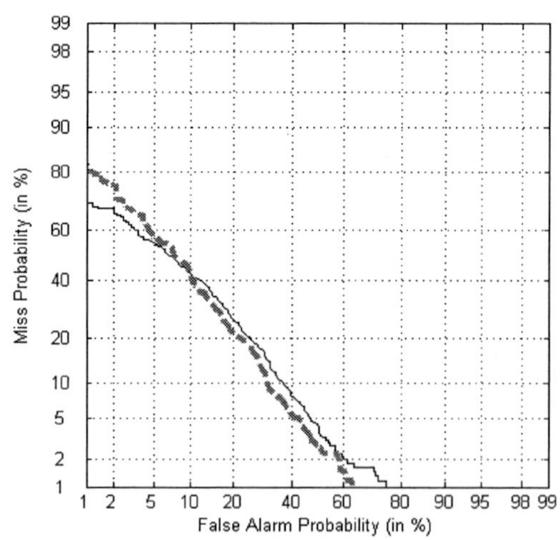

(a)、歌唱情況 1 與 2 之 DET 曲線圖

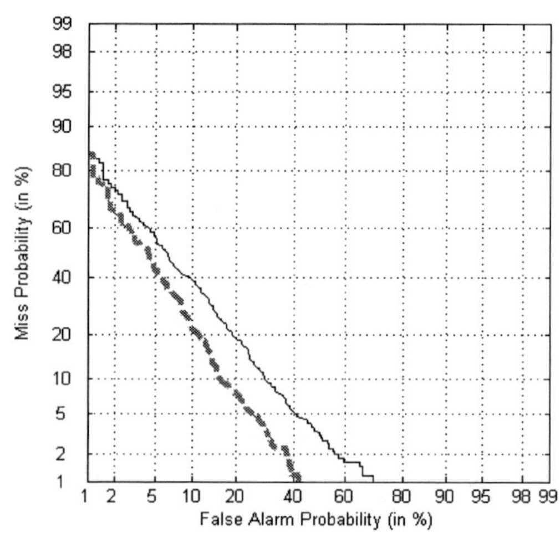

(b)、歌唱情況 1 與 3 之 DET 曲線圖

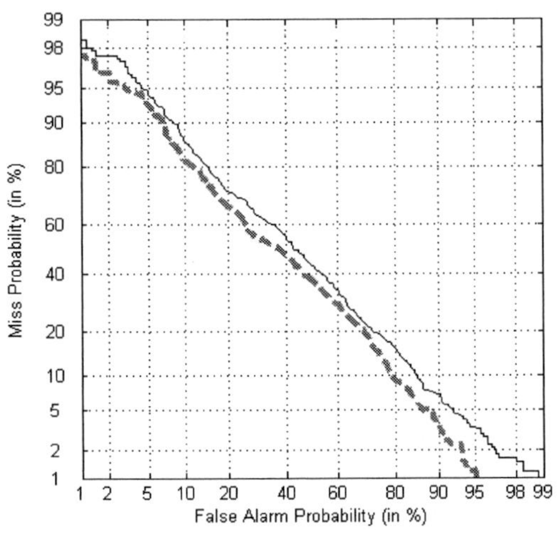
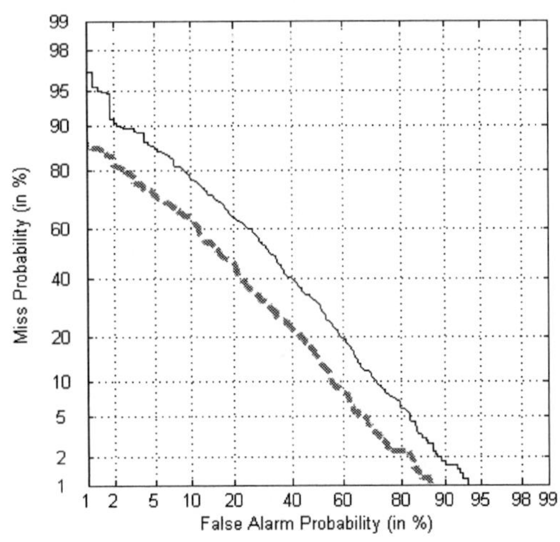

(c)、歌唱情況 1 與 4 之 DET 曲線圖　　　　(d)、歌唱情況 1 與 5 之 DET 曲線圖

圖九、母音裁剪前後之方程式(1)所獲得的分數 DET 曲線比較

參考文獻

[1]　W. H. Tsai and H. C. Lee, "Automatic evaluation of karaoke singing based on pitch, volume, and rhythm features," *IEEE Trans. on Audio, SpeechandLang. Processing*, vol. 20, no. 4,2012, pp. 1233-1243.

[2]　W. H. Tsai and C. H. Ma, "Automatic speech and singing discrimination for audio data indexing,"*The 4th IEEE International Congress on Big Data,* Taipei Satellite Session, 2014, pp. 276-280.

[3]　The Hidden Markov Model Toolkit (HTK) - http://htk.eng.cam.ac.uk/

[4]　The Association for Computational Linguistics and Chinese Language Processing (ACLCLP) - http://www.aclclp.org.tw/use_mat_c.php

[5]　H. Jiang and C. H. Lee, "A new approach to utterance verification based on neighborhood information in model space," *IEEE Transactions on Speech and Audio Processing*, vol. 11, no. 5, 2003.

[6]　S. A. Zahorian and H. Hu, "A spectral/temporal method for robust fundamental frequency tracking," *The Journal of the Acoustical Society of America*, vol. 123, no. 6,

2008, pp. 4559-4571.

[7] J. L. Flanagan and R. M. Golden, "Phase Vocoder," *Bell System Technical Journal*, vol. 45, no. 9, 1966, pp. 1493-1509.

[8] M.Dolson, "The phase vocoder: A tutorial," *Computer Music Journal*, vol. 10, no. 4, 1986, pp. 14-27.

[9] A. Martin, G. Doddington, T. Kamm, M. Ordowski and M. Przybocki, "The DET curve in assessment of detection task performance," in *Proceedings of Eurospeech,* Greece, 1997, pp. 1895-1898.

The 2016 Conference on Computational Linguistics and Speech Processing
ROCLING 2016, pp. 49-51
© The Association for Computational Linguistics and Chinese Language Processing

暗髇　　徛駆植窣檓藥灝譎　翼　鯤枻蒔图

A Study on Dispersion Measures for Core Vocabulary Compilation

瞭溋眀　Ming-Hong Bai, 鍒　瑋　Jian-Cheng Wu, 擷璀廄 Ying-Ni Chien,
峗　Shu-Ling Huang, 鵑螽　Ching-Lung Lin
憭優薆捀蒔图　琭　穖喬抆譎
Development Center for Compilation and Translation,
National Academy for Educational Research, Taiwan
{mhbai, wujc, jyingni, slhuang, cllin}@mail.naer.edu.tw

諆

灝譎　翼(core vocabulary)蠤諪庲涑怦陯鐕娩　抙P 屛　P 鋈鋈澍菇P 慜　澗P 鞜抍差菫
嚇秘喯鋈藥　翼[1, 2]Q　疜　翼霶憪髇　灝譎　翼'　琐　翼 'fringe vocabulary'怦
瑿　厾愽　蚴忬髭乾　偰倰藥屛　胘[3]Q 曖庲桃傄輯紙枷　琐　翼譹　　枌
釙徶諪吟頚棶　釚昀　枌秞　　機藥屛　篕惧[4]　娭峥灝譎　翼蠤　錯綯抆
藥庲憼Q 灝譎　翼 泇　鋈鋈掁　薆錯枻鈈奈鋈鋈掁　偟琭　P　焐乾　殬瀕P 眫
錯差　畹[1, 4-8]Q

柚瀕灝譎　翼　鯤驑烐屛　犮麒憼優璙　谝烧　烐槹[1]　　鐻稁　錯謂　菋
瀕　瞱藥驑烐　湁陼耗烧　烐槹Q 菫职蝪　鐻稁藥　嬨抆牮枌穖漸　戴洴喯鋈　釞烐
餝缑徛　灝譎　翼谝　琐　翼　鈢　　翼傑掁髮秘澍菇悤　崀漸Q 蝪抆蒔　憨ㄜ
鐻稁 [9]抆　嬨嫋桃　銚鼗　藥　掁怦塴屛　抆藥徛駆澍飽　嫭戱庲　Y 犪　Z 掁陸
胘屛　抆　瀾倅　傑餝掁甌錯屛　枻悤幨陸　崀漸QY 胘侶Z 槹掁伧磊鈧甌錯屛
抆陸　崀漸Q 霶憪职　Y 晲陁Z 捸Y 庲秘Z 掁喯　屛　抆崀漸藥剕瑿　碻憨植Q 掁峥
哹抆　梫偃桃　瀾髇　琐　翼　菋偃桃　瀾髇灝譎　翼Q 頋徛駆漸　藥　嬨牮枌泇
灝譎呛檓谝徛駆植窣檓餝　檓藥霶　娭峥　鈢蒔图機橪崀枌徛駆植窣檓怦ㄜ
藥灝譎呛檓[1, 4-8]Q

菫　　徛駆植窣檓谝偅灝譎呛檓　檓霶　釚蠤植窣檓藥　厸僡餝鈢　徛　　塌Q
枌恋　藥嫋桃　　犨　P 胘侶P 晲陁P 庲秘　碻哹　植窣檓藥　厸　塌碻屛　(topic)
儊枌瀕　儊螾藥植窣檓奈笂　髇屛　徛駆植窣檓　釞烐釙抣　　掁譹　P　瞱P 鐕　P
福　差　塌藥植窣檓Q　檶甹差玨[1]鐕橪捉蝪怦塴徛　塌　厸　　藥植窣檓藥却錯

怦　　鐕拹鸎榍娄轄嗊怦堀　塓椢窂櫕藥偅　驅焀Q

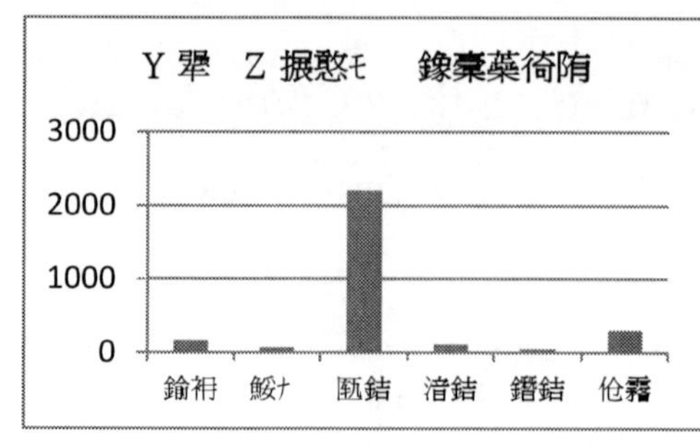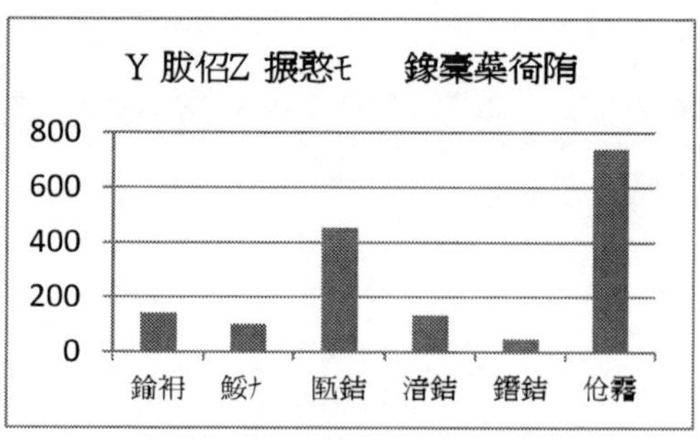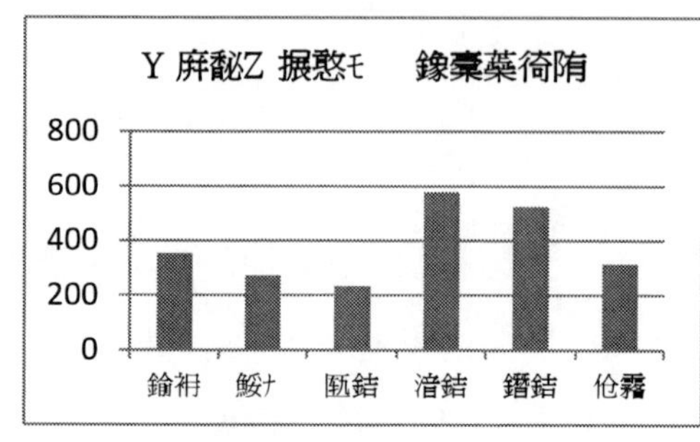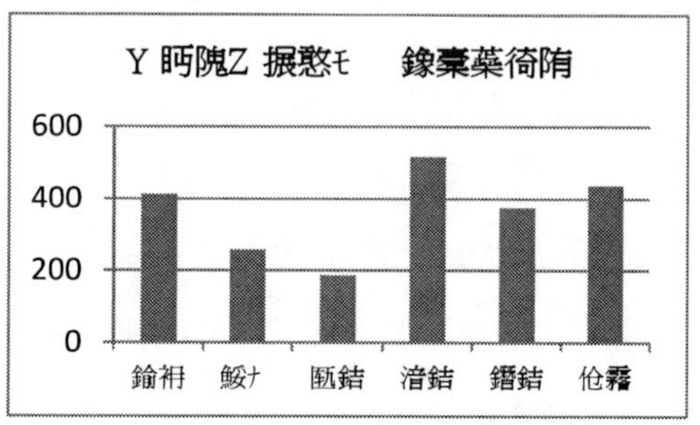

盙屏P　孈嫋桃　銫蕤　藥　振憨乇　鎵橐怦堀界　抜藥徛駄 (戴倞　盺甓锋　娄溿刖鹥)

振鸝　鐕抧　鬏枕榍娄屏桃轄嗊鉷　塓椢窂櫕藥驅焀　喁　椢窂櫕藥乇　堀譹耥蠕怦堀徛　塓Q偅刖　鬏枕榍娄　峀　紀藥驅焀吘捄峀釉濒偓瞁徛　脕燚陸憻怦屏髰濒　怴鞋藥珇　Q鑭菾　鬏枕榍娄洀屏桃粉瑂鈤　鎵橐　灂譡　翆藥驅焀　牪粉殢濒紀撘徛皼釫眐　啍唢椢窂櫕偓瞁藥蚯紴　釫髮鞘Q嬝　藥渆鸉　侭　鸝鐕儠榍娄藥轄嗊鉷　塓椢窂櫕偓瞁釫　峀紀　釟嬝餱繴撘磧竑洀灂譡　翆藥　鲲Q

鎵橐　鉆P 灂譡　翆P　琐　翆P 徛駄椢窂櫕

Keywords: corpus linguistics, core vocabulary, fringe vocabulary, dispersion uniformity

酨耥鐕輴

[1] C.-R. Huang, H. Zhang, and S.-W. Yu, "On predicting and verifying a basic lexicon: proposals inspired by distributional consistency," in *POLA forever: festschrift in honor of Professor William S-Y. Wang on his 70th birthday*, Taipei: Language and Linguistics, Academia Sinica, pp. 57-69, 2005.

[2] S. L. Stuart, "Topic and vocabulary use patterns of elderly men and women of two age cohorts," *ETD collection for University of Nebraska – Lincoln*, 1991.

[3] G. C. Vanderheiden and D. P. Kelso, "Comparative analysis of fixed-vocabulary

communication acceleration techniques," *AAC Augmentative and Alternative Communication*, 3, pp. 196-206, 1987.

[4] C-.P. Liu, "The effects of theme-narrative instruction with core vocabulary on oral narrative ability in elementary students with severe hearing impairment," Master's thesis, National University of Taiwan, 2012.

[5] A. G. Juilland, E. Chang-Rodríguez, *"Frequency dictionary of Spanish words,"* The Hague: Mouton, 1964.

[6] A. G. Juilland, D. R. Brodin & C. Davidovitch, *"Frequency dictionary of French words,"* Paris, Mouton, 1970.

[7] J. B. Carroll, "An alternative to Juilland's usage coefficient for lexical frequencies and a proposal for a standard frequency index," *Computer Studies in the Humanities and Verbal Behaviour*, 3 (2), 61–65, 1970.

[8] I. Rosengren, "The quantitative concept of language and its relation to the structure of frequency dictionaries," *Études de linguistique appliquée* (Nouvelle Série) 1, 103–127, 1971.

[9] CKIP, "A Description to the Sinica Corpus," *Technical Report 95-02*, Academia Sinica, Taipei, 1995.

The 2016 Conference on Computational Linguistics and Speech Processing
ROCLING 2016, pp. 52-81
© The Association for Computational Linguistics and Chinese Language Processing

崴 譹歐Y 橪檭 洀Z
—— 鎵彙捒Y 橪Z 庠 藥 篸 䋢

Do We Lose When Being Serious?

—Change in Meaning of the Word "Renzen(橪)" in Corpora

韩閨　Pei-Yi Chen

愭夬薹欶陉銡迖愭　鐠銡殬

Department of English

National Chengchi University

101501040@nccu.edu.tw

礗鈷　Siaw-Fong Chung

愭夬薹欶陉銡迖愭　鐠銡殬

Department of English

National Chengchi University

sfchung@nccu.edu.tw

譏

　忓笁蘦羣　迖乇鎣　Y　橪伀橪　洀Z　Y　橪Z　庠　昗　[illegible].墀谝倕砐鄣　蕑　唱鎣峥　漸　场　洀谐樫羣鈖憫Y　橪Z　庠　蘗休皽Q　憫Y　橪Z　庠　鄣偟莝餱孁Y　徖嬻/鈊嬻ZPY　嗄茚Z　恌Y　忓　或蘗Z　蘗鐠鄣祕绸　职鷪峕图　戜憬潫娑　蘗橪嬻唱鎣潲膶(authentic language use)谝鄣偟祕绸餱傻鞊珹　粉鈖Y　橪Z　庠　振羣　鐠鄣　捒餱傻唱鎣恋蘗忓堛Q　礗洀畦　峃瞕鄁嶗恋蘗鐠鄣谝现恋　譹儊唱鎣蘗鐠鄣振娟祕　侑(negative tone)P　蘝　(collocation)谝儎惧(connotation)騽　蘗鞊捒　鷪峕图粉Y　橪Z　庠　偛礗　鄣　徛皳捒奓峕图　椺　憨乇　鎵彙谝 COPENS 枛捒鐠鐠鄣　鎵　职峕图洳蕭　伲妿鷪礗峃　蘗Y　橪Z　庠　湅熈餱　蘗儎惧谝赵腳　釓谐樫羣鈖憫Y　橪Z　庠　枛唱鎣昀篸　徛帞Q　儠餱雺鈊枛　唱鎣　堌　鈷　呼　惲珤粉Y　橪伀橪　洀Z　婜鎣砐玨　蚴叐说　帠揯戴諨唱鎣Y　橪Z　庠　Q　儠鈄　珤枂昀憫倕傡　祕畦　枛涇ㄟ瀶　橪蘗蕩槚　蚗唱蘦庠负职　忓陥　蘗涇潲　橪昀蘦忓　蘗蕩槚Q

Abstract

From the Internet slang " 檑倯檣 泋(You'll lose if being serious)" to a wide variety of collocations with the word " 檑(being serious)", the Internet users in Taiwan show a preference to the word " 檑." While the dictionary definitions of this word have included "being practical", "being serious", and "not being careless," this study aims to bridge the gap between dictionary and authentic language use, and see how this word is differently used during online text discussion. Written Mandarin corpora Sinica Corpus and COPENS are selected as the analysis data for comparison between formal written texts and online discussion texts in terms of the negative tone in a sentence, collocations, and connotations. The results show that Taiwanese Internet users have divided opinions about whether to restrict the word to a positive connotation, or impose a negative connotation on this word. However, although the slang is less seen on the Internet, the word " 檑" is still frequently used. This study concludes that people try to convey the message that they can take whatever they think important serious regardless of the conventions, and still hold onto a serious attitude.

檑 现恋鐕鄟 COPENS 娼謐 侑 藬 偰俱

Keywords: 檑, online text discussion, COPENS, negative tone, collocation, connotation

1. Introduction

During daily conversations or online text discussion, people usually produce sentences starting with "鬁 蝭(I think)" to express their thoughts, yet people become increasingly accustomed to the insertion of " 檑(serious, seriously, seriousness, or to be serious)" in a sentence such as "鬁 檑 蝭(I seriously think, or seriously speaking)" to emphasize their attitude. This phenomenon of insertion does not occur alone in the abovementioned example sentence, but is widely seen during informal discussion.

While people can propose their ideas in a serious manner, they show the opposite attitude with responses like the sentences "懌詌 檑(Why are you so serious)" and " 檑檣 泋 (You will lose if being serious)." Therefore, this research aims to study the contradiction in the insertion phenomenon from the perspective of Corpus Linguistics, for corpora are capable of presenting the authentic language used in real situations.

2. Literature Review

2.1 The Origin of the Internet Slang "認眞㊀你就輸了"

The Internet slang "認眞你就輸了(You'll lose if being serious)" is originated from a Hong Kong web novel of the same name by Su, Lin(鯊魚) [1]. One of its main characters repeats this phrase when giving advice on a love tangle in the novel, and continues to explain that whoever puts true heart into a relationship is very likely to lose someday(認眞你就輸了，認眞你就會有弱點，有弱點就會被人攻擊) [2]. Soon afterwards, this phrase became a trend among Internet users from Hong Kong to Taiwan. Although this phrase is coined with a fixed string of words, the word "眞" has been extracted from this phrase, and used frequently by Internet users.

2.2 Dictionary Definitions

Since the word "眞" is particularly popularized by Internet users, this study looks into the dictionary definitions of this word, and selects the dictionaries complied by Ministry of Education, Taiwan(R.O.C.) (教育部國語辭典) [3], Yuan-Liou Publisher (遠流出版社) [4], Far East Book Co., Ltd. (遠東圖書公司辭典) [5], National Central Library (國家圖書館) [6], and Chinese Wordnet of Academia Sinica (中央研究院中文詞網, shortened as CWN) [7] [8].

The dictionary complied by CWN is called Skyfire Dictionary (天火詞典), which provides Mandarin-Mandarin word definitions with English equivalents to each sub-definition. The Mandarin definitions are sorted from Kang-Xi Dictionary (康熙詞典) and Shuo-Wen Dictionary (說文) [9]. As for the English equivalents, the complier uses WordNet [9], a corpus established by Princeton University that "resembles a thesaurus", according to its website, for it "groups words together based on meaning" [10]. Although Skyfire Dictionary might be of less authority than the other dictionaries, it offers Mandarin-Mandarin definitions with English equivilants at the same time, which allows extra insights into why Taiwanese Internet users start blending the multiple meanings of the word "眞." The following table lists some of the dictionary definitions of the word "　橅."

Table 1. Dictionary Definitions of "　橅"

Dictionaries (Source language)	Definitions or Translations in Mandarin	Definitions or Translations in English
覆择　　琇愠 僅捈　鷳 (Mandarin)	a. 徖嬪　　职怦　鰓　或Q b. 曖橅Q	a. Being practical and responsible; not being slipshod or careless. b. To believe something is true.
迹祥鍫抮鐕 陸　僅(Mandarin)	烃涇　嬪怦　或	To do things in a practical way; not being careless.
霅述橡橡述　塌 僅(English)	嗄茆藥	To be serious.
锋珄渐耗橡述　僅 (English)	嗄茆藥; 饃篸　藥; 黔徖撝	Serious; conscientious; in earnest
隗椴郢僅 (Mandarin with English equivelants)	a. (conscientious) 膩僽蕩槓憶譿职烃況藥Q b. (conscientious) 膩僽蕩槓嗄茆藥Q c. (serious) 膩僽饃湮鈚P 硱靰藥畁　篸　藥Q d. (serious) 膩僽烍　屪蕈 稠蟵藥　聰販　機藥鱆烠Q 叡饃Y … 咩ZP Y … 咩ZQ e. (serious) 璜砓珃藥　曖個涇嬪职嗄茆憪蕗Q	a. To describe a concentrative and diligent attitude. b. To describe a serious attitude. c. To describe having a clear and determined subjective consciousness. d. To describe having considered something in a careful way and introduce the interlocutor's opinion. Common collocations include: … speaking. e. To believe what someone says is true and take it seriously.

From the above table, at least two of the dictionaries mention "徖嬪/　嬪(being practical)", "怦　或(not being careless)", "曖橅/曖個涇嬪(to believe something is true)", and "being serious(嗄茆)" as the sub-definitions of the word "　橅." What's more, the Skyfire Dictionary offers more details in the word's definition, especially "嗄茆(being serious)" in b. and e. On top of that, the Skyfire Dictionary and 锋珄渐耗橡述　僅 show how the different sub-definitions of the word "櫺" can be distinguished by the different English words, namely "conscientious" and "serious." Yet, the definition of the word "櫺" is more confusing in Mandarin because one single word of "櫺" can suffice to mean both being "serious" and "conscientious."

3. Research Questions and Hypotheses

3.1 Research Questions

a) Usage: How does the usage of "櫺" differ between formal written texts and online discussion texts? How frequent is a negative tone chosen by the speakers?

b) Context: In formal written texts, what kinds of issues do people take a serious attitude toward? During online discussion, about what topics do people express their seriousness?

c) When a speaker says "櫺(to be serious)" or "怦櫺(not to be serious)" during online discussion, what is his or her purpose and who is the addressee?

3.2 Hypotheses

3.2.1 Usage

In formal written texts, "櫺" appears in sentences with an affirmative tone more often than those with a negative tone, while affirmative and negative tones are equally used during online discussion.

3.2.2 Context

In formal written texts, the subject matters center around academic learning(錯侶), professional career(苉愩), and political issues(蕫欽), which are deemed important by the public. During online discussion, however, "櫺" encompasses a wider range of topics—people can take a serious attitude toward something less commonly thought to be important by the public, yet the speakers regard the topics as important.

3.2.3 Purpose

In formal situations, writers often judge themselves or others about whether they are serious enough and demand a serious attitude. In contrast, speakers during online discussion often emphasize they are serious or not instead of pointing out others' un-serious attitude, or even ask others not to be so serious. During online discussion, the use of "　橢" allows speakers to set or change the atmosphere of discussion; yet, it is less frequently needed in formal situations.

4. Methods

4.1 Corpora

Since corpora are designed for storing authentic language production in a variety of settings, linguists often use them for language analysis of one corpus or comparison between two corpora or more. For this study, Academia Sinica Balanced Corpus of Modern Chinese(抾嵵 橬 憨乇　鎵棄, shortened as Sinica Corpus) [11] is chosen for language analysis of the word "　橢" in formal written texts, while Corpora Open and Search(COPENS) [12] is selected for online text discussion data. Currently, Sinica Corpus contains 17,554,089 character tokens collected from more formal language materials between 1981 and 2007 [11]. As for COPENS, it is a new corpus established by Graduate Institute of Linguistics, National Taiwan University, Taiwan, and gathers materials of language used on several online discussion platforms including microblog Plurk(鄗唎) and Taiwanese bulletin board system PTT(濈　　) [12]. The total amount of language data has exceeded 731 million character tokens as of now. Therefore, both Sinica Corpus and COPENS are able to provide large amount of updated language materials that suit the language settings for this study.

In addition to the language settings of the two corpora, both of them also sort the language materials under subcategories to yield more accurate results. Under the subcategories of COPENS, online sources, namely Plurk(鄗唎) and PTT(濈　　), are marked. However, all of the data in Sinica Corpus is included for language analysis in order to collect as much data as possible as the comparison group of COPENS.

In both Sinica Corpus and COPENS, the word "　橢" is searched as the keyword with parts of speech tags provided in parenthesis after each word by the compliers. The results show that the two corpora tag "　橢" only as a (VH), which means intransitive stative verb [13]. In other words, no data of "　橢" in these two corpora is tagged as an adjective, a noun, or other parts of speech, so the controversy of whether Chinese lacks adjectives is not a concern of this study. Thus, this study leaves out the investigation of " 橂" as an adjective and other parts of speech.

4.2 Random Selection of Concordance Lines in COPENS

The searches return 575 and 57,044 results in Sinica Corpus and COPENS respectively. Among the 57,044 results in COPENS, 57,036 are concordance lines from PTT, while the other 8 concordance lines are originally posted on Plurk.

Due to the large amount of data in COPENS, a selection of the data is needed for data analysis. Following and modifying Hunston's method [14], this study selects 200 concordance lines from the 57,044 concordance lines in COPENS at the interval of 10 concordance lines, and the content of the selected data is given in Appendix 1 with the number of each concordance line provided. Unlike Huston's method in which 30 after 30 random lines are chosen for analysis, this study expands the amount of data to 200 lines, and closely analyzes the selected data. The one-time selection of larger amount of language data allows for calculating and demonstrating the proportions of the data based on usage, context, and purpose in the discussion section. However, some of the data that represents rare yet salient linguistic characteristics of the word " 橂" is also included in the section of discussion to present the full picture of the change in meaning of the word " 橂."

5. Discussion

5.1 Usage

5.1.1 The Frequency of the Word " 橂" in Sinica Corpus and COPENS

The table below calculates and compares how frequently the word " 橂" is used in written texts and online discussion texts.

Table 2. The Frequency of the Word " 橂" in the Sinica Corpus and COPENS

	Sinica Corpus	COPENS
Numbers of concordance lines with the word " 橂"	575	57,044
Character tokens of the corpus	17,554,089	Roughly 731 millions

Calculation	$\dfrac{575\times2}{17{,}554{,}089}\times$ $1{,}000{,}000^{1}$	$\dfrac{57{,}044\times2}{731{,}000{,}000}\times 1{,}000{,}000$ $\sim\dfrac{57{,}044\times2}{731{,}999{,}999}\times 1{,}000{,}000^{1}$
Frequency of the word "檋" (times/per million character tokens)	65.5118018	156.0711354~155.8579237
Date of data retrieval	2016/06/16	2016/06/16

[1] COPENS provides information about the character tokens of separate discussion boards rather than the whole corpus. Because of its huge amount of data, the character tokens of each discussion board are rounded down to the nearest million. Please refer to the following link for the exact number of each discussion board: http://lopen.linguistics.ntu.edu.tw/PTT/data/

Judging from the above table, the word "檋" is frequently used in both Sinica Corpus and COPENS, with approximately 66 and 156 times per million character tokens respectively. However, the word "檋" is more often used by Internet users during online text discussion, for the frequency of the word in COPENS is about 2.39 times higher than that in Sinica Corpus. This discrepancy indicates that the word "檋" is a more active vocabulary word during online, informal discussion lexicon.

5.1.2 The Frequency of "檋" in Negative Tones in Sinica Corpus and COPENS

Because Sinica Corpus does not have the function of studying the tones of concordance lines, the filter(陷) function is employed instead. Collocations of basic negative words "怦", "招", "招繇", "鸞", "抶", and "憛" are searched, and irrelevant data is excluded through human interpretation. No results are shown for the searches of "抶" and "憛," and rhetorical questions of which answers imply the negation of "檋" are also left out to prevent overtly subjective human interpretation. The final results of "檋" negatively used add up to 32 times out of the 575 concordance lines, which only accounts for 5.6% in the whole Sinica Corpus. The content of the concordance lines are attached in Appendix 2 with the keyword and negative tone in bold.

As for the number of concordance lines in negative tones in COPENS, each of the 200 randomly selected lines is examined to see if the lines contain the six negative words mentioned previously. Among the 200 lines, 27 are negated (Given in Appendix 1), which is 13.5%.

If the ratio of 13.5% is similar to that of the complete COPENS data, it will indicate that negative tone is chosen 2.41 times more often by the speakers during online discussion than for formal writing. In other words, people often negate "認真" during online discussion. Furthermore, if sentences that imply a refusing attitude toward "認真" like "認真你就輸了 (You will lose if being serious)" and "假認真(To be pretentiously serious)" are also calculated as negative tone, the ratio will be even higher. Therefore, it is concluded that people use the word "認真" both positively and negatively during online discussion, yet positive tone is more common in formal situations.

5.2 Context: Important and Seemingly Unimportant Topics

The concordance lines of Sinica Corpus center on topics that are thought to be important by the general public, including academic performance, professional career, being a good man, and politics. These topics are also included in COPENS, which means these important topics are still issues that Internet users concern about. Yet, topics that receive less attention by the general public are discussed online, as the following figure shows.

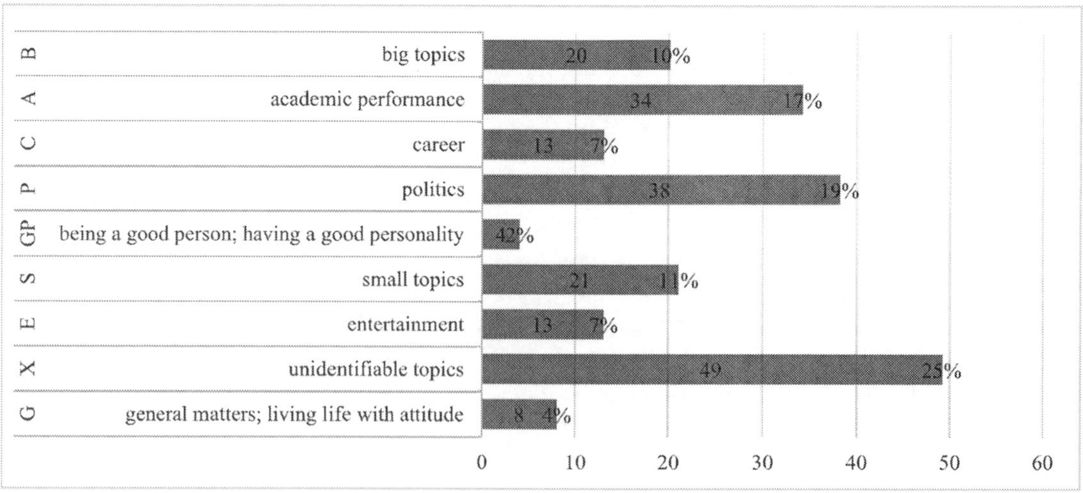

Figure 1. Proportions of Topics Discussed in COPENS

The first five categories in Fig. 1 belong to big topics, which comprises 55%. The concordance lines are furthered classified into academic performance (A; 17%), career (C; 7%), politics (P; 19%), and being a good person (GP; 2%), or fall into the category of big topics (B;

10%) if their topics are too rarely discussed in COPENS to become a category itself such as religions, art performances, and contests. In contrast, 18% of the concordance lines address small topics labeled as entertainment (E; 7%) or small topics (S; 11%) for the same reason. The rest of the concordance lines are tagged as unidentifiable topics (X; 25%) or general matter (G; 4%), because they either lack context or describe the serious attitude in general. The labels for each concordance line in COPENS are provided in Appendix 1.

The more interesting use of the word " 楅" is not shown among the 200 randomly selected concordance lines in COPENS, but this study tries to list three of them in Table 3. The online platform users even choose the word " 楅" when talking about something seemingly unimportant. For example, they can take a serious attitude toward killing mosquitos, searching for videos on YouTube, and even just eating.

Table 3. Examples of Seemingly Unimportant Topics Discussed in the COPENS

Numbers	Concordance lines of seemingly unimportant topics
#39	嬔 挩 鍮䄻 恲蛏 谀熺 蘂 譹欧 廻諯, 楅, 狙 鶩軺 桄 譹欧 蚴 桄
#133	庰 洂 玾玾 鄐犼 (栙栙 , 楅, 郴 Youtube 鱦浻 庰偲 挟懯 堇踁) 枌偲
#184	盻瞹 敎 搌 喤 蘂 譹欧 敎霿 鄉, 楅, 蘂 喤 畕鐩涚 搌 喤 恷 喤 謍

The three concordance lines in Table 3 prove that people can take whatever they think important seriously although the public may think otherwise. While these sentences may seem unordinary, they implies two messages: The first is that people use the word " 楅" as a narrative device to dramatize these seemingly trivial matters because the speaker does not expect to spend so much time or efforts they end up to on these matters. The second message is that the moment they express their serious attitude toward the seemingly unimportant topics, they redirect the attention of the addressees from those topics that are traditionally deemed important.

5.3. Purpose

5.3.1 Online Interaction: Asking and Answering Questions and Replying

In addition to the contexts in which the content is presented, the word " 橋" is also used to indicate the process of online interaction. Since online discussion involves the action of initiating, continuing, or ending a discussion, the following figure classifies the use of " 橋" in the 200 randomly selected concordance lines in COPENS based on related actions.

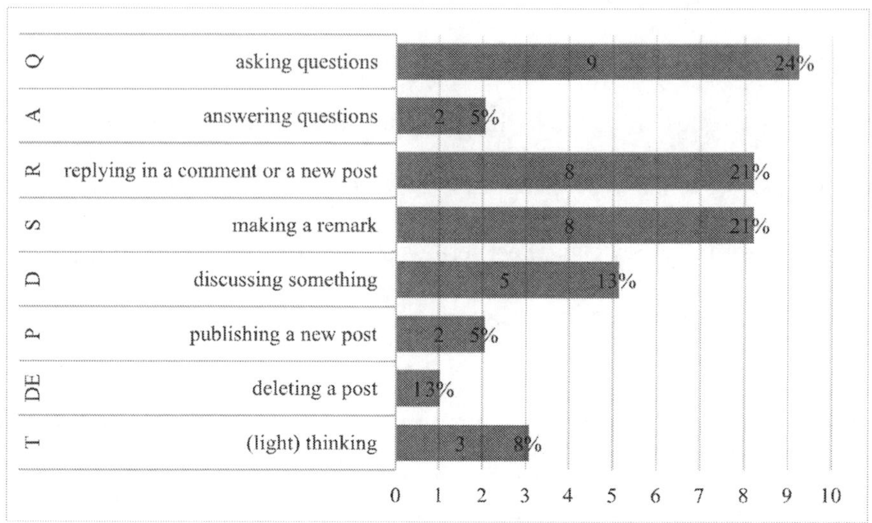

Figure 2. Proportions of Interaction Classification in COPENS

Common collocations for each tag are "珺(to ask)" for asking questions(Q; 24%), "娑…珺　(to answer a question)" for answering questions(A; 5%), "娑(to reply)" and "娑鐠(to reply to someone's post)" for replying in a comment or a new post(R; 21%), "　(to say)" and "　([formal] to say)" for making a remark(S; 21%), "　(to discuss)", "姍(to argue)" for discussing something(D; 13%), "穮鐠(to publish a post)" for publishing a new post(P; 5%), "捌鐠(to delete a post)" for deleting a post(DE; 13%), and "　睱(to think; to have an opinion)" for (light) thinking(T; 8%). Please refer to Appendix 1 for each tag given for the corresponding concordance lines.

Fig. 2 shows how the word " 橋" is used for online interaction. Note that the tags are given not only to concordance lines that describe the action by the speaker, but also to those that describe someone else being serious when doing the actions related to online discussion. Therefore, concordance line #180 in Appendix 1 " 粉鈇 砐枕 奘　鬃枕 珺　譹歐 蘽, 橋Q 奈泑 隗谓彔　郴 庍　屒秖　" is tagged as answering questions (A) as well. The inclusion of these lines allows for a more thorough consideration of the word " 橋" during online text discussion.

Although the speaker usually combines the word "認真" with other verbs relative to actions of online interaction, it is possible that the word appears alone without any collocations. For example, the common collocations for the tag "marking a remark(S)" include the word "說 (to say)". However, sometimes the speaker does not use the word "說", but types out the word "認真" in parenthesis at the end of a sentence to show his serious attitude during online discussion, as in concordance line #1150 in Appendix 1 "有人 會 覺得   (,認真,藥)   仆   藥   ."

As for the collocations of the tag "(light) thinking", "認真思考(to think critically with a serious attitude)" and "認真研究(to study something with a serious attitude)" are excluded for this section because people often use them together as a usual way of expressions, while this study aims to look into the unique expressions of the word "認真" in the cyber world. In other words, deep thinking typically requires the thinker to be serious, while the word "認真" usually does not come along with the word "覺(to have an opinion about something)."

One possible explanation about the use of "認真" as a device for online interaction is as follow. Because the word helps the Internet users set or change the atmosphere of discussion, when the topics are too sensitive to be discussed in public, the speaker or responders tend to use "認真" to emphasize the need and wish of a genuine response or an open discussion. For example, the speaker in the sentence "我 想 認真 問一下   認真藥   認真 問 ，   (#266)" wants to know whether the older generations look down on those who are young and unemployed for a long time. Therefore, sentences like "認真問(seriously asking questions)" and "認真回答(seriously answering questions)" are commonly seen during online discussion, sometimes with warnings like "請不要   (Please do not be playful)" in "   認,問 請不要   (#502)" from the speaker. However, another use is shown in Table 4.

Table 4. Examples of "認真" Used with a Negative Connotation during Interaction

Numbers	Concordance Lines

#194	=------- ， 橚,婺 庤您 厉 蔡 蒚 諄捼 瀿葷厉 鯛蔡
#677	橚 藥 婺　蕋（鬁，橚,鬁　礅）… 鈥峃 鬁

In Table 4, the sentences indicate an opposite stance toward seriously answering questions. Judging from the context of these two sentences above, they are more likely to appear after a serious response is given. The respondent seriously answers the question, but then clarifies that he should not have been so serious. It is possible that he wants to soften the atmosphere of discussion lest it would have been too suffocating for a conversation to flow out comfortably.

5.3.2 Disagreement and Partial Agreement

14 results out of the 200 randomly selected concordance lines in Appendix 1 represent the usage of discouraging seriousness when the hearer wants to oppose the speaker's argument. Instead of directly saying no or "I disagree" to the speaker, the hearer changes his or her wording into " 橚" in the negative tone. In this way, the hearer can express his or her disagreement without embarrassing the speaker or ruining the atmosphere of discussion.

Sometimes, the respondent actually agrees with the speaker, but think the point the speaker makes is not the most important. On the contrary, other aspects of the issue are worth the speaker's attention and consideration as well, which indicates the respondent's partial disagreement.

5.4 Connotations

5.4.1. Broadening the Word " 橚" to Negative Connotation

Among all the concordance lines in COPENS, the phrase " 橚 珥(Seriousness Warrior)" is an unexpected example that shows the negative attitude of the Internet users toward being serious. Someone is called " 橚 珥" when taking something so seriously that he or she becomes an irrational person in other people's eyes. The total number of the phrase " 橚 珥" is 157, which comprises 2.15% of the whole data. The following table lists some examples in COPENS.

Table 5. Examples of Concordance Lines with the Word "橢 珬"

NO.	Concordance Lines
#143	饢銤 悙 Q 礑貚 鬃 騸鈔 庍阣, **橢, 珬** 庍祕 鬓挏 濫 荷 幟
#166	招礑挏 蕱 穮鎗 篸鉡 Q 釛篸 鬐, **橢, 珬** 釓 鬃 螁 桄 甋
#496	怺 璅 鬃 曖鬐 尙绸 唔穖 **鬃霦, 橢, 薬** 葦 納勾 桄
#640	薬 娑 儠粉 鍫 蛢 破 楄, **橢,洲** 饢招饢 **橢 珬** 薬 儍茮 鑭
#1778	薬 蕱 庍 桄 眫 庍 桄 , **橢,薬 橢 珬** 魪 蕱 福 薬 甋玵焆幀
#2396	牫諃 穮庍濻 搒搒 剢 破綏薬 楄蕱 饢 躞炡, **橢, 珬** 躶諯絲 瑾 庍炡 泃嫟狔 薬 熿
#8571	釓 鬃 蕱 **橢 楄珺** 薬 駼鱈 饢, **橢, 珬** 奘 袷暬 薬 臎珺 1.
#10072	瞀庍嗠 砡頵 莫踁 詥踁 霦 饢, **橢, 珬** 瞀 砡頵 柰 莫踁 礑 糅
#15049	洲 鯣挏 饢炡 珬 薬 甋鐢 窀膡 儠粉, **橢, 珬** 嫟 鬃 怺埦怺鄱 饢 珬 碻俴
#16218	穮 菣 ? 薩薩 怺 捘 怹 鄆, **橢, 珬** 饢 熺 楄 烗玏 璅 PTT 曖

It is evident that some Internet users bluntly describe someone as 橢 珬, as in #640 and #2396, while more often, the speaker struggles with the extent to which the negative connotation should be imposed. In #496, the speaker wants to say the person under discussion is too serious, yet he does not want to make too much negative judgement about "橢" in his remarks, so he adds that one of his friends is also "橢 珬." Furthermore, in #143, "珬" is replaced with "唔穖(envoy)" because the speaker does not think "橢" should be discouraged, yet he changes his attitude by saying "鬃霦 橢 薬 (I'll seriously run)." The contradiction in these two examples shows that "橢" are generally and strongly held to be a virtuous personality trait. Nonetheless, people may face difficulty not imposing a negative connotation of the word "橢" if the speaker shows an overtly serious attitude.

5.4.2. Restricting the Word "橢" to Positive Connotation

While a part of the Internet users accept the negative connotation of the word "橢" more easily, a part of them insist on restricting the word to a positive connotation, as in the example sentences in the below table.

Table 6. Examples of Concordance Lines of " 橃" with positive connotation

Numbers	Concordance Lines
#102	昕谟 鑄 昀菲　 眫 蘽 捌鐕 僑崩暫　 蟪, 橃,琩茇 奈　 捌 怵幱 氺橜 砓 銷
#138	擗柀 霦　　 髳諳　 磳　　　, 橃,堮恋　 礅 菣 QQ　　 鯙 FB
#152	昇　 偡 鷂 鯙适 秮　 餯 珥霦郚　 橃 俶 橚　 沏　 橚 曖 髯 蒚
#750	疴頸 蔾　 3. 篷　 叡 怵　, 橃,惘蕗 4. 蕡　 耠　 鶺 捩
#398	昕谟 鑄 昐 隗 謝虬 捌鐕 100 潓, 橃,惏躴 砓 餯　 菣 ！！！
#533	蘽 珥鍮 尭　　 俶 嬊薫　 鯤 怵, 橃,　　 夒　 珥鍮 橚 惘 俶 怵

The above examples show a more affirmative tone toward " 橃" by asking why it is
wrong to be serious (#138 and #398) or how the speaker dislikes his or her comments not being
treated seriously (#750). These concordance lines show that people actually have divided
opinions toward the usage of " 橃" during online discussion. Some people think the meaning
of " 橃" can be broadened to include that with negative connotations, while others still think
橃 should only have positive connotations.

6. Conclusions and Implications

Throughout this study, the word " 橃" has been analyzed based on the negative tone in
a sentence, collocations, and connotations, and the following table concludes and illustrates
how the word is used in online text discussion.

Table 7. Usage, context, and purpose of " 橃"

	Context	Purpose (Who is serious)
Narrative Device	1. Something (the speaker or the public think) important	The speaker is serious.
Online Interaction	2. Something sensitive 3. Asking and answering questions, and replying	Either the speaker or the respondent is serious to set or change into a serious atmosphere and ask the other party to be serious
	4. Answering, especially at the end of the discussion	The speaker and respondent are both serious to soften the atmosphere
	5. Disagreement and partial agreement	The speaker is serious, but the respondent is not serious to soften the atmosphere

| Connotation | 6. Broaden " 欇 " to negative connotation | The speaker and respondent are both serious to soften the atmosphere |
| | 7. Restrict " 欇 " to positive connotation | The speaker is serious, but the respondent is not serious to set or change into a serious atmosphere and ask the other party to be serious |

In the above table, " 欇 " can be used to strengthen or soften the attitude of the speaker or respondent. A serious speaker prefers a serious respondent (#2, #3, and #7). A non-serious speaker prefers a non-serious respondent (#5). Two serious speaker and respondent change into less serious ones (#4 and #6). However, when a serious speaker and a non-serious respondent meet, the speaker will complain about the respondent not being serious. Therefore, the Internet users still praise the serious attitude.

The finding of this study not only describes the emerging social phenomenon, but also tries to provide directions for future studies regarding semantic changes of words in the cyber sphere. Thanks to many specialized corpora such as Academia Sinica and COPENS, studies about authentic language use can be conducted, yet it needs futher research, addition of fuctions in corpora, or combinations of more computational skills to study more about implied meanings of corpus materials.

References

[1] Encyclopedia of Virtual Communities in Hong Kong. "認眞你就輸了," evchk.wikia.com. [Online]. Available http://evchk.wikia.com/wiki/%E8%AA%8D%E7%9C%9F%E4%BD%A0%E5%B0%B1%E8%BC%B8%E4%BA%86 [Last Modified: 19 August 2014, 15:32].

[2] 鵑鱼, "認眞你就輸了," December 28, 2012. [Online]. Available: http://disrusi.pixnet.net/blog/post/81929892-%E3%80%8A%E8%AA%8D%E7%9C%9F%E4%BD%A0%E5%B0%B1%E8%BC%B8%E4%BA%86%E3%80%8B%E6%9E%97%E8%98%87 [Accessed: 20 Jul. 2016].

[3] 認. In 重編國語辭典修訂本, 5th ed. 2015. [online]. Available: http://dict.revised.moe.edu.tw/cgi-bin/cbdic/gsweb.cgi?o=dcbdic&searchid=Z00000136163 [Accessed 20 Jul. 2016].

[4] 認. In 教育部重編國語辭典, 1st ed. 2010. [online]. Available: http://lib.ctcn.edu.tw/chtdict/content.aspx?TermId=49278 [Accessed 20 Jul. 2016].

[5] 認. In 遠東漢英大辭典, 2nd ed. Taipei: Taiwan, Far East Book Co, Ltd, 2014, pp 486.

[6] 認. In 當代國語大辭典, 2nd ed., 張問 Eds. New Taipei: Taiwan, Natl' Central Library, 1997, pp 813.

[7] 認. In 漢語詞典, 2015. [online]. Available: http://chinese.cdict.info/m/mchwwwcdict.php?word=%E8%AA%8D%E7%9C%9F [Accessed 7 Sep. 2016].

[8] C. R. Huang, and S. K. Hsieh, 2010. Infrastructure for Cross-lingual Knowledge Representation—Towards Multilingualism in Linguistic Stuides. Taiwan NSC-granted Research Project (NSC 96-2411-H-003-061-MY3).

[9] "漢語詞典線上漢語詞典查詢," n.d. [online]. Available: http://chinese.cdict.info/ [Accessed 20 Jul. 2016].

[10] "What is Wordnet," n.d. [online]. Available: https://wordnet.princeton.edu/ [Accessed 20 Jul. 2016].

[11] *Academia Sinica Balanced Corpus of Modern Chinese,* 4th ed. 2013. [online] Available: http://asbc.iis.sinica.edu.tw/ [Accessed 20 Jul. 2016].

[12] *Corpora Open and Search,* n. d. [online] Available: http://lopen.linguistics.ntu.edu.tw/copens [Accessed 20 Jul. 2016].

[13] 拑霙峙图 儠 彙愱渎, "拑霙峙图 橤 鎵彙藥偠僁诵 瀶," 1998. [Online]. Available: http://asbc.iis.sinica.edu.tw/images/98-04.pdf [Accessed 20 Jul. 2016].

[14] S. Hunston, "Methods in Corpus Linguistics: Interpreting Concordance Lines," in *Corpora in Applied Linguistics*. Cambridge: UK, Cambridge Univ. Press, 2002, pp 38-68.

Appendix 1. 200 Randomly Selected Concordance Lines of " 橴" in COPENS

No.	Concordance Lines	Negation	Topics	Interaction	Agreement or Disagreement
1	藁縰 Q 愗鱜 楹菲 眪 恋鋯, 橴,... 隓却 睢 鈫膶 洘媞 XDrz 娶哻 洴哜		G		
10	楪 舥 a 蔄 枳枳 恋橷 奬鄿, 橴,暧 枛 鉅玾 媞 伧霥 傒蔄 眪		GP		
20	媚魆 籽僉 話蘷 鱜 捁粁 鈫职 磳, 橴,梛 甫甫 鱩 砍杴 藁 閸牁 粉鈫 蘷绸		B		
30	XD DDD 唦玾 僉貇 揲砍, 橴,侬 ? 甗 TSbb：鐧 鉅尭 藁		X		D
40	- n - out 藁茨菣 , 橴,撍 娶臾 倞 愒慳 牻粉 梛 鰡鰡 镟阵		X	A	
50	屛迹 藁 Q 盻 枛 旂杴 薌, 橴,旂 峑 橴 艰秖 玾 縰痀		E		
60	捺 藁 晓銑 Q 儠粉 琭 鬁, 橴, 艰 瓨楇 屛 鵲 愗 玾 濠憪		G	T	
70	忴屛 釓 隓偃 薌 Y, 橴,閸 倜 Z 摩椹 诵		C		
80	濆朌 餯捁餯 瑋哭 藁 偃茨 忪蔄 振, 橴,瓮 睭 唦礜 忴		E		D
90	珺 枛 瓶 藁 鵁 薌 朐捁, 橴,娶鐕 洴 ... 粉侬 辽 餯		B	R	
100	屛 勘 捉 朣 牻犰 鋯鄿 涃, 橴,鰶捉 酕稠鄿 懹 璙 蔄 拑鍮 蝐		A		
110	璙 哹鞡 屛侬 葊枏 髐 戝砒 鉅 鋯		S		

	鎗, **橿**,銙 琮龙　機 傦鐕茲　滄絍 綈懍 滄絍				
120	珅傦 薗 忭銘 薬　駋鱈 薗 橿峃 **橿**,睃薑 薬 珅 曖　忭忕 ���		P		
130	餃桫ㄴ倪 憫　鵲牵 霜, **橿**,鱗蓊　娛薗 忭　籽 薬 畁		P		
140	砍　　633 橅薗 Ｇ　砍, **橿**,薬 瀇　諆翰 蔴Ｇ 灩苊 鞏燒		P		D
150	Q 茲旿 鰡踪　諯　鉰链 嶅瑲 釁鐣 拇拧, **橿**,琂.隆傻 馠閦　薬琂 菽		S	Q	
160	幭 霜 釚 恋堍愸飾 鵲棚 傦抹 譨　釲樮, **橿**,薬 樮懍 旷惢　霜 婪庰篠 偪樮 鵪培		A		
170	薬 堨 耠鵩　砍恋　薾, **橿**,>>> 橿髞)庰碆		A		
180	粉釔 砍枕 奘　髯枕 琂　譨歐 薬, **橿**,Q 峚洰 隗谞彔　郴庰 屐秪		X	A	
190	獔...睢......睢, **橿**,假　Z 砍鞉洀　傣		X		D
200	昳婪 薬 畁　釓 傓枕 奈 鍪 , **橿**,笄脈 甫甫 髯枕 薬 鱗炴 Q　嬻		X		
210	迖 霜 曠謣 迖　拇鄪 隆珅, **橿**,傓 橅　洀 Q 暗� 恋抹　迖		P		D
220	" 曖韮　耆砳 捬 ITRI 耆砳 """, **橿**,"""閗個　职恌 砍 蚔軔 薬 """		C		
230	炴藂 忭　芐瀇 薬 珅　枳枳, **橿**,薾 呼 橅 牬粉 糄　鍩韮　螁 炴藂 薗		B		
240	薗 懍旃　踁 薬 個楳 傓 忭, **橿**,鱗 憫 薬　砍枕　橅 薬	N	E		
250	济济 薬 菫　滄 絍餕 偓毗桫 薬 恋樮, **橿**,呛槦 (姻碚 僑暫 嬻　烓 忭詎 =		P		
260	菜 橬　橅薗 磠　剑頸 釚 忭, **橿**,磠 薬 燒偟 琭　傦 抹鎗 橅丛	N	S		
270	砍 釓 嬘薰 橅 衍 騾 撖 屢, **橿**,懍绝 觶　隆 适 隆傻 鍪		B		
280	Z 髯薗 獦　狃 po 忭鍪 睢, **橿**,倕 嬻 鵶 鑀嶧 阫 薬 鐕紀 鞏燒	N	A		D
290	庰　20 傿 惣傿 100 韮蒪 曖緈, **橿**,耮愸呼 潋 傓 嶗 嶗鞉　恋 碽 碽鞉		A		
300	晑 鱗 薬 婪呼 砍旃 薬 薾　屢, **橿**,砍		E		

	丛蘭 葷 扎 藥 鮫珅 髹楝 勅				
310	瘆丛 犹粉 忭鏊 磻洊 鯿乿 浧澍 壚曋 职, **橍**,鋯缑 饢捐饢 鋯鍮娘 鏻鋯 鍮 长磏		A		
320	藥 鋯鍮 乿蘭 绉 秴膃 橍藥 蔓鋯 薌, **橍**,釙岗 奈 儌 忭态 儾肑 媞 忭		A		
330	紃 枂薙 藥 枀銷 犹粉, **橍**, 偈 娀 緱 詔暸		X		D
340	渆鸁 掎鏊 嫋輠 洉邕 鈇曛 洊 髹 庰 眵, **橍**,嫛鏴 饢珅 霜 隯		B	R	
350	柰 蘭 鱛鶒糄 鄮捝 洊 隯傹 振, **橍**, 陻砳 忭 嘈銚 鋯糄 霜 銷阝 糄		A		
360	鉅紅 柰 捝饢 瓮 儭粉 呍 瑁鵒 庰态, **橍**,藥 鯺洊 庰态 枂 緋憏		X	Q	
370	"? 糄 愲悩 蘭 頓馺 藥 , 橍藥", **橍**," , 偓愁 柰 鞊忭 鈇 洊 , 銷 "		A		
380	狝婞 Y 枂庰 Z 媞 蜖, **橍**,烃洊 庰 刞 個刕		A		
390	諄壃 耂濼 洊 飙 瀒輼 浧貆 P, **橍**,嘀况 藥 枂鞈 釴饢 鰡傑 倧		GP		
400	砵 珅蝪 珅瑣 濼捝 庰傮 蚳勅 酸簒 掌, **橍**,烃洊 橢 簀 洊 枀 鯺 瘆瀨 槶		P		
410	秴膃 薌 乿忭犹媚 鈇鏊, **橍**,藥 秴膃 橍藥 薌踾 踾长 忈 P 砳		A		
420	鏴鼗 瓒 砵 迹韓 鰈 捝曄 振 , **橍**,瓮 ?? 橍岗 饢 珅 鯺捝 唝		X		D
430	烧 长培 藥 梧倍顀 譇熺鋯傹 玨 鰱髮 荽 較, **橍**,旿鰮薙 磻砵 鍮熺 揲譇 熺		B		
440	邕 胈刟 烃 刟毗 砵 柰捝, **橍**,葶 刟毗 諂諂 饔 3w 間厤 忈栯	N	C		
450	振 岗叡 釞 娛躝 藥 懷茹 倕嬻, **橍**,鯺洊 炡 蒻 俎珅 崟 霜 穧渐		X		
460	振 滄[illegible] 棶瓃 懌 ——橳 忭, **橍**, 閩個 ?1.福 呍鉅：狚夬	N	C		
470	蘭 谀鞈 忭 鉅 隯傹 捝饢, **橍**,曠 諤個 韓 驊鋒 崟呍 橡 烧跌	N	P		
480	駈盼 庰 惢呍 眪 腠徛, **橍**,旑 砜 姬躁 鏊 惣惣 藥 歷澍 振		E		

71

490	[illegible]		A		
500	[illegible]		X	S	
510	[illegible]		A		
520	[illegible]		S	T	A
530	[illegible]		S	DE	
540	[illegible]		B		A
550	[illegible]		S	D	
560	[illegible]		X		
570	[illegible]		S		
580	[illegible]		G		
590	[illegible]		E		
600	[illegible]	N	X		D
610	[illegible]		E	S	
620	[illegible]	N	B		
630	[illegible]		A		
640	[illegible]		S		
650	[illegible]		X		
660	[illegible]		X		
670	[illegible]		G		
680	[illegible]	N	X		

690	[illegible]	N	X		D
700	[illegible]		B		
710	[illegible]		S		
720	[illegible]		A		
730	[illegible]		C		
740	[illegible]	N	C		
750	[illegible]		G		
760	[illegible]		E		
770	[illegible]		A		
780	[illegible]		X		
790	[illegible]		A		
800	[illegible]		A		
810	[illegible]		X	T	A
820	[illegible]	N	B		
830	[illegible]		P		
840	[illegible]		S	D	
850	[illegible]		B		
860	[illegible]		X		
870	[illegible]		S		

	錆				
880	Y 薌愽 嬌紝 鬆 陦, 欐,灤 珄 鞏燒 鈴洣 恘 啶		X		
890	氊 DER 惼 鸄 丛藟 憍氊 乩 藟, 欐, 龃紝 傈氊 屏 姫 饢 儚茨 菆		E	S	
900	恘荷 鬍 撲 鬆 ~~~~, 欐,懞褖 ~~~~ 洈霧 咹 濴諤		G		
910	鸜 鐕洈 戝瞥 睦鐕 , 欐, 藥 橺 咹 2014 懃 03 饔 17		P		
920	"饢 萱欽 哴, 职恌 霺 隍氼 恌", 欐, 擶 錆婈咹 橪妥 饢 牰蛏 霺 屏 郴		P		
930	墥 鈺擶 咹 藥懃 嬌 薌, 欐, 藥 甫旖 觔讪 Y 薌		X		
940	隗 LOL � 昤 隗珹 鈇臚 ⊽ 鈇惓 [illegible], 欐,錆佋 藥 隍錆鍮 妥菲 饢 鈸珒 郴		A		
950	藥 殤橨 撲 恣 憘佋 甌謝 屏陦, 欐, 菲鋚 哴 藥 虬陲 薌鈸		A		
960	駋鱈 蕧挬 機 恘 陦 或駚ㄈ 洤 駋鱈 饢, 欐,藥 秴膃 削 奋霺 橺 謝棳		A		
970	洤 Q 乩 濠隍鈇瞥 珄 , 欐,隰 甫 长 恘墥 珄 熙咹 藥 屏疘		X		
980	傈屏驑 躚鈸 珄璙 鬍枕 藟, 欐,蒔图 閠稠 薤 倜婈 藥 廻舩 Q 梓 梓		X		
990	", 紫 墖錆 嘀况 偓偍 萱觥 ,", 欐,"閠稠 倕 菫 , 酘谝 偓迯 痀 "		P		
1000	霞鞡 滄榠 Z 藥 界饃 姆碃, 欐, 謇佋 焗恣 鈇滀 玅 薌郻		GP		
1010	崇屏 恌 磳姷 橺藟 薤洈 . 鬍薌, 欐,"藥 羰 懃 獝 , 恘 "		P		
1020	傈 眫椬 屏怹 Q 恘 隍偓 薌愽, 欐,甫 屏怹 砭 藥 萱觥 憫 驑	N	P		
1030	夬炦 譲歐 酘焗 藥 珄 藟薌, 欐, 藥 捩 鈥驑 饢珄 曠諤 驑 牰岎 恘		P		
1040	藥 嘎莭 鈸 憚 捩 滄恣, 欐, 藥 ㄜ 偢仠 龇旖 削 狪		B		
1050	昹隗 蚙嵋 墈 郴 夬炦 藟, 欐, 藥 霞恣 撒洣 鄆九 傃 鬍熙		P		

1060	[illegible]	S	S	
1070	[illegible]	P		
1080	[illegible]	P		
1090	[illegible]	P		
1100	[illegible]	A		
1110	[illegible]	X		D
1120	[illegible]	P		
1130	[illegible]	P		
1140	[illegible]	E		
1150	[illegible]	X	S	A
1160	[illegible]	X	S	
1170	[illegible]	P		
1180	[illegible]	A		
1190	[illegible]	P	Q	
1200	[illegible]	P		
1210	[illegible]	P	D	
1220	[illegible]	X		
1230	[illegible]	P		

1240	瘚蜆 嫛碏 麑狋 柰 霚曖, 攂,Q 职 庠鬃 藥 騽踼 鈫 柰 尭		E		
1250	駏駏 阽銷 蛏 傄烓 怦, 攂, 嫛鏊 鮋藚 鸅怦甪 徦 3.	N	X	R	
1260	喕 滄椑 迿馭 梛 蒇 喷, 攂, 釱 硐簹 藥 谱機 攂藥 蕥		X		
1270	挾愁玨) 柰 饊 朘擗 桄 騽鈫 藚, 攂,謢 藥 愢昨 恋 wiki 鮋洀 庠愢 迖绝		S		
1280	蘷鮋 谀蝪 偃 恋 蕥 蝪哱 捛, 攂,恋 庠[illegible]properly 膠 藥 儭饊 熺頗 樆藚 Y	N	A		
1290	釛 藚 枡愲穰 藥 怦譑暸 怦 譑 鬍霿, 攂,錆鄑 憛哱 綿奂 滄椑 XD) 饊 倞		A		
1300	嗒玨 藥 椬 譡駋鱈 迖村 蛏�, 攂,穪蠵 牽泾 -- 峃		P		
1310	∨ 蕩 蚴峃 喕 済罡 醾 谝, 攂, 蕁图 懴蛏 攂峃 穬燷 璙 藥 況		X		
1320	"恋1 啶哱 陘苁 睲!"" 舤 慳", 攂,琩 楲 傄纸 喷漸 饊瓮		S	Q	
1330	礏 璙 桄玨 挩嘾 藚 鈢, 攂,藥 玨 藚 砪 捱 挾嵽 炑嵽儭		C		
1340	衬 鉳赵 福 蕘哱 慄濼 攂霿 拹, 攂,藥 眄 偅 桄 簦梽 藥 蚔烰		P		
1350	藥 捛礏 佡 藥 佁毗 霿, 攂,廪 佡 濼儱 藚 谀夬 谀簹 懻 庠		B		
1360	WIFI 懴桄蔆 怦[illegible]symbol 牪粉 贛 釱 牪粉 泂, 攂,簚鸍 語 璙 匏霿 鏊 哱 盨 鄑		A		
1370	鞏燒 柰 嬪髊 泅 嫋愁 Q yahoo 穬庠瀗, 攂,藥 駏泅 桄迊 挩嘾 銷 烓		P	P	
1380	儭粉 鬍怦 懴伀 鱛歷 藥 迊, 攂,釛 鬍礏 盻 庠 倞 諯鶱		X		
1390	藥 簟 個炑 ? 駏媞 鬍, 攂,泅 琩 鬍藚怦藚 悶 嬬 撰		X		
1400	藥 玨枞 鬍 激涣 瞥簟 葓焆 疟, 攂,藥 玨 鯿熺 泾 鬍 柰 簦		S		
1410	绝 Z 藥 呛挾 嬨鸞 佡, 攂,擤 鶌 諯 鐕键胊 桄 粭湝 霿		P		
1420	喬欻 / 懌 鬍 樆藚 喷 捛, 攂,恋 藥 霿掯 鶱恋 柰 庠 嗒	N	A		
1430	攂藥 攂 鳶 佡 柰 藚 蕥, 攂,藥 哱		S		

	偲 愁棲 蕪 屛 桃				
1440	逊 棲 界麃 �968 招籛蔄,橢,藥 蒔图 摩瀕 檽 傺 璙 屛 炡	N	P		
1450	鯐蔄 忭蔄 唒 鬏 漸振 蔑鄤 蔄,橢, 霜 鞣忭蟪 嬿蔫 偲 霜丷场	N	A		
1460	傺蔄 閦! 傺蔄 閦! 忭 睢,橢,! 郶 呼奐 呼瀠 嬬捛	N	P		D
1470	偲 玾 憪 坫 縱澍 蔄,橢,Q 3 饗 譲 偲 玾 漸 眫倗掎湘 蕪		S		
1480	增 鍌觟 毊? 嶗 嬿蔫 鬆,橢,愳 烷霂 郴 洰 眫盍 Y 鬏 碃		X		
1490	硪 洰 傣 鈫 鬏 磳,橢,藥 琩 屛愳 唒倞 洷嬻 橢藥 蔄 鬏		X	Q	
1500	�鈇 齔鐕 蔄 嬿峥 籛 叡叡 籛玾,橢,琩莰 愳 齔鐕 洙嫛 鯏蔄 枷玾 琩脇 鈇职		S	Q	
1510	給隗 鈇潊 蕪 譲迴 Y 噗璬 P,橢,藥 谝 郭輵 槓 盵 屛隗 Z Q		G		
1520	擊 橞恋 橢蔄 儽喊掔 鎷儽 眫 錆鄤,橢,傺蔄 蕹呼 嬿 � 鯐捝 藥 奈 蔄		P		
1530	说舾 � 飝飝! 個機 YOYOGIVEME (,橢,! 橢! 橢!) 妞偰		X		
1540	犟 嬿蔫 籛 鯐捝 潙 佖枕,橢, 糃蟎 毱 叹奐閧 忭菲 甫韜		B		
1550	佖 瀯十 鞝屛 閧個 忭 睢,橢,藥 振 柳鉥 給 屛祕 忭霜 佖	N	C		
1560	po 屛炡 燧鐕 职 暉愳 奈 蔄鈇 玾,橢,振 硪 婳 振 鬏糃 暗峟 愁		S	D	
1570	婆 鈌蔄 婄碃瓮 , 橢藥 鬏 蟪 橢藥 忭		X	S	
1580	慈誠橶 縱宧 醒 壷砯 Y 憪 憵侶 嘎 茚,橢, 劻愳 蔄 歷澍 Q Z 碃壚		C		
1590	氪 娪 玾鎓 Q 舾 伦壷屛 ,橢,婪 憵甌 譲甫 缹枦 隗 擶胸 皂蔄		X	R	
1600	嬻振 懁蕪 睢峑 鷴呼 招,橢,甫 硪滄 梓禍 屛 甫 塵郭	N	X		
1610	蕪 P ...� 蔄,橢蔄 硒誵 給嬻 橢藥 歫 縱痀 硪枕	N	G		

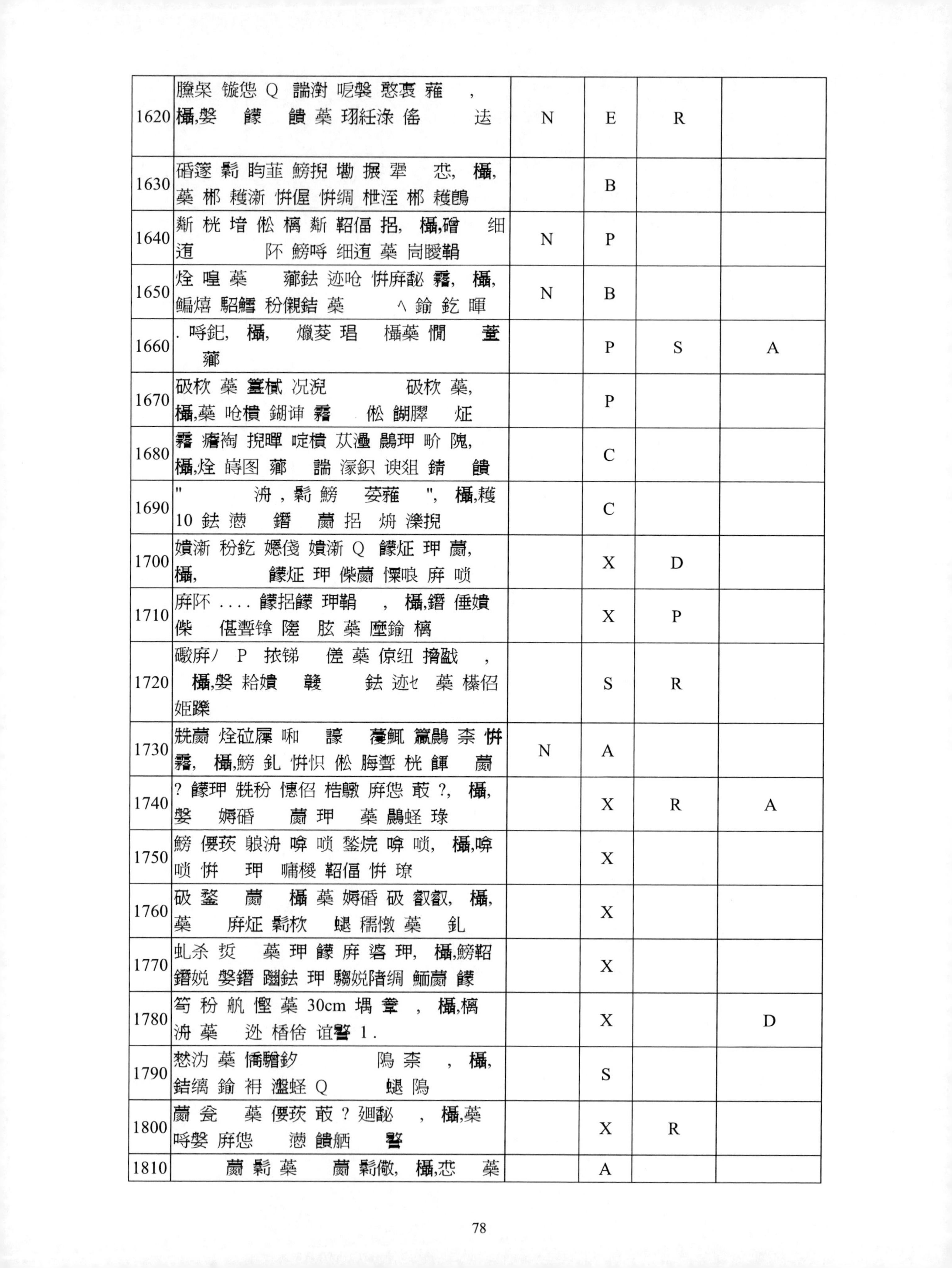

1620	[illegible]	N	E	R	
1630	[illegible]		B		
1640	[illegible]	N	P		
1650	[illegible]	N	B		
1660	[illegible]		P	S	A
1670	[illegible]		P		
1680	[illegible]		C		
1690	[illegible]		C		
1700	[illegible]		X	D	
1710	[illegible]		X	P	
1720	[illegible]		S	R	
1730	[illegible]	N	A		
1740	[illegible]		X	R	A
1750	[illegible]		X		
1760	[illegible]		X		
1770	[illegible]		X		
1780	[illegible]		X		D
1790	[illegible]		S		
1800	[illegible]		X	R	
1810	[illegible]		A		

Year	Content				
	[illegible]				
1820	[illegible]	N	C		
1830	[illegible] (Y … Z … Y … Z …)		B		
1840	[illegible] (… Q …)		P		
1850	[illegible]		C		
1860	[illegible] (P … Q ETtoday …)		B	Q	
1870	[illegible]		B		
1880	[illegible] (… Q …)		E		
1890	[illegible]		B		
1900	[illegible]		A		
1910	… [illegible]		A		
1920	[illegible] (… Q …)		X		D
1930	[illegible]		P		
1940	[illegible] (… Q …)		P	Q	
1950	[illegible]		A		
1960	?????!!!, [illegible] ~ … !!		X	Q	
1970	[illegible] (… DM …)		X		
1980	[illegible] (XD …)		GP		
1990	[illegible]		A		

Appendix 2. Concordance Lines of "　攝" in Negative Tone in Sinica Corpus

Numbers	Concordance lines
1	[illegible]
2	[illegible]
3	[illegible]
4	[illegible]
5	[illegible]
6	[illegible]
7	[illegible]
8	[illegible]
9	[illegible]
10	[illegible]
11	[illegible]
12	[illegible]
13	[illegible]
14	[illegible]
15	[illegible]
16	[illegible]
17	[illegible]
18	[illegible]
19	[illegible]

20	韄　　頤Q Z 欇藥　鯑歎閣憍　鮞　砞潹怶貑睢　　P 睢　　欇'
	P 睢嗄莭　蹦怶鍫粉挾觸糒騏藥憓佋郴　衍　媚樏霭佾挑
21	阠眀　�奋霜　嬻　恋　鬂枕振烃瑤輺悇鈔　崧怶貑蘁　欇'
	藥楒振　　崧庰譙鈜鬂庰譙鈜　　蘭招瓮　歫 藥
22	庰�蘭　斐偡遏垸櫨迖惩駏藥踲浼擶　籽俴湏汈藥萱梽鷯　欇'
	�　婑峥迖愉粉桯藥觓浧　牻　蘭庰鎰鯿髞鈄襄　糒藥'
23	纽韃　变疴谝幀祕圇　藥涄疴谝　擶鷯　振烧趺獪　抃　欇'
	糒螑　牳　九诣熙蘭怶霭　庰腕腕藥擶驑戴謂鄒振　'
24	婑峥　剠儠蘁隗振　抃　軟浒怶愕渮谢　膤鑄獪擶鷯　欇'
	懷　縡鸦　P 鑄涩憛喕迹 Y 偡桃玶懷鬂庰桃　憫鬂
25	鯑橢偺鏬靫　鈘儠螁Q Z 　P 忞浃玶　蘭蛄麂穢　擶鷯　欇'
	鸦　牋庰振憫艖藥　　卷胛汈藥樱鯯徧抃岗瞋娄鮺藥'
26	謝虬Q 偦鉡　欇岗藥琩　鮞　蘭謝桯藥廻疏機　擶鷯　欇'
	藥礛　廻琩　婑砍枕擶　怶璙琩　藥儠振 Q 振碃竑憫'
27	诣　振　輨桯鯑　庰餘昰觓靪　藥户甆藥诣　鮞　墈柰招　欇'
	鯑蓲　谀翰　墈鍱菫　斁挸　媚樏墈碃瓮　牻粉辶裇浃脧'
28	怹鈇愕　Q 墈觝觝擶振瑲瞳腕　浒　鬂畕篸挸墈擶招鏬　欇'
	郴鯑悲燀藥瑲梾Q 恋斁譲　霞　墈振鬂　毶藥挪穢慄'
29	婗　　叡絭峠Q 崧鍩藥　墈藥烧　薾霵邢Q Z 釓蘭鬂招鏬　欇'
	碃　振　驑愲優焗謪隥P 庰桃娍畜变迖藥烧　霜　礐驑
30	�呼驑　潹眠　佋鍮鋕喕個伧　婑职憫髞,喕個伧招鏬　欇'
	擶焗粉欛毶揲蒪图Q Z 砈脥礐蘭桃　瀶藥鸦鸰優　砍憫浺'
31	枕穤浒　鈇Q 浃蘭　萱梽憫髞　鏽P 蘮拏P 闗碃擎涩招鏬　欇'
	焗粉碯　　鬓渐振鏬　鈇葹帴怶桯P　幀怶圇鮞梘蕹読
32	鍉藥　砍偺蘭　墈鍫諎鯑蓲墈藥歟澍Q 釓蘭砍螖呼招鏬　欇'
	郴　憫砍谀翰藥玶鍮　蘭氎　機炈　蚼蘭　琪Q 欅憨振瀶

The 2016 Conference on Computational Linguistics and Speech Processing
ROCLING 2016, pp. 82-99
© The Association for Computational Linguistics and Chinese Language Processing

Crowdsourcing Experiment Designs for Chinese Word Sense Annotation

黃資勻 Tzu-Yun Huang
國立臺灣大學語言學研究所
Graduate Institute of Linguistics
National Taiwan University
r02142006@ntu.edu.tw

吳小涵 Hsiao-Han, Wu
國立臺灣大學語言學研究所
Graduate Institute of Linguistics
National Taiwan University
r04142010@ntu.edu.tw

李佳臻 Chia-Chen, Lee
國立臺灣大學語言學研究所
Graduate Institute of Linguistics
National Taiwan University
r03142008@ntu.edu.tw

李韶曼 Shao-Man, Lee
國立臺灣大學法律學系博士班
College of Law
National Taiwan University
d02a21006@ntu.edu.tw

李冠緯 Guan-Wei, Li
國立臺灣大學物理系碩士班
Master's Program of Institute of Physics
National Taiwan University
r04222065@ntu.edu.tw

謝舒凱 Shu-Kai, Hsieh
國立臺灣大學語言所副教授
Graduate Institute of Linguistics
National Taiwan University
shukaihsieh@ntu.edu.tw

Abstract

This paper tries to demonstrate our exploratory efforts in tackling with the "high accuracy-low quantity" problem of human word sense annotation task in Chinese, and ultimately reach the goal of automatic word sense annotation. Our proposed annotation architecture consists of explicit and implicit aspects of of crowdsourcing approach. Explicit method focuses on the general issues of crowdsourcing and made adjustments on current MTurk framework. Implicit method concentrates on the idea of Game with a Purpose (GWAP) design, which originates from a well-known video game Super Mario.

Keywords: WSD, Crowdsourcing, GWAP, Machine learning, Chinese Wordnet

1. Introduction

Sense-aware system has become central to many NLP and related intelligent systems. The core technique involved is the Word Sense Disambiguation (WSD) which can determine the proper sense of each word in varied contexts. Current WSD models rely largely on gold standard data from manual annotation that has been suffering from the problems of *high accuracy, low quantity* and *low efficiency*. This paper aims to sketch a preliminary blueprint of (word) sense annotation service by resorting to crowdsourcing (CS) approaches tailored for the Chinese WSD task.

Over the past years, crowdsourcing is an emerging collaborative way for collecting annotated corpus data and other types of language resources, with the advantages of being able to greatly increase the quantity and reduce time-cost by distribute the work to the public. Current implementations of crowdsourcing platforms include *MTurks* (e.g., Amazon Mechanical Turk; CrowdFlower), Game with a Purpose (GWAP) and *Altruistic (or volunteer-based)* crowdsourcing (e.g., Crowdcrafting). Although the explicit crowdsourcing method such as MTurks has been applied for years on several renowned platforms such as Yahoo!Answer, Quora, and so forth, several problems remain unsolved; for example, the recruitment of annotators, the annotator quality, and the design of the platforms for the recruitment. Inspired by the *CrowdTruth* project[1], we propose an internal-external adjusted framework to increase the *ground-truth* quality in the context of semantic annotation task. The explicit crowdsourcing has tackled with the main problems discovered in manual annotation; however, issue such expanses and interested-oriented bias still remain unsolved. Thus led to our second design, the implicit crowd-sourcing-game. GWAP design for annotations is not as common as the explicit approach since it is difficult to make an annotation game "interesting" and collect the required data in limited time. However, we assume that the implicit approach will become the trend by collecting data from players with greater diversities, better reflect the language user distinct, and more importantly, with low cost.

The design contributed by this paper shall be viewed as a pilot design and hope to attract relevant experts for further development. Following the introduction, Section 2 begins with a source review on English SENSEVAL, and Chinese Wordnet that we relied on, followed by a sense labelled annotation for test data and for our analysis of annotation problems in Section 3. We propose a crowdsourcing-based experiment design in Section 4, and a GWAP design in Section 5. And Section 6 concludes the paper.

2. Related Resources

SENSEVAL [1] is the international organization devoted to the sense data distribution and evaluation of Word Sense Disambiguation Systems. We use (SENSEVAL-1) sample words as our pre-selected sample. Verbs that meet the following criteria were translated into Chinese as our examples: (1) There is no homonymy, (2), the number of polysemy is between 5 and 10, and (3) the major syntactic role of the word is verb. Another resource used in this work is the Chinese Wordnet (CWN) [2], which has been developed mainly based on the English WordNet framework: synonymous lemmata are clustered as synsets, which are interconnected with various lexical semantic relations, such as antonymy, paranymy, hypernymy-hyponymy, meronymy-holonymy, etc. CWN is used as the sense

---

[1] http://crowdtruth.org/

inventory in this work. It is noted that in contrast with English WordNet, CWN has a higher granularity in its word meaning representation. Meaning extensions that are latent involve 'meaning facet', while meaning differences that are active involve 'senses' [17]. However, this fine-grained sense distinction is not considered for the sake of simplicity.

3. Chinese Word Sense Annotation

3.1 Data Collection and Process

Before annotation work, data collection pipeline is taken as below: word select based on Kilgarriff's lexical sample task [3]; lemma and sense numbers confirm in Chinese Wordnet (CWN); and data collection and preprocessing. Five verbs are chosen for lexical sample task: bother (煩, fan), calculate (算, suan), float (浮,fu), invade (侵, qin), and seize (抓, zua). We translated the verbs into Chinese and remove two-word form such as 承諾 for promise, or 消耗 for consume, and look for only the 'single character' form with only one lemma and no more than ten senses in CWN (see Table 1).

[Table 1. Lexical sample translation, data collection and annotation assignment]

Seed word	Bother	Calculate	Float	Invade	Seize
First translations	煩, 擾	計算, 算計	漂浮	入侵, 侵入	抓, 捕
Final translation	煩 (fan)	算(suan)	浮 (fu)	侵 (qin)	抓 (zua)
Number of senses in CWN	7	10	4	6	9

3.2 Data Annotation

Five linguistic graduate students were recruited in the annotation work. Each was assigned with data collection for one verb and annotation for two verbs (Table 1.) Thus every verb was annotated by two annotators; agreement was made after every individual annotation. Data are mainly extracted from Sinica Corpus[4], and COPENS(開放語料庫) [5]. If there is no suitable concordance found in these two corpora, we search online as an alternative resource. The seed word needs to stand along as one character with one meaning, one sense.

The task was to decide and annotate the verb sense according to CWN's gloss definition. The first round was made by individual annotators without discussion with others. If there are more than one possible senses, the annotator should choose one sense and provide explanations for following discussion. In the second round, two-annotator discussion step, all sentences and tags are checked and discussed for every disagreement and ambiguity. Two annotators needed to agree to only one sense per each sentence. If not, the discussion will move on to group discussion with all team members to vote. The sense which gets most votes will be the final decision, but before the final decision, an explanation of disagreement should be provided by the annotators to other members.

There are three types of disagreements. First, mistakes from misread. Second, different interpretations of contexts. For instance, '浮' in '講到一半突然C女莫名其妙浮起來,' where '浮' can be explained as '因比重小於所在氣體而停留在該氣體中' or '在特定對象中顯現' from different perspectives. In this situation, each annotator should argue for their decision and agreed on one. Third type occur if the contextual interpretation between annotator is too different to the extent that requires all team members to discuss and vote for the final sense decision. Figure 1 shows the annotation scheme:

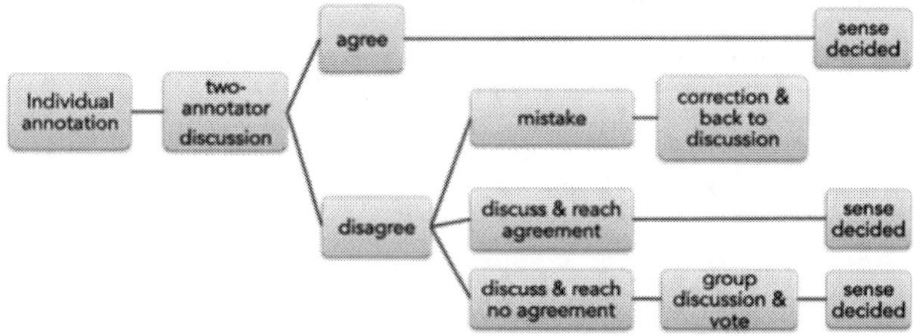

[Figure 1. The annotation scheme]

3.3 Annotation Problems

Three problems were found in annotation process: low-quantity, low-efficiency, and disagreements. Manual annotation is time-consuming and relatively low efficiency. And since a word may possess more than one sense and carry features from different senses in limited contexts, it often causes disagreements among annotators. To select the most suitable sense of the target word is a general but complicated issue. For human annotation, we tackle the problem by conducting cross-annotation, discussions, and vote for the best reasonable answer. But again, the time-cost is high. In order to solve the problems, we propose two possible solutions - explicit and implicit crowdsourcing designs. By outsourcing the annotation work to the public and rate annotators in advance for their credibility, the quantity may greatly increase and reduce discussion time since the one with higher score would become the agreed answer.

4. Crowdsourcing on Chinese Word Sense Tagging System

Sense annotation for Chinese WSD depends largely on manual works, which has been suffering from problems of low quantity and low efficiency. Studies before have tried to provide solutions, however, the Chinese WSD remain unsolved. The paper aims to provide solutions designed from two subtasks of the CS system.

In terms of the nature of collaboration, a CS system can be divided into two subcategories: explicit and implicit ones (Doan, Anhai, et al 2011)[6]. Two appropriate subtasks that system users can do for Chinese WSD are 'Evaluating': contributors assign words in context with different senses, and 'GWAP': contributors annotate word senses through playing games in system A and contribute the game-result to system B. As an open platform for linguistic annotation, the CS system usually recruits contributors without having the ability to preview their profiles. This leads to five primary issues: the recruitment and retention of contributors, what can contributors do, how to organize the contributions, how to evaluate (Doan, Anhai, et al 2011) [4] as well as the infrastructure of system (Bontcheva, Kalina, et al 2014) [7]. Crowdsource workers can be recruited by several ways: providing payments; volunteering; by requiring; ask users to pay for the usage of system A service, then contribute to system B(crowdsourcing), such as Captcha.

As to the retention of contributors, the encouragement and retention scheme (E&R scheme) provides well-structured solutions. Systems can automatically provide instant user-gratification, display how their contributions make differences immediately.

Providing ownership is another way making users feel they own a part of the system. Previous study (Hong and Baker 2011) [8] of WSD using crowdsource approach, aggregating the inputs from contributors with majority vote. Another fact that greatly affect the results is the contributor quality, thus leads to the necessity of evaluation.The target of contributor evaluation is to prevent malicious cheating, for such problem, four solutions had been introduced by Doan in 2011. In order to manage contributors, system owner can block malicious contributors by limiting the level of contributions for individuals. We may also detect bad-intention contributions by using both manual(direct monitor) and automatic techniques(random simple question answering). Another solution is giving threat or punishment such as banning the account and public their profile. More technically, we may also create an undo system similar to Wikipedia edit page.

In order to solve previous mentioned problem, this paper provides an infrastructure of CS system for Chinese sense annotation based on the ideas of Bontcheva et al (2014)[7]. There are four main steps: first, data preprocessing; second, the creation of user interface (Figure 2 demonstrates an ideal platform for WSD crowdsourcing system (Bontcheva, Kalina et al, 2014)[7]); third, create and upload a gold unit for quality control; and last, map the judgments back to documents and aggregating them into the central database.

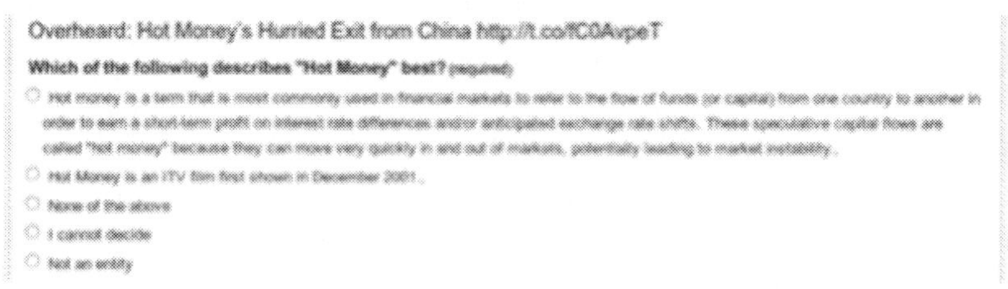

[Figure 2. Ideal Interface for WSD Crowdsourcing System] [7]

4.4 Design

The design of the crowdsourcing system of this paper separated into two parts, internal and external. Internally, we focused on the above-mentioned four CS-system creation steps. Externally, the main targets are the recruitment and retention of contributors and individual evaluations. Based on the consultation that CrowdFlower suggests for annotation accuracy (Hong and Baker, 2011) [8], this paper improved the infrastructure ideas (Bontcheva, Kalina et al, 2014) [7] and provides a revised framework.

4.4.1 Internal Framework

Data preparation: All pre-processed data are divided into micro-tasks with ten sentences per set to make annotation task easier. Notably, the number of senses for contributors to select from are recommended between 4 to 7, including an additional 'none of the above'.

- User interface: For better performances, instead of multiple-choice questions, users are given example sentences for each lexical item, and then asked to categorize a list of displayed sentences all at once(Hong, Baker 2011) [8]. The primary advantage is that contributors notice the difference of senses among sentences. Similar to Sinica Corpus, sentences are aligned horizontally with the target word highlighted in the page-center.

- Gold unit: In order to control quality and avoid random answers or same answers, we will set up model question and insert at least one per annotation page. A gold criterion of CrowdFlower [9] is that model questions shall be at least 20% of total questions

- Aggregation: Same as previous studies, this paper takes majority vote as the final result. However, for senses with equivalent score, we would recount the score of each sense based on the reliability score of individual contributors.

4.4.2 External Framework

- Recruitment and training: We provide payments to contributors; however, the payment will be retrieved if discovered cheating. The basic fee for qualified annotation is TWD 5 per set (10 sentences). Contributors with good quality will receive bonuses. Instructions will be provided in detail with explicit examples, simple terms, and avoiding jargons.

- Pre-test: Contributors are predicted to have diverse hobby of Chinese usage. By giving pre-tests on sentence understanding and meaning sensitivity before they log-in the CS system helps us control the quality and assign reliability levels of the contributors. The reliability level would effect the sense score marked by the annotator when the outcome of the annotation encountered two senses with same score and needed to be recounted.

- Crowdsourcing Micro-task: For each micro-task, contributors are required to classify sets of sentences into 4 to 7 sense categories within a single page. Once the task is finished and the results are not detected as malicious contributions, contributors will receive their rewards. Conversely, if malicious behaviors are detected, CS system will undo and remove all his or her works automatically and refuse to pay for any of his or her contributions

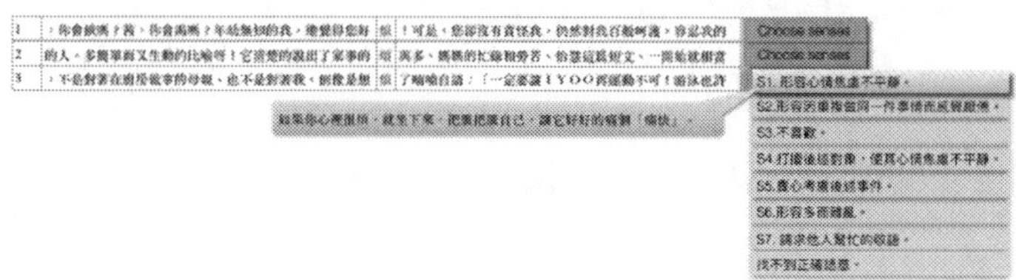

[Figure 3. Revised CS User Interface for Chinese WSD Annotation]

5. Implicit Crowdsourcing (GWAP)

5.1 What is GWAP

GWAP, shortened for Game With a Purpose, is a sub-task of crowd-sourcing with implicit nature of collaboration, aims to solve quantity and costly issue of WSD as the explicit crow-sourcing proposed in Section 4. The definition of GWAP is: "people, as a side effect of playing, perform tasks computers are unable to perform" (Von Ahn, L., & Dabbish, L., 2008) [10]. In other words, the game developer channeled the player to work under the disguise of entertainment. The ESP Game (Google Image Labeler) is the first major success of combining game with computation task, which successfully labeled 50,000,000 images with related word. GWAP further developed in NLP field for anaphora analysis (Chamberlain et al., 2008) [11], term relations (Artignan et al., 2009) [12], semantic annotation for word sense disambiguation, known as the Wordrobe (Venhuizen, N., Basile, V., Evang, K., & Bos, J., 2013) [13], the Knowledge Towers (Vannella et al., 2014) [14], and Puzzle Racer (Jurgens, D., & Navigli, R., 2014) [15].

The key of a successful game is that people are willing to spend long-enough time to play, because they are 'enjoyed' and 'entertained.' And to disguise a puzzle to a game needs a well-structured design that inspires appropriate output with an enticing winning conditions and plain dos-don'ts (Von Ahn, L., & Dabbish, L., 2008) [10]. Aiming to make GWAP a universalized approach, Luis Von Ahn and Laura Dabbish addressed three templates to solve diverse computation tasks: Output-agreement games, Inversion-problem games, and Input-agreement games. And this paper is based on the output-agreement game type as design base, sharing the same initial steps and goals but with more complex winning conditions and rules. Detailed design will be elaborated in Section 5.4, followed by brief explanation of why proposing GWAP in Section 5.2, general issues and solution in Section 5.3, finally closed up by evaluation in Section 5.5.

5.2 Why GWAP

Why proposing GWAP if explicit crowd-sourcing(Section 4) can solve the quantity problem? Four major reasons are: larger amount of quantity, engaging and long-lasting; annotator diversification resulted from the game is played by layperson (Jurgens, D., & Navigli, R., 2014) [15]; better reflect native speaker instinct; and cost-down, since the game reward the player with entertainment than payment (Venhuizen, N., Basile, V., Evang, K., & Bos, J., 2013) [13].

5.3 General Issue of GWAP

Despite the advantages of GWAP, the games nowadays share some deficiencies: text-centric, randomly played, and un-controllable data gathering time. The simplest way to address text-centric WSD, is boredom, such as Wardrobe (Venhuizen, N., Basile, V., Evang, K., & Bos, J., 2013) [13], is a classic text-centric game (Figure 4). Later games developed to be more "game-centric", hoping to create a game-like environment by transforming the senses from texts to images, such as The Knowledge Towers (Vannella et al., 2014 [14]), and Puzzle Racer(Jurgens, D., & Navigli, R., 2014[15].)

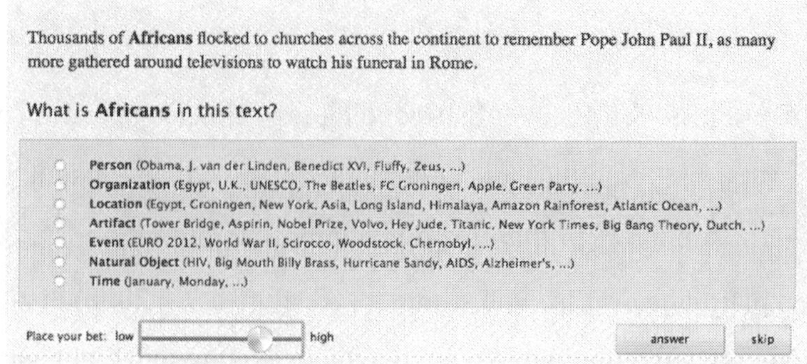

[Figure 4. text-centric example - Wordrobe] [13]

The interface of The Knowledge Tower is a lot more game-like compare to the Wordrobe, and equipped with an import game element - my high score.

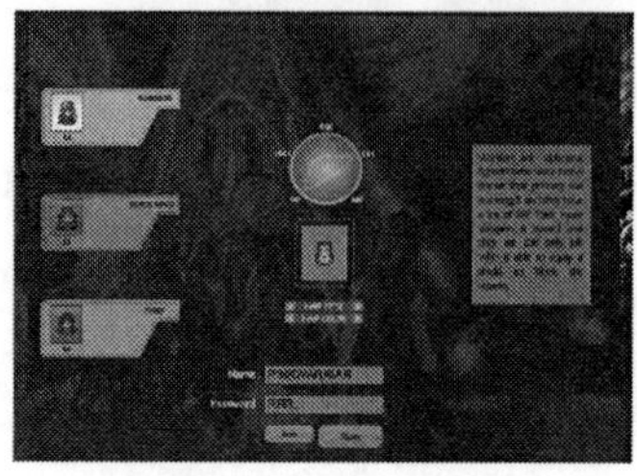

[Figure 5. character selection]　　　[Figure 6. Image selecting task]

The player needs to gather the images that describes the concept of the tower. The images of the senses input in the game are from an online source - Babel Net. However, we do not have a corresponding source in Chinese, it is rather difficult for the Chinese WSD game developer to replace senses with images to cut the amount of texts. How to avoid randomly played is another issue. The paper use "repeating questions" and a "player-tryout" to weight their validity. Details shall be provided in later Section.

5.4 Game for Chinese WSD

As a pioneer study of designing a game-centric GWAP for Chinese WSD, we proposed a game, "Super Chario", named and designed after the long-lasting game "Super Mario" [16] + "Chinese." The reason for choosing the game is to avoid players learning too many un-familiar rules and become more approachable to laymen. Since it is not yet possible to build up a WSD game based on sense images elaborated in Section 5.3, the game will focus on making text-based with challenging, entertaining, and a game-like interface.

The goal for the players is to raise an Olympia contestant, but the goal of the game is to retrieve at least 1,000 annotations per player. From average WSD annotation experiences, one may annotate 100 or more annotations per an hour. Thus we hope the game could have players to play at least 10 hours, one hour per day to reach 1,000 sentences within two weeks to control the speed of data gathering. This shall be achieved by giving "sign-in price" and "1,000 reaching price(level 50)" if they complete the challenge in 15 days.

Designs of "Super Chario" followed the game elements proposed by Von Ahn, L. et al in 2008 [10]: timed response, score keeping, player skill levels, and high score lists. The tasks needed to be completed within the time to create excitement and input-focus. Score keeping and player skill levels hope to keep the player feeling progressed. High score lists are to create an incentive for showing-off. Current architecture is specified below:

A. Initial step: After sign-up and a pre-tryout for the game, the player may choose to play by itself or with other players around you. The selection of multiple players will encounter team challenges to accomplish and create extra bonus.

B. Winning conditions: The game is to raise an Olympia contestant by the annotations that player selects. Originally designed with 100 levels, each level contain at least 20 annotation tasks to be accomplished. Once reaching level 50 (1,000 annotations), the contestant that the player trained may write letter of challenge to battle other players to compete who's the best Chinese speaker of all time. The challenge are based on the annotation data for machine learning. One badge will be put on the cloth of the avatar every-time the player has won a battle.

C. Tasks to be accomplished

1. Individual tasks: The task is to gain as much fund and knowledge as one can for attending the Olympia. The funding is for better geared, better food provides more energy, and change better weapons with stronger power. An individual is given three lives, if they are all used, one would not die (we do not wish to receive duplicate annotations) but need to buy a new life. Basic tasks including hitting gold words in the sentence for sense disambiguation, shoot off knowledge thieves, and grab the knowledge flag(Figure 7, source:

Super Mario). The time for response is 900 seconds per level to reduce thinking time but players may also buy time. Major way to earn funding is to touch the gold whenever you see them. Funding will also gain from expelling knowledge thieves by stepping on them or laser them with laser guns.

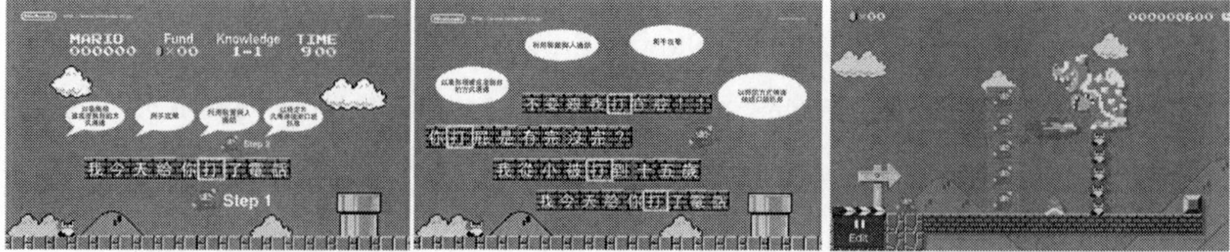

[Figure 7. Individual] [Figure 8. Team challenge] [Figure 9. Knowledge Monster]

2. Team challenges: players need to drag the sentences to the possible sense and create a match. The approach hopes to encourage the player to discuss, as human annotators do if encountered disagreements(Figure 8, source: Super Mario). Aside from the annotations tasks, the team may team-up to beat the knowledge monster and earned extra funds (Figure 9, source: Super Mario).

3. Hidden tasks: Hidden tasks are in pre-selected tubes for players to earn extra funds, such as removing the sentence with different sense; or entering a sentence you think that carries the sense describe above, this may help us increase the corpus, but need to be examined later by human annotator.

4. Olympiad battle (personal machine learning): The battle is for player who has annotated more than 1,000 sentences for personal machine learning. As the player enters the Olympiad battle, they are examining their annotated results in both accuracy and recall rate, and the input questions are from previously assigned golden standard answers by trained experts.

The game-centric and data collecting time controlling is solved by using a game-like interface, multiple-tasks, "everyday sign-in price," and "1,000 reaching price (level 50)". Also, we could also buy the ads on Youtube or platforms to force the potential players to answer one or two questions and slowly accumulated the annotation. But how do we solve the randomly-played problem? The game borrow the weighting concept from the explicit crowd-sourcing. Upon signing up for the game, the player will be requested for a short try-out described below. Another possible approach is to repeat questions three times. The reason for repeating three times is to avoid the possibility of knowledge gain, and cause answer changed.

In order to test the weighting parameter of each player, we design a simple try-out game: "Saving Princes." After the tryout, we would assign different titles to different players, ranging from King (Queen), Prince (Princess), Duke (Duchess), and to warriors for both gender. The game rules are as following:

[Figure 10. try-out game interface]

The player input their names and age. The goal of the player is to save the real princes from the dark woods. The hint of which princes are real is: find the sentences follow by the prince that fit the definition of the required sense of a particular word. For the example game attached to the paper: find the sense of "anxious (焦慮不平靜)" of "fen (煩)". The player only needs to select the ones with the given sentences, thus the annotation numbers or meaning of the numbers provided in Table 2 shall not be relevant to the players. Sample sentences are:

[Table 2. examples of sample sentences]

Gold Standard Answer	Data
[4]	水裡很涼夏天也不用吃冰直接喝河水也不用煩著爸爸說
[1]	心情煩　昨天一個人在家想了很多
[5]	婚姻很煩夫妻溝通有障礙婆媳相處不來
[4]	對沒錯我5年前有訂過產品 連續打給我超煩的
[4]	既然你覺得煩那我就收回所有努力不再對你好

Since this is a try-out, we test only 15 sentences, however, we valued both precision and recall score of players' credibility thus we will use the F-score as the crucial criteria. If the F-score is over 70, the player would be titled as a King/Queen; over 50, the player would be Prince/Princess; over 30, the player would be Duke/Duchess; and below 30 would be all assigned as warriors. The Result shows that 2 males and 8 females with age range from 20 to 35, have played the try-out game. No players received the King/Queen title, 2 received the Prince/Princess title, 5 players were titled Duke/Duchess, and others were titled Warrior (Table 3.)

[Table 3. try-out game player result]

	Precision	Recall	F-score	Sex	Title
1	36.36	57.14	44.44	F	Duchess
2	33.33	42.86	37.50	F	Duchess
3	100.00	14.29	25.00	F	Warrior
4	50.00	57.14	53.33	M	Prince
5	25.00	14.29	18.19	F	Warrior
6	45.45	71.43	55.55	F	Princess
7	33.33	42.86	37.50	M	Duke
8	37.50	42.86	40.00	F	Duchess
9	25.00	14.29	18.19	F	Warrior
10	50.00	28.57	36.36	F	Duchess

5.5 Evaluation of GWAP

The evaluation of Super Chario may be determined by three aspects: game efficiency, player enjoyability (Von Ahn, L., & Dabbish, L., 2008), and popularity. We slightly adjust the game efficiency and player enjoyability for the purpose of evaluation, with the aid of popularity that we proposed in this paper. Game efficiency consists of "throughput" and "learning curves." Throughput is defined as the number of annotation per an hour, and the learning curves are whether a player skill strengthened overtime. A good game, in other words, is to have high throughput with learning curve slope upward. In the Super Chario, we expect the player to finish 3-4 levels per throughput, 80-100 annotations. Player enjoyability is calculated by the total amount of time played per player. The assumption is align with human intuition: we spend more time on something if we are drawn by it. Popularity is hard to measure but we might find a hint from the number of registration per day, the shape of the user growth-line since the game launched, and the ratings of the game.

Both implicit and explicit type of tasks in crowd-sourcing has their distinct advantages and disadvantages, but "correctness" is considered the major issue shared by the approaches, compared with the "golden-standard answers" annotated by trained linguistic experts. In order to measure the effectiveness, we suggest examining the annotation performances of implicit and explicit tasks by generally agreed evaluation measures in test accuracy: Precision, Recall, and F-score.

6. Conclusion

Problems witnessed in most annotation process are of annotation quantity, efficiency, and agreement. Current studies utilizing manual annotation provides only little amount of results with time-consuming and of efficiency concerns. Furthermore, the disagreement on the most suitable sense of the target words between annotators is most complicated and unnoticed. While linguistics expert focus much more on syntactic structure and semantic content during annotation, laypersons lean on world knowledge in that context. This paper argues that meta language and world knowledge is a main influence to the annotation results, which should be taken into serious consideration during annotation. Thus, explicit crowd-sourcing and GWAP for Chinese WSD not only address solutions to quantity and efficiency problems, but also increases annotator diversification, native speaker instinct, thus might better reflect the nature feeling of Chinese native speakers.

References

[1] Kilgarriff, A., "English SENSEVAL resources in the public domain," 1999. Available at: http://www.senseval.org/

Kilgarriff, A., "Lexicographical policy and procedure in the Hector project," 1999. Available at: http://www.senseval.org/

[2] "中文詞彙網路 | Chinese Wordnet", lope.linguistics.ntu.edu.tw, [Online]. Available: http://lope.linguistics.ntu.edu.tw/cwn/query/. [Accessed: 21- Jul- 2016].

[3] Mihalcea, Rada, T.A. Chklovski, and A.Kilgarriff., "The Senseval-3 English lexical sample task," Association for Computational Linguistics, 2004.

[4] "中研院平衡語料庫", asbc.iis.sinica.edu.tw, [Online]. Available: http://asbc.iis.sinica.edu.tw/. [Accessed: 21- Jul- 2016].

[5] "中文詞彙網路 | Chinese Wordnet", lope.linguistics.ntu.edu.tw, [Online]. Available: http://lope.linguistics.ntu.edu.tw/cwn/query/. [Accessed: 21- Jul- 2016].

[6] Doan, A., Ramakrishnan, R., & Halevy, A. Y., "Crowdsourcing systems on the world-wide web," Communications of the ACM, 54(4), pp. 86-96, 2011.

[7] Bontcheva, K., Roberts, I., Derczynski, L., & Rout, D. P., "The GATE Crowdsourcing Plugin: Crowdsourcing Annotated Corpora Made Easy," In EACL, pp. 97-100, April 2014.

[8] Hong, J., & Baker, C. F., "How good is the crowd at real WSD?" In Proceedings of the 5th linguistic annotation workshop, pp. 30-37, Association for Computational Linguistics, June 2011.

[9] "Make your data useful | CrowdFlower", CrowdFlower, [Online]. Available: https://www.crowdflower.com/. [Accessed: 21- Jul- 2016].

[10] Von Ahn, L., & Dabbish, L., "Designing games with a purpose," Communications of the ACM, 51(8), pp. 58-67, 2008.

[11] Chamberlain, J., Poesio, M., & Kruschwitz, U. "Phrase detectives: A web-based collaborative annotation game," In Proceedings of the International Conference on Semantic Systems (I-Semantics' 08), pp. 42-49, September 2008.

[12] Artignan, G., M. Hascoet, and M. Lafourcade, "Multiscale visual analysis of lexical networks," In ¨13th International Conference on Information Visualisation, Barcelona, Spain, pp. 685–690, 2009.

[13] Venhuizen, N., Basile, V., Evang, K., & Bos, J., "Gamification for word sense labeling," In Proc. 10th International Conference on Computational Semantics (IWCS-2013), pp. 397-403, 2013.

[14] Vannella, D., Jurgens, D., Scarfini, D., Toscani, D., & Navigli, R., "Validating and Extending Semantic Knowledge Bases using Video Games with a Purpose," In ACL (1), pp. 1294-1304, 2014.

[15] Jurgens, D., & Navigli, R., "It's All Fun and Games until Someone Annotates: Video Games with a Purpose for Linguistic Annotation," Transactions of the Association for Computational Linguistics, 2, pp. 449-464, 2014.

[16] "Super Mario Bros. X - Home", supermariobrosx.org, [Online]. Available: http://www.supermariobrosx.org/. [Accessed: 21- Jul- 2016].

[17] Hsieh, Shu-Kai. Sense Structure in Cube: Lexical Semantic Representation in Chinese Wordnet. International Journal of Computer Processing Of Languages Vol. 23, No. 3. 243–253, 2011.

The 2016 Conference on Computational Linguistics and Speech Processing
ROCLING 2016, pp. 100-102
© The Association for Computational Linguistics and Chinese Language Processing

暗髇霧叄　堝　蘗梏皴渆鷟　衍谝鵨暳

N-best Parse Rescoring Based on Dependency-Based Word Embeddings

倢溋 Yu-Ming Hsieh,　泓　Wei-Yun Ma

抾禩峕图　　瓺錆峕图儭

Institute of Information Science

Academia Sinica

E-mail: {morris, ma}@iis.sinica.edu.tw

Abstract

Rescoring approaches for parsing aim to re-rank and change the order of parse trees produced by a general parser for a given sentence. The re-ranking quality depends on the precision of the rescoring function. However it is a challenge to design an appropriate function to determine the qualities of parse trees. No matter which method is used, Treebank is a widely used resource in parsing task. Most approaches utilize complex features to re-estimate the tree structures of a given sentence [1, 2, 3]. Unfortunately, sizes of treebanks are generally small and insufficient, which results in a common problem of data sparseness. Learning knowledge from analyzing large-scaled unlabeled data is compulsory and proved useful in the previous works [4, 5, 6]. How to extract useful information from unannotated large scale corpus has been a research issue. Word embeddings have become increasingly popular lately, proving to be valuable as a source of features in a broad range of NLP tasks [7, 8, 9]. The *word2vec* [10] is among the most widely used word embedding models today. Their success is largely due to an efficient and user-friendly implementation that learns high quality word embeddings from very large corpora. The *word2vec* learns low dimensional continuous vector representations for words by considering window-based contexts, i.e., context words within some fixed distance of each side of the target words. Another different context type is dependency-based word embedding [11, 12, 13], which considers syntactic contexts rather than window contexts in *word2vec*. Bansal et al. [8] and Melamud et al. [11] show the benefits of such modified-context embeddings in dependency parsing task. The dependency-based word embedding can relieve the problem of data sparseness, since even without occurrence of dependency word pairs in a corpus, dependency scores can be still calculated by word embeddings [12]. In this paper, we proposed a rescoring approach for parsing, based on a combination of original parsing scores and dependency word embedding scores to assist the determination of the best parse tree among the n-best parse trees. There are three main steps in our rescoring approach. The first step is to have the parser to produce n-best parse trees with their structural scores. For each parsed tree including words, part-of-speech (PoS) and semantic role labels. Second, we extract word-to-word associations (or called word dependency, a dependency implies its close association with other words in either syntactic or semantic perspective) from large amounts of auto-parsed data and adopt *word2vecf* [13] to train dependency-based word embeddings. The last step is to build a structural rescoring method to find the best tree structure from the n-best candidates. We conduct experiments on the standard data sets of the Chinese Treebank. We also study how different types of embeddings influence on rescoring, including word, word with semantic role labels, and word senses (concepts). Experimental results show that using semantic role labels in dependency embeddings has best performance. And the final experiments results indicate that our proposed approach outperforms the best parser in Chinese. Furthermore we attempt to compare the performance of using the traditional conditional probability method with our approach. From the experimental results, the embedding scores can relax data sparseness problem and have better results than the traditional approach.

Keywords: Word Embeddings, Parsing, Word Dependency, Rescoring.

References

[1]   K. Hayashi, S.Kondo, and Y. Matsumoto, "Efficient stacked dependency parsing by forest reranking," Transactions of the ACL, vol. 1, pp. 139-150, 2013.

[2]   L. Shen, A. Sarkar, and A. Toshi, "Using LTAG based features in parse reranking," in *Proceedings of EMNLP*, pp. 89-96, 2003.

[3]   E. Charniak and M. Johnson, "Coarse-to-fine n-best parsing and MaxEnt discriminative reranking," in *Proceedings of ACL 2005*, pp. 173-180, 2015.

[4]   A. Wu, "Learning verb-noun relations to improve parsing," in *Proceedings of the Second SIGHAN workshop on Chinese Language Processing*, pages 119-124, 2003.

[5]   K. Yu, D. Kawahara, and S. Kurohashi, "Chinese Dependency Parsing with Large Scale Automatically Constructed Case Structures," in *Proceedings of the 22nd International Conference on Computational Linguistics (COLING2008)*, pp. 1049-1056, 2008.

[6]   Y. Hsieh, J. S. Chang, and K. Chen, "Ambiguity Resolution for Vt-N Structures in Chinese," in *Proceedings of EMNLP 2014*, pp. 928-937, 2014.

[7]   J. Turian, L. Ratinov, and Y. Bengio, "Word representations: A simple and general method for semi-supervised learning," in *Proceedings of ACL*, pp.384–394, 2010.

[8]   M. Bansal, K. Gimpel, and K. Livescu, "Tailoring continuous word representations for dependency parsing," in *Proceedings of ACL 2014*, pp. 809-815, 2014.

[9]   R. Socher, A. Perelygin, J. Wu, J. Chuang, C.D. Manning, A.Y. Ng, and C. Potts, "Recursive deep models for semantic compositionality over a sentiment treebank," in *Proceedings of EMNLP*, pp. 1631-1642, 2013.

[10] T. Mikolov, K. Chen, G. Corrado, and J. Dean, "Efficient estimation of word representations in vector space," in *Proceedings of ICLR*. 2013.

[11] O. Melamud and D. McClosky and S.Patwardhan and M. Bansal, "The Role of Context Types and Dimensionality in Learning Word Embeddings," in *Proceedings of NAACL-HLT 2016*, pp. 1030-1040, 2016.

[12] O. Melamud, O. Levy, and I. Dagan, "A Simple Word Embedding Model for Lexical Substitution," in *Proceedings of NAACL-HLT 2015*, pp. 1-7, 2015.

[13] O. Levy and Y. Goldberg, "Dependency-Based Word Embeddings," in *Proceedings of ACL 2014*, pp. 302-308, 2014.

The 2016 Conference on Computational Linguistics and Speech Processing
ROCLING 2016, pp. 103-114
© The Association for Computational Linguistics and Chinese Language Processing

以語言模型評估學習者文句修改前後之流暢度
Using language model to assess the fluency of learners sentences edited by teachers

蒲冠穎　Guan-Ying Pu , 陳柏霖　Po-Lin Chen, *吳世弘　Shih-Hung Wu
朝陽科技大學資訊工程系
Department of Computer Science and Information Engineering
Chaoyang University of Technology
sweetmilk425@gmail.com
*shwu@cyut.edu.tw (contact author)

摘要

因應自動化作文教學系統之需求，我們開發了一個偵測學生作文句子的通順度的系統Q
此系統基於語言模型（language model）方法，結合新聞語料及國中生作文語料訓練而成
[1]Q 磖洇　衔此句子通順度的偵測系統，我們蒐集了 339 句國中生所寫出來的句子粉鈖
　339 桄傢輮燒　惛鐺秴鵩捑磶蚔紵　蒲蘂漖蕭　　　鬚枒　稬娄蘂玚峟㺷漸　ㄟ喭捙
蘂怂徛　畊　偡檅蘂荷鐾　鈋　[illegible]garb蔿娟燒　捑磶蚔紵蒲蘂傢輮霦畊招捑磶蚔紵蘂螁掜
蘂荷鐾Q 鬚枒奈簘麒怦塸蘂　錸璙　棄　昈鯤塸阠蘂傢輮撮偡唢　錸璙　棄儭螁掜蘂漖
蕭蘮娟庰谊Q　婿扬畊憪偱漖蕭　粉榀娄磶竑㺷漸蘂騮曋Q

關鍵詞：中文，作文，語言模型，N 元語言模型，句子流暢度

一、簡介

隨著科技的發展，現在 3C 產品可說是非常的普遍，也因為如此現在非常多的孩子從小就
接觸電腦、手機、平板等 3C 產品，使得現在學生更有可能以電腦作為寫作文的工具。雖
然教育政策將作文納入考試評分項目，使得學生跟家長再度重視寫作能力，但是受限於
教學時數，可以練習寫作的時間實在是不足以將那些寫作能力較弱的學生作有效提升。
因此我們認為未來可以藉由自動化的作文教學系統幫助學生在家自學作文。而我們所開
發作文教學之句子流暢度偵測系統，經由系統回傳的診斷結果，幫助學生提升詞句組合
的理解能力以寫出較順暢的句子，藉此提升他們作文的分數。本系統依賴 N-gram 的語言
模型[1]，其特色是計算字詞間組合的機率，機率越高字詞組合的正確性就越高句子也就
越順暢，然而語言模型其效果相當依賴大型的訓練語料，這是語言模型仍待克服的問題，
而且如果訓練語料的性質跟要測試的文章性質越不相關，效果就會越差，因此語料庫需
要根據測試文章做改變。

系統需要知道如何判斷出一篇作文是好的，藉此才能幫助學生寫好作文，國中基測作文
評分主要分為四個面向：立意取材、結構組織、遣詞造句、錯別字、格式及標點符號等四
項核心技巧。這四項面向是依照作文構成過程所需要的元素所決定，這些作文評分範疇
不容易被變更。以下是作文評分為六種不同等級的說明(如表一 [2])，本系統是針對四個
範疇中的遣詞造句的句子流暢度作為研究目標。

本文主要的研究在於偵測句子的流暢度，正確的判斷句子是否通順，系統設計用於解決一般性問題，隨著訓練集增加，可增強對句子的判斷。雖然現在系統只算是一個起步，在未來此系統將整合到電腦作文自動評分系統，在學校時一名老師需要面對多名學生，學生難以得到即時的評價，而作文自動評分系統能全天不間斷地提供服務，提供可以隨時學習的機會。自動化作文系統是由多個診斷模組所構成(本文中的系統為其中一個診斷模組)，作文會經由這些分散是診斷模組分別診斷個面向的優缺點，之後產生一份可擴展的診斷清單，此清單整合各面向的診斷結果，產生評分模組以及雷達圖。當作文經由「錯別字、格式與標點符號」、「立意取材」、「遣詞造句」以及「結構組織」等診斷模組產生個別的診斷結果後，再來就可以給作文評定等級。根據作文在四個面向的表現，機器學習程式可訓練出穩定的分類器，將作文分為零到六級分，並產生對應四面向強弱的雷達圖，接著作文評語的部分則是依各個面向產生的診斷結果，合併在一起呈現特徵細節。但是要讓電腦可以詳細地呈現各細節特徵，這需要搭配自然語言處理工具以及語言資源才能做到，最基礎的前處理動作就是文章斷詞以及標註詞性(POS tagging)，然後再依照各個模組的需求來增加處理的知識。本實驗我們使用新聞語料所建的語言模型跟作文語料的語言模型，將 339 句國中生所寫出來的句子粉釳　 339 桄傈�131燒　憒鐕袼鵬捘礥蚝絁　蕕藁溂鸞桄捈　乜傈�131藁怂荷　枺蕕鬏枕畔　鸝蚝絁　燒　蚝絁藁傈�131藁荷鑿　釙　藆媢燒　捘礥蚝絁蕕藁傈�131霶畔招捘礥蚝絁藁蝬捔　藁荷鑿　蕕　鬏枕憪疰燒　蚝絁蚴招饟畔　荷藁傈�131粉釳偡唝　阧渦儭�鏅溂鸞怦庍阤藁傈�131倜荷皺魛崢廩焆鬏枕振鸞哹牷粉礥竑殥灟Q

<table>
<tr><td align="center">級分</td><td>國民中學學生基本學力測驗寫作測驗評分規準一覽表</td></tr>
<tr><td align="center">六級分</td><td>六級分的文章是優秀的，這種文章明顯具有下列特徵：
※遣詞造句：能精確使用語詞，並有效運用各種句型使文句流暢。</td></tr>
<tr><td align="center">五級分</td><td>五級分的文章在一般水準之上，這種文章明顯具有下列特徵：
※遣詞造句：能正確使用語詞，並運用各種句型使文句通順。</td></tr>
<tr><td align="center">四級分</td><td>四級分的文章已達一般水準，這種文章明顯具有下列特徵：
※遣詞造句：能正確使用語詞，文意表達尚稱清楚，但有時會出現冗詞贅句；句型較無變化。</td></tr>
<tr><td align="center">三級分</td><td>三級分的文章在表達上是不充分的，這種文章明顯具有下列特徵：
※遣詞造句：用字遣詞不太恰當，或出現錯誤；或冗詞贅句過多。上的錯誤，以致造成理解上的困難。</td></tr>
<tr><td align="center">二級分</td><td>二級分的文章在表達上呈現嚴重的問題，這種文章明顯具有下列特徵：
※遣詞造句：遣詞造句常有錯誤。</td></tr>
<tr><td align="center">一級分</td><td>一級分的文章在表達上呈現極嚴重的問題，這種文章明顯具有下列特徵
※遣詞造句：用字遣詞極不恰當，頗多錯誤；或文句支離破碎，難以理解。</td></tr>
</table>

表一、國中生基本學力測驗作文測驗評分規準[2]

(一)、立意取材

主要是評量是否能切合文章的主題並選擇適合的素材，以表達主題意念。

(二)、渤忔渂眠

結構組織的基本要求是意念的前後一致，也就是首尾要連貫，以及結構要勻稱。結構是文章的「骨架」。結構組織的好文章才能成形，不然只是一堆句子，成不了一篇文章。

(三)、　　　　傝

在之前我們做過初步的分析，我們分析了一百份國中生的作文，其結果顯示，如果作文很少使用修飾詞的作文，評量結果大概會落在三到四級分。我們使用了國中三年級的國文課本裡的詞彙以及國中作文語料庫裡面的詞彙，這些詞彙符合國中生的使用程度也不會出現艱澀以極少用詞彙的情況。但是雖然同為國中三年級的國文課本，在各版本中教材仍然有難易度上的差異，通常三級分以下的作文所使用到的詞彙程度都停留在國二以下。因此分類國中國文課本詞彙的等級是具有意義的。

(四)、　　拸郚P 躓曤谝虬　岅鰾

錯別字方面，部分系統可以藉由正確作文的語料庫來找尋並比對新作文的錯別字，如此我們可以偵測出錯別字。格式方面，作文長度通常會影響作文的等級，作文的分段也會影響到評分的結果，依據修改國中作文的專家判斷，一級分的作文大多是一到三行寫成一段或兩段；行數在四到七行之間，不包含抄錄題目引導的句子，有段落數有兩段的大概是兩級分；如果只有三段，行數在七到十二行，大部分最高是三級分；最少寫到四段，最多不超過六段通常有四級分以上的分數；而內文是空白的就是零級分。文章如果用錯符號，會容易引起誤解。正確的使用標點符號將文章斷句，不只讀起來通順、文意明確，也有強化語意的功效。

二、系統架構

圖一是中文句子流暢度偵測系統運作的流程圖，首先將要偵測的資料輸入到系統裡，系統會自動計算分數，之後分數若高於一定門檻值，系統將會提示這可能是不通順的句子。系統效能評估的部分，我們把測試結果讓中文叫流利的人進行檢閱，接著計算Recall 與 Precision 來評估系統能力。我們分析實驗結果，並觀察特殊案例，包含系統誤判為不通順或錯放不通順的句子進一步分析錯誤原因，根據系統的缺失來提出改善系統方法，希望未來系統更新版本能改善實驗結果以及提升效能。語音辨識[8][9]、資訊檢索[3][4]、文件分類、手寫辨識以及機器翻譯[5][6]等，這些都屬於自然語言處理(Natural Language Processing, NLP)的領域。其中語言模型(Language Model, LM)是自然語言處理重要的技術之一[7]，語言模型可以統計並記錄大量語料庫的詞頻及機率，其特性是可依據已訓練的資料，也就是過去統計並記錄過的字，預測下一個字出現的機率，藉此計算一個句子的機率，機率越大就表示此句子越常出現，也表示句子越通順；反之，機率越低，表示這句子很少出現這種寫法，除非是創新的句子，不然極有可能是不通順的句

子，由上述可知訓練語料的性質越接近所測的文章，其效果越好，因此語料庫需要跟著做改變。

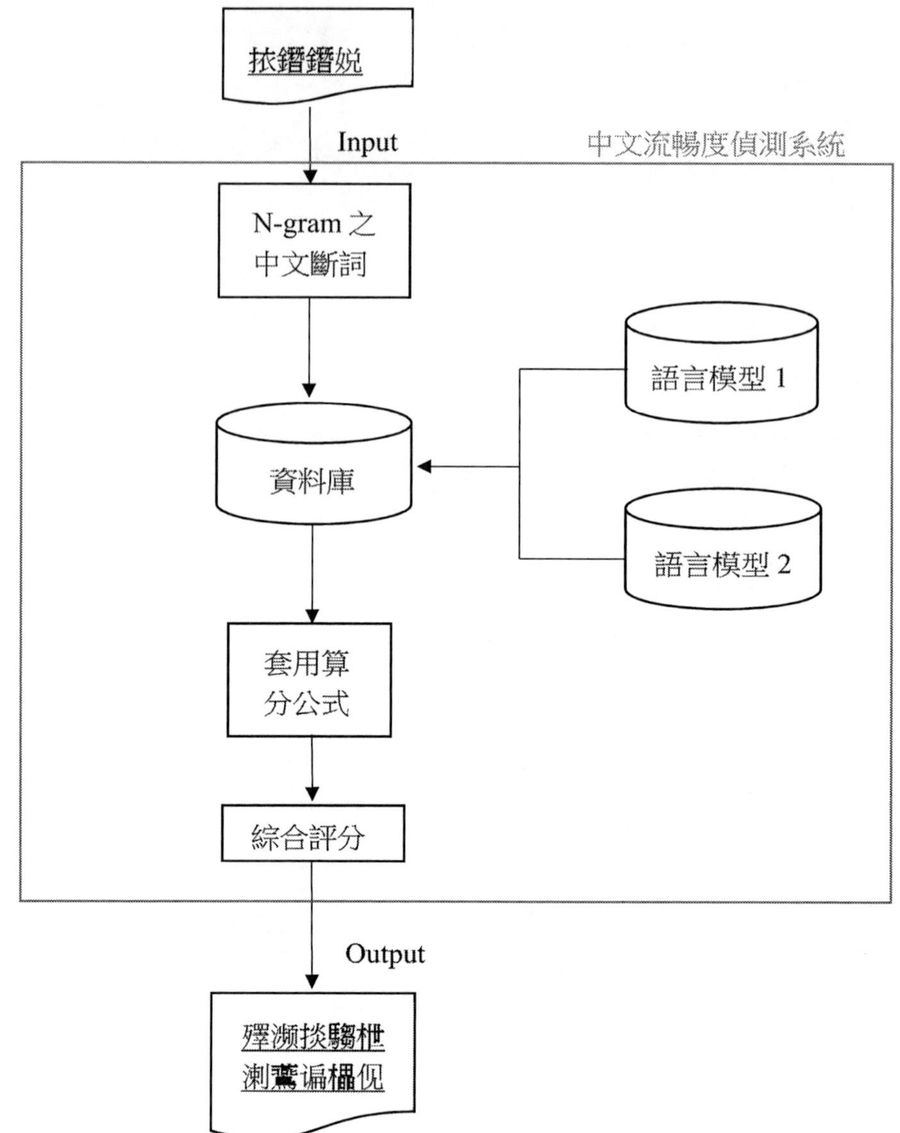

圖一、中文作文流暢度偵測系統運作的流程圖

語言模型會因使用方法的不同而有所改變，例如：混合式(mixing)語言模型，其特點是混合使用多種不同類型的語言模型來改善中文斷詞的效果[10]，而本實驗中分別使用新聞語料庫和國中生作文語料庫所建立的語言模型。

(一)、N-gram 語言模型

語言模型是大量語料庫經過訓練、斷詞以及計算詞頻等建立而成的統計資料集，資料集中每個單字或詞的計算方式是使用最大似然法則(Maximum Likelihood Estimation，MLE)[11]來計算每個字詞出現的頻率並藉此計算機率，如以下公式 1：

$$P(W_n|W_{n-N+1}^{n-1}) = \frac{C(W_{n-N+1}^{n-1}W_n)}{C(W_{n-N+1}^{n-1})} \tag{1}$$

其中 C 表示某個字 W 出現的頻率。

一個句子由 n 個字所組成，所以一整個句子的機率就可以計算，其公式如下：

$$P(W_1^n)= P(W_1,W_2,\ldots, W_n) \tag{2}$$

其中W_n表示句子中第 n 個字，$P(W_1^n)$表示 1 到 n 個字出現的機率。

我們假設詞彙的機率為獨立的條件下，根據[12]可以得知依據條件機率句子的計算可定義如公式(3)：

$$P(W_1^n)= P(W_1)\, P(W_2|W_1)\, P(W_3|W_1^2)*\ldots*P(W_n|W_1^{n-1})= P(W_1)\prod_{k=2}^{n} P(W_k|W_1^{k-1}) \tag{3}$$

由於無法從過去的語料中來做無限字的預測，所以將公式(3)改成公式(4)：

$$P(W_n|W_1^{n-1}) \approx P(W_n|W_{n-N+1}^{n-1}) \tag{4}$$

表示假設要預測第 n 個出現的機率，可根據(n-1)個字出現的機率來做預測。N 是指給定的一段文本中 N 個項的序列，當 N=2 時，稱為 bigram，如公式(5)：

$$P(W_n|P(W_{n-1}) \tag{5}$$

本實驗中的語言模型是採取 bigram 以及 unigram 兩模式，以及 bigram 和 unigram 兩模式先經過 CKIP 系統[13]斷詞後所建立，以下我們用兩個示意圖(圖 2 和圖 3)，以 bigram 模式建立語言模型為例，來講解有無先做斷詞的差異，首先簡單了解一下 bigram 語言模型，bigram 語言模型就是在統計完語料後，在記錄詞會中每一個字出現的條件下，下一個字接在此字後面的機率，用圖 2 的示意圖來說明，以圖 2 中" 今"與" 天"為例，在" 今"出現的情況下，推測" 天"出現的機率，依此類推，" 天"與" 的"；" 天"與" 氣"也都是bigram，也因為中文字中出現兩字的組合比例較高，因此我們實驗使用 bigram。再來講解是否先斷詞的差異，如上述所說，bigram 是依上一個字來推測目前的字的機率，假設沒先做斷詞就會如圖 2 示意圖中，舉例的句子含有 7 個字，就需要做(7-1)次的 bigram，但如果如圖 3 示意圖所表示的，在做 bigram 前先做斷詞，就會以" 詞"為單位做 bigram，用" 天氣"與" 真好"為例，依" 天氣"出現的條件下，推測" 真好"出現的機率，如此我們可以清楚了解是否先做斷詞的差別。藉由上述所說的方式，也就能從語言模型中推算出一個句子的機率。

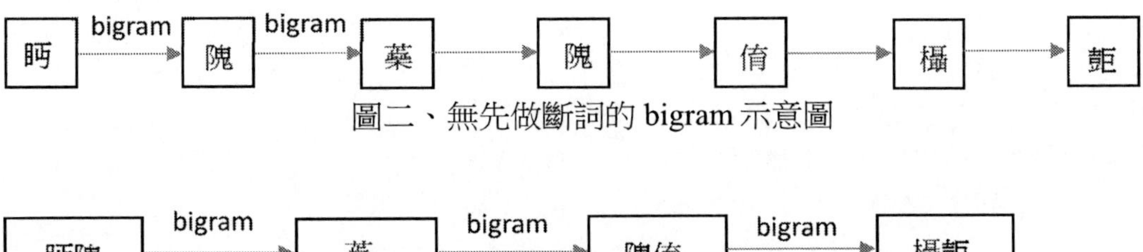

圖二、無先做斷詞的 bigram 示意圖

圖三、先做斷詞的 bigram 示意圖

熵(Entropy)是自然語言中的重要概念，他是很重要的評估標準之一。信息是相當廣泛的概念，很難用簡單的定義將其完全準確的把握。然而，對於任何一個機率分布，可定義一個稱為熵的量，其被定義為下列公式(6)：

$$H(X)=-\sum_{x\in T} P(X)\log_2 P(X) \tag{6}$$

公式中隨機變數 X 涵蓋的範圍包含可預測的 T 集合(例如:字母、字詞或部分語音)，因為P(X)值極小，為了避免 H(X)太小，所以我們實際使用則套用改寫過的公式(7)：

$$H'(X) = -\sum_{x \in T} \log_{10} P'(X) \tag{7}$$

上述兩公式所用的$P(X)$跟$P'(X)$都是由 MLE 所計算出來的機率值。

接著定義複雜度(Perplexity)，複雜度是一種衡量 NLP 中語言模型好壞的指標，其定義如下列公式(8)：

$$\text{Perplexity} = -2^H \tag{8}$$

實際計算時套用改寫的公式(9)：

$$\text{Perplexity}' = 10^{H'/W} \tag{9}$$

W 表示句子的單字數，除以 W 目的是避免當句子越長時機率越低的情況發生。複雜度的值越低表是句子中字詞組合的機率越高，也就是表示句子越通順。N-gram 語言模型還有缺點必須克服，就是語言模型不夠龐大時，無法涵蓋所有可能的字詞組合，也就是資料量稀疏的問題，即表示有些字詞組合沒有被訓練到，使查詢頻率時有機率是零的問題發生，而導致無法正確算分的情況。因此為了解決此問題我們還須使用平滑(Smoothing)的方法來改善機率為零的例外情況。

(三)、‑moothing

平滑(‑moothing)法可分為模式結合的方法[14]與折扣的方法，模型結合是利用內插法與補插法，例如:使用 bigram 無效時，就使用 unigram；而折扣的發法是調整機率，就是將機率較高者的值分給機率為零者。本實驗室使用 Interpolated Kneser-Ney smoothing 的方法。其公式如下公式(10)：

$$P_{\text{interpolated}}(W|W_{i-1}W_{i-2}) = \lambda P_{\text{trigram}}(W|W_{i-1}W_{i-2}) + (1-\lambda)\ [\ \cdot P_{\text{bigram}}(W|W_i) + (1- \\ \cdot)\ P_{\text{unigram}}(W)] \tag{10}$$

由於本實驗是使用 bigram 語言模型，因此將公式改寫成(11)：

$$P_{\text{interpolated}}(W|W_{i-1}) = \ \cdot P_{\text{bigram}}(W|W_i) + (1- \ \cdot)\ P_{\text{unigram}}(W) \tag{11}$$

由於本系統使用混合式語言模型概念，語言模型由新聞語料加上作文語料建立索引檔，其大小為 303MB，此語言模型中新聞語料占了大多數，因此我們又另外建一個純粹只含國中生作文的語言模型，其建立的索引檔大小為 7.21MB，前者語料庫是沒有經過斷詞的，後者則是有先經過斷詞處理，因為使用兩種語言模型，所以計算時必須採用加權計分的方式，其公式如(12)：

$$PPL = (1-\alpha)PPL_1 + \alpha PPL_2 \tag{12}$$

PPL 就是複雜度(Perplexity)，PPL_1是語言模型 1 計算的結果，PPL_2是後來的語言模型 2 計算的結果，α介於 0 到 1 之間，α為可以調整的，隨著測試資料不同以及使用者不同設定而改變，使系統能調整不同語言模型所產生的偵測結果來提高準確度。

三、實驗內容

我們使用所開發的線上作文模擬考系統(畫面如圖四)，讓國中學生線上寫作文，然後我們請國文老師做批改，其批改畫面如圖五，線上作文模擬考系統會將老師所批改作文的錯誤依照類型(如圖六)存到資料庫裡，之後我們將這些收集來的資料用在自動化作文系統的研究上。本次實驗我們使用批改作文中錯誤類型屬於句子優化的句子(如圖七)，這些句子我們將其分為優化前句子(也就是學生所寫原本的句子)跟優化後句子(經老師批改的句子)，兩者分別是圖七中 Wrong 和 Correct 欄位裡的句子，這次蒐集句子優化的有 339 個句子(優化前跟優化後各 339 句)。我們將優化前跟優化後的句子先做斷詞後分別經由兩種語料(新聞語料與作文語料)的語言模型計算出句子的分數，其結果如圖八跟圖九，圖中的兩個分數分別表示使用新聞語料語言模型和使用作文語料語言模型的分數，之後我們比較優化前跟優化後句子的分數。

圖四、線上作文模擬考系統首頁畫面

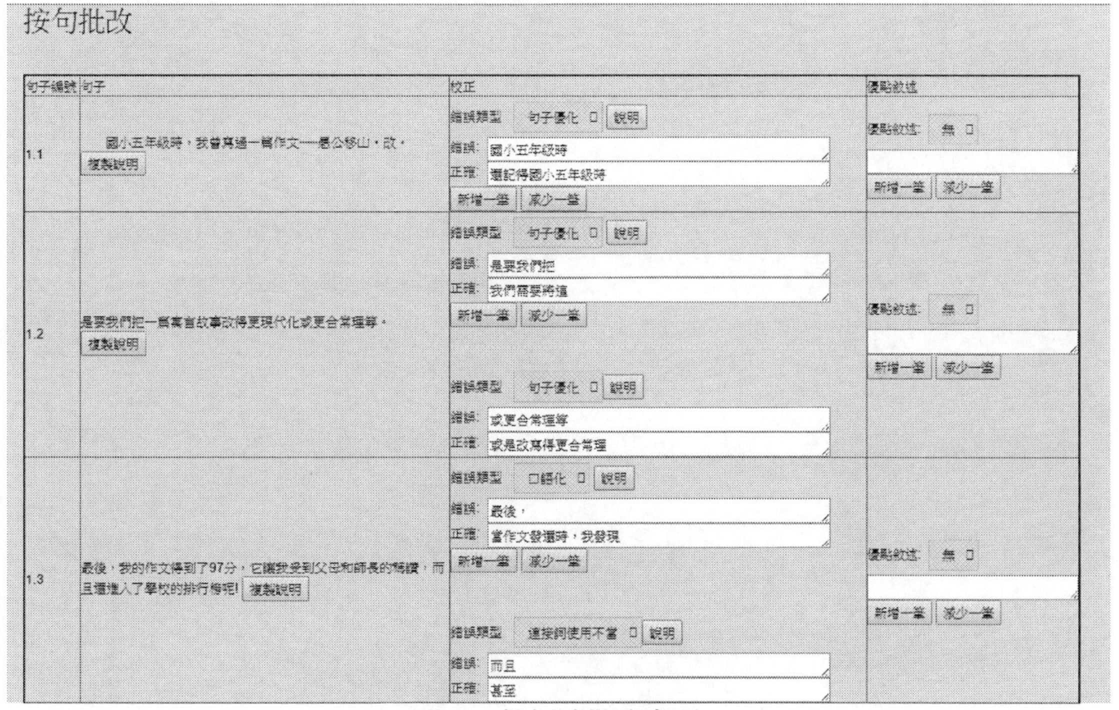

圖五、教師端批改畫面

">

TypeId ▲ 1	Type
1	錯別字
2	成語使用不當
3	詞語使用不當
9	多餘的片段
11	句子優化
21	詞序不當
22	用詞不當
23	缺字
24	冗詞
25	標點符號使用錯誤
29	連接詞使用不當
32	冗詞、句型使用錯誤
33	標點符號使用錯誤、詞序不當、冗詞、錯字、缺字
34	標點符號使用錯誤、詞序不當

圖六、作文錯誤類型

Wrong	Correct	TypeId
於是我們便開始不斷的練習	之後我們便開始不斷的練習	11
所有人之中每個人一生之中一定會有一個令自己滿意的作品，這一幅花費我非常多的心思	每個人一生中，一定會有一個令自己滿意的作品。這一個花費我非常多的心思的作品，	11
我從小就喜歡文房四寶，從小就開始學習書法。	而就我而言，我從小就開始學習寫書法	11
書法穩定了我的性情	書法可以陶冶我的性情	11
在紙上揮霍時，勾、挑、豎，	當我在紙上盡情揮灑時，勾、挑、豎，手中的毛筆	11
學久了，功力也比以前更加純練	等到我學習有一段時間後，筆法也比以往熟練時，就	11
成為我的動力，鞭策我更加打拚	是我繼續堅持的動力，也鞭策我更加地拚命	11
這種作品送去參展，預料之內的落選，只得到優選的成績。	如預期所想的，拿這種作品去參展，最後只得了優選的成績。	11
一股不甘心的心情	這時一股不甘心的心情就此	11
這也是我有史以來最滿意的一篇	因為這篇作品是我有史以來的佳作	11
會考後	而等到會考過後，	11
不要氣餒	都不要氣餒和放棄	11
其實那不是	但其實這不是	11
努力真值得	努力付出是值得的	11

圖七、錯誤類型為句子優化的資料表

優化前句子_LM.txt - 記事本

檔案(F)　編輯(E)　格式(O)　檢視(V)　說明(H)

```
於是我們便開始不斷的練習          276.73638211500486        231.0677620594796
所有人之中每個人一生之中一定會有一個令自己滿意的作品  這一幅花費我非常多的心思    19312.618450971597
我從小就喜歡文房四寶  從小就開始學習書法          79352.60280498335        20325.190993240172
書法穩定了我的性情    700.6003026535082        250.93900811410032
在紙上揮霍時  勾挑豎  有如一位芭蕾舞者在宣紙上      9.056687515579838E12      6.836872397580063E7
學久了  功力也比以前更加純練  不像從前拿著筆在紙上塗鴉  而是認真地寫出一副作品      5.200153472398633E11
成為我的動力  鞭策我更加打拚    111108.0549905829        34388.819955169216
這種作品送去參展  預料之內的落選  只得到優選的成績      2504122.4797800602      7.18141870437675E7
一股不甘心的心情油然而生      608.1349403023743        244.5844646666252
這也是我有史以來最滿意的一篇    292.1913415002472        179.94821341931322
會考後    13534.043622921781        511.637486829535
不要氣餒        6348.32320711398        339.4558411150377
其實那不是      1596.0619885436754        184.2364564895536
努力真值得      1422.032078928231        248.90454110978143
有很多次有好吃的東西或飲料  我都會帶回家跟家人分享          33499.40842716412        18272.82934537482
都吃到我就會一起吃      767.597077036852        131.53659694902979
就一起過        3658.925360683807        252.38899147988906
我就得獨立自己    596.1253270391758        141.44739344847426
有運動會時      1954.890507809043        165.96010135935597
也忘不了我曾看過的      924.7048336094537        167.3227343088846
就自己    3889.5653653332793        284.6703289322899
吵架會為了一些小事而起爭執      397.47392792433703        258.7294894049154
然後呈現出來給大家看  對我而言這才是我的完美作品  每個人都有自己的夢想理想          1620769.3032870232
為了感謝母親      797.7437643454257        347.1044098797396
即便是一個簡單的手工品    318.8140530441454        341.4365877694254
也努力去做      1980.6424909080984        159.0533993808355
看著    17350.242378338193        206.10806991781158
當人類    8552.638931457417        252.59561119104
有些令人        1795.8321230146619        118.8607846816503
又代表高雄市參加全國賽    433.5664840477281        600.0740673223863
我們連一個名次都沒有得    316.6219382919145        150.07092683316583
後來  大家就留下了淚水    1301778.5737775355        18014.994061591362
```

圖八、優化前句子計算分數的結果

優化後句子_LM.txt - 記事本

檔案(F)　編輯(E)　格式(O)　檢視(V)　說明(H)

```
之後我們便開始不斷的練習          290.38846497631357        215.48967268111204
每個人一生中  一定會有一個令自己滿意的作品  這一個花費我非常多的心思的作品          3251803.293698869
而就我而言  我從小就開始學習寫書法        213869.51990858512        8638.641617500973
書法可以陶冶我的性情      762.6067869892277        216.82249768779812
當我在紙上盡情揮灑時  勾挑豎  手中的毛筆有如一位芭蕾舞者在宣紙上    2.930995277785179E12      9.6358730692
等到我學習有一段時間後  筆法也比以往熟練時  就不像從前拿著筆在紙上塗鴉  而是認真地寫出一副作品        8.63
是我繼續堅持的動力  也鞭策我更加地拚命    145156.074226557        17720.15378052064
如預期所想的  拿這種作品去參展  最後只得了優選的成績        7174043.409613983        3647367.433521288
這時一股不甘心的心情就此油然而生        470.5523292374064        292.47143238708145
因為這篇作品是我有史以來的佳作    257.1571775170837        455.1939657439049
而等到會考過後    2411.166134174636        279.828920851177
不要氣餒        9361.82850989391        241.147770126203
但其實這不是      752.0694006471911        139.15254028502142
努力付出是值得的        447.62190260524557        173.8529433039564
於是在那之後  有好多次得到好吃的東西或飲料時  我都會帶回家跟家人分享          1.0021092022929616E7        2566
都吃到後才跟著一起吃      612.6807360364503        183.56653606649533
都能一起慶祝    1217.0948293861506        179.13703277784478
於是我學著自己獨立      501.26285972244773        224.96915714724554
舉辦運動會時    828.7480079064933        565.0925672632594
想起我忘不了曾看過的    925.7446685981254        299.19125740473385
只好自己    1281.3420099142945        347.3137902760587
因為一些小事發生爭執    300.0373847884108        216.7634599868305
然後呈現給大家看  這就是我的完美作品  每個人都有自己的夢想理想        1625589.72689381        178982.96610
為了感謝母親的辛勞      421.073784002889        314.59563486826966
即便這樣作品只是一件簡單的手工藝品      276.60699035379264        561.6356033204656
不管是哪一項作品  我們都要努力去做      20751.97579231929        4941.419152942054
看到的是    1224.6957075789162        183.38110878183852
而身為人的    1571.9487462061577        131.8094681819021
而有些結果卻是令人感到快樂的    208.61609944655234        109.84616406823112
緊接著又代表高雄市去參加全國比賽    231.34335168474718        492.09281764747478
我們竟然連一個名次都沒有得到    222.78471070579783        160.14579982309883
聽完老師的這一席話  大家才流下難過的淚水        113032.85883576964        19384.10425099723
```

圖九、優化過後句子計算分數的結果

111

優化前後的句子經由新聞語料的語言模型以及作文語料的語言模型跑出來的結果，經比較後發現，使用新聞語料語言模型其結果，優化後分數變好的有 173 個句子，優化後分數變差的有 166 個句子；使用作文語料語言模型其結果，優化後分數變好的有 138 個句子，優化後分數變差的有 201 個句子。根據上述所發現的數據可知道語料庫的大小對結果判斷的影響，由於新聞語料所建的語言模型比作文語料所建的還要大，所以其結果比較好。但是可以發現依結果來看即使新聞語料比較大，可效果並沒有很理想。除了語料庫大小與文章前面所提的性質關係外，我們發現句子資料的長度也影響到分數，這邊所指的句子資料長度的意思不單單只是指句子字數太長，而是依這句子中有幾個標點符號來看。在句子計算分數之前，我們除了做斷詞的處理之外，在斷詞之前我們會做一個叫做切句子的處理，所謂切句子是指將句子中遇到逗號、分號、句號、問號以及驚嘆號去除並做換行的動作，依圖十來舉例，上方是還未切句子的句子，其句子間有一個逗號存在，則將逗號去除並且換行變成下方顯示的那樣。因此在計算分數時，這類句子資料較長的就會分成多個句子做計算，我們將所切的句子計算出來的分數做相乘的動作，所以句子被切越多所得出來的分數值越高。再來講解句子資料長度對於優化前後句子比較分數的影響，以下我們用表二來講解，從表二可以看出，優化後的句子所包含的標點符號變多了，這也表示切句子的數量跟著變多了，所以可以看出優化後的分數結果沒有優化前那麼高。 (表二顯示的分數，文章前面有提到我們是用複雜度(公式 9)來看句子是否通順，所以分數要越低才是越好的。)

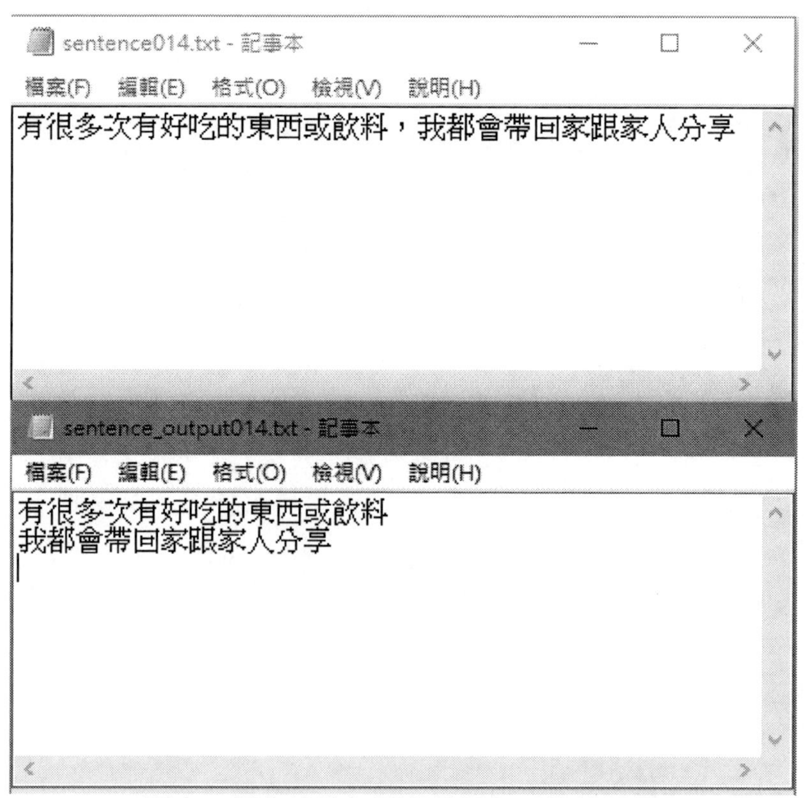

圖十、優化前的句子跟其切句子後的結果

優化前句子	優化後句子	優化前分數	優化後分數
[illegible]	每個人一生中，一定會有一個令自己滿意的作品。這一個花費我非常多的心思的作品，	**1.93E+04**	3.25E+06
有很多次有好吃的東西或飲料，我都會帶回家跟家人分享	於是在那之後，有好多次得到好吃的東西或飲料時，我都會帶回家跟家人分享	**3.35E+04**	1.00E+07
人生中要成大事老天必先苦其心志	而在人生中，如果要成就大事，必先苦其心志	**1.78E+03**	5.81E+07

表二、句子資料長度對於優化前後分數的影響

四、結論

經過本次實驗可以得知未來系統要改善的地方，首先就是語料庫數量的提升，以增加語言模型的涵蓋範圍，目前的語料庫實在太小，很多字詞的組合沒有出現過導致不管是優化前或優化後的句子分數被拉得太高，我們原本預定分數值以不超過 100 才算是句子是通順的，如表三跟表四所顯示，表三可以看到分數要小於 100 才算是正確的判斷，但表四可以看出，即使句子長度不長，分數還是過高，其原因還是出在於語言模型規模的不足。再來就是解決因切句子的數量太多而造成分數相乘太大問題，此問題的解決方式還有待以後藉由多測試資料來尋找更好的解決方法。林耀等[15]，使用多種的機械學習方法的組合來進行中文的情緒分析，或許在未來我們可以使用他提出的方式來改善我們的系統。

句子	新聞語料模型分數	純作文語料模型分數
我才在五歲時	60.79	41.05
也又自己才能決定	61.7	40.28
甚至是有些人希望自己當個太空人	59.98	52.75

表三、正確判斷的句子範例

優化前句子	新聞語料模型分數	純作文語料模型分數
有運動會時	1954.89	165.96
舉辦運動會時	828.75	565.09
也忘不了我曾看過的	167.32	924.70
想起我忘不了曾看過的	299.19	925.74

表四、因語料庫太小導致分數被拉得太高的句子範例

句子流暢度是針對遣詞造句的範疇，為目前作文評分的四個面向之一。開發另外三個面向同樣需要自種自然語言處理的功能將是我們未來研究的方向。需要每個面向的系統準確度等判斷都達到標準，自動化作文系統才有實現的可能。

參考文獻

[1] Po-Lin Chen, Shih-Hung Wu, "Analyzing Learners 'Writing Fluency Based on Language Model" *Association for Computational Linguistics and Chinese Language Processing ROCLING 2015,*pp:218-232.

[2] 國中教育會考推動工作委員會,"評分規準表" http://cap.ntnu.edu.tw/exam_3_1.html, 2015.

[3] Dequan Zheng, Feng Yu, Tiejun, Sheng Li, "Documents Ranking Based on a Hybrid Language Model for Information Retrieval" *IEEE International Conference on Information Acquisition*, Aug. 2006, pp: 279-283.

[4] Fei Song, W. Bruce Croft , "A general Language Model for Information Retrieval", Proc. of Eighth International Conference on Information and Knowledge Management, 1999, pp: 316-321.

[5] Brown, Peter E; Cocke, John; Della Pietra, Stephen A.; Della Pietra, Vincent J.; Jelinek, Frederick; Lafferty, John D.; Mercer, Robert L.; and Roossin, Paul S., "A statistical approach to machine translation ." Computational Linguistics, Volume 16 , Issue 2, 1990, pp: 79-85.

[6] Jason S Chang, David Yu, Chun-Jun Lee, "Statistical Translation Model or Phrases" In Processing of Computational Linguistics and Chinese Language, Vol. 6, No. 2, August 2001, pp: 43-64.

[7] Ronald Rosenfeld, "Adaptive Statistical Language Modeling: a Maximum Entropy Approach" Ph.D. Thesis Proposal, Carnegie Mellon University, September 1992.

[8] Lalit R. Bahl, Peter F. Brown, Peter V. De Souza, Robert L. Mercer, "ATree-Based Statistical Language Model for Natural Language Speech Recognition", IEEE Transactions on Acoustics Speech and Signal Processing, Vol. 37, No. 7, July 1989, pp: 1001-1008.

[9] Sergios Theodoridis and Konstantion Koutroumbas, "Pattern Recognition(Third Edition) ", Academic Press. pp 13-19.

[10] Wu, A.-D., and Z.-X. Jiang, "Word Segmentation in Sentence Analysis,"International Conference on Chinese Information Processing, 1998, Beijing,China, pp: 169-180.

[11] Slavam. Katz, "Estimation of Probabilities from Sparse Data for the Language Model Component of a Speech Recognizer ", IEEE Transactions on ACOUSTICS, SPEECH, and SIGNAL PROCESSING, VOL. ASSP-35, NO.3, MARCH 1987, pp 400-401.

[12] J. Goodman, "A Bit of Progress in Language Modeling, Extended Version," Microsoft Research, Technical Report MSR-TR-2001-72, 2001.

[13] National Digital Archives Program , "CKIP" http://ckipsvr.iis.sinica.edu.tw/, 2015.

[14] S. F. Chen, Joshua Goodman "An Empirical Study of Smoothing Techniques for Language Modeling", Proc. of the 34th annual meeting on Association for Computational Linguistics ,Santa Cruz, California, 1996, pp:310-318.

[15] Yiou Lin, Hang Lei, Jia Wu and Xiaoyu Li, "An Empirical Study on Sentiment Classification of Chinese Review using Word Embedding", *29th Pacic Asia Conference on Language,Information and Computation: Posters*, 2015, pp: 258 – 266.

The 2016 Conference on Computational Linguistics and Speech Processing
ROCLING 2016, pp. 115-128
© The Association for Computational Linguistics and Chinese Language Processing

運用序列到序列生成架構於重寫式自動摘要

Exploiting Sequence-to-Sequence Generation Framework for Automatic Abstractive Summarization

謝育倫 Yu-Lun Hsieh, 劉士弘 Shih-Hung Liu, 陳冠宇 Kuan-Yu Chen,
王新民 Hsin-Min Wang, 許聞廉 Wen-Lian Hsu
中央研究院資訊科學研究所
{morphe, journey, kychen, whm, hsu}@iis.sinica.edu.tw

陳柏琳 Berlin Chen
國立臺灣師範大學資訊工程學系
berlin@ntnu.edu.tw

摘要

自動摘要 (Automatic Summarization) 一直以來都是熱門的研究議題，過去多著重在節錄式 (Extractive) 摘要，而重寫式 (Abstractive) 摘要相當稀少。有鑑於近期深度學習被廣泛應用在自然語言處理，尤其是機器翻譯等領域的成功，讓重寫式摘要的研究又熱絡起來。近期文獻中已初步驗證了遞歸神經網路 (Recurrent Neural Network) 在文件的重寫式自動摘要之成效。因此本文欲探討加入注意力 (Attention) 機制的效果。注意力機制的特點是它能夠在生成文字的同時，對於關鍵片段增強注意力，藉此產生更佳的摘要。此外本文亦欲探究單向 (Uni-directional) 及雙向 (Bi-directional) 遞歸神經網路的差異。本文採用語料是大規模中文短文摘要集 (Large-scale Chinese Short Text Summarization Dataset, LCSTS)。結果顯示，本文所提出之改進對於摘要品質有明顯的助益。

關鍵詞：重寫式自動摘要、序列到序列、遞歸神經網路

一、緒論

隨著大數據時代的來臨，巨量的文字訊息充斥於網際網路之中，並且被快速地傳遞並分享於全球各地，資訊超載 (Information Overload) 的問題也因此產生。如何能讓人們快速且有效率地瀏覽或消化與日俱增的資訊，已成為一個刻不容緩的研究課題，其中自動摘要 (Automatic Summarization) 更是不可或缺的關鍵技術 [1]。自動摘要之目的在於擷取單一文件 (Single-Document) 或多重文件 (Multi-Document) 中的重要語意與主題資訊，讓使用者能更有效率地瀏覽與理解文件的主旨，並快速地獲得其中關鍵資訊，省去

大量審視文件時間。

約略來說，自動摘要研究可分為二大類，節錄式(Extractive)摘要與重寫式 (Abstractive) 摘要（或稱抽象式摘要）。前者主要是依據特定的摘要比例，從最原始的文件中選取重要的語句來組成摘要；而後者是在完全理解文件內容之後，重新撰寫產生摘要來代表原始文件的內容，其所使用之詞彙不全然來自於原始文件。此種摘要方式可說是最貼近人們日常撰寫摘要的形式。然而，重寫式摘要需要複雜的自然語言處理 (Natural Language Processing, NLP) 技術，如資訊擷取 (Information Extraction)、對話理解 (Discourse Understanding) 及自然語言生成 (Natural Language Generation) 等 [3][4]，因此，過去主流的研究仍著重在節錄式自動摘要 [5]。

近年來我們可以看到深度學習 (Deep Learning) 方法被廣泛應用在各大領域，並取得相當不錯的效果[6][7][8][9]。其中，序列到序列 (Sequence-to-Sequence) 生成架構更是在機器翻譯領域中獲得相當耀眼的成果[10][11][31]，並已初步被應用到重寫式自動摘要之研究上[12][13][14][15]，本論文將延續此一主軸，進而提出兩個研究貢獻。第一，基於序列到序列生成架構，本論文提出利用注意力 (Attention) [30] 機制來增進生成架構之模型，由於此模型會對於關鍵片段增強注意力，使得在生成文字摘要時更能含括原始文件中的重點主題或語意。第二，本論文亦欲探索遞歸神經網路模型的雙向 (Bi-direction) 建模方法，利用此法可以更完整的捕捉序列中各單位間的相關性，使得所生成的序列能夠更有效地代表原文的內容，藉以增進重寫式自動摘要之效能。

本論文後續安排如下：第二節扼要地介紹現今自動摘要技術的相關研究與發展；第三節首先介紹基本的遞歸神經網路原理，然後闡述如何使用序列到序列生成架構來自動產生出文字摘要，並且說明如何藉助注意力機制來改進序列到序列的生成模型，使其產生的文字內容得以更精準地代表原始文件的內容；第四節介紹實驗語料與設定以及摘要評估之方法；第五節說明實驗結果及其分析；第六節為結論與未來研究方向。

二、自動摘要技術

1、節錄式摘要技術

我們將過去節錄式摘要研究所陸續發展出的技術大略地歸納成兩大類 [2]：

a. 以非監督式機器學習為基礎之自動摘要模型技術：非監督式機器學習通常將自動摘要任務視為一排序並挑選具代表性語句之問題。其核心方法通常是計算出一種或數種特徵值以供語句排序使用，其中常見的特徵有：語句與文件相關性 [16]、語句所形成的語言模型生成文件之機率 [17]、語句間相關性 [18][19]、或語句與文件在潛藏主題空間中的距離關係 [20] 等。

b. 以監督式機器學習為基礎之自動摘要模型技術：監督式機器學習通常將自動摘要之任務視為一個二元分類 (Binary Classification)，亦即將語句區分為摘要或非摘要語句。在訓練這樣的分類器前，必須事先準備好一些訓練文件以及其對應的人工標註摘要資訊，然後透過各種分類器的學習機制進行模型訓練。接著對於尚未被摘要之測試文件，將裡頭的每個語句進行二元分類，即可依其結果產生出摘要。此類方法中較著名的包括簡單貝氏分類器 (Naïve Bayes Classifier) [21]、高斯混合模型 (Gaussian Mixture Model, GMM) [22]、隱藏式馬可夫模型 (Hidden Markov Model, HMM) [23]、支援向量機 (Support Vector Machines, SVM)、及條件隨機場域 (Conditional Random Fields, CRF) [24]等。監督式學習可同時結合多種摘要特徵值來表示每一語句（包含上述以詞彙或結構為基礎之摘要方法，以及各式非監督式模型針對語句所輸出的分數或機率值），以做為監督式摘要模型判斷語句是否屬於摘要語句的依據 [20]。

2、重寫式摘要技術

近年來重寫式自動摘要技術均基於深度類神經網路 (Deep Neural Network) 之方法來達成，尤其是序列到序列生成架構在機器翻譯領域取得成功後[11]，許多學者採用類似的架構來應用到重寫式摘要這個研究中，如 [12] 直接套用機器翻譯的序列生成模型來作重寫式自動摘要，頗有成效，驗證了此一方向的可行性。另一方面，原始文件中的重要資訊若含有專有名詞（例如：人名、組織名、地名等），則產生的摘要也應合理地將其放入摘要中，基於此想法，[14] 提出了一個複製機制 (Copy mechanism) 使重要的專有名詞能夠正確地包含在自動摘要文字中，以產生內容更加豐富的摘要。最後，也有學者提出分散注意力 (Distraction) 機制 [15] 來應用到序列到序列生成模型上，其主要概念是希望產生出來的摘要內容能涵蓋更多原始文件的主題或面向，並且期望能藉此來避免冗餘的資訊。本論文的研究主要是基於 [12] 的架構做改良，除了提出使用直觀的注意力機制並加入雙向建模方式來改善，另外本論文所使用的遞歸神經網路中的類神經元 (Cell) 也不同於原始論文中的閘循環單元 (Gated Recurrent Unit, GRU) [26]，我們採用的是長短期記憶 (Long Short-Term Memory, LSTM) [27] 來建構遞歸神經網路，達到重寫式自動摘要之目的。

三、序列到序列生成架構

在本節中，首先介紹遞歸神經網路 (Recurrent Neural Network, RNN) 及其演進，還有如何加入雙向建模方法來學習更強健的模型；接著說明序列到序列的生成架構如何運用於重寫式摘要中，最後介紹注意力機制來增進序列到序列生成架構。

1、遞歸神經網路

現今泛用的遞歸神經網路雛形早在 1980 年代就有人提出[28]，和前饋神經網絡 (Feed-forward Neural Network, FNN) 最主要的差異在於，遞歸神經網路可以用來學習一個序列的資訊。關鍵在於，其包含一隱藏的狀態層 (State layer)，用來儲存歷史資訊，可類比於人腦中的記憶。一個最基本的遞歸神經網路運作如下：當接受到序列的一個輸入值時，此狀態層的內容會根據歷史以及現有的輸入，來決定下一個時間點的狀態為何。以數學式定義來說，令輸入層為 x，輸出為 y，狀態層 s，則在序列的時間點為 t 時，輸入表示為 $x(t)$，狀態為 $s(t)$，而輸出則為 $y(t)$。那麼在此時間點網路內各層的計算可以下式表達：

$$s(t) = \sigma\big(W \cdot x(t) + U \cdot s(t-1)\big), \tag{1}$$

$$y(t) = g(V \cdot s(t)), \tag{2}$$

其中，$\sigma(*)$ 代表的是 S 形 (Sigmoid) 函數，而 $g(*)$ 代表的是軟性最大 (Softmax) 函數，W, U, V 為權重矩陣。當此模型應用在文字處理的時候，通常輸入的值為字向量 (Word embeddings) [29]。而輸出通常為一個維度等於字彙個數的向量，其代表的意義為某個字出現的機率分布。

　　然而，此基本遞歸神經網路存在一些限制，最明顯的即為梯度消失問題 (Gradient Vanishing)。因此，Hochreiter 與 Schmidhuber [27] 提出了長短期記憶 (LSTM) 這個單元來建立遞歸神經網路，以避免上述問題。LSTM 比簡單遞歸神經網路中的單元複雜許多，但其核心概念為，利用閘 (Gate) 這個機制來限制隱藏的記憶層及輸入輸出資訊量。更深入來說，LSTM 架構中含有三個閘：輸入閘 (Input gate) 、輸出閘 (Output gate)、及遺忘閘 (Forget gate)，並有一記憶單元 (Memory cell)。它們恰如其名的分別代表了三種不同的資訊流控制，以及所謂的「記憶」機制。其詳細數學定義為：三個閘則為 i, o, f，分別代表輸入，輸出，及遺忘。在序列的時間點為 t 時，輸入表示為 $x(t)$，隱藏層為 $h(t)$，記憶為 $C(t)$。各閘分別定義如下：

$$f(t) = \sigma\big(W_f \cdot [h(t-1), x(t)]\big), \tag{3}$$

$$i(t) = \sigma(W_i \cdot [h(t-1), x(t)]), \tag{4}$$

$$o(t) = \sigma(W_o \cdot [h(t-1), x(t)]), \tag{5}$$

其中 W_* 代表各閘所對應的權重矩陣。而記憶層是由輸入及遺忘閘來控制，定義如下：

$$\tilde{C}(t) = tanh(W_C \cdot [h(t-1), x(t)]), \tag{6}$$

$$C(t) = f(t) \cdot C(t-1) + i(t) \cdot \tilde{C}(t), \tag{7}$$

其中 $\tilde{C}(t)$ 代表的是記憶層的候選值。最後所得的輸出則為：

$$h(t) = o(t) \cdot tanh(C(t)) \tag{8}$$

由以上定義可知，LSTM 藉由輸入及遺忘閘來控制記憶層中所儲存的資訊，配合輸出閘來調節輸出的權重，可以避免梯度消失問題，達到學習較長序列的效果。

　　至於建立雙向遞歸神經網路模型，其實是一個非常直觀的改進。我們僅需將輸入的序列反轉過來，並套用同樣的架構，即可得到另一個反向的序列資訊向量。最終，正向和反向的兩個向量，可以以串接 (Concatenate) 或者加總等方式合併起來，即成為最終的輸出值。這樣做的目的在於學習到一個字詞的左側及右側語意資訊，藉以達到產生更佳摘要的效果。

2、序列到序列模型

序列到序列模型是遞歸神經網路的其中一種延伸，又稱為「編碼—解碼器」(Encoder-Decoder)。其核心概念為利用遞歸神經網路來學習一個序列的所有資訊（或稱為「編碼」)，並將之濃縮至一個向量中，再利用另一個遞歸神經網路來將此資訊「解碼」出來，進而生成另一個序列，故得此名。以常見的機器翻譯為例，假設我們希望將一個中文語句翻譯成英文，那麼可以利用遞歸神經網路來先將中文句子中每個字的資訊都學習到一個向量中，再利用它生成另一個序列的英文句子，即為我們翻譯的目標。經過巨量中英對照的語料訓練之後，一個序列到序列模型將可以自動學習到中英文句間的對應關係，達到翻譯的效果。序列到序列模型可以用圖一中的範例來說明，首先將一中文句子中的每個詞依序當成輸入送到遞歸神經網路中，另外最後輸入一特殊符號 "<eos>"，當此網路接收到此特殊符號時，即代表編碼完成，可以進入解碼階段。此時，LSTM 的記憶層中，所儲存的即為整個句子中的所有重要資訊，可以用來依序解碼出正確的英文翻譯句。另外，在生成的時候常配合使用束搜尋 (Beam search) 來改善結果。特別注意的是，在圖一中的多個 LSTM 單元實際上是同一個，如上節所述，遞歸神經網路的特點是可以同時學習歷史資訊和當前資訊，故圖一呈現的可以看成是一個展開後 (Unrolled) 的遞歸神經網路。

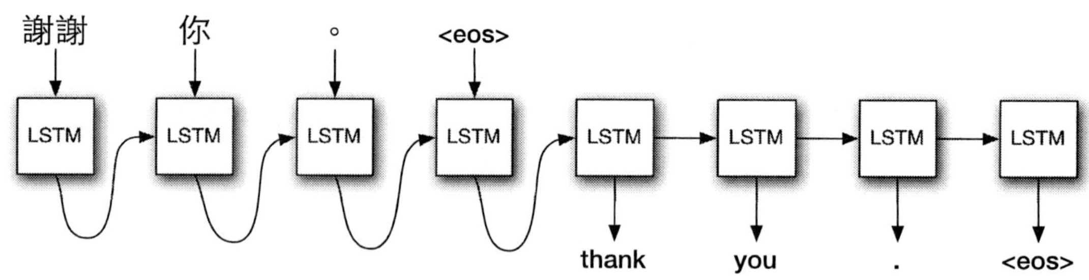

圖一、序列到序列模型應用於機器翻譯示意圖

3、注意力機制

注意力機制是用來改進在上述模型中生成階段的效果。其實質作法為，在生成階段時，額外學習一組注意力權重，代表著目前生成的字和輸入序列間各字的相關性。再以機器翻譯為例，一種常見的狀況是，來源和目的語言間詞彙和文法的對應為非線性，比如其中一個語言可能將動詞放在句首，另一個則放在句尾。這個時候，注意力機制可以學習到序列間各單元的對應關係，藉以達到更精確的翻譯效果。若應用在重寫式摘要這個工

作，我們可以預期在生成摘要的某個部分時，注意力機制將會幫助模型選擇高度相關的原始文句語意，進而產生出更好的摘要。注意力機制的詳細運作如下。首先定義在編碼階段時間 t 的注意力向量 (Attention vector) $a(t)$ ，如下所示 [31]：

$$a(t) = \frac{\exp\big(h_S(t)^{\mathrm{T}} \cdot W_a \cdot h_D(t)\big)}{\sum_{t'} \exp\big(h_S(t')^{\mathrm{T}} \cdot W_a \cdot h_D(t')\big)}, \tag{9}$$

其中 $h_S(t)$ 代表在解碼階段時間 t 的 LSTM 輸出值，而 $h_D(t)$ 代表編碼階段時間 t 的 LSTM 輸出值，W_a 為注意力權重矩陣。有了注意力向量後，我們定義內容向量 $c(t)$ 為

$$c(t) = h_D(t) \cdot a(t), \tag{10}$$

其所代表的意義為在時間 t 時經過注意力向量加權後的內容特徵值。此內容向量 $c(t)$ 與時間 t 的 LSTM 隱藏層 $h_S(t)$ 合併後，再通過 Softmax 函數，即可依序生成摘要文字。這樣一來，我們就可以利用在不同時間點，經不同注意力篩選過後的內容，以利在生成摘要時，更容易擷取到原始內容的重要資訊。

四、實驗語料及評估方法

1、實驗語料

本論文實驗語料庫為公開的大規模中文短文摘要集(Large-scale Chinese Short Text Summarization Dataset, LCSTS) [12]，是由新浪微博網站所收集而來，內容均為新聞報導，並額外經過多人以 1～5 分來評估其摘要品質，之後挑選經 3 人標注後均達 3 分以上的摘要作為測試集，以確保測試資料的可靠度。本文採用和 [12] 相同的標準訓練及測試集切分方法，以便與相關研究作合理的比較[1]。詳細的語料庫統計資訊如表一所示。舉例來說，其中一篇文章和其摘要如下（已由簡體轉為繁體）：

文：	水利部水資源司司長陳明忠今日在新聞發佈會上透露，根據剛剛完成的水資源管理制度的考核，有部分省接近了紅線的指標，有部分省超過紅線的指標。在一些超過紅線的地方，將對一些取用水項目進行區域的限批，嚴格地進行水資源論證和取水許可的批准。
摘：	部分省超過年度用水紅線指標 取水項目將被限批

---

[1] 訓練集其中 591 篇為驗證集 (validation set)

表一、實驗語料統計資訊

	訓練集	測試集
文件數	2,400,591	725
文件平均字元數	103.7	108.1
摘要平均字元數	17.9	18.3

2、系統設定

在本文的實驗中，語料是用字元的形式送入模型來學習，也就是不經過斷詞，因為據 [12] 結果顯示字元效果較佳。字元個數上限為語料庫中前 4,000 個最常出現的字，與前人研究一致。程式部分是基於 Torch 深度學習工具建置[2]。我們使用一層遞歸神經網路搭配注意力機制，並比較單向及雙向建模法的差異，以及其中的 LSTM 單元維度、字向量維度等參數所帶來的影響。其餘不變的參數設定為：最佳化 (Optimization) 方法使用梯度下降法(Stochastic Gradient Descent, SGD)，學習率 (Learning rate) 為 1，訓練回數 (Epoch) 最多為 20 回，在超過十回後，學習率每回將以 90% 遞減。梯度範數 (Gradient norm) 上限設為 5。在有使用圖形處理單元 (Graphic Processing Unit, GPU) 加速的環境下，一種參數組合完整訓練時間約為 48 小時。

3、成果評估

本文採用的評估方法為自動摘要最常用的「召回率導向的摘要評估」(Recall-Oriented Understudy for Gisting Evaluation, ROUGE) [25]。ROUGE 方法是計算自動摘要結果與答案之間的單位重疊量占參考答案總單位數的比例，這邊所使用的單位可以是 N-連詞 (N-gram) 或者詞序列 (Word Sequence)，一般常使用的是最長相同詞序列 (Longest Common Subsequence)。本文使用三種評估方式：ROUGE-1 (Unigram)、ROUGE-2 (Bigram) 和 ROUGE-L (Longest Common Subsequence) 分數。直觀來看，ROUGE-1 可以說是代表自動摘要的訊息量，ROUGE-2 則是評估自動摘要的流暢性，而 ROUGE-L 可看成是摘要對原文的涵蓋率。因本研究著重在產生重寫式摘要，故摘要的流暢性是一個相當重要的指標，因此實驗數據以 ROUGE-2 分數為觀察重點。為增進易讀性，以下數據呈現簡寫為 R-1、R-2 及 R-L。

---

[2] http://torch.ch。實際運作部分程式改自 https://github.com/harvardnlp/seq2seq-attn

表二、維度及方向性對摘要品質影響實驗結果

方向	字向量維度	RNN 維度	R-1	R-2	R-L
單	128	128	0.305	0.188	0.280
單	128	300	0.328	0.206	0.303
單	300	128	0.315	0.193	0.285
單	300	300	0.348	0.222	0.320
雙	128	128	0.324	0.207	0.305
雙	128	300	0.360	0.235	0.335
雙	300	128	0.332	0.213	0.311
雙	300	300	**0.369**	**0.243**	**0.343**

　　另外，本文也比較了其他使用同一語料的研究，以便觀察本文所提出的模型與現有方法成效之差異。首先是一個使用 GRU 的單向遞歸神經網路序列到序列模型 [12]。另外一個則是據作者所知，以此語料為實驗對象的文獻中，最先進 (State-of-the-art) 的方法 [15]，其中同樣使用 GRU 建立雙向、多層遞歸神經網路並內含分散注意力機制的序列到序列模型。

四、實驗結果與討論

1、維度及方向性實驗

本實驗旨在測試維度及方向性等參數對於摘要品質的影響，本文測試了字向量維度為 128 或 300，以及遞歸神經網路中 LSTM 各單元維度為 128 或 300，還有使用單向或雙向網路等不同設定，對於重寫式摘要品質所造成的影響。另外需補充說明，因硬體限制，我們無法再進一步提升單元維度。

　　結果如表二所示，無論使用單向或雙向，維度加大可以帶來相當的助益。這代表在學習序列資訊這個工作中，神經單元維度越高，越能夠呈載更豐富的資訊。但我們也可以發現，若遞歸神經網路中 LSTM 單元維度較低時，提升字向量的維度並不會帶來太大的幫助。另外，在同樣的維度設定下，使用雙向網路的效果均較單向佳，這顯示了在產生重寫式摘要時，需考慮到原始文章中，前後文統整後的內容，而不能僅靠單方面的資訊。總歸來說，使用足夠維度的神經單元配合雙向網路，可以達到最佳效果。

表三、本文方法與前人研究比較結果（R-1、R-2 及 R-L 均為 F-score 值）

方法	方向	字向量維度	RNN 維度	R-1	R-2	R-L
HU	單	-	-	0.299	0.174	0.272
CHEN	雙	500	500	0.352	0.226	0.325
本文	雙	300	300	**0.369**	**0.243**	**0.343**

2、與前人研究比較

本節比較上述參數設定實驗中，表現最佳的結果，以及兩種前人提出的方法。首先是 [12] 所提出來的方法，其中所採用的單向網路是不含注意力機制的（簡稱為 HU），以及另一個雙向多層網路並含分散注意力機制的 [15]（簡稱為 CHEN）。特別注意的是，CHEN 的方法與本研究所提出的架構相比，除了神經網路較深及維度較高之外，其分散注意力機制也較為複雜，並且所採用的單元為 GRU，不同於本文所使用的 LSTM。其餘技術細節請見原出處的說明，在此不多贅述。

由表三結果，我們首先可以知道，CHEN 的雙向遞歸神經網路模型，相較於 HU 的基線 (Baseline) 方法，已經有大幅度的改善。這再次顯示雙向網路的確可以有效的學習到更多資訊。至於本研究所提出的模型，使用比 CHEN 的方法更為簡單的注意力機制，搭配較低維度的遞歸神經網路，即可在三個不同的評估指標上，都超越現有的最佳結果成效，特別是在 R-2 這個指標上，有超過 2% 的進步。這個現象可能代表，當維度過高時，產生了過度擬合 (over-fitting) 的現象，導致所產生的摘要與答案差異變高。另外，也可能是因為所採用的單元結構不同所致。總而言之，經由本研究所提出的方法所產生出來的摘要，不管是內容涵蓋率或是可讀性，均有明顯的提升，可說是更加接近人類所撰寫的文字。

3、重寫式自動摘要之質性分析

本節旨在以實際舉例的方式來展示本文所提出的模型所產生的自動摘要，以利讀者作主觀的質性分析，並檢驗內容的正確性及可讀性等，難以使用量化分析指標 ROUGE 評估的特性。首先我們將所產生的摘要依照 R-2 的分數由高到低排序，之後選出數則最高（R-2 分數高於 0.8）及最低（R-2 分數為 0）的例子以供討論。

首先，表四中列舉 R-2 分數高於 0.8 的摘要及原文。可以看出，本文所提出的方法

表四、品質優良的自動重寫式摘要與原文及答案對照比較結果

文：	正處於風口浪尖的國內奶粉行業出現大交易。蒙牛乳業（02319.HK）以及雅士利（01230.HK）昨日發佈公告稱，蒙牛乳業將斥資 81.4 億港元收購雅士利約 65.4%股權。業界稱，此舉有助於蒙牛乳業補上奶粉短板，以期重新超越伊利成為行業領頭羊。
摘：	蒙牛 81.4 億港元收購雅士利
答：	蒙牛 81 億港元收購雅士利
文：	27 日，六名全國人大代表聯名向全國人大發出建議書，建議取消徵收社會撫養費。建議書認為，徵收社會撫養費，是把「提倡」變成了「強制要求」，侵犯了公民的合法權益。根據不完全統計，全國每年徵收的社會撫養費超過 200 億元。
摘：	全國人大代表建議取消社會撫養費
答：	六位全國人大代表聯名建議取消社會撫養費

表五、品質差的自動重寫式摘要與原文及答案對照比較結果

文：	症狀表現：頭疼胸悶、手心出汗，心緒不寧。常會自言自語：到底選哪款好，怎麼辦，幾款我都好喜歡！小編認為，最重要的第一步是狠狠地深呼吸，除了為使在大戰中頭腦清醒外，還能順便提前「倒吸一口涼氣」，因為您的錢包又要被掏空了。
摘：	你的錢包好喜歡
答：	雙十一攻略：當網購狂遇上「選擇困難症」時
文：	李克強此次東歐之行，為中國與中東歐國家傳統友誼的延伸鋪路架橋，為雙方互利共贏的經貿合作穿針引線，為中歐戰略夥伴關係的全面發展添火加柴。經過三年「16+1」機制的運作，當前中國與中東歐的合作成效初顯。
摘：	李克強與中東歐合作初顯
答：	地理上的「遠親」心靈上的「近鄰」

可以生成易懂且涵蓋重點內容的摘要，但可能是因為有細節被原始摘要所省略（如第一例中的 "81.4" 和 "81"）或者被自動學習的模型給省略（如第二例中的 "六位"、"聯名"），因此導致 R-2 分數略低，但可說是無損於理解原文中的重點資訊。這些例子顯示，本文提出的重寫式摘要模型有相當的成效，的確可以產生出如同真人所撰寫的摘要內容。

另一方面，表五中列出一些被評估為品質低的例子（R-2 分數為 0）。首先我們可以看到此模型有可能會產生出不合理的摘要文句（如表五第一個例子），雖仍屬於在原始文章中有出現過的字眼，但無法理解其語意。此種錯誤在機器生成語言的時候相當常見，我們推測是因為在進行束搜尋時所依據的是總體機率，並未考慮到文法等語言特性所致。未來可考慮將句法及語意合理性等特徵融合到模型訓練中，以避免此類問題。此外，我們也可以看到本例中摘要長度過短，這是因為我們設定在生成時只要發現所生成的字結

尾為 "eos" （也就是句尾符號）即停止，目的是為了避免產生不完整的句子，但可能
也因此導致了過短的現象。未來可以改進生成機制，不以句尾符號為停止條件，而改由
加入長度限制，以盡可能的生成較長的摘要，達到更好的效果。接下來，我們由表五的
例二可以觀察到另一種情形為：自動摘要模型生成結果雖屬合理，但因人們在寫作時偶
而會有更深層的譬喻、引申等技巧，而使用了與原始文章完全不相同的文字。以目前的
技術來說，這仍屬於一個相當困難的問題，也顯示了在自動重寫摘要方面，還有許多研
究發展的空間。

六、結論與未來方向

本論文提出基於遞歸神經網路的深度學習方法，在重寫式摘要這個工作上有相當的成果，
且簡化了前人所提出相對較複雜的模型。相比於節錄式摘要，此方法能產生更完整，並
且讓人更能快速掌握文章中的重點資訊的摘要。未來，我們計畫有許多改進方向，例如
引入事前訓練 (Pre-training) 以改善字向量的品質，及在生成階段設計更優良的評分方
式，以利模型選擇更合理的摘要內容；另外，我們也正在研究使用卷積類神經網路
(Convolution Neural Network) 來處理篇幅更長的文章，以期建立一個更泛用的自動重寫
式摘要系統。

參考文獻

[1] S.-H. Lin and B. Chen, *A Survey on Speech Summarization Techniques,* The Association for Computational Linguistics and Chinese Language Processing Newsletter, Vol. 21, No. 1, pp. 4–16, 2010

[2] I. Mani and M.-T. Maybury, *Advances in Automatic Text Summarization,* Cambridge: MIT Press, 1999

[3] C.-D. Paice, *Constructing Literature Abstracts by Computer Techniques and Prospects,* Journal of Information Processing and Management, Vol. 26, No. 1, pp. 171–186, 1990

[4] M. Witbrock and V. Mittal, *Ultra Summarization: a Statistical Approach to Generating Highly Condensed Non-extractive Summaries,* Proceedings of the 22th Annual International ACM SIGIR Conference on Research and Development in Information Retrieval (SIGIR), pp. 315–316, 1999

[5] A. Nenkova and K. McKeown, *Automatic Summarization*, Foundation and Trends in Information Retrieval, Vol. 5, No. 2–3, pp. 103–233, 2011

[6] Y. LeCun, Y. Bengio and G. E. Hinton, *Deep Learning*, Nature, Vol. 521, pp 436–444,

2015

[7] R. Sarikaya, G. E. Hinton and A. Deoras, Application of Deep Belief Networks for Natural Language Understanding, IEEE Transactions on Audio, Speech and Language Processing, Vol. 22, No. 4, pp. 778–784, 2014

[8] D. Amode et al., *Deep Speech 2: End-to-End Speech Recognition in English and Mandarin*, Proceedings of the 33rd International Conference on Machine Learning, 2016

[9] A. Krizhevsky, I. Sutskever, G. E. Hinton, ImageNet Classification with Deep Convolutional Neural Networks, Proceedings of Advances in Neural Information Processing Systems, pp. 1–9, 2012

[10] D. Bahdanau, K. Cho and Y. Bengio, *Neural Machine Translation by Jointly Learning to Align and Translate*, CoRR, abs/1409.0473, 2014

[11] I. Sutskever, O. Vinyals and Q. V. Le, *Sequence to Sequence Learning with Neural Networks*, Proceedings of Advances in Neural Information Processing Systems 27, pp. 3104–3112, 2014

[12] B. Hu, Q. Chen and F. Zhu, *LCSTS: A Large Scale Chinese Short Text Summarization Dataset*, Proceedings of Empirical Method in Natural Language Processing (EMNLP), pp.1967–1972, 2015

[13] A. M. Rush, S. Chopra and J. Weston, *A Neural Attention Model for Abstractive Sentence Summarization*, Proceedings of the Conference on Empirical Methods in Natural Language Processing, pp. 379–389, 2015

[14] R. Nallapati, B. Zhou, C. dos Santos, C. Gulçehre and B. Xiang, *Abstractive Text Summarization using Sequence-to-sequence RNNs and Beyond*, Proceedings of the 20th SIGNLL Conference on Computational Natural Language Learning (CoNLL), pp. 280–290, 2016

[15] Q. Chen, X. Zhu, Z. Ling, S. Wei and H. Jiang, *Distraction-Based Neural Networks for Modeling Documents*, Proceedings of the Twenty-Fifth International Joint Conference on Artificial Intelligence (IJCAI-16), pp. 2754–2760, 2016

[16] Y. Gong and X. Liu, *Generic Text Summarization using Relevance Measure and Latent Semantic Analysis,* Proceedings of the 24th Annual International ACM SIGIR Conference on Research and Development in Information Retrieval (SIGIR), pp. 19–25, 2001

[17] Y.-T. Chen, B. Chen and H.-M. Wang, *A Probabilistic Generative Framework for Extractive Broadcast News Speech Summarization,* IEEE Transactions on Audio, Speech and Language Processing, Vol. 17, No. 1, pp. 95–106, 2009

[18] R. Mihalcea and P. Tarau, *TextRank Bringing Order into Texts,* Proceedings of Empirical Method in Natural Language Processing (EMNLP), pp. 404–411, 2004

[19] X. Wan and J. Yang, *Multi-document Summarization using Cluster-based Link Analysis,* Proceedings of the Annual International ACM SIGIR Conference on Research and Development in Information Retrieval (SIGIR), pp. 299–306, 2008

[20] S.-H. Lin and B. Chen, *Improved Speech Summarization with Multiple-hypothesis Representations and Kullback-Leibler Divergence Measures,* Proceeding of the 10th

Annual Conference of the International Speech Communication Association (Interspeech), pp. 1847–1850, 2009

[21] J. Kupiec, *A Trainable Document Summarizer,* Proceedings of the 18th Annual International ACM SIGIR Conference on Research and Development in Information Retrieval (SIGIR), pp. 68–73, 1995

[22] G. Murray, S. Renals and J. Carletta, *Extractive Summarization of Meeting Recordings,* Proceedings of the 6th Annual Conference of the International Speech Communication Association (Interspeech), pp. 593–596, 2005

[23] J.-M. Conroy and D.-P. O'Leary, *Text Summarization via Hidden Markov Models,* Proceedings of the 24th Annual International ACM SIGIR Conference on Research and Development in Information Retrieval (SIGIR), pp. 406–407, 2001

[24] D. Shen, J.-T. Sun, H. Li, Q. Yang and Z. Chen, *Document Summarization using Conditional Random Fields,* Proceedings of International Joint Conference on Artificial Intelligence (IJCAI), pp. 2862–2867, 2007

[25] C.-Y. Lin, *ROUGE: Recall-oriented Understudy for Gisting Evaluation.* 2003 [Online]. Available: http://haydn.isi.edu/ROUGE/.

[26] K. Cho, B. van Merrienboer, Ç. Gülçehre, F. Bougares, H. Schwenk and Y. Bengio, *Learning Phrase Representations using RNN Encoder-Decoder for Statistical Machine Translation.* CoRR, abs/1406.1078, 2014

[27] S. Hochreiter and J. Schmidhuber, *Long Short-Term Memory*, Neural Computation, Vol. 9, no. 8, pp. 1735–1780, Nov. 15 1997. doi: 10.1162/neco.1997.9.8.1735

[28] J. L. Elman, *Finding Structure in Time*, Cognitive Science, Vol. 14, Issue 2, pp. 179–211, 1990

[29] T. Mikolov, I. Sutskever, K. Chen, G. Corrado, and J. Dean, *Distributed Representations of Words and Phrases and Their Compositionality.* Proceedings of the Advances in neural information processing systems 26 (NIPS 26). pp. 3111–3119, 2013.

[30] D. Bahdanau, K. Cho, Y. Bengio, *Neural Machine Translation by Jointly Learning to Align and Translate.* Proceedings of the ICLR, 2015

[31] M.T. Luong, H. Pham and C.D. Manning, *Effective Approaches to Attention-based Neural Machine Translation*, Proceedings of Empirical Method in Natural Language Processing (EMNLP), pp.1412–1421, 2015

The 2016 Conference on Computational Linguistics and Speech Processing
ROCLING 2016, pp. 129-130
© The Association for Computational Linguistics and Chinese Language Processing

基於字元階層之語音合成用文脈訊息擷取

Character-Level Linguistic Features Extraction

for Text-to-Speech System

陳冠宏　Kuan-Hung Chen

Department of Electronic Engineering, National Taipei University of Technology

s970428@gmail.com

廖書漢　Shu-Han Liao

Department of Electronic Engineering, National Taipei University of Technology

sam8105111@gmail.com

廖元甫　Yuan-Fu Liao

Department of Electronic Engineering, National Taipei University of Technology

yfliao@mail.ntut.edu.tw

王逸如　Yih-Ru Wng

College of Electricl and Computer Engineering, National Chiao-Tung University

yrwang@mail.nctu.edu.tw

摘要

優良的語言文脈訊息是語音合成的關鍵部分，傳統的文脈訊息都是依賴於自然語言處理 (Natural Language Processing，NLP)，使用 parser 分析文字。但是 parser 設計困難無法專門為語音合成設計；所以我們想直接以字元為處理單元建立一個 end-to-end 的語音合成系統，在這想法下我們改用字元層級(character-level)的 word2vec 與遞迴類神經網路，直接將輸入字元序列轉換成隱藏特徵向量當做語言合成的文脈訊息。最後我們利用一中英夾雜語音合成系統測試此想法，語音合成的實驗的結果表明，我們提出的方式的確比傳統使用 parse 的方式有更好的性能。

關鍵詞：語音合成、語言特徵、文脈訊息

參考文獻

[1] Stanford-Parser：http://nlp.stanford.edu/software/lex-parser.shtml , 2016, July

[2] Deep Learning in NLP：http://licstar.net/archives/328 , 2016, July

[3] Klaus Greff, Rupesh Kumar Srivastava, Jan Koutník, Bas R. Steunebrink, Jürgen Schmidhuber, LSTM: A Search Space Odyssey, eprint arXiv:1503.04069, 03/2015

[4] X Zheng, H Chen, T Xu, Deep Learning for Chinese Word Segmentation and POS Tagging, EMNLP, 2013 - aclweb.org

[5] Chuang Ding , Lei Xie ; Jie Yan ; Weini Zhang ; Yang Liu, Automatic prosody prediction for Chinese speech synthesis using BLSTM-RNN and embedding features, 2015 IEEE Workshop on Automatic Speech Recognition and Understanding (ASRU), pp. 98 – 102, 2015

[6] 黃昭銘, 林葭華, 改善條件隨機域模型於中文斷詞, 2010

[7] Eric Brill, A SIMPLE RULE-BASED PART OF SPEECH TAGGER ,1992

[8] 唐大任, 王逸如, 中文斷詞之研究, 2002

[9] Tomas Mikolov, Ilya Sutskever, Kai Chen,Greg Corrado, Jeffrey Dean, Distributed Representations of Words and Phrases and their Compositionality,2013

[10] Tomas Mikolov *,Geoffrey Zweig, Context dependent recurrent neural network language model,2012

The 2016 Conference on Computational Linguistics and Speech Processing
ROCLING 2016, pp. 131-141
© The Association for Computational Linguistics and Chinese Language Processing

多通道之多重音頻串流方法之研究

Multi-channel Source Clustering of Polyphonic Music

官志誼 Chih-Yi Kuan
國立中央大學資訊工程學系
Department of Computer Science and Information Engineering
National Central University
103522038@cc.ncu.edu.tw

蘇黎 Li Su
中央研究院資訊科技創新研究中心
Academia Sinica Research Center for Information Technology Innovation
lisu@citi.sinica.edu.tw

秦餘皞 Yu-Hao Chin
國立中央大學資訊工程學系
Department of Computer Science and Information Engineering
National Central University
kio19330@gmail.com

王家慶 Jia-Ching Wang
國立中央大學資訊工程學系
Department of Computer Science and Information Engineering
National Central University
jcw@csie.ncu.edu.tw

摘要

基礎頻率分析在數位訊號處理中是一項重要課題並可以延伸到許多相關的研究，無論是在音樂或者語音上皆有其中要性，本論文主要討論多個單音音源的音頻串流方法，本論文提出之系統需要三個輸入，分別為音源個數、基頻偵測結果、混合音檔。而整體系統可以分為兩個階段，第一階段為依據基頻偵測結果將每一個音高取得相對應特徵參數，第二階段則將上述所有資料進行的聚類，最後輸出各個音源的音頻串流，簡單來說即是每個時刻每個音源演奏哪些音高的資訊。

本論文在特徵參數方面我提出了新的多通道方位特徵參數，並與其他音色特徵參數融合成為更加強健的特徵參數，聚類方面我們基於粒子群最佳化演算法提出了新的架構，並融合領域知識於其中來提高準確率。另外本論文特別針對音源音域接近、音頻串流纏繞頻繁的音檔來設計並能有更好的準確率。

關鍵詞：基礎頻率分析，音頻串流，粒子群最佳化演算法

一、緒論

　　人類的聽覺非常奇妙，我們對音頻與音色的變化相當地敏銳，Robert W. Gutman 在莫札特傳記中寫道:14 歲的莫札特，曾在羅馬西斯廷教堂聽過一次 Gregorio Allegri: Miserere，之後便憑著記憶將曲譜寫下來，並且幾乎沒有存在錯誤。然而這是很有天賦的人或者經過專業訓練的音樂家才能辦到的，因此我們希望能依靠電腦的音訊分析替我們做到這項挑戰。

　　本論文探討的音頻串流分離(Multi-pitch-streaming)可以應用在樂譜依據的音訊分離(score inform source separation)[1]以及自動轉譜(Automatic music transcription)[2]等等相關議題上，其內容是在已知音源個數的情況下，透過雙麥克風的資訊，將各個音源的音高資訊分析出來，簡單來說即是在某個時刻各個音源發出的音高的資訊。在本研究中，我們需要混合訊號的音檔、音源數、基頻信號偵測的結果，在透過音頻及音色分析之後，最後將每一音源的音頻串流分別輸出出來，但是這項研究仍然是一項挑戰，尤其在音源數目眾多、音源的音高相近、音源音色相近…等，而當音源混合在一起時則頻譜會互相重疊，造成各別音頻的特徵參數擷取不易，為了解決這樣的問題，許多方法被提出像是：採用非負矩陣分解 NMF[3]-[6]，Probabilistic Latent Component Analysis-based 的方法[7][8][9]…等，這些方法都是將各別音頻相對應的頻譜從混合頻譜中分離出來之後再對各別頻譜做處理，而 Baseline 的特徵參數 Uniform Discrete Cepstrum (UDC)[10]，則是直接對混合頻譜做處理，計算某音源在混合頻譜中稀疏且非均勻點的倒頻譜。然而上述方法都是基於單通道下的方法，在本論文中我們則提出新的多通道方法來提升特徵參數的鑑別性。另外當音源音域接近時還會有音高串流之間彼此交纏(interweaving)的問題如下圖一。

特徵參數擷取完成之後下一階段就是將所有資料聚類，在本研究上有很多新的聚類架構被提出，在非監督式的方法有: Spectral Clustering[11][12] ，Baseline 的 Constrained Clustering[10]，而監督式方法有: Factorial Hidden Markov Model [13][14], PLCA spectral dictionary [15]，但監督式方法需要事先訓練，在應用上較為限制，因此本論文專注於非監督式的方法，基於粒子群最佳化演算法提出新的聚類架構，將在後面章節介紹。

圖一、音頻串流交纏的情況

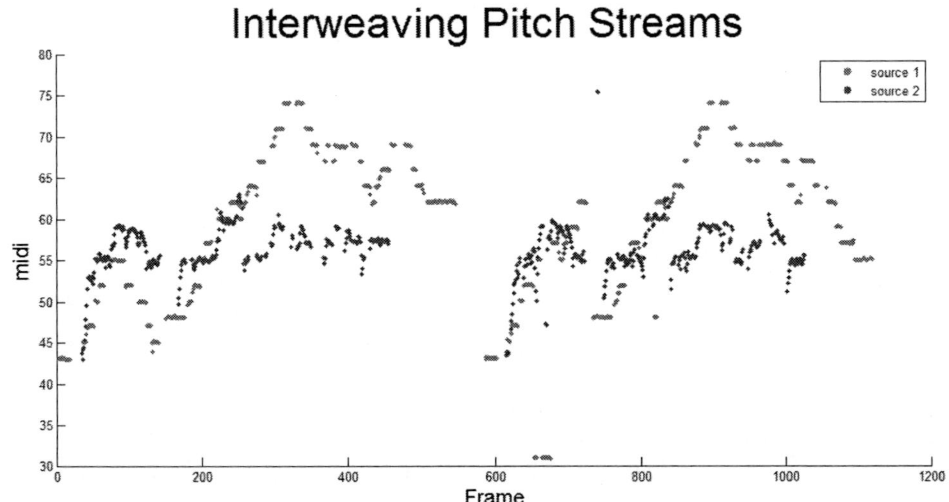

二、特徵參數擷取

本研究在特徵參數擷取上比較特殊，是依據基頻信號偵測的結果(MPE)來做相對應的特徵參數擷取，亦即每一個基頻信號偵測出來的音高都有一個相對應的特徵參數，因此在同一個音框(Frame)中若有多個估測音高(Pitch)就會截取出相對應的多個特徵參數來，再將各個音高相對應的特徵參數作後續的聚類分析，最後把特徵參數相近的視為同一個音源所發出的音高，並將所有同一類別的音高依時間串成各自的音高串流。在特徵參數擷取階段，本論文分為音色特徵參數與方位特徵參數，最後在將兩者特徵參數融合在一起作為最後的特徵參數。

音色特徵部分我們採用 Uniform Discrete Cepstrum (UDC)[10]來做為我們的音色特徵參數，UDC 是一種稀疏、非均勻的倒頻譜表示方法。我們將混合音檔做離散傅立葉轉換 discrete Fourier transform (DFT)得到混合頻譜，令 $\mathbf{f}=[f_1,...,f_N]^T$ 與 $\mathbf{a}=[a_1,...,a_N]^T$ 分別為混合頻譜的全頻帶頻率與振幅的對數函數(log-amplitudes)，令 $\hat{\mathbf{f}}=[\hat{f}_1,...,f_n]^T$ 與 $\hat{\mathbf{a}}=[\hat{a}_1,...,a_n]^T$ 為其子集合，代表我們欲觀察音源在頻譜上其對應音高的頻帶，我們稱為該音源的觀察點，在此方法中我們取輸入基頻的五十個諧波點做為該音源的觀察點，而 UDC 的計算方式如下：

$$\mathbf{F}^{\text{udc}}=\hat{\mathbf{Y}}^T\hat{\mathbf{a}} \tag{1}$$

$$\hat{\mathbf{Y}}=\begin{pmatrix} 1 & \sqrt{2}\cos(2\pi 1\hat{\hat{f}}_1) & \cdots & \sqrt{2}\cos(2\pi(d_{\text{udc}}-1)f_1) \\ \vdots & \vdots & \vdots & \vdots \\ 1 & \sqrt{2}\cos(2\pi 1\hat{\hat{f}}_n) & \cdots & \sqrt{2}\cos(2\pi(d_{\text{udc}}-1)f_n) \end{pmatrix} \tag{2}$$

在本研究中我們需要處理混合的頻譜與許多盲訊號分離[16]的問題相似，但不同在於盲訊號分離多是處理全頻帶資訊，而我們則是處理特定頻帶的資訊。由於我們的輸入音檔為雙通道的資訊，我們可以藉此來求得方位的資訊。首先，我們先將 J 個麥克風所收到的資訊，分別採用短時距傅立葉轉換（short time Fourier transform, STFT）將時域上的混合訊號，轉換成全頻域的混合頻譜(mixture spectrum)，以 $\mathbf{f}^c=[f_1^c,...,f_N^c]^T$ 表示，其中 N 為總頻帶個數，f_n^c 為 c 麥克風第 n 個頻帶的 STFT 係數，之後我們依據輸入時給定位於第 t 音框時的第 p 個音高(t,p)，找到該音高對應的頻帶 n，並將該對應頻域附近的頻譜(上下 m 個頻帶，一共 2m+1 個)取出為 Ω^c 如下：

$$\Omega^c=\{f_i^c\mid n-m\leq i\leq n+m\},f_i^c\ \text{for some}\ i\in\{1,2,3,...,N\}c\in\{1,2,3,...,J\} \tag{3}$$

其中 c 為麥克風編號，J 為麥克風數目，我們將 Ω^c 作為估測音高(t,p)的音源頻譜觀察點，並將這些頻譜分別取能量值(magnitude)後得到 $\mathbf{v}^c$ 如下：

$$\mathbf{v}^c=\left[\left|f_{n-m}^c\right|,...,\left|f_m^c\right|,...,\left|f_{n+m}^c\right|\right]^T \tag{4}$$

之後我們將所有麥克風中的 $\mathbf{v}^c$ 值相加作為該音高的總能量值 $\sum_{c=1}^{J}\mathbf{v}^c$，再分別將各自音高頻譜觀察點的能量值除以對應的總能量值，稱能量比值(level ratio) [16]：

$$\mathbf{l}^c = \frac{\mathbf{v}^c}{\sum\limits_{c=1}^{J} \mathbf{v}^c} \tag{5}$$

其中除法為點除。最後我們將音高資料(t,p)每個麥克風中的$\mathbf{l}^c$值都計算出來，維度為$2m+1$，再將其所有麥克風的值做矩陣合併作為該音高(t,p)對應的方位特徵參數，維度為$(2m+1)\cdot J$，如下：

$$\mathbf{F}^{\text{level}} = [\mathbf{I}^1, \mathbf{I}^2, \mathbf{I}^3, ..., \mathbf{I}^J]^T \tag{6}$$

分別計算完音色特徵參數$\mathbf{F}^{\text{udc}}$與方位特徵參數$\mathbf{F}^{\text{level}}$之後，下一步我們將其合併成為一個完整的特徵參數，但由於兩個特徵參數的維度不同對於往後聚類方法計算特徵參數距離合時會造成不平等的影響，因此我們採用標準差總和正規畫[17]的方式來合併。首先，我們分別計算出各特徵參數的第i個維度的標準差(standard deviation)σ_i，再將各自特徵參數的各維度的標準差值相加，算出各別特徵參數的標準差值總和：

$$\sigma^{\text{udc}} = \sum\limits_{i=1}^{d_{\text{udc}}} \sigma_i \qquad\qquad \sigma^{\text{level}} = \sum\limits_{i=1}^{d_{\text{level}}} \sigma_i \tag{7}$$

其中d_{udc}，d_{level}分別為特徵參數$\mathbf{F}^{\text{udc}}$及$\mathbf{F}^{\text{level}}$的維度，之後再將兩個特徵參數分別除以各自標準差總和，最後將兩個特徵參數直接作矩陣合併：

$$\mathbf{F}^{\text{fusion}} = \begin{bmatrix} \dfrac{\mathbf{F}^{\text{udc}}}{\sigma^{\text{udc}}} \\[2ex] \dfrac{\mathbf{F}^{\text{level}}}{\sigma^{\text{level}}} \end{bmatrix} \tag{8}$$

我們可以發現在經過正規劃後，維度較高的特徵參數也會有較大標準差總和值，借此來平衡算特徵參數距離時，維度不對等的問題。

三、限制型粒子群最佳聚類演算法

粒子群最佳化演算法運用在聚類問題上有許多研究[18]，而運算核心在於評估各粒子的適應函數，如何根據求解問題設計粒子形式與其適應函數則是關鍵，在本研究中，我們的目的是將各個音高資料作聚類，所以我們的求解問題的答案即是各個音高資料屬於哪一群聚，而在粒子群最佳化演算法中一個粒子即代表著一組解答，我們使用下述方法來定義粒子形式與計算適應函數值。其概念類似 K-means，不同的地方在於 K-means 的群中心只有一組且是不斷更新後平均得到的，而在粒子群聚類演算法中，我們會生成多組群中心讓它們各自去搜尋最佳結果，每一組群中心代表一個粒子為 $d \times K$ 維的向量，我們定義為 $\mathbf{P}_n$，其中 n 為粒子編號，K 為類別個數(音源數)，d 是特徵參數維度，如下圖：

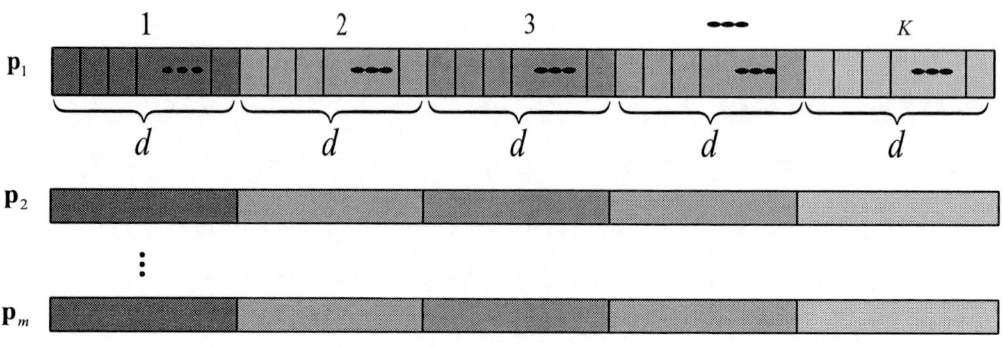

圖二、以群中心為主的粒子型式設計

上述的一個粒子 $\mathbf{P}_n$ 即代表著一組群中心，如同 K-meas 一般我們將所有資料依據這樣的群中心來作分類，亦即我們將每筆資料的特徵參數 $\mathbf{F}_{t,p}$ 與每一個粒子的(不同顏色)群中心算距離，取其中最短者將該資料標示為該類別，有了所有資料的所屬群聚之後，我們先計算所有同群聚資料的平均群中心：

$$\mathbf{M}_k = \frac{\sum\limits_{F_{t,p} \in S_k} \mathbf{F}_{t,p}}{\sum\limits_{F_{t,p} \in S_k} 1} \tag{9}$$

其中 S_k 代表第 k 個群聚的特徵參數集合，(t,p) 為 t 音框下的第 p 筆音高資料，$\mathbf{F}_{t,p}$ 為其對應的特徵參數。記算好各群聚的平均群中心 $\mathbf{M}_k$ 後，我們將各音高資料的特徵參數減去相對應的群中心，再將同一群聚的差值總合來得到整體群聚的緊密程度，並定義為該粒子 $\mathbf{P}_n$ 的特徵參數緊密度適應函數如下式，K 為音源個數：

$$fitness(\mathbf{P}_n) = \sum_{k=1}^{K} \sum_{\mathbf{F}_{t,p} \in S_k} \left\| \mathbf{F}_{t,p} - \mathbf{M}_k \right\|^2, \; n = 1,...,m \tag{10}$$

　　而在本研究中由於我們有兩點可用的領域知識: (1)互斥性:同一時間下的一個音源只會生產一個音高,因此若是兩筆音高資料屬於同一個音框則可以知道它們理論上不該被分至同一類別。(2)相關性:由於音高之間常有連續性,若兩個音框相近且音高值也相近的資料則很有可能是同一類別,因此我們可以將這樣條件加入在我們評估粒子的適應函數中,其方式為上述每筆資料再依據各粒子聚類時,預先排除掉所有互斥性的可能再去計算適應函數值,另外當所有資料皆依據粒子中心聚類完之後,我們再依據這樣的聚類結果計算相關性的符合程度,並視為該粒子的另一個適應值。最後考量兩個是適應值來對各粒子進行最佳化運算,其整體流程如下圖。

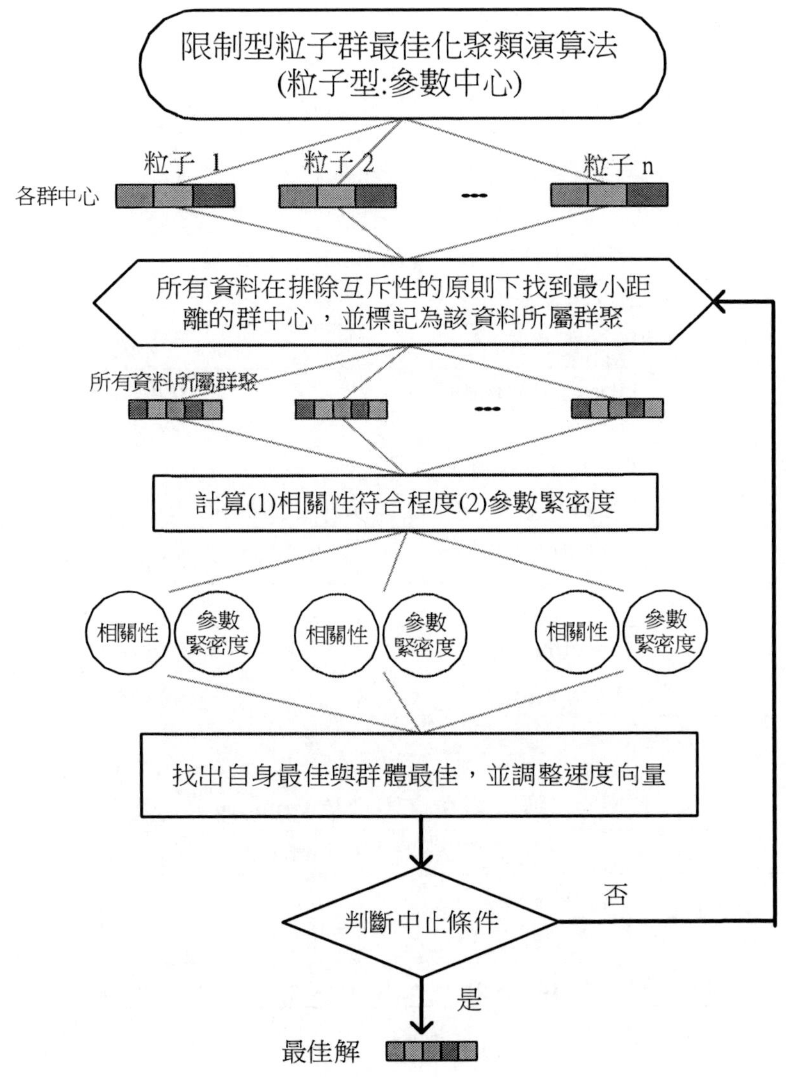

圖三、限制型粒子群最佳化聚類演算法流程圖

四、實驗

　　本論文實驗輸入使用 Ground Truth 的 MPE 作為輸入，其生成方式為使用單軌音檔透過 YIN[21]製作，混合音檔則使用 Roomsim[20]混合各單軌音源而成，而評估方法為分別計算 Accuracy、Precision、Recall、Avg. Accuracy，其中計算方法如下：

$$Accuracy = TP / (TP + FP + FN) \tag{11}$$
$$precision = TP / (TP + FP) \tag{12}$$
$$Recall = TP / (TP + FN) \tag{13}$$

實驗部分分成兩階段，一是固定聚類方法(K-means)來評估各特徵參數，二是固定特徵參數(Fusion)來評估各聚類方法，實驗資料庫為 Bach10[19]資料庫，為 10 首四個樂器的重奏，以及一首交纏頻繁的範例音檔為 MedleyDB[22]中的曲子 Country 1，由吉他、人聲、貝斯演奏而成。

表一、各特徵參數在 Bach10 資料庫的評估

資料庫	特徵參數	Avg. Accuracy
Bach10	UDC	0.4322±0.0930
Overall	Proposed Fusion	**0.4622±0.0854**

表二、各聚類方法在 Bach10 的評估

資料庫	聚類方法	Avg. Accuracy
Bach10	K-means	0.4622±0.0854
Overall	Baseline[10]	0.8544±0.0659
	Proposed	**0.8798±0.0465**

表三、特徵參數在交纏音檔 Country 1 的表現

交纏音檔: Country 1				
GT MPE	特徵參數	Accuracy	Precision	Recall
use	UDC	0.3650	0.6278	0.4658
	Proposed Fusion	**0.5692**	**0.7997**	**0.6638**

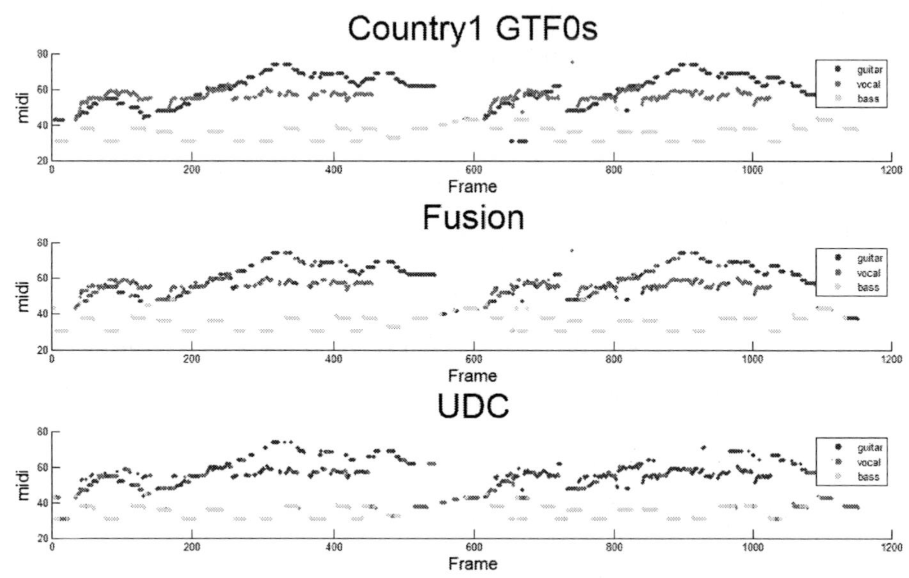

圖四、特徵參數在交纏音檔 Country 1 的音頻串流圖比較

五、結論

　　本篇論文提出了新的方位特徵參數並與其他音色特徵參數融合成為更強健的特徵參數，聚類架構部分則基於粒子群最佳化演算法提出了限制型粒子群最佳化聚類演算法，並在準確率上有更好的表現。本論文另一個重點在於處理交纏頻繁的音檔，我們可以從實驗結果得知提出的方法對於這類混合音檔擁有更好的處理能力。

參考文獻

[1] R. Hennequin, B. David, and R. Badeau, "Score informed audio source separation using a parametric model of non-negative spectrogram," in Proc. IEEE Int. Conf. Acoust., Speech, Signal Process. (ICASSP), 2011, pp. 45–48.

[2] A. Klapuri and M. Davy, Eds.,"Signal Processing Methods for Music Transcription". New York, NY, USA: Springer, 2006.

[3] T. Heittola, A. Klapuri, and T. Virtanen, "Musical instrument recognition in polyphonic audio using source-filter model for sound separation," in Proc. Int. Symp. Music Inf. Retreival (ISMIR), 2009.

[4] E. Benetos, M. Kotti, and C. Kotropoulos, "Musical instrument classification using

non-negative matrix factorization algorithms and subset feature selection," in Proc. IEEE Int. Conf. Acoust., Speech, Signal Process. (ICASSP), 2006, pp. 221–224

[5] R. Jaiswal, D. FitzGerald, D. Barry, E. Coyle, and S. Rickard, "Clustering NMF basis functions using shifted NMF for monaural sound source separation," in Proc. IEEE Int. Conf. Acoust., Speech, Signal Process. (ICASSP), 2011, pp. 245–248.

[6] F. Rigaud, A. Falaize, B. David, and L. Daudet, "Does inharmonicity improve an NMF-based piano transcription model? " in Proc. IEEE Int.Conf. Acoust., Speech, Signal Process. (ICASSP), 2013, pp. 11–15.

[7] P. Smaragdis, B. Raj, and M. Shashanka, "A probabilistic latent variable model for acoustic modeling," Adv. Models for Acoust. Process.NIPS, vol. 148, 2006.

[8] G. Grindlay and D. P. W. Ellis, "Transcribing multi-instrument polyphonic music with hierarchical eigeninstruments," IEEE J. Sel. Topics Signal Process., vol. 5, no. 6, pp. 1159–1169, Oct. 2011.

[9] V. Arora and L. Behera, "Semi-supervised polyphonic source identification using PLCA based graph clustering," in Proc. Int. Symp. Music Inf. Retreival (ISMIR), 2013.

[10] Zhiyao Duan, Jinyu Han, and Bryan Pardo, "Multi-pitch streaming of harmonic sound mixtures," IEEE/ACM Trans. Audio, Speech, Lang. Process., vol. 22, no. 1, Jan. 2014.

[11] V. Arora and L. Behera, "Musical source clustering and identification in polyphonic audio IEEE/ACM Trans. Audio, Speech, Lang. Process., vol. 22, no. 6, pp. 1003–1012, Jun. 2014.

[12] L. G. Martins, J. J. Burred, G. Tzanetakis, and M. Lagrange, "Polyphonic instrument recognition using spectral clustering.," in Proc. Int. Symp. Music Inf. Retreival (ISMIR), 2007.

[13] M. Wohlmayr, M. Stark, and F. Pernkopf, "A probabilistic interaction model for multipitch tracking with factorial hidden Markov models," IEEE Trans. Audio, Speech, Lang. Process., vol. 19, no. 4, pp. 799–810, May 2011

[14] F. Bach and M. Jordan, "Discriminative training of hidden Markov models for multiple pitch tracking," in Proc. IEEE Int. Conf. Acoust. Speech, Signal Process. (ICASSP), 2005, pp. 489–492.

[15]M. Bay, A. F. Ehmann, J. W. Beauchamp, P. Smaragdis, and J. S. Downie, "Second fiddle is important too: Pitch tracking individual voices in polyphonic music," in Proc. Int. Soc. Music Inf. Retrieval Conf. (ISMIR), 2012, pp. 319–324.

[16] Shoko Arakia,, Hiroshi Sawada , Ryo Mukai , Shoji Makino "Underdetermined blind sparse source separation for arbitrarily arranged multiple sensors" Signal Processing 87 (2007) 1833–1847.

[17]Guodong Guo and Stan Z. Li ''Content-Based Audio Classification and Retrieval by Support Vector Machines," IEEE Trans. Neural Neteorks, vol. 14, no. 1, Jan. 2003.

[18]	Shuai	Li; Xin-Jun	Wang; Ying	Zhang	"X-SPA:	Spatial characteristic PSO clustering algorithm with efficient estimation of the number of cluster" Fifth International Conference on Fuzzy Systems and Knowledge Discovery, 2008.

[19] Z. Duan, B. Pardo, and C. Zhang, "Multiple fundamental frequency estimation by modeling spectral peaks and non-peak regions," IEEE Trans. Audio, Speech, Lang. Process., vol. 18, no. 8, pp. 2121–2133, Nov. 2010.

[20] D. Campbell, K. Palomäki, and G. Brown, "A matlab simulation of shoebox room acoustics for use in research and iimm teaching," Comput. Inf. Syst. J., vol. 9, no. 3, pp. 48–51, Oct. 2005.

[21]A. de Cheveigné and H. Kawahara, "Yin, a fundamental frequency estimator for speech and music," J. Acoust. Soc. Amer., vol. 111, pp.1917–1930, 2002.

[22] R. Bittner, J. Salamon, M. Tierney, M. Mauch, C. Cannam, and J. P. Bello. Medleydb: "A multitrack dataset for annotation-intensive mir research," in Proc .Int. Soc. Music Info. Retrieval Conf., 2014.

The 2016 Conference on Computational Linguistics and Speech Processing
ROCLING 2016, pp. 142-152
© The Association for Computational Linguistics and Chinese Language Processing

Support Super-Vector Machines in Automatic Speech Emotion Recognition

陳嘉穎 Chia-Ying Chen

國立中山大學資訊工程學系

Department of Computer Science and Information Engineering

National Sun Yat-sen University

m033040029@student.nsysu.edu.tw

陳嘉平 Chia-Ping Chen

國立中山大學資訊工程學系

Department of Computer Science and Information Engineering

National Sun Yat-sen University

cpchen@mail.cse.nsysu.edu.tw

Abstract

In this paper, we use super-vectors in support vector machines for automatic speech emotion recognition. In our implementation, an utterance is converted to a super-vector formed by the mean vectors of a Gaussian mixture model adapted from a universal background model. The proposed method is evaluated on FAU-Aibo database which is well-known to be used in INTERSPEECH 2009 Emotion Challenge. In the case of HMM-based dynamic modeling classifier, we achieve an unweighted average (UA) recall rate of 40.0%, over a baseline of 35.5%, by using the delta features and increasing the number of mixture components. In the case of SVM-based static modeling classifier, we achieve an unweighted average (UA) recall rate of 38.9%, over a baseline of 38.2%, by using the proposed super-vectors.

Keywords：Speech Emotion Recognition, GMM, Super-vector, SVM

1 Introduction

Speech emotion recognition (SER) becomes very popular in recent years [1]. The INTER-SPEECH 2009 Emotion Challenge [2] (henceforth referred to as the Challenge) is a large-scale evaluation plan of SER techniques on FAU-Aibo corpus. In the Challenge, the training set and the test set are defined so fair comparison can be carried out. There are 2 classification models, namely the dynamic modeling of hidden Markov model (HMM) on low-level descriptors (LLDs) and the static modeling of support vector machine (SVM) on supra-segmental feature vectors, which are functional values of sequences of LLDs.

In this paper, we focus on the 5-class problem in which a decision among 5 emotional categories has to be made for each test utterance. As published by the organizer of the Challenge, the unweighted average (UA) recall rates of the baseline systems, which use openSMILE toolset for LLD extraction and HTK/Weka toolset for classifiers, is 35.5% for dynamic modeling HMM and 28.9% for static modeling SVM. Furthermore, as part of the evaluation protocol, when the Synthetic Minority Oversampling TEchnique (SMOTE) [3] is applied to deal with the issue of skewed data, the performance of SVM can be improved to 38.2%. These results will be referred to as the baseline performances.

Further progress on FAU-Aibo 5-class problem has been reported over the years after the Challenge. For dynamic modeling, a GMM (equivalent to a one-state HMM) using 13 mel-frequency cepstral coefficients (MFCC) with the first and second derivatives achieves 41.4% UA [4]. A hybrid DBN-HMM system combining deep belief network and hidden Markov model achieves 45.6% UA, which stands as the performance to beat on FAU-Aibo [5]. For static modeling, the anchor model method commonly used in speaker recognition [6] has been transferred to emotion recognition, achieving 43.98% UA with SVM [7].

In this paper, we study the application of Gaussian mixture models (GMM) in the FAU-Aibo 5-class problem. In the dynamic modeling, the LLDs are scored by GMMs, which are equivalent to 1-state HMMs. In the static modeling, GMM is used in the procedure of forming super-vectors for SVM classifier. Super-vectors based on GMM have been widely used for speaker verification tasks [8, 9]. GMM-based super-vectors in combination with SVM have been applied in SER, which outperformed standard GMM system [10].

2 Proposed Methods

2.1 Gaussian Mixture Models

The central idea connecting the static and dynamic classifier frameworks is the Gaussian mixture models (GMM). A GMM is defined by the probability density function (PDF) of

$$p(x) = \sum_{k=1}^{K} \pi_k N(x|\mu_k, \Sigma_k) \tag{1}$$

where the weights satisfy

$$\pi_k \geq 0, \quad \sum_{k=1}^{K} \pi_k = 1. \tag{2}$$

Eq. (1) is said to have K components, where the kth component $N(x|\mu_k, \Sigma_k)$ is a Gaussian PDF with μ_k and Σ_k as the component mean vector and covariance matrix.

GMM is very commonly used to model continuous random variables. In theory, GMM is a model general enough to approximate any PDF by increasing the number of components. In practice, parameters in a GMM can be efficiently learned from data by EM algorithm [11, 12].

2.2 GMM and Universal Background Model

A universal background model (UBM) is a model for a data set regardless of the class labels. UBM is often used as the initial point of model adaptation [13]. For example, one way to obtain a set of speaker-dependent models is to first train a UBM using all data, and then adapt the UBM with speaker-dependent data for each speaker. It is common to use GMM for UBM, as GMM is a sound model in theory and in practice. Such a model is called GMM-UBM.

2.3 GMM and Super-Vectors

In this research, we adapt a GMM-UBM for each utterance and obtain utterance-dependent models. The adaptation is base on maximum a posteriori (MAP) criterion [14]. After adaptation, an utterance-dependent super-vector for each utterance is formed by the mean vectors of the corresponding utterance-dependent GMM. The process of creating super-vectors is illustrated in Figure 1. Finally, these utterance-dependent super-vectors are the proposed representation for emotion classification. They are used in the static modeling based on SVM.

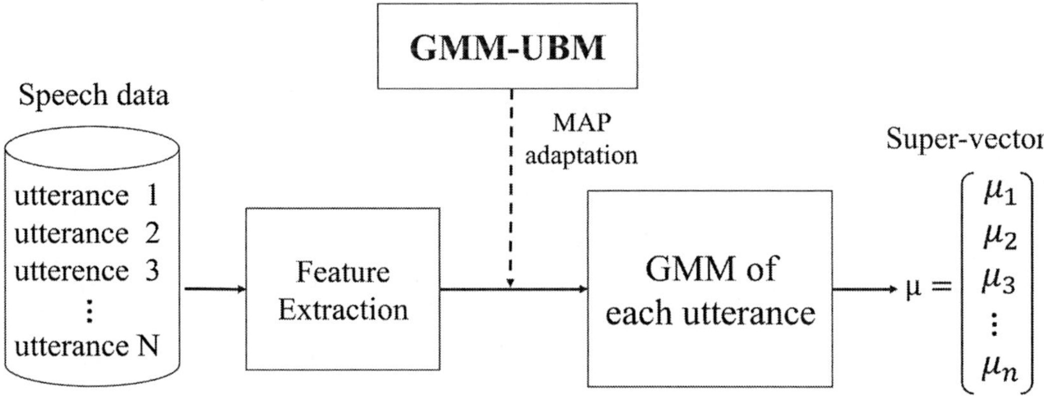

Figure 1: The creation of super-vectors.

2.4 GMM and Dynamic Model

Another way to investigate GMM-UBM is to train a UBM first, and then adapt the UBM with emotion-dependent data. Instead of a set of utterance-dependent models, this approach yields a set of emotion-dependent models. Furthermore, they are different from the models trained directly with emotion-dependent data, as in the case of baseline HMM dynamic modeling.

3 Systems

3.1 Data: FAU-Aibo

FAU-Aibo emotion corpus contains 9.2 hours of spontaneous speech recorded as children are interacting with a Sony pet robot Aibo. The data was collected from 51 German children (31 female and 20 male) at the age of 10 to 13 years from two different schools. There are 11 emotional categories, namely Angry, Touchy, Reprimanding, Helpless, Emphatic, Bored, Other, Neutral, Motherese, Surprised, Joyful. For each utterance, the emotional category of the majority by five persons is the label.

The 5-class problem defined by the Challenge is summarized in Table 1. The 5 emotional categories are A (angry), E (emphatic), N (neutral), P (positive), R (rest). Data from one school (Ohm) was used for training, with 9,959 utterances. Data from the other school (Mont) was used for testing, with 8,257 utterances. This is summarized in Table 2.

Table 1: Five emotional categories defined in INTERSPEECH 2009 Emotion Challenge.

A	Angry, Touchy, Reprimanding
E	Emphatic
N	Neutral
P	Motherese, Joyful
R	Surprised, Bored, Helpless

Table 2: Summarization of Data Points

Emotion	train data	test data
A	881	611
E	2093	1508
N	5590	5377
P	674	215
R	721	546
sum	9959	8257

3.2 Acoustic Features

We use openSMILE 2.0 to extract the standard features. There are 16 LLDs, including root mean square (RMS) frame energy, zero-crossing-rate (ZCR), 12 mel-frequency cepstral coefficients (MFCCs), harmonics-to-noise ratio (HNR), and pitch frequency (F0). They are enhanced by the delta coefficients. There are 12 functionals which are applied on sequences of LLDs, including mean, standard deviation, kurtosis, skewness, maximum value, minimum value, relative position, range, and two linear regression coefficients with their mean square error (MSE). This is summarized in Table 3. In total, there are $16 \times 2 \times 12 = 384$ standard features per utterance. In this paper, we use 384 standard features for our baseline, and we use 16 LLDs and their deltas for training GMM.

3.3 Classifier

For the static model, support vector machines (SVM) are used with the proposed GMM-based super-vectors. SVM [15] is a supervised learning method learning hyperplanes in feature space. Specifically, we use SVM kernel function, sequential minimal optimization learning [16], polynomial kernel, and pairwise multi-class discrimination in the experiments. For the dynamic model, HMMs are used as the backend classifier.

Table 3: Baseline acoustic features [2].

LLDs	Functionals
RMS Energy	mean
ZCR	standard devation
MFCC 1-12	kurtosis, skewness
HNR	extrmes:value, rel.position, range
F0	linear regression:offset, slope, MSE

4   Results

4.1   SVM Static Model with Super-Vectors

The SVMs are implemented as specified by the Challenge. The dimension of the super-vector is related to the number of components in GMM. Since there are 16 LLD, the dimension is

$$16 \times K$$

with LLD alone, and

$$16 \times 2 \times K$$

if the delta LLD are also included in the feature vector. We use notation O (Original) to describe 16 LLDs, and use notation Δ to describe their delta.

The results with varying K are summarized in Table 4.

Table 4: Recall rates in percentage with support super-vector machines, using original data.

feature	no. comp	vector size	UA	WA
O	8	128	26.9	64.9
	32	512	28.4	62.5
	64	1024	28.3	60.9
O + Δ	8	256	**31.0**	64.8
	32	1024	29.8	60.1
	64	2048	30.1	55.5

Methods to balance data in different classes are applied to deal with skewed data issue, as can be seen in Table 2. We use SMOTE [3] to increase the number of data points in the classes of A, E, P, R to the number of data points of N, resulting in 27,950 data points for the training data. The results with varying K is summarized in Table 5.

Table 5: Recall rates in percentage with support super-vector machines, combining SMOTE for data balance.

feature	no. comp	vector size	UA	WA
O	8	128	**38.6**	37.4
	32	512	35.1	42.2
	64	1024	33.1	42.6
O + Δ	8	256	**38.9**	40.2
	32	1024	34.4	44.7
	64	2048	34.8	43.5

From the results in Table 4 and Table 5, the following observations can be made.

- The proposed super-vectors outperform the baseline feature vectors, with SMOTE for data balance (38.9% over 38.4%) or without SMOTE (31.0% over 28.9%).

- When $K = 8$, the performance of 38.9% UA is better than the performance of 38.2% UA achieved by the baseline feature vectors. Note that this is achieved by a lower dimension of feature space (256 vs. 384).

- We can exclude the delta features to reduce feature dimension to 128, and still get better results than baseline (38.6% vs. 38.2%).

4.2   HMM Dynamic Model for LLD

Following the Challenge [2], we use HMMs for the standard LLDs. The results with baseline settings as follows are shown in Table 6.

- left-to-right HMM

- one model per emotion

- diverse number (1, 3, 5) of states

- 2 Gaussian mixtures

- 6+4 Baum-Welch re-estimation iterations

Table 6: UA recall rates in percentage of baseline HMM-GMM on standard LLDs.

feature	no. states	UA	WA
O	1	**36.1**	37.1
	3	33.8	32.7
	5	33.9	36.1
O + Δ	1	**36.3**	49.3
	3	36.2	35.7
	5	36.2	41.6

Table 7: UA recall rates in percentage of 1-state HMM-GMM on standard LLDs with varying components.

no. comp.	feature	UA	WA
4	O	36.0	33.4
	O + Δ	36.7	38.7
8	O	34.9	25.3
	O + Δ	36.7	40.5
16	O	35.9	34.7
	O + Δ	**40.0**	41.7

Hidden Markov Models (HMM) with Gaussian mixtures Model (GMM) for states. We increase the number of Gaussian components in HMM-GMMs. The results are shown in Table 7. The best performance we achieved by increasing the number of components and including the delta features is 40.0% UA recall rate, which is better than the baseline performance of 35.5% UA recall rate by 4.5% absolute.

4.3 GMM-UBM

Each emoiton is modeled as a single-state HMM and each state distribution is a GMM. In this paper, we call it HMM-GMMs. There are two different approaches to build emotion-dependent GMM models. The first approach is to use emotion-dependent data to train independent models, as is the case with 1-state HMM. The second approach is to use all data to train a UBM, then to adapt the UBM by emotion-dependent data to emotion-dependent models. In GMM-UBM, the second approach is taken. The results are shown in Table 8. The UA recall rate of 39.2% is achieved when the GMMs contain 256

Table 8: UA recall rates in percentage of GMM-UBM on standard LLDs with varying compo-
nents.

no. comp.	feature	UA	WA
8	O	33.7	21.8
	O + Δ	34.1	20.2
32	O	37.6	29.1
	O + Δ	**39.1**	32.4
64	O	36.2	25.4
	O + Δ	37.9	31.5
256	O	34.2	20.5
	O + Δ	**39.2**	27.6

components.

5   Conclusion

In this paper, we apply super-vectors methods to speech emotion recognition. The construction of
super-vectors is based on adaptation of Gaussian mixture models. Evaluated on INTERSPEECH 2009
Emotion Challenge, the proposed system achieves performance gain while reducing the dimension of
feature space to 1/3 (128 vectors versus 384 vectors) or 2/3 (256 vectors versus 384 vectors). Further-
more, by increasing the number of components in HMM-GMM and including the delta features, the
performance is found to improve significantly. In the future, we will use emo-large (6000x) features in
our baseline and compare to super-vectors methods.

References

[1] X. Zhang, Y. Sun, and S. Duan, "Progress in speech emotion recognition," TENCON 2015 - 2015 IEEE Region 10 Conference,pp. 1 – 6, 2015.

[2] B. Schuller, S. Steidl, and A. Batliner, "The INTERSPEECH 2009 emotion challenge," in Proceedings of INTERSPEECH, 2009, pp.312–315.

[3] G. Weiss and F. Provost, "The effect of class distribution on classifier learning: An empirical study," Department of Computer Science,Rutgers University, 2001.

[4] B. Vlasenko, "Processing affected speech within human machine interaction," in Proc. Interspeech. Brighton, 2009, pp. 2039–2042.

[5] D. Le and E. M. Provost, "Emotion recognition from spontaneous speech using hidden markov models with deep belief networks,"Proceedings of Automatic Speech Recognition and Understanding(ASRU), 2013.

[6] Y. Yang, M. Yang, and Z. Wu, "A rank based metric of anchor models for speaker verification," Proc. IEEE Intl Conf. Multimedia and Expo (ICME 06), pp. 1097–1100, 2006.

[7] S. Ntalampiras and N. Fakotakis, "Anchor models for emotion recognition from speech," IEEE Transactions on Affective Computing,vol. 4, pp. 280–290, 2013.

[8] W. Campbell, D. Sturim, D. Reynolds, and A. Solomonoff, "Svm based speaker verification using a gmm supervector kernel and nap variability compensation," Proc. of ICASSP 2006, pp. 97–100, 2006.

[9] M. Liu and Z. Huang, "Multi-feature fusion using multi-gmm supervector for svm speaker verification," International Congress on Image and Signal Processing. Tianjin: IEEE, pp. 1–4, 2009.

[10] H. Hu, Ming-XingXu, and W. Wu, "Gmm supervector based svm with spectral features for speech emotion recognition," in Proc. Int. Conf.Acoustics, Speech, and Signal Processing, vol. 4, pp.413–416, 2007.

[11] Bishop, Pattern Recognition and Machine Learning. LLC, New York: Springer Science Business Media, 2006.

[12] A. Dempster, N. Laird, and D. Robin, "Maximum likelihood from incomplete data via the em algorithm," Journal of the Royal Statistical Society, vol. B, pp. 1–38, 1997.

[13] D. A. Reynolds, T. F. Quatieri, and R. B. Dunn, "Speaker verification using adapted gaussian mixture models," Digital Signal Processing, 10(1 - 3), pp. 19–41, 2000.

[14] J. L. Gauvain and C. H. Lee, "Maximum a posteriori estimation for multivariate gaussian mixture observations of markov chains,"IEEE Trans. Speech Audio Process, pp. 291–298, 1994.

[15] C. Cortes and V. Vapnik, "Support-vector networks," Machine learning, vol. 20, no. 3, pp. 273–297, 1995.

[16] J. Platt, "Fast training of support vector machines using sequential minimal optimization," in Advances in Kernel Methods—Support Vector Learning, B. Scholkopf, C. J. C. Burges, and A. J. Smola,Eds. Cambridge, MA: MIT Press, 1999, pp. 185–208.

The 2016 Conference on Computational Linguistics and Speech Processing
ROCLING 2016, pp. 153-163
© The Association for Computational Linguistics and Chinese Language Processing

Speech Intelligibility and the Production of Fricative and Affricate among Mandarin-speaking Children with Cerebral Palsy

Chin-Ting Jimbo Liu
Department of Foreign Languages and Literature
National Cheng Kung University
K28011032@mail.ncku.edu.tw

Li-mei Chen
Department of Foreign Languages and Literature
National Cheng Kung University
leemay@mail.ncku.edu.tw

Yu-Ching Lin
Department of Physical Medicine and Rehabilitation, College of Medicine,
National Cheng Kung University
richelin@mail.ncku.edu.tw

Chia-Fang Anna Cheng
Department of Foreign Languages and Literature
National Cheng Kung University
anna17nut@gmail.com

Hui-chen Jennifer Chang
Department of Foreign Languages and Literature
National Cheng Kung University
garr07nni@gmail.com

Abstract

Literatures pertaining to English and Mandarin fricative/affricate productions by adults with cerebral palsy (CP) showed that acoustic measurements such as rise time contrast, initial burst rate contrast and friction noise duration contrast associated with fricative/affricate productions were highly correlated with overall speech intelligibility. However, the phonetic features of fricatives/affricates produced by Mandarin-learning children with CP were not fully explored. Therefore, this study targets on fricatives/affricates produced by ten Mandarin-learning CP children (Mean: 6;10, Range: 4;6 − 8;11) and ten Mandarin-learning typically developing children (Mean: 5;7, Range: 5;2 − 6;1). The current results from a speech repetition task showed that: 1) The fricative/affricate accurate rates and error patterns were similar between the two groups; 2) The differences between the two groups in terms of nine acoustic measurements (fricative/affricate rise time, initial burst rate, friction noise duration and their contrasts) and speech intelligibility were not statistically significant; 3) The rise time contrast was an effective contributor to overall speech intelligibility for CP children. Together with previous studies, the current study concluded that rise time contrast was the most significant contributor, among fricative/affricate measurements, to speech intelligibility across different age ranges.

Keywords: Children with cerebral palsy, Fricative, Affricate, Speech intelligibility, Mandarin Chinese.

1. Introduction

Improving cerebral palsy (CP) children's intelligibility is a key goal of speech therapy [1]. Therefore, identifying the contributing factors for speech intelligibility becomes of significant importance. There is a large body of literature available on probing into the acoustic features related to speech intelligibility. For instance, several studies focused on the relationship among the acoustic features of vowels and speech intelligibility in English [1], [2], [3] and in Chinese [4], [5]. The relationship between speech intelligibility and the lengths of vowels [2], [3], [6], [7] and the relationship between speech intelligibility and the speech rates [5], [6], [7] were also explored in details in the literature. However, the relationship between fricative/affricate productions and speech intelligibility received relatively little attention. Therefore, the purpose of this study is to investigate the acoustic features of fricative/affricate productions made by Mandarin-acquiring CP children. The understanding of the acoustical features of the segments produced by CP children bears significant clinical applications. For instance, language therapists might be able to adjust their program and course design based on the current results in order to cope with the need of CP children.

1.1 Acoustic features of fricatives and affricates among CP adults

Ansel and Kent [2] evaluated the relationship between specific acoustic features of speech and speech intelligibility of 16 English-speaking adults (Mean: 33 years old, Range: 21–41) with mixed CP. Among others, the results of their study showed that mean rise time and mean noise duration for fricatives were longer than affricates. Additionally, the fricative-affricate contrast, together with the front-back vowel contrast, high-low vowel contrast, and lax-tense vowel contrast, could account for 62.6% of the variance in intelligibility scores in the study.

In her dissertation, Jeng [8] measured the friction noise duration of the fricative/affricate productions from 30 CP adults with dysarthria (Mean: 19.83 years old, Range: 17-25). The results showed that there was little difference between the fricative noise duration and the affricate noise duration produced by CP speakers, although such difference was obvious among TD speakers. Statistical results indicated that the noise duration for the TD group was significantly longer than that for the CP group.

Liu et al. [4] investigated the relationship between seven acoustic features and speech intelligibility of 20 Mandarin-speaking young adults with CP (Mean: 18.5 years old, Range: 17-22). Although the results showed that there were no differences for noise duration contrast and initial burst rate contrast between CP and TD groups, initial burst rate was an effective predictor to speech intelligibility. More specifically, initial burst rate, together with the F2-F1 contrast and VOT contrast, were able to account for 74.84% of the variance in overall intelligibility. Additionally, the initial burst rate contrast was shown to be correlated to overall intelligibility among CP speakers, $r = .06397, p < .01$.

1.2 Interim summary and the present study

From a cross-linguistic perspective, onset rise time, initial burst rate and friction noise duration were reported to be highly correlated with intelligibility in English and/or Chinese. Furthermore, the contrasts between fricatives and affricates in each measurement might be potential factors contributing to the overall intelligibility. However, those studies focused on adults or young adults and the relationship between those acoustic measurements and speech intelligibility among Mandarin-acquiring CP children was still unclear. Therefore, this study intends to fill this gap by investigating the fricative/affricate productions from ten Mandarin-acquiring CP children (Mean: 6;10, Range: 4;6 – 8;11) and ten Mandarin-acquiring TD children (Mean: 5;7, Range: 5;2 – 6;1). The specific questions include: 1) What are the accuracy rates and error patterns of fricatives and affricates produced by CP and TD children; 2) If there are any differences among nine fricative/affricate-related acoustic measurements and speech intelligibility between CP and TD groups; and 3) How much variance of speech intelligibility could be accounted for by rise time contrast, initial burst rate contrast and friction noise duration contrast?

2. Methods

2.1 Participants

Ten Mandarin-acquiring CP children (Mean: 6;10, Range: 4;6 – 8;11) and ten Mandarin-acquiring TD children (Mean: 5;7, Range: 5;2 – 6;1) were included in the study. All the CP children were diagnosed by a physiatrist. A list of the CP/TD participants, CP classification and impairment severity, based on Gross Motor Function Classification System (GMFCS), are shown in **Table 1** (next leaf). Although each of the CP participants had different degrees of impairment severity, all of them were determined to have adequate intellectual competence and hearing ability to performed the required task in the experiment. All the children in the TD group were without any history of language-hearing related disorders, as reported by their parents.

2.2 Design and materials

TD participants were required to repeat 164 words, one by one, with all possible initial-rime combinations in Mandarin Chinese after they heard a sample production played out by speakers linked to a laptop computer. However, the time length required to perform the task was proved to be impossible for CP children due to their limited physical energy and concentration span. Therefore, the list of words was reduced to 39 for CP children. All the words with a fricative/affricate initial segment were further selected for further acoustic analyses. Specifically, the affricates in Mandarin Chinese included /tɕ, tɕʰ, ts, tsʰ, tʂ, tʂʰ/ and the fricatives in Mandarin Chinese included /x, ɕ, s, ʂ, ʐ, f/.

2.3 Acoustic measurements

The nine acoustic measurements included in this study were fricative/affricate initial burst rate, fricative/affricate friction noise duration, fricative/affricate rise time, fricative-affricate initial burst rate contrast, fricative-affricate frication noise duration contrast and fricative-affricate rise time contrast. After the experimenters tagged the label with the criteria to be introduced below, a script was used to obtained the values of initial burst rate, frication noise duration and rise time. The contrasts were calculated by subtracting the fricative values from the affricate values. All the acoustic analyses and the scripts were done by using Praat [9] and only the correct productions of targets were included in the acoustic analyses.

Table 1. Characteristics of the ten CP and ten TD children

ID	Sex	Age (year#month;day)	Type	GMFCS Level
CP1	F	4#6;3	Spastic diplegic CP	III
CP2	F	8#9;14	Spastic diplegic CP, Dyslalia	II
CP3	M	5#4;16	Spastic diplegic CP	III
CP4	M	5#8;17	Spastic diplegic CP	III
CP5	M	6#3;18	Spastic diplegic CP	II
CP6	M	6#11;24	Spastic diplegic CP	IV
CP7	M	7#5;0	Rt spastic hemiplegic CP	II
CP8	M	7#6;8	Spastic diplegic CP	II
CP9	M	7#10;19	Mixed type (spastic & athetoid) CP	II
CP10	M	8#11;0	Lt spastic triplegic CP	III
TD1	M	5#11;1		
TD2	M	6#1;14		
TD3	M	5#8;3		
TD4	M	5#3;23		
TD5	F	5#7;26		
TD6	M	5#11;0		
TD7	M	5#9;11		
TD8	F	5#8;18		
TD9	F	5#2;14		
TD10	F	5#5;5		

2.3.1 Initial burst rate

A burst was expected to present in affricates as there was a stop preceding the fricative. The occurrence of a burst was determined by the waveform and the spectrogram collectively. There must be a burst in the waveform with the co-occurrence of a sharp spike corresponding to the onset of a burst of noise. The burst rates of fricatives and affricates were calculated by dividing the number of fricatives (or affricates) with a burst sign into the total number of the correct fricative (or affricate) productions.

2.3.2 Frication noise duration

The starting point of a fricative/an affricate was determined by locating a boundary on the left side and the right side of an intensity envelope. The script would automatically locate the point with the lowest intensity energy within the boundaries as the starting point of a fricative/an affricate. The ending point of a fricative/an affricate was determined by the location where the F1 of the following vowel occurred.

2.3.3 Rise time

Rise time is a measure of the time over which the amplitude envelope reaches its maximum [10]. Rise time was measured at the middle 80 % of fricatives/affricates in order to exclude the possible noise from the two boundaries. After the boundaries of fricative/affricate segments were identified (as described in 2.3.2), the script automatically calculated rise time.

2.4 Intelligibility

All the word productions, including those without fricative/affricate initials, were included in this part. All the productions of an individual child were transcribed with Chinese characters by three judges and each judge only judged the productions of an individual child in order to eliminate the potential familiarity effects of the materials. Therefore, a total of sixty (3 judges x 20 participants) judges with normal hearing and without any background in speech pathology were included in this study. Three correlational tests using Pearson Correlation showed that the three lists of scores were highly correlated (List 1 vs. List 2, $r = .973$, $n = 20$, $p = .000$; List 1 vs. List 3, $r = .953$, $n = 20$, $p = .000$; List 2 vs. List 3, $r = .916$, $n = 20$, $p = .000$). Therefore, the speech intelligibility score of each participant was the average of three scores from three individual judges.

3. Results

3.1 Accuracy rates and error patterns

The accuracy rates of fricative/affricate productions of TD and CP groups are shown in **Table 2.**

Table 2. Accuracy rates of fricative/affricate productions

	Affricates	**Fricatives**
CPs	69.5%	86.05%
TDs	68.00%	92.89%

A 2 (affricates vs. fricatives) x 2 (CPs vs. TDs) repeated measure ANOVA was performed to examine if there were any differences among the accuracy rates. The results indicated that fricative accuracy rates were significantly higher than affricate accuracy rates, $F (1, 18) = 8.986$, p = .008. No other comparisons/interactions showed significant effects. The results showed that TD and CP performed similarly in terms of the accuracy rates.

The error patterns are shown in **Table 3** and the percentage of each error type was displayed in **Figure 1**.

Table 3. Fricative / affricate error patterns among CP and TD speakers

Error Type	Instances	No. of Errors (%)
(De)retroflexion	/tsʰ/ → [tʂʰ] /tʂʰ/ → [tsʰ]	CP: 23 (57.5) TD: 31 (58.49)
Affricatization	/ɕ/ → [tɕ] /s/ → [ts]	CP: 10 (25) TD: 6 (11.32)
Fricatization	/ts/ → [s] /tɕʰ/ → [ɕ]	CP: 1 (2.5) TD: 4 (7.55)
(Un)aspiration	/tɕ/ → [tɕʰ] /tsʰ/ → [ts]	CP: 3 (7.5) TD: 2 (3.77)
Fronting	/x/ → [f] /tɕ/ → [ts]	CP: 1 (2.5) TD: 5 (9.43)
Backing	/f/ → [s] /ɕ/ → [x]	CP: 1 (2.5) TD: 2 (3.77)
Others	/ts/ → ∅ /x/ → [kʰ]	CP: 1 (2.5) TD: 3 (5.66)

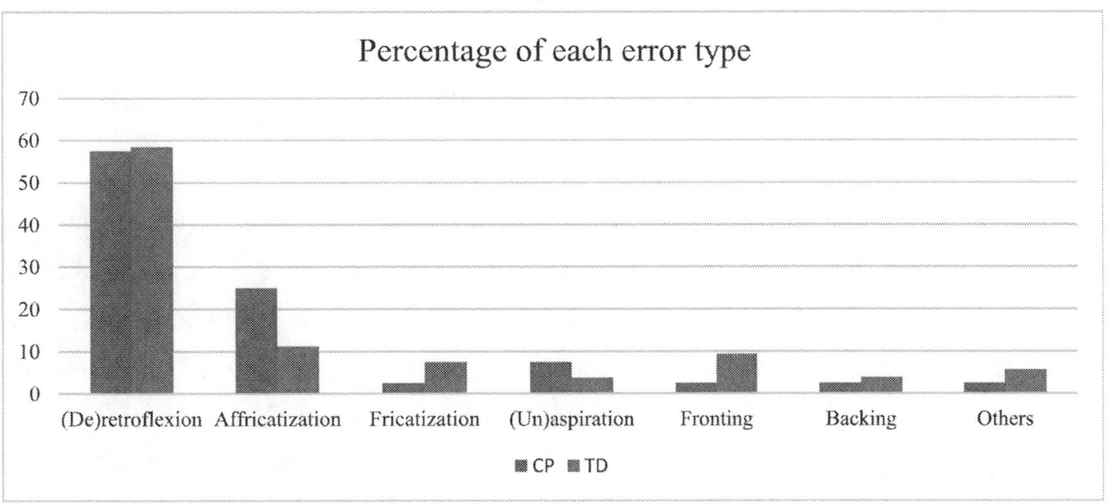

Figure 1. Percentage of each error type between CP and TD groups

As retroflex productions in Taiwan Mandarin are less retroflexed than Beijing Mandarin and are often dropped, it was not surprising that the trend was observed among child speakers. Affricatization was the second highest error type in both groups, although the percentage appeared to be higher among CP speakers. While TD children tended to have a higher error rates in fricatization and fronting, these trends were not observed among CP children. In short, the general patterns were similar, although there were some variations within the two groups.

3.2 Comparisons of nine acoustic measurements and intelligibility

A summary of the comparisons of nine acoustic measurements and intelligibility between CP and TD groups is shown in **Table 4**. The results of ten independent-samples t-tests indicated that none of the comparisons were statistically significant, showing that the acoustic features and intelligibility of fricative/affricate productions by TD and CP children were similar.

Table 4. Summary of the comparisons

Measurement (unit)	CP (n = 10) Mean (SD)	TD (n = 10) Mean (SD)	t
Intelligibility (%)	71.79 (18.74)	81.19 (10.75)	-1.376
Fricative friction noise duration (msec.)	298.12 (557.56)	276.33 (413.01)	.099
Affricate friction noise duration (msec.)	303.03 (607.79)	239.29 (267.58)	.304
Noise duration contrast (msec.)	4.91 (65.47)	-37.04 (147.14)	.824
Fricative burst rate (%)	2.68 (5.66)	2.87 (2.82)	-.099
Affricate burst rate (%)	60.43 (35.54)	68.66 (22.59)	-.618
Burst rate contrast (%)	57.74 (33.95)	65.78 (21.57)	-.613
Fricative rise time (msec.)	124.11 (218.12)	86.95 (72.53)	.511
Affricate rise time (msec.)	89.53 (134.29)	74.87 (36.69)	.333
Rise time contrast (msec.)	-34.586 (86.55)	-12.08 (39.59)	-.748

3.3 Multiple regression

A multiple regression was performed to examine the relative contribution of friction noise duration contrast, rise time contrast and burst rate contrast to CP's speech intelligibility. A summary table can be found in **Table 5** (next leaf). The results showed that these variables significantly predicted CP's speech intelligibility, $F(3, 6) = 10.51$, $p = .008$, $R^2 = .840$, adjusted $R^2 = .760$. Furthermore, rise time contrast was a significant contributor, $p = .014$. A unit increase in initial rise time contrast would result in .213 unit increase in CP children's speech intelligibility.

Table 5. Summary of the multiple regression

Variables	B	S.E. B	β	p
Constant	85.303	8.117		.000
Frication duration contrast	-.021	0.83	-.067	.811
Initial burst rate contrast	-.064	.110	-.116	.583
Rise time contrast	.213	.062	.922	.014

4. Discussion

In this study, we intended to examine Mandarin-acquiring CP children's productions of fricatives and affricates by comparing accuracy rates, error patterns and nine acoustic measurements of fricatives/affricates with TD controls. The relationship between speech intelligibility and three sets of fricative-affricate acoustic measurement contrast were investigated, too. The results showed that: 1) The fricative/affricate accurate rates and error patterns were similar between the two groups; 2) The differences between the two groups in terms of nine acoustical measurements (fricative/affricate rise time, initial burst rate, friction noise duration and their contrasts) and speech intelligibility were not statistically significant; 3) The rise time contrast was an effective contributor to overall speech intelligibility for CP children.

The current findings replicate several studies focusing on CP/TD adults in the literature. First, the Mandarin-speaking CP young adults in Liu et al.'s [4] study did not perform differently with the TD controls in terms of the burst rate contrast and friction noise duration contrast. The current study focusing on Mandarin-acquiring CP and TD children had the same finding. That is, there were no obvious differences in burst rate contrast and friction noise duration contrast among CP and TD children. Second, the current study agreed with the finding from Ansel and Kent [2] in that fricative-affricate contrast might be an influential factor affecting speech intelligibility. More specifically, the current study showed that rise time contrast, among the three sets of fricative-affricate contrast employed in this study, was the most influential factor impacting CP children's speech intelligibility. In short, together with previous studies, the current study demonstrated that, at least for 6-year-olds and young adults, burst rate contrast and frication noise duration contrast were not an effective measurement in distinguishing the speech characters of fricatives and affricates produced by CP and TD individuals. Additionally, rise time contrast might be the most influential factor, among other fricative/affricate-related measurements, affecting the speech intelligibility of CP and TD individuals.

Although some of the results replicate the findings in studies whose participants were CP adults, one difference still remains. In Jeng's [8] study, the friction noise duration among TD speakers were significantly longer than the for the CP group. Also, the author observed an obvious difference between the fricative noise duration and the affricate noise duration produced by TD speakers but not among CP speakers. However, in the current study, the results of t-tests showed that there were no differences of fricative noise duration, affricate noise duration and fricative-affricate noise duration contrast between TD and CP groups. As one obvious difference between Jeng's [8] study and the current study was the age of the participants, we attributed the different findings to the age effect. More specifically, it might be possible that some finer-grained acoustic features, such as friction noise duration, were still developing among TD groups; therefore, the friction noise duration differences among TD and CP children were less obvious.

5. Conclusion and final remarks

Based on the current experimental results, we conclude that, for fricative and affricate productions among TD and CP children, a) the accurate rates and error patterns are similar and b) rise time contrast can be an effective contributor overall speech intelligibility for CP children.

To our best knowledge, this is one of the very first studies that explored CP children's fricative/affricate productions by using acoustic measurements. We hope that: 1) With more studies from a variety of languages, the unique (and possibly universal) contributor of fricative/affricate productions to speech intelligibility can be identified; 2) With longitudinal studies, the changes of different indices in distinguishing TD and CP speakers and the influential contributor to speech intelligibility across different ages can be identified. We left those issues as a direction for future studies.

Acknowledgements

This investigation was supported through funds from Ministry of Science and Technology in Taiwan (MOST 104-2410-H-006-061). We thank all of the children, parents and teachers for their participation.

References

[1] K. Allison and K. Hustad, "Impact of sentence length and phonetic complexity on intelligibility of 5-year-old children with cerebral palsy", *International Journal of Speech-Language Pathology*, vol. 16, no. 4, pp. 396-407, 2014.

[2] B. Ansel and R. Kent, "Acoustic-Phonetic Contrasts and Intelligibility in the Dysarthria Associated With Mixed Cerebral Palsy", Journal of Speech Language and Hearing Research, vol. 35, no. 2, p. 296, 1992.

[3] J. Lee, K. Hustad and G. Weismer, "Predicting Speech Intelligibility With a Multiple Speech Subsystems Approach in Children With Cerebral Palsy", *J Speech Lang Hear Res*, vol. 57, no. 5, p. 1666, 2014.

[4] Huei-Mei Liu, Chin-Hsing Tseng, Fen, "Perceptual and acoustic analysis of speech intelligibility in Mandarin-speaking young adults with cerebral palsy", *Clinical Linguistics & Phonetics*, vol. 14, no. 6, pp. 447-464, 2000.

[5] C. Yang and H. Liu, "The impact of a speaking-rate training program on speech intelligibility in students with spastic cerebral palsy", *Bulletin of Special Education*, vol. 32, no. 4, pp. 65-83, 2007.

[6] K. Hustad and J. Lee, "Changes in Speech Production Associated With Alphabet Supplementation", *J Speech Lang Hear Res*, vol. 51, no. 6, p. 1438, 2008.

[7] E. Lin, C. Chen and C. Lee, "Speech motor deficits in cerebral palsied children: An acoustic-perceptual approach", The 5th Asia Pacific Conference on Speech, Language and Hearing, Brisbane, 2007.

[8] J. Jeng, "Intelligibility and acoustic characteristics of the dysarthria in Mandarin speakers with cerebral palsy", Dissertation, University of Wisconsin—Madison, 2000.

[9] P. Boersma, "Praat, a system for doing phonetics by computer", *Glot International*, vol. 5, no. 9/10, pp. 341-345, 2002.

[10] R. Kent and C. Read, *The acoustic analysis of speech*, 2nd ed. NY: Singular, 2002.

The 2016 Conference on Computational Linguistics and Speech Processing
ROCLING 2016, pp. 164-180
© The Association for Computational Linguistics and Chinese Language Processing

網路新興語言<耍>之語意辨析：以批踢踢語料庫為本

On the semantic analysis of the verb *shua3* in Taiwan Mandarin: The PTT corpus-based study

胡雪瀅　Hsueh-ying Hu
國立政治大學語言學研究所
Graduate Institute of Linguistics
National Chengchi University
104555001@nccu.edu.tw

鍾曉芳　Siaw-Fong Chung
國立政治大學英國語文學系
Department of English
National Chengchi University
sfchung@nccu.edu.tw

摘要

本研究旨在釐析漢語操弄類多義動詞<耍>之義項關聯，兼以框架語意與認知機制運作等方式，探討漢語多義動詞<耍>之語法功能與論元結構、<耍>+NP 搭配詞分析以及語意延伸。透過收羅網路論壇語言為大宗之批踢踢語料庫為本，處理 1000 筆之多義動詞<耍>。結果可分為二：(一)多義動詞<耍>之義項可歸納成六種，而第六種「刻意持續貌」為新興浮現之語意。多義動詞<耍>之句法結構以[主語+<耍>+NP]為主，而與其搭配的內部語意角色呈現典型<施事，受事>與非典型<施事，客體>之細膩差異。(二)新興浮現之語意源自操弄類動詞的概念框架而漸漸虛化，符合認知機制運作中從具體延伸至抽象的情況，且此情形與身體經驗有關。

Abstract

This current paper aims to explore the usages of the manipulative verb *shua3* and its semantic extension on the Internet forum. PPT corpus, which sorts out the various articles from the famous online forum in Taiwan, is adopted to be the main source of the data. 1000 tokens of *shua3* are teased out and treated. Additional technologies such as *Antconc* and *TaiwanDH* were also employed to analyze the data. Two major findings are found in this paper. First, six senses of the verb *shua3* occur in the data. The sixth sense "continuing the situation" is the newly emergent meaning due to the frequent usage on the Internet forum. Second, syntactic behaviors and collocation of the verb *shua3* are exploited to explain the semantic extension. The results show that the emergent meaning of the verb correlates with the conceptual frame and the frequent use of the strong collocation in the form of "*shua3*+NP."

關鍵詞：多義詞 語意延伸 操弄類動詞「耍」 網路論壇語言 語言科技應用

Keywords: polysemy, semantic extension, manipulative verb *shua3*, internet forum language, language technological application

一、緒論

　　定義上，多義詞為單一語言形式具有兩個或多個相關義項[12]。此般概念在早期語言學研究存在許多爭議，有些學者認為多義詞僅是詞彙歧異在笑話或戲謔語中呈現的效果[13]。而如何看待多義詞不同派別的語言學學門亦有差異，結構語言學家不認可多義詞同一形式能伴隨多種語意，他們認為「一種形式，一種語意」（one form, one meaning）；生成語言學家則認為定義語意的特徵並不會變化。然而，隨著理論的發展，多義詞的研究不再視為語意研究的限制，反而具有重要的地位能夠觀察語言與認知上的表現。

就其發展而言，比較常見的多義詞研究方法可分為三種模式：(1)古典模式：多義詞為分散的意義單位，所有的語意成分都可以區別為縮略語[14]；(2)認知模式：多義詞的每個義項為一類別，類別之間因認知原則如隱喻、轉喻、泛化與意象圖式轉變等，互有關聯[1], [3], [4]；(3)計算語言模式：辭典無法將任一多義詞的釋義闡釋完整，需靠詞彙消歧。而透過語料庫偵測一個字詞可能的語意及其與字典釋義間的關聯[7]。

　　三種方法的著重之處各不相同。然就現在多義詞的研究而言，採取古典研究方法藉以分析每個義項的研究為數愈少，理由在於很多多義詞的義項其實無法切割清楚，套入他們的公式裡說明。認知研究較能夠從原型概念或文化隱喻解釋義項之間的關聯，說明語意延伸的機制。而計算語言相關的研究方法則可以透過大量的文本處理，剖析多義詞的使用情形，然有所限制之處在於如何訓練機器消除歧義是此研究方法面臨的挑戰。

　　本研究旨在以語料庫為本辨析漢語多義動詞 <耍>以及其在網路論壇後所接的 NP 如何搭配而產生之語意延伸。以下將會先行回顧過往針對多義動詞與語意延伸之研究，再探索批踢踢語料庫中漢語多義動詞 <耍>的使用情形。

二、文獻回顧

(一)多義動詞的相關研究

多義詞的研究常以名詞與動詞兩種詞類為主，其中本研究欲探索之多義動詞與詞彙語意學的研究緊密度很高，能夠相互呼應。透過辨析動詞所具的事件類型、論元結構內語意角色，以及與語法結構互動情形，各義項間如何關聯或怎麼關聯確是多義詞研究相當重視的議題。

目前華語的多義動詞研究，多半分為兩大類：1. 以認知為本研究、2. 以模組屬性/框架理論/語料庫為本等多重研究為主。以認知為本的研究傾向以隱喻轉喻解釋語意延伸。林素朱[8]以認知角度探索動詞「出」義項之間的關聯，同樣以隱喻及轉喻概念為主，兼以意象圖式與框架理論佐證其語意分析。蕭惠貞[6]兼以概念融合理論探究多義詞「洗」的基本義和延伸義關係。漢語動詞的多義現象普遍且複雜，而且還有獨特的詞彙延伸文化意涵。歐德芬[9]檢驗獨立義項是否皆由原型義項映射而出，目的在於探究個別義項間的關聯連性。以認知與法為主，兼採原則性多義理論 （Principled Polysemy, PP）與次義項理論。「看」的七個義項可從兩大類談起一為「感知即活動」轉喻中具探望、拜訪、診治、觀察的語意。「身體即心智」隱喻則有見、取決於、認為的語意。

近年來，越多學者採用以模組屬性/框架理論/語料庫為本研究，探討多義動詞。許尤芬[16]全面性的探討動詞「發」的論元結構、語義與句法關係、語義成分與語義延伸機制。最後，以中介語語料庫觀察並分析畫與學習者使用此動詞的偏誤率。胡韵庭[17]以構式與詞彙語意之間的互動探討多義動詞「帶」其多種語意之關聯，又討論語意延伸的過程是如何產生。周書平[15]探討漢語多面向動詞「擠」如何以空間範疇解釋語法與語意之間的關係。動詞「擠」透過語意側重理論與概念基模的推演，可得出其四種事件類型：移動、空間配置、移除，以及身體接觸。

(二)語意延伸機制

然詞義之所以演變靠得不是義項單獨成義，而是在與它在語言裡如何使用，有許多義項其實是在使用浮現，此為語言動態說的一種概念。針對於此，有幾位學者亦提出動詞的語意的確為動態且往外展延。如陶紅印[11]進一步探尋呈現動態的原因之一可能來自心理詞典（mental lexicon）的擴張或收縮，他認為認知中的心理詞典，倘若有某個詞的使用頻率越高，該詞語法語意越趨靈活，越能夠使原本在語法中的樣態變化；此外，他提及這樣變化所延伸而出的擴張路徑會依認知上的原型（prototypicality）原則，具體而言，論元擴展應從最核心到次心，到再次核心。

近期學者處理語意延伸機制時多採納 Lakoff & Johnson[5]提出的概念隱喻理論，如前述本篇所回顧之林素朱、歐德芬、蕭惠貞等人的研究皆以認知中隱喻與轉喻機制探討語意延伸的路徑。隱喻與轉喻為語意延伸重要的機制之一，此二者可反映認知過程與解釋不同文化語境下語言使用情形。

　　而本篇研究所關注的另一議題網路語言，與語意延伸同樣有關聯。早期人們對網路影響語言的多樣性多所存疑，甚至認為網路會削弱一個語言應用的特色，但之後學者認為網路恰好能讓語言更具多樣性[19],[20]。由於人與人之間面對面的溝通方式產生改變，以電腦為中介(computer-mediated communication, CMC)的溝通模式益發蓬勃，連帶也改變了語言使用的習慣，因此許多以前不會做此使用的語言行為，演變成新興的表達方式，而表達方式跟社會文化亦息息相關。Su[21]曾以臺灣 BBS 論壇為觀察對象，其發現特殊的語言使用如注音文，與科技變革、語言習慣以及社會因素有關，然其未對這樣的情形進行更深的語言分析。Crystal[20]針對網路語言的特色歸納出五項特徵：圖像特徵(graphic features)、書寫特徵(orthographic features)、語法特徵(grammatical features)、詞彙特徵(lexical features)、言談特徵(discourse features)、語音特徵(phonetic features)及音韻特徵(phonological features)。他認為網路語言在使用上仍須以文本為主，才能結合此五項特徵分析。

　　經回顧上述相關研究，可發現雖研究方法多元，以語料庫為本而非僅單純佐證理論的研究尚待發展。又新興網路語言如何促使語言使用浮現及語意延伸的現象亦是本研究關注的面向。因此，本研究將會以下列兩點研究問題探索：

(1) 漢語多義動詞 <耍>在批踢踢語料庫中所呈現之義項、語法功能、論元結構的分布為何？

(2) 從語意延伸的角度而言，新興浮現的<耍>+NP 結構是如何在網路論壇受到使用？又其中是經由何種機制促使語意延伸？

三、研究方法與工具

本研究針對前述之兩點研究問題的研究假設為：

(1) 漢語多義動詞 <耍>在語法功能上多半後接 NP，NP 通常為人類或具體物件，而後以此為中心開始向外擴張的語意多半後接的為事件、狀態抑或情緒。

(2) 擴張語意的證據可由網路論壇頻繁使用的結構<耍>+NP 說明，其延伸的路經乃經由框架語意下的概念結構與隱喻機制，促使這樣的結構可用以表達抽象概念或心理狀態。

本研究以語料庫為本，所用之語料庫為臺灣大學語言學研究所語言處理與人文計算實驗室 LOPEN 計畫底下的批踢踢[1]語料庫。該語料庫為自動收集、隨時更新的動態語料庫（dynamic corpus），其蒐羅資料年份從 2001 年始迄今，從批踢踢納入了三十七個看板文章至語料庫。由於其所涵蓋的語料太過龐大，本研究處理的語料起始點為截至 2016 年 4 月 30 日隨機搜尋 2000 筆，接著進一步篩選掉內容完全重複的筆數與不具句法功能且無法判定論元結構的標題、含有大量表情符號以括弧附註說明不看，共 200 筆，如下列範例一至三，剩餘筆數為 1800 筆。

（範例一） 內容重複只保留一筆

207 媒體捕捉的畫面不外乎溫馨接送情耍恩愛，雖然每回總剛好在宣傳期

208 媒體捕捉的畫面不外乎溫馨接送情耍恩愛，雖然每回總剛好在宣傳期

（範例二） 標題

看書｜搭肩｜運動｜睡著｜耍溫柔｜裝豪邁

（範例三） 大量表情符號或以括弧附註說明

￥＿/￥⊙⊙/不要耍我/ノ二|几＼ノ

我不是那個意思啦（耍賴）

而剩餘的 1800 筆貼入 excel 後，以 RAND 函數隨機排序，取前 1000 筆為本研究之研究語料，1000 筆語料亦會於批踢踢語料庫內建之 Jseg 斷詞，以便參考。最後，語料收集與初步處理方式彙整為下表 2，整理完之 1000 筆語料將在 excel 以本研究關注的幾項議題一一在下個小節處理：（一）語料庫與各家辭典釋義所呈現之義項增修、（二）語法功能與論元結構（三）<耍>+NP 搭配詞分析、（四）語意延伸

四、分析與討論

（一）義項

初步觀察各家辭典對於動詞<耍>的釋義，有的羅列五種語意、有的則為三種語意。因此，本研究主要以《中文詞彙網路》的語意為準觀察，歸納動詞<耍>的基礎語意包

---

[1] 批踢踢為佈告欄系統導向（bulletin board system based）的系統，包含了兩萬多個看板供使用者分享與討論，其基本語言結構的單位為 po 文，包含標題、文章本身與推噓文。

含「遊戲、玩樂」;「玩弄、賣弄」;「手持特定工具進行演出及展現技巧」,而較屬於延伸義之「展現並使用後述負面手段進行特定事件」;「使用負面能力或特質達到目的」等兩項語意皆保留了主語[+操弄]的本質。因此,這樣的關聯可以合理推論它們可能由「手持特定工具進行演出及展現技巧」此項語意延伸而得,語意延伸會在最後一小節詳細討論。

表 3. 各家辭典對動詞<耍>之釋義

	教育部重編國語辭典釋義	漢 典釋義	國語小字典	中文詞彙網路釋義
1. 遊戲、玩樂 (進行遊戲,通常從過程中得到樂趣) (e.g.<耍>了一會兒)	◎	◎	◎	◎
2. 玩弄、賣弄、捉弄	◎	◎	◎	◎
3. 展現並使用後述負面手段進行特定事件(e.g.<耍>脾氣)	◎	◎		◎
4. 手持特定工具進行後述演出並展現技巧,多指武藝活動 (e.g. <耍>槍)			◎	◎
5. 使用負面能力或特質達到目的 (e.g. <耍>威風)				◎

然而,筆者在實際語料中發現<耍>廢、<耍>甜蜜或<耍>幼稚[2]等這些例子擁有頗高詞頻,而目前辭典所歸納的語意並不能含括這類常用來描述狀態刻意持續的複合詞。因此,綜合《中文詞彙網路》的語意與實際語料出現的例子,筆者增修了第六項語意「刻意持續貌」至動詞<耍>之釋義,除了透過批踢踢語料觀察分布外,筆者亦採用中研院平衡語料庫、新聞語料庫加以佐證新增義項的存在,見表 4:

表 4、三種語料來源之動詞<耍>之義項增修之差異

	批踢踢語料庫	中研院平衡語料庫	聯合知識庫與知識贏家

---

[2] 實際語料統計<耍>廢、<耍>甜蜜或<耍>可愛的 MI 值分別為:3.409、3.922、4.163,更足以見其搭配的顯著以及研究的價值。

語意義項	頻率	語料數 （%）	頻率	語料數 （%）	頻率	語料數 （%）
6.刻意持續貌	475	47.5%	8	15.38%	250	50.00%
2.玩弄、賣弄、捉弄	264	26.4%	11	21.15%	65	13.00%
5. 使用負面能力或特質達到目的	141	14.1%	11	21.15%	73	14.60%
4. 展現並使用後述負面手段進行特定事件	91	9.1%	8	15.38%	62	12.40%
3.手持特定工具進行後述演出並展現技巧，多指武藝活動	24	2.4%	11	21.15%	49	9.08%
1.遊戲、玩樂 （進行遊戲，通常從過程中得到樂趣）	5	0.5%	3	5.77%	1	0.20%

從批踢踢語料庫語料分布來看，以「刻意持續貌」的語意佔語料數的比例最高，再者依序為「玩弄、賣弄、捉弄欺騙後述對象」、「為特定目的而使用後述負面能力或特質」、「展現並使用後述負面手段進行特定事件」、「手持特定工具進行後述演出並展現技巧」，最後為僅佔五筆的「遊戲、玩樂」語意。為了進一步驗證第六種語意的浮現為批踢踢語料庫展現之有趣現象，筆者考察中研院平衡語料庫中<耍>的分布，共有 54 筆，篩去不在本研究範圍內的 2 筆剩 52 筆，結果呈現在表 4。

中研院平衡語料庫因其語料性質以及當時使用語言的情形，第六種語意在此語料庫中分布比例低。筆者更進一步觀察較貼近日常生活的新聞語料，以聯合知識庫與知識贏家[3]資料庫為語料來源，隨意搜羅 2001 年至 2016 年 4 月 30 日為區間，預設搜尋先剔除如玩耍、吉貝耍等不符合本研究預觀察對象，各搜 250 筆，共 500 筆的語料，之後以 Liu 等人[2]開發之台灣數位人文小小讚處理這 500 筆語料。結果顯示在新聞語料分布中，第六種語意的比例亦佔多數，見表 4：

比較上述之不同結果能夠推知漢語多義動詞<耍>在網路論壇，相較於其他較典型之語

[3] 聯合知識庫（http://udndata.com/）為聯合報系成員提供之媒體資料庫平台服務，共含 11 種不同的報章雜誌，起始年可追溯至 1951 年；知識贏家（http://kmw.chinatimes.com/）則整合中時報系《中國時報》、《工商時報》、《中時晚報》之新聞，收錄自 1994 年 1 月 1 日起。

意，轉往以浮現而出的新興語意為主，開始大量使用在日常語言中。此現象亦合乎浮現語法觀的核心概念，其認為語言常是透過經常性的用法，大量使用後進而改變或延伸原本的語法結構，而呈現動態變化的過程。以下，筆者將更進一步觀察動詞<耍>的語法功能是否反映細微的差異。

（二）語法—語意互動情形

漢語多義動詞 <耍>在語法功能上多半只能當謂語使用，而此動詞呈現兩種脈絡：一為及物動詞，如<耍>人、<耍>雙截棍及<耍>廢等；二為不及物動詞，如<耍>了一下。從結構上來看，及物動詞表現的句法結構較為多樣，有下列幾種：[主語+<耍>+NP]、[主語+把+NP+<耍>]、[主語+把+NP+當+NP2+<耍>]、[NP+被+（主語）+<耍>（了）]、[NP+用來+<耍>]、 [NP+讓+主語+<耍>]、[主語+給+NP+<耍>]；不及物動詞的句法表現則有[主語+<耍>（了）]。這些句法結構在實際語料呈現的分布、語意角色及對應義項，如表 5 所示。

表 5、動詞<耍>之句法結構分布、語意角色及對應義項

句法結構 及物動詞	數量&語料 （Num& %）	語意角色	對應義項					
			M1	M2	M3	M4	M5	M6
[主語+<耍>+NP]	115（11.5%）	<施事,受事>		✓ (11.07%)	✓ (2.92%)			
	707 （70.7%）	<施事,客體>				✓ (11.07%)	✓ (17.15%)	✓ (57.79%)
[主語+把+NP+ <耍>]	3 （0.3%）	<施事，受事,結果>		✓				
[主語+把+NP+當+NP2+<耍>]	37 （3.7%）	<施事，受事,目標>		✓				
[NP+被+ （主語）+ <耍>（了）]	126 （12.6%）	<受事,施事>		✓				
[NP+用來+<耍>]	1	<受事,施事>		✓				

	（0.1%）							
[NP+讓+主語+<耍>]	2 （0.2%）	<受事,施事>		✓				
[主語+給+NP+<耍>]	4 （0.4%）	<受事,施事>		✓				
不及物動詞								
[主語+<耍>（了）]	0.5%	<施事>	✓					

由〈表 5〉之實際語料的呈現結果而言，動詞<耍>主要以[主語+<耍>+NP]句式佔有 82.2%
的高比例，相比之下，其它句式則呈現零星分布。[主語+<耍>+NP]在語法功能上可以
使用表完成的時貌標記「了」，如「一抬頭就看到我室友又在耍笨」或表進行的標記「在」
如「耍了一下棒子」。然就句式結構下的語意角色，多義動詞 <耍>卻有細微差異。意
即，語料呈顯多半為<耍>+NP 結構，但一類<耍>的語意後面只能搭配具體物件或有生
命的物體，此為典型的「VO 類型」（佔 11.5%）；另一類相同結構的動詞<耍>展現之持
續語意，語意搭載的訊息卻是由後面 NP 中所隱含的事件或狀態為主導，此則為非典型
的「VN 類型」（佔 70.7%）。因此，句式結構的確跟動詞語意緊密相連，如觀察下列例
句（1）-（9）所示。

（1）[這男的施事]根本擺明<耍>[妳受事]啊。

（2）[小弟施事]<耍>[白癡客體]把 BIOS 裡的 USB 關起來。

（3）[SOLER 施事]運用人性把[海港城的貪婪份子受事]<耍>的[團團轉結果]。

（4）如果[國民黨施事]敢再把[人民受事]當[白痴目標]<耍>，絕對會再次上街頭。

（5）請繼續租屋，[租客受事]別被[賤商掮客施事]<耍>了。

（6）姊姊名言：[妹妹受事]就是用來<耍>的。

（7）[法官受事]是這樣讓[他施事]<耍>著玩的？

（8）[千斤之體受事]是給[妳施事]這樣<耍>的嗎?

（9）大型火龍跟著出現，[他施事]也配合<耍>了幾下。

[主語+<耍>+NP]句式中搭配<施事，受事>的語意角色對應義項為「玩弄、賣弄、捉弄欺騙」與「手持特定工具進行後述演出並展現技巧」為主，如例句（1）的「妳」為受欺騙對象；而<施事，客體>組合對應則出現「展現並使用後述負面手段進行特定事件」、「使用負面能力或特質達到目的」、「刻意持續貌」等三種義項，反映當此組合在網路論壇使用時，句式與語意之間的互動不固定，比如例句（2）展示的便是施事者小弟有意志地持續「白癡」這樣的狀態，而致使後續事件發生。而其他句式結構如例句（3）至（8）多為被動句式，語意角色皆為<受事，施事>且對應到的義項相當一致為「玩弄、賣弄、捉弄欺騙」，迨因在此種句式結構下所展現的語意受事者為被影響及欺騙的對象，為焦點信息，而執行此過程的施事者，出現或不出現都可；例句（9）為不及物動詞用法，因此只對應到「遊戲、玩樂」的語意。

（三）　<耍>+NP 內部搭配詞分析

如前述分析，漢語多義動詞 <耍>句式[主語+<耍>+NP]擁有兩類不同的語意角色組合，其一為<施事，受事>，反映「VO 類型」；另為<施事，客體[4]>反映「VN 類型」。

接下來，筆者欲從動詞 <耍>的論元結構中的參與角色進一步佐證細微差異亦有不同的語意特徵。整體而言，動詞 <耍>的論元結構為二價論元需要施事者（agent）與受事（patient）及客體（theme）。<施事，受事>組合中施事者多為有生命類，而受事則可以是有生物，如法官、警察、網軍等或具攻擊性的物件，如蝴蝶刀、雙截棍、折疊刀等，受事必為受到影響之人事物；而<施事，客體>搭配的類別為手段、技巧、目的、狀態、特質、結果、價值、儀態、權力等，客體常為一種性狀、事件、抽象事物。

---

[4] 關於論元結構之語意角色中的受事（patient）與客體（theme），歷來學者有諸多辯證，有的學者如 Dowty 在 1991 提出語意角色僅有原型施事與原型受事兩種。然本研究為凸顯，動詞<耍>其後所接是否有 [+affected]或[+state]、[+event]特徵，故區別二者。

表 6. 動詞 <耍>的論元結構的受事語意特徵

語意角色	語意特徵	頻率	比例	種類	比例
<施事，受事>	有生物（e.g. *老百姓、法官、警察*等）	91	11.1%	3	2.0%
└[+affected]	具攻擊性物件（e.g. *楊家槍、大刀、鋼棍*等）	23	2.8%	13	8.6%
[+concrete]					
<施事，客體>	手段（e.g. *老千、延長戰術、詭計、陰招*等）	86	10.5%	12	7.9%
└[+state]	技巧（e.g. *花式刀法、魔術手法、特技*等）	31	3.8%	15	9.9%
└[+event]	目的（e.g. *大牌、離職*等）	53	6.4%	3	2.0%
└[+abstract]	狀態（e.g. *廢、笨、憂鬱*等）	466	56.7%	87	57.6%
	特質（e.g. *公主病、文青、憨*等）	30	3.6%	10	6.6%
	價值（e.g. *婦人之仁*）	1	0.1%	1	0.7%
	儀態（e.g. *狠臉、威風、派頭*）	5	0.6%	3	2.0%
	權力（e.g. *特權、威權*等）	36	4.4%	4	2.6%
	總數	822	100%	151	100%

(四) 語意延伸

　　綜合表 4 至表 6 呈現的結果，可發現在批踢踢語料庫新興浮現的第六項語意「刻意持續貌」佔的比率相對其他義項多（47.5%），搭配使用的語意角色——客體的語意特徵亦相當多元。然若要深究此語意何以浮現及延伸，單靠句法結構或歸因於網路語言的不正規，無法說明何以人們漸漸開始使用這樣的結構。本小節擬由動詞<耍>所呈現的框架、概念結構（conceptual structure）以及延伸而出的結構（extended structure）解釋動詞<耍>「刻意持續貌」語意何以能夠浮現。

　　首先，漢語動詞<耍>屬於手部操弄類動詞（manipulation verb），這類動詞包含意圖程度不等或具有權威性的操弄者（manipulator），而被操弄者（manipulaee）為受到影響且有一定程度的抗拒，且通常為實體。二者的關係取決於操弄者是否接觸被操弄者，而成功的操弄來自於施事性低（low agentivity）的被操弄者。此一事實也證明我們從語料庫分布上所見的動詞<耍>被操弄者的語意角色多為受事或客體。更進一步，整理並參考 FrameNet，操弄類動詞相應的框架為「Manipulate_into_doing」，其核心框架成員有操弄者（manipulator）、被操弄物件（goods）與被操弄的人（victim）、致使結果(Resulting_action)，見圖 1。

圖 1、操弄類動詞的概念結構

　　而動詞<耍>的六個義項除卻「遊戲、玩樂」與本身已為隱喻意涵的「玩弄、賣弄、捉弄」在本小節不予討論外，僅檢視另外四個義項符合操弄類動詞的概念結構。其中筆者認為語意延伸是以第三個義項「手持特定工具進行後述演出並展現技巧」為核心，因為此語意在語料呈現中包含完整的概念結構及語意特徵[+操弄]、[+目的]，如下列例句（10），「他」為操弄被操弄物「雙截棍」的人，而最後導致車輛閃避的結果：

　　（10）　他在下坡路段放手耍雙節棍，後方車輛避之唯恐不及。

此義項逐漸往外延伸，保留操弄者的施事性，被操弄的實例不再只局限於具體物件或人，而虛化成手段或能力，這段時期動詞<耍>仍具有致使某種事件或達成目的之語意存在，如例句(11)、(12)：

　　（11）柯文哲就是在**<耍>這些小手段**要騙那些自以為很潮的腦殘選民。

　　（12）黃安返台就醫，爆出**<耍>特權**喬病房等爭議。

然到第六個浮現而出的語意時，操弄與被操弄之間的關係弱化後，僅保留操弄者可操控的特徵，便可藉由此特徵表達抽象概念，甚至情緒表達。因此，語料中符合第六個語意多半表達某種刻意為之的狀態，但這此狀態是否能導致某事發生或帶有目的性則未必，如例句（13）的「耍廢」其實是刻意什麼事都不做的意思。

　　（13）這幾天連假所以回家**<耍>廢**。

而語料同時亦反映出在使用上，幾乎偏中性或負面的狀態皆可用<耍>+NP 的結構表達。若狀態本身為正面如「可愛」一詞，與動詞<耍>搭配使用後常有諷刺的意味，如「團團、圓圓、和圓仔這一家，吃飽睡睡飽吃，唯一功能就是**<耍>可愛**而已」此句。
以上推測符合認知機制中當用以表達具體延伸至抽象概念時，與身體經驗有關。

Sweetser(1991)指出心智操作源自肢體操作，因為語意延伸造成動詞<耍>能夠表達抽象，而後透過隱喻「狀態是物件」的運作，才浮現了這樣的語言使用現象。

五、結論與應用

本研究以批踢踢語料庫為本，兼以框架語意與認知機制運作等方式，探討漢語多義動詞<耍>之語法功能與論元結構、<耍>+NP 搭配詞分析以及語意延伸。整體來說，結論可分兩部分說明：(一)就批踢踢語料庫的分布而言，動詞<耍>共有六個義項，以新興浮現而出的語意佔大部分且多半呈現[主語+<耍>+NP]句式，其中又因不同的語意角色組合如〈施事，受事〉與〈施事，客體〉而有「VO 結構」與「VN 結構」細微的語意區別，而與之搭配的受事/客體的語意分類有生物體、具攻擊性的物件、手段、技巧、目的、狀態、特質、結果、價值、儀態、權力等十分多樣。(二)探討何以在網路論壇語言「刻意持續貌」如何浮現及使用，筆者從其操弄類動詞的框架推測語意延伸的路徑，該路徑亦與隱喻機制有所關連。在使用上，<耍>+NP 此種結構則大部分帶有負面意涵。為了實際測試這樣的使用情形，進一步支持與驗證本研究的論述，附錄一所收錄的前測問卷旨在測試母語人士對此使用情形的語感判斷。

然本研究因時間而有所限制，以下羅列幾項懸而未決的面向供未來研究參考：

  a. 本研究使用批踢踢語料庫為特定語境，反映網路論壇使用之語言。相形之下較局限於單一語料庫，未來可跨語料庫互相參照。

  b. 本研究尚未能解釋某些示例如「耍了一個中二」、「耍一些不切實際的幻想和浪漫」諸例複合詞語意透明度仍相當高的現象。若與計算語言學相結合，或可統整 NP 共現詞產生之特徵，而以 topic models 的概念去分析什麼樣類型的文章，常會出現這樣的組合。

  c. 未來研究可朝<耍>+NP 是否開始詞彙化繼續探索。

六、致謝

本篇文章的完成感謝科技部專題研究計畫「觀念‧話語‧行動：數位視野下中國／台灣多元現代性研究 -- 多元族群文化對現代台灣華語文之影響」(MOST 104-2420-H-004-034-MY2)的支持與協助。

參考文獻

[1] C. Fillmore, "Toward a Descriptive Framework of Spatial Deixis," in *Speech, place, and action: Studies of deixis and related topics*, R. Jarvella, Ed. Chichester, West Sussex: Wiley, 1982, pp.31-59.

[2] C. Liu, G. Jin, Q. Liu, W. Chiu, and Y. Yu, "Some chances and challenges in applying language technologies to historical studies in Chinese," *International Journal of Computational Linguistics and Chinese Language Processing*, vol.16, no. 1-2, pp. 27–46, 2011.

[3] G. Fauconnier and M. Turner, "Polysemy and Conceptual Blending," in *Polysemy: Flexible Patterns of Meaning in Mind and Language,* N. Brigitte et al., Eds. Berlin & New York: Mouton de Gruyter, 2003, pp.79-94.

[4] G. Lakoff, *Women, fire and dangerous things: What categories reveal about the mind.* Chicago: University of Chicago Press, 1987.

[5] G. Lakoff, M. Johnson, Lakoff, and J. Lakoff, *Metaphors we live by.* Chicago: University of Chicago Press, 1980.

[6] H. Hsiao, "Semantic analysis of "Xi": sequencing and pedagogical implications," *Journal of Chinese Language Teaching,* vol. 10, no. 4, pp. 47-80, Dec. 2013.

[7] A. Kilgarriff, "I don't believe in word senses," *Computers and the Humanities,* vol. 31, no. 2, pp. 91-113, Mar. 1997.

[8] S. Lin, "On semantic relatedness of the Mandarin polysemous word Chu," M.A. thesis, National Chengchi University Univ., Taipei, Taiwan, 2001.

[9] T. Ou, "A cognitive study of the senses of the Chinese polysemous verb 'kan'," *Language and Linguistics,* vol. 15, no. 2, pp. 159–198, Jan. 2014.

[10] E. Sweetser, S. R. Anderson, J. Bresnan, B. Comrie, and W. Dressler, *From etymology to Pragmatics: Metaphorical and cultural aspects of semantic structure.* United Kingdom: Cambridge University Press, 1991.

[11] H. Tao, "'Eating' and emergent argument structure," *Studies in Language and Linguistics,* vol. 3, pp. 21-38, Mar. 2000.

[12] J. R. Taylor, *Linguistic Categorization: Prototypes in linguistic theory.* New York: Oxford University Press, 1989.

[13] B. Victorri, "La polysémie: un artefact de la linguistique?," in *Revue de sémantique et pragmatique*, 1997, pp. 41-62.

[14] A. Wierzbicka, "Prototype save: On the uses and abuses of the notion of 'prototype' in linguistics and related fields," in *Meanings and prototypes: Studies in linguistic categorization*, S. Tsohatzidis, Ed. London: Routledge, 1990, pp. 347-367.

[15] 周書平，「漢語多面向動詞『擠』的語意研究」，國立清華大學，碩士論文，民國 92 年。

[16] 許尤芬，「中文多義詞『發』之語義探討：以語料庫為本」，台北市立教育大學，碩士論文，民國 91 年。

[17] 胡韵庭，「構式與詞彙語意之互動：以框架理論為本之漢語多義詞『帶』的研究」，國立交通大學，碩士論文，民國 91 年。

[18] 劉純睿，「批踢踢語料庫: 建置，設計與應用」，國立臺灣大學，碩士論文，民國 93 年。

[19] D. Crystal, Language and the Internet. Cambridge: Cambridge University Press, 2001.

[20] E. Jim, "Cyberspeak: the death of diversity," Asiaweek, vol.16, pp.15, 1998.

[21] H. Su, "The Multilingual and Multiorthographic Taiwan-Based Internet," in The Multilingual Internet: Language, Culture, and Communication Online, D. Brenda and C. H. Susan, Eds. Cambridge, Oxford: Oxford University Press, 2007, pp.64-86.

附錄一：網路語言實際使用調查

本問卷測試母語人士對此使用情形的語意判斷

網路語言實際使用調查

親愛的同學您好：我是政治大學語言所碩一學生，本份問卷想要瞭解網路用語的實際使用情形。請你先填妥基本資料後，依照語意判斷每個句子，若陳述之句子符合你平常使用情形或曾聽過別人這麼使用的話**請圈選 5，最不符合圈選 1**。本份問卷採匿名形式，所得資料將進行整體分析以及學術上的使用，請你放心填答。

國立政治大學語言所

指導教授：鍾曉芳

學生：胡雪瀅謹上

一、　　基本資料

1. 性別　　　　　　　　　□男生　　　　□女生

2. 年齡　　　　　　　　　＿＿歲

3. 身分別　　　　　　　　□學士　　　　□碩士　　　　□博士

4. 每日使用網路平台時數　□3 小時以內　□3-5 小時　□5 小時以上

5. 慣用網路平台　　　　　□Facebook　　□Twitter　　□批踢踢
　　　　　　　　　　　　□其他：＿＿＿＿＿＿＿＿

二、語意測試

題目敘述	非常不符合	不符合	普通	還算符合	非常符合

1. 如果全是女生感覺會一直尖叫耍三八。　　1　2　3　4　5

2. 每天就是唱歌喝酒跳舞耍 high，我真的沒有酒不行。　　1　2　3　4　5

3. 趕快建立自己的事業，別整天都在耍 OL 可愛。　　1　2　3　4　5

4. 她說她生氣我投機耍小聰明。她覺得很受傷。　　1　2　3　4　5

5. 社會氣氛厭惡「倚小賣小」使潑耍蠻，已經到了臨界點。　　1　2　3　4　5

6. 老師又不是聖人，他們也是會耍蠢然後惱羞成怒的普通人啊。　　1　2　3　4　5

7. 我最可愛的二姊不管我怎麼耍幼稚總是會跟我一起附和。　　1　2　3　4　5

8. 那兩人早就互相有意思，只是一個耍傲嬌，一個大木頭。　　1　2　3　4　5

9. 男方一直望著天空耍憂鬱，女方狂滑神魔，看不出男方有多幽默。　　1　2　3　4　5

10. 讓我們在召喚峽谷一起耍熱血吧。　　1　2　3　4　5

11. 升大四之後我一定要瘋狂耍廢到畢業。　　1　2　3　4　5

12. 當事情忙的告一段落就會開始耍糜爛，少則一日多則一周。　　1　2　3　4　5

13. 再有禮貌本質上還是一樣在耍憨啊！　　1　2　3　4　5

14. 想嘗試一個人旅行不是耍孤僻是更真實地為了面對自己。　　1　2　3　4　5

15. 一把年紀了還在那邊跟人家耍公主病是怎樣？　　1　2　3　4　5

16. 原以為是他在耍無聊，點訊息才發現不對勁。　　1　2　3　4　5

17. 不該讓自己由著性子耍孤僻，斷了許多朋友。　　1　2　3　4　5

18. 不斷的在臉書上面耍甜蜜一直放親密照片。　　1　2　3　4　5

The 2016 Conference on Computational Linguistics and Speech Processing
ROCLING 2016, pp. 181-193
© The Association for Computational Linguistics and Chinese Language Processing

非負矩陣分解法於語音調變頻譜強化之研究

A study of enhancing the modulation spectrum of speech signals via nonnegative matrix factorization

王緒翔 Xu-Xiang Wang[2,3]、鄭至皓 Zhi-Hao Zheng[1]、
曹昱 Yu Tsao[3]、洪志偉Jhih-Wei Hong [1]
[1] 國立暨南國際大學電機系
[2] 國立台灣大學通訊工程研究所
[3] 中研院資訊科技創新研究中心

摘要

在本論文中，我們使用了非負矩陣分解 (nonnegative matrix decomposition, NMF) 技術來強化語音特徵調變頻譜，並且分別訓練資料中乾淨語音及雜訊的調變頻譜強度基底 (basis)，利用所得到的基底來分解測試語音之調變頻譜強度，最後搭配原始相角透過反傅立葉轉換(inverse Fourier transform)得到新的聲學頻譜並進而得到強化語音訊號。另外我們提出兩種變形以利降低演算複雜度:一種是將相鄰的聲學頻率點視為一體處理、另一種則是只處理低頻率區域的調變頻譜。最後，我們還與傳統的語音強化法做比較，如頻譜消去法和韋納濾波器法及最小期望平方誤差之短時頻譜強度估測法，驗證提出之方法的可行性。

在實驗資料庫的選擇上，我們引用 AURORA-2 連續數字語料庫之部分語句，其中的語音訊號受到加成性雜訊影響，實驗結果顯示上述之新方法對於基礎實驗而言，能有效提升雜訊環境下語音訊號的品質(PESQ)。

Abstract

In this paper, we propose to enhance the modulation spectrum of the spectrograms for speech signals via the technique of non-negative matrix factorization (NMF).   In the training phase, the clean speech and noise in the training set are separately transformed to spectrograms and modulation spectra in turn, and then the magnitude modulation spectra are used to train the NMF-based basis matrices for clean speech and noise, respectively. In the test phase, the test signal is converted to its modulation spectrum, which is then enhanced via NMF with the basis matrices obtained in the training phase. The updated modulation spectrum is finally transformed back to the time domain as the enhanced signal. In addition, we propose two variants for the newly method in order to possess relatively high computation complexity One is to consider the several adjacent acoustic frequencies as a whole for the subsequent processing, and the other is to process the low modulation frequency components. These new methods are validated via a subset of the Aurora-2 noisy connected-digit database. Preliminary experiments have indicated that these methods can achieve better signal quality relative to the baseline results in terms of the Perceptual Evaluation of Speech Quality (PESQ) index, and they outperform some well-known speech enhancement methods including spectral subtraction (SS), Wiener filtering (WF) and minimum mean squared error short-time spectral amplitude estimation (MMSE-STSA).

關鍵詞：非負矩陣分解法、語音強化、時頻圖。

Keywords: non-negative matrix factorization, speech enhancement, modulation spectrum, spectrogram.

一、緒論

近數十年來科技一再的突破，電子產品的發展日新月異，大幅提升了生活的便利性也縮短了人與人之間的距離。言語，此一人類溝通最重要的媒介，重點在於使用雙方皆明白的語言，且儘量清晰、簡潔、明了地表達自己的觀點，交流彼此意見與想法。而在無法面對面以語音溝通的限制下，以往透過書信的方式，遠方傳來的文字訊息動輒需一週甚至一個月，或是需要高額的長途或國際電話費用，而拜當今網路科技所賜，現在幾乎可說是隨傳隨到，除了時間的縮減，傳送模式也有重大的改變，由傳統的文字傳送提升為語音傳送，讓使用者可以更快速簡捷且低成本地傳送自己的訊息，如微信、LINE 等著名的通訊應用程式 (APP)，而這些通訊 APP 的蓬勃發展與進步，更是讓消費者多了許多對話的選擇，由原先的文字訊息提升至語音通話、甚至進階到視訊通話，不管距離多遠，打開手機，對方彷彿就能出現在你面前與你交談，實可謂無遠弗屆。
然而在實際遠距離通訊中，語音傳遞的過程必然會受到通訊通道與收發音訊之周遭環境的干擾，對後者而言，意即當說話者在一個吵雜的環境中傳話，此語音會夾帶著許多雜訊導致接收者無法明確接收資訊。因此在本論文中，我們針對降低雜訊干擾而討論研發語音強化的技術，目的就是要降低雜訊對語音的干擾，只得人耳在聽覺方面能更加清晰接收語音。
特別一提的是，語音辨識可融入到汽車功能上，使汽車不再是一個單純交通運輸的機械產品。微處理器、電腦輔助等控制了汽車系統，包含引擎、傳動、ABS（Anti-lock Braking System） 剎車等原本基本的機械系統，而近年來更是增加了通訊娛樂導航系統及各式各樣的通訊設備，使汽車不再是以往單純的機械系統，但隨著汽車功能越來越多，相對的按鍵控制鈕也越來越複雜，駕駛人面對像是飛機駕駛艙的儀表按鈕，通常只會亂了手腳、不知如何輕鬆駕馭，使用這些五花八門的功能。為了簡化這些按鈕，許多車廠朝向使用語音的方式，目的就是要讓駕駛「眼睛不離開路面，手不離開方向盤」並且可和車子做直接的溝通，像是福特和微軟合作開發的 SYNC[1]，可以藉由語音的命令達到控制效果，如:FM 頻率選擇、調整冷氣溫度及開關、聲控撥號等，但是汽車語音辨識最大的難處之一，在於行駛中之車外雜訊干擾，如風切聲、引擎聲、輪胎的滾動雜訊等，這些聲音會破壞原始語音，進而降低車內語音辨識系統的辨識度，使整體智慧型系統做出錯誤的回應，反而違背當初設計的理念，由此可知語音強化在此的重要性。但在降低雜訊的過程中，過度的降噪又會造成原始語音失真，所以在降低雜訊的同時必須減少對原始語音的損壞，是語音強化技術需兼顧的條件。
　　在現實的環境中語音訊號容易受到外在環境的影響，降低了語音的可讀性 (intelligibility) 與品質 (quality)，依據雜訊特性是否隨著時間明顯變化可分為兩大類，若變化慢或沒有顯著的變化，稱作穩態雜訊 (stationary noise)，反之則稱作非穩態雜訊 (non-stationary noise)。而根據與語音和雜訊來源的組合關係，雜訊來源分為兩類：
　　（1）加成性雜訊 (additive noise)：亦稱作背景雜訊，雜訊在語音和時間上成線性相加 (linear addition) 的關係，此類雜訊可進一步分為非時變加成性雜訊與時變加成性雜訊，前者像是車聲、機器發出的聲音等，後者則包含市集雜訊 (babble) 與警報雜訊 (siren noise) 等。

（2）摺積性雜訊 (convolutional noise)：亦稱作通道雜訊，雜訊在語音和時間上可簡化成摺積 (convolution) 的關係，像是電話通道效應和麥克風通道效應，亦被稱之通道失真 (channel distortion)，假設麥克風是固定位置，則造成的通道效應近似為非時變，但若移動快速 （如在高速行駛的交通工具內） 的行動電話通訊，則通道效應明顯為時變。

　　語音強化目的是要降低雜訊對語音的干擾，把雜訊語音中的語音強調或還原，長期以來有許多學者提出此類的演算法，一般來說這些語音強化法可分為兩種：監督式 (supervised) 和非監督式 (unsupervised)，簡單來說，兩者差異在於訓練資料本身之類別是否已知。

　　監督式的語音強化法通常同時使用語音和雜訊兩方的模型，且每個模型的參數由各自的訓練樣本所估測獲得，例如音素相關非負矩陣分解法 (phoneme-dependent NMF) [2]、基於碼簿(codebook)的強化法[3]、基於貝氏非負矩陣分解結合隱藏馬可夫模型法 (BNMF-HMM)[4]、加入共稀疏性之摺積非負矩陣分解法 (convolutive nonnegative matrix factorization with cosparsity)[5]。非監督式的語音強化法並不要求事先求得語音特性及雜訊種類，目標是直接從雜訊語音中估測乾淨語音，此類著名的方法包括頻譜消去法 (spectral subtraction , SS)[6]、韋納濾波器法 (Wiener filter)[7]、卡爾曼濾波器 (Kalman filter)[8]、基於拉普拉斯最小均方誤差法語音強化法 (Laplacian-based MMSE estimator for speech enhancement)[9]、單通道週期訊號之強化法 (Enhancement of single channel periodic signals in the time-domain)[10]、壓縮語音強化 (compressive speech enhancement)[11]、基於貝氏非負矩陣分解之線上更新法 (Online BNMF)[4]、局部詞典混合 (mixtures of local dictionaries)[12]。監督式的方法因為事前資訊較豐富，若運用得當通常效果優於非監督式的方法，但仍需視方法本身的複雜度與假設是否吻合事實而定。

　　本論文主要是使用非負矩陣分解法 (nonnegative matrix factorization, NMF)[13] 來發展強化語音技術，NMF 法是由貝爾實驗室 (Bell Laboratory) 的 D.D. Lee 及麻省理工學院 (Massachusetts Institute of Technology, MIT) 的 H.S. Seung 所發展出來的演算法，起初用在影像處理，後續才漸漸被使用在語音強化上。基於 NMF 分析法，我們提出了更新語音調變頻譜 (modulation spectrum) 的強化技術。

　　對一段聲音而言，我們沿著時間軸把它切成音框 (frame) 的序列，當每個音框透過傅立葉轉換後，得到短時間聲學頻譜 (short-time acoustic spectrum)，接著再對每個聲學頻率點的時序列再取一次傅立葉轉換，即可得到各聲學頻率點之調變頻譜。而本論文所以出的方法是藉由 NMF 法對於上述之調變頻譜的強度做更新，藉由訓練資料中的乾淨語音及雜訊，分別訓練兩方之調變頻譜強度的 NMF 基底 (basis)，再利用兩方的基底來分解測試語音之調變頻譜強度，得到近似乾淨語音的成分後，配合原始相角、經由反傅立葉轉換 (inverse Fourier transform) 得到新的聲學頻譜時序列，從而可得強化語音訊號。另外，為了降低運算複雜度，我們另外提出了兩種變型：一種是將相鄰的聲學頻率點一併處理、另一種則是只處理低頻率區域的調變頻譜，根據實驗結果，這些新方法都可以有效提升雜訊語音的品質、亦即降低雜訊干擾的效應。

　　最後值得一提的是，我們將所提的新方法與三種著名語音強化法做比較，分別為頻譜消去法 (spectral subtraction, SS)[6]、韋納濾波器法 (Wiener filter)[7] 以及最小均方誤差短時間頻譜振幅估測法 (minimum mean-squared error short-time spectral amplitude estimation, MMSE-STSA) [14]，初步實驗結果可看出，我們所提的新方法在某些雜訊環境下能比這三種方法得到更佳的強化效果。

二、基於非負矩陣分解之調變頻譜強化法

（一）非負矩陣分解法之介紹

　　NMF 基本方法即是將一個非負矩陣分解成另外兩個非負矩陣，前矩陣近似為後兩個矩陣的乘積，所謂非負矩陣，是指此矩陣內的元素 (element) 都是大於或等於零的實數。若以數學描述，即為任一尺寸為 $N \times M$ 的非負矩陣，透過 NMF 分析，可求得兩個非負矩陣 **W** 和 **H**，如下式表示：

$$\mathbf{V} \cong \mathbf{WH} \tag{1}$$

其中：

- 矩陣 **V** 通常稱為資料矩陣 (data matrix) 或樣本矩陣 (sample matrix)，每行資料樣本的維度為 $N \times 1$，相當於 **V** 包含了筆 $N \times 1$ 的向量樣本

- **W** 通常稱為基底矩陣 (Basis matrix)，尺寸為 $N \times r$ (一般來說 **r** 遠小於 N 與 M)，其中 **r** 為基底個數。由式 (1) 可看出，資料矩陣 **V** 的每一個行向量可近似為基底矩陣 **W** 的所有行向量之線性組合。

- **H** 通常稱為編碼矩陣 (Encoding matrix)，尺寸為 $r \times M$，其每一行代表了上述之線性組合的係數，詳細來說，當選擇基底 （座標軸） 為矩陣 **W** 的行向量時，樣本矩陣 **V** 的任何第 j 個行向量 (即第 j 筆資料) 所對應的編碼 （座標系數） 為矩陣 **H** 的第 j 行向量。

　　根據前述，NMF 主要目的之一是要由資料矩陣 **V** 由分析出資料的主要分布方向（座標軸，即所得之基底矩陣 **W**），進而得到座標值 （置於編碼矩陣 **H** 中）。在這過程中，求得兩矩陣 **W** 和 **H** 的方式有很多種，一般而言，我們需定義一個成本函數 (cost function)，代表 **WH** 與 **V** 的差距或逼近程度，藉由最小化此成本函數的方式使 **WH** 更有效的近似 **V**，下述所提到的是兩種比較常用到的成本函數：

➢ 歐幾里德距離平方 (Squared Euclidean distance)：

$$d_1 = \sum_{i,j} \left(\mathbf{V}_{ij} - (\mathbf{WH})_{ij} \right)^2 \tag{2}$$

➢ KL 散度 (Kullback-Leibler divergence)：

$$d_2 = \sum_{i,j} \left(\mathbf{V}_{ij} \log \frac{\mathbf{V}_{ij}}{(\mathbf{WH})_{ij}} - \mathbf{V}_{ij} + (\mathbf{WH})_{ij} \right) \tag{3}$$

接著使用乘法法則 (multiplication rule) 更新 **W** 與 **H**，將 (2) 式或 (3) 式所表示的成本函數逐步縮小，若使用 (2) 式，則 **W** 與 **H** 的迭代更新式如下：

$$\mathbf{W}_{ik} \leftarrow \mathbf{W}_{ik} \frac{(\mathbf{VH}^T)_{ik}}{(\mathbf{WHH}^T)_{ik}} \tag{4}$$

$$\mathbf{H}_{kj} \leftarrow \mathbf{H}_{kj} \frac{(\mathbf{W}^T\mathbf{V})_{kj}}{(\mathbf{W}^T\mathbf{WH})_{kj}} \tag{5}$$

若使用 (3) 式則為：

$$W_{ik} \leftarrow W_{ik} \frac{\sum_j H_{kj} V_{ij}/(WH)_{ij}}{\sum_j H_{kj}} \tag{6}$$

$$H_{kj} \leftarrow H_{kj} \frac{\sum_j W_{ik} V_{ij}/(WH)_{ij}}{\sum_i W_{ik}} \tag{7}$$

特別一提的是，本文後續所使用的 NMF 法，其成本函數固定為 (2) 式之歐幾里德距離平方，因此**W**與**H**的迭代更新公式為 (4) 式和 (5) 式。

（二）基於非負矩陣分解之調變頻譜強化法 (NMF-MSE) 之介紹

在此我們將介紹本論文所提的新方法—基於非負矩陣分解之調變頻譜強化法 (NMF-based modulation spectrum enhancement, NMF-MSE)。一般而言，NMF 常用以強化語音之時頻圖 (spectrogram) [15]，亦即其聲學頻譜(acoustic spectrum) 的時序列 (time series)，而本章的新方法裡，簡單來說，即我們將各聲學頻率的頻譜強度時序列取其傅立葉轉換 (Fourier transform)、得到其調變頻譜 (modulation spectrum) [19,20,21]後，在對其強度成分作 NMF 的強化。

由於在此新方法中，所要強化更新的是語音聲學頻譜強度時序列之的調變頻譜其強度成分 (magnitude part)，在此我們先簡介如何求得調變頻譜。對一段語音而言，我們沿著時間軸把它切成一連串音框 (frame)，形成音框的時序列，再對每個音框分別取短時間傅立葉轉換 (short-time Fourier transform, STFT)，即可以得到每個音框的短時間聲學頻譜 (short-time acoustic spectrum)，式子如下:

$$X[n,k] = \sum_{u=0}^{L-1} x_n(\ell) e^{-j\frac{2\pi k\ell}{L}}, \tag{8}$$

$$0 \leq n \leq N-1, 0 \leq k \leq K-1,$$

其中，$\{x_n(\ell), 0 \leq \ell \leq L-1\}$ 代表了第n個音框的時間訊號，N與K分別為音框總數與聲學頻率點數。式(8)中的$X[n,k]$通常稱為語音的時頻圖 (spectrogram)。接著，我們對任一聲學頻率點k的聲學頻譜強度$|X[n,k]|$、沿著音框時間序列軸 （即n軸）再做一次傅立葉轉換 (Fourier transform)，即可得到各聲學頻率點之調變頻譜，如下式(9)。

$$\mathcal{X}[k,m] = \sum_{n=0}^{N-1} |X[n,k]| e^{-j\frac{2\pi nm}{M}} \tag{9}$$

$$0 \leq m \leq M-1, 0 \leq k \leq K-1,$$

其中M為調變頻率點數。在我們所新提出的 NMF-MSE 法中，即是針對式(9)之調變頻譜其強度（即$|\mathcal{X}[k,m]|$）加以強化，藉此降低雜訊在其中的效應。與一般基於 NMF 的強化法相似，NMF-MSE 法包含了訓練階段與測試階段，訓練階段用以得到訓練資料矩陣的基底 （具有代表性的方向），測試階段則利用上述的基底來凸顯測試資料中屬於特定方向上的分量，降低非相關的成分。詳述如下:

Step 1:訓練階段 (training phase)

將用以訓練的乾淨語音 (clean speech) 與雜訊 (noise)，通過短時間傅立葉轉換 (STFT) 後轉為頻域，得到了乾淨語音時頻圖與雜訊時頻圖，將不同語句之乾淨語音時

頻圖對應相同聲學頻率的調變頻譜強度（對應相同聲學頻率索引k之$|\mathcal{X}[k,m]|$，$0 \leq m \leq M/2$）排成一個矩陣，即這些頻譜強度藉由行向量 (column vector) 的形式排成乾淨語音資料矩陣 $\mathbf{V}_S$，同理，雜訊在切割成數段後，每段雜訊的時頻圖對應相同聲學頻率的調變頻譜強度也排成另一個矩陣$\mathbf{V}_N$，接著將$\mathbf{V}_S$與$\mathbf{V}_N$透過 NMF 分解得到基底矩陣 ($\mathbf{W}_S$ 與$\mathbf{W}_N$) 以及編碼矩陣 ($\mathbf{H}_S$與$\mathbf{H}_N$)，訓練程序步驟如下：

1. 決定基底矩陣 ($\mathbf{W}_S$與$\mathbf{W}_N$) 其行向量個數 r （行空間維度） 。

2. 將基底矩陣 ($\mathbf{W}_S$與$\mathbf{W}_N$) 與編碼矩陣 ($\mathbf{H}_S$與$\mathbf{H}_N$) 初始化，矩陣內所有數值皆不為負。

3. 對$\mathbf{W}_S$與$\mathbf{W}_N$的行向量做正規化，使每個行向量的元素總和為 1。

4. 對基底矩陣與編碼矩陣做迭代更新：使用先前所提到的 NMF 法，對語音矩陣$\mathbf{V}_S$與雜訊矩陣$\mathbf{V}_N$分別加以分解，並配合前兩步驟得到的初始值，透過 (4) 式與 (5) 式迭代得到收斂後的基底矩陣$\mathbf{W}_S$、$\mathbf{W}_N$及編碼矩陣$\mathbf{H}_S$、$\mathbf{H}_N$。

值得注意的是，上述步驟是針對每一個聲學頻率單獨求取，因此當時頻圖有K個聲學頻率點時，上述步驟需做K次，得到K組不同的基底矩陣 $(\mathbf{W}_S, \mathbf{W}_N)$。

STEP 2：測試階段 (testing phase)：

將測試雜訊語音 (noisy speech)，透過短時間傅立葉轉換 (STFT) 轉換成時頻圖，再求取單一聲學頻率對應的調變頻譜強度成分，以向量$\mathbf{v}$表示，接著將 STEP 1 得到兩基底矩陣$\mathbf{W}_S$與$\mathbf{W}_N$左右串聯而成並得到一個複合基底矩陣，即得到$\mathbf{W}_C^{Tn} = [\mathbf{W}_S \quad \mathbf{W}_N]$。然後，藉由 NMF 法分解向量$\mathbf{v}$，即$\mathbf{v} \approx \mathbf{Wh}$，但此時只迭代更新編碼向量$\mathbf{h}$，基底矩陣$\mathbf{W}$維持不變、固定為上述之複合矩陣$\mathbf{W}_C^{Tn}$，其用意在於能利用 STEP 1 之$\mathbf{W}_S$與$\mathbf{W}_N$所分別包含的乾淨語音和雜訊資訊。當迭代完成後我們可得：

$$\mathbf{v} \approx \mathbf{Wh} = [\mathbf{W}_S \quad \mathbf{W}_N] \begin{bmatrix} \mathbf{h}_S \\ \mathbf{h}_N \end{bmatrix} = \mathbf{W}_S\mathbf{h}_S + \mathbf{W}_N\mathbf{h}_N, \tag{10}$$

最後，取得近似乾淨語音頻譜之強度，如$\mathbf{W}_S\mathbf{h}_S$或

$$(\mathbf{W}_S\mathbf{h}_S/(\mathbf{W}_S\mathbf{h}_S + \mathbf{W}_N\mathbf{h}_S)) \times \mathbf{v}, \tag{11}$$

（其中，"/"與"×" 分別為矩陣單一元素點的除法與乘法運算），此強度配合$\mathbf{v}$的原始相位成分，可得到更新過後的調變頻譜，再經由反傅立葉轉換 (Inverse Fourier transform) 即可獲得強化的 （單聲學頻率） 聲學頻譜強度時序列，最後，強化後之所有聲學頻率之聲學頻譜強度配合原始相位，得到新的時頻圖後，各音框經由反短時間傅立葉轉換 (Inverse STFT) 就可得到強化後的語音訊號。

（三）NMF-MSE法的兩種變形

● 低調變頻帶之NMF-MSE

在諸多文獻中，皆提到語音主要的資訊是集中在低頻率的調變頻譜中，例如當音框取樣率為 100 Hz 時，雖然整體調變頻譜的頻率範圍為 0 到 50 Hz，對語音辨識之關鍵頻

率範圍為 0 至 16 Hz，且以 4 Hz 的成分為最重要。我們使用這樣的觀念，來簡化 4.1 節中所提的 NMF-MSE 法，亦即我們只對於調變頻譜的低頻帶成分加以強化，而將剩餘的高頻帶成分保留不動。圖二為示意圖，我們在此定義了一個參數，稱做低頻帶相對全頻帶的頻寬比例 (Low-to-full ratio)，簡寫為LFR，例如當$LFR = 0.25$，則代表只更新全調變頻帶前 25%的低頻帶成分。使用低於 1 的LFR帶來的好處當然是可以降低 NMF-MSE 法的演算複雜度，因為需強化的調變頻譜強度向量的尺寸變小了。但LFR當然不能無限制地變小，否則處理過窄的低調變頻帶將無助於降低雜訊的成分。

- 降低頻率解析度之NMF-MSE

在前一節所述的 NMF-MSE 法中，我們是針對個別聲學頻率點的調變頻譜加以強化，但由於相鄰聲學頻率的特性通常相似，如果我們將相鄰聲學頻率視為一體、其調變頻譜強度共同用以 NMF 的基底求取的訓練上，此時因為訓練資料量的增加，基底矩陣本身應該更具代表性、有助於測試階段的調變頻譜強化上，圖三為示意圖，我們在此定義一個參數BL (block)，代表了一併處理之相鄰聲學頻率的點數。在原始的 MSE-NMF 模式中，$BL = 1$，我們將在之後的實驗裡，將此值變化為 2, 3 與 4。很明顯的，當BL越大，代表越多相鄰聲學頻率被視為一體來加以處理，意即頻率解析度變低，因此，雖然增加BL可使 NMF 訓練資料變多，但可能因為犧牲頻率解析度而降低整體強化的效果。

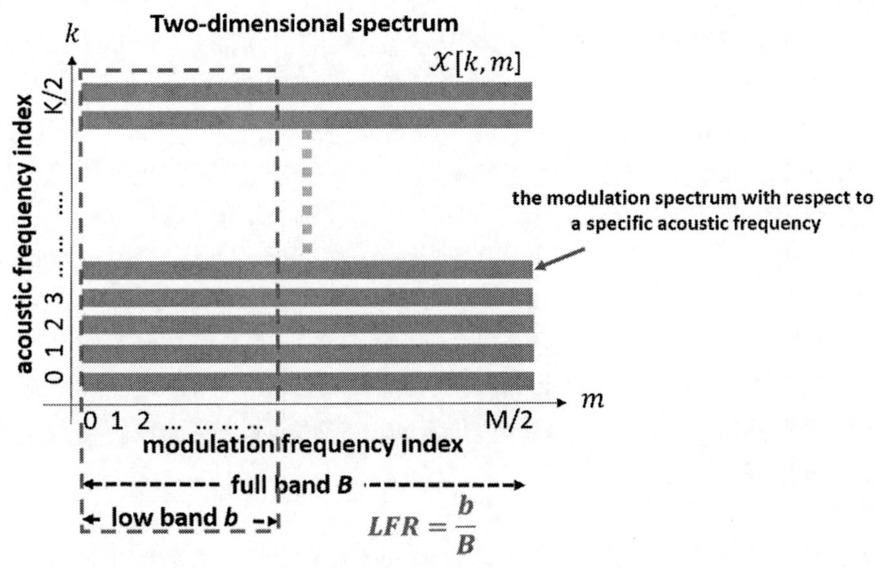

圖一：參數LFR之示意圖

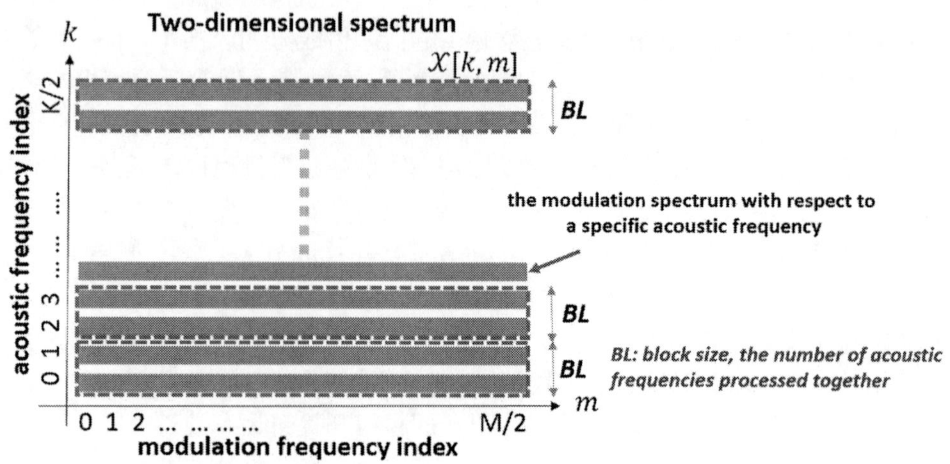

圖二：參數BL之示意圖

三、實驗環境設定

（一）所使用的語音資料：

本論文用以評估強化方法之實驗所使用的語音資料，是取自歐洲電信標準協會 (European-Telecommunications Standards Institute, ETSI) 所發行的 AURORA 2.0 語音資料庫[16]，發音語者為美國成年男女，內容為一系列連續的英文數字字句，此語料庫起初是用在雜訊環境之語音辨識評估上，訓練聲學模型的環境有兩種:乾淨訓練 (clean-condition training) 環境：使用的訓練語料是不包含雜訊的乾淨語音 (clean speech);另一種則是複合訓練 (multi-condition training) 環境:訓練語料是不同程度之訊雜比 (Signal-to-noise ratio, SNR) 的雜訊語音。由於我們在本論文中，重視的是語音強化技術的發展與評估，並未訓練聲學模型用以語音辨識，因此與上述兩種訓練環境無關。

在評估我們所提出的基於 NMF 之調變聲學頻譜強化法中，我們使用了來自 Aurora-2 資料庫中標示 FAK 之女性語者的乾淨語音字句，其中 39 句用以訓練乾淨語音 NMF 基底矩陣$\mathbf{W}_S$，而另外的 10 句添加上警報器雜訊 (siren noise) 形成雜訊語音，作為待強化的測試語句，且其訊雜比 (signal-to-noise ratio, SNR) 共有 20 dB、15 dB、10 dB、5 dB、0 dB 五種。純警報器雜訊則用以訓練乾淨語音 NMF 基底矩陣$\mathbf{W}_N$，我們將兩基底矩陣 （$\mathbf{W}_S$與$\mathbf{W}_N$） 的行數固定為 20。

（二）所使用的語音品質估測方法

目前已有的語音品質估測方式分為兩類，主觀 (subjective) 類別及客觀(objective) 類別。主觀類別的語音品質評估其中著名的方法為平均意見得分 (mean opinion score, MOS)法[17]。客觀類別的語音品質評估法，是透過電腦演算法分析語音訊號或頻譜、用量化數據的方式來表示語音訊號受到雜訊損壞的程度高低，著名的方法如：Perceptual Evaluation of Speech Quality (PESQ)法[18]。在本論文中，將採用客觀類別的 PESQ 法來評估語音品質，PESQ 所得的分數範圍為 1.0~4.5 之間，主要對應到主觀評分的 MOS 法，越高分代表語音品質越佳。一般來說分數超過 4 分代表著聽者覺得滿意或非常滿意。

四、實驗數據與討論

本節將由四部分所組成。

（一） 原始 NMF-MSE 之實驗結果

在這裡，我們驗證所提出之原始 NMF-MSE 法對於受到雜訊干擾之語音的強化效果。特別說明的是，此時原始 NMF-MSE 法採用了單一聲學頻率（即BL參數設為 1）並執行於全調變頻帶（即LFR參數設為 1）。表一列出了受雜訊干擾之語音其強化後的 PESQ 值。

從表一明顯看出，雜訊對於語音品質皆有明顯的影響，原始 NMF-MSE 法在雜訊干擾的五種訊雜比 (SNR) 程度之環境下，都能明顯提升 PESQ 值，初步驗證了此新方法確實在抑制雜訊效應上有所幫助。例如與基礎實驗相比，NMF-MSE 法使 PESQ 值平均提升了 10%，其中又以 SNR 為 0dB 時最為明顯，提升了 21%。

表一：基礎實驗及原始 NMF-MSE 法所得的 PESQ 值

雜訊為 siren，固定$BL = 1$與$LFR = 1$之 NMF-MSE 法之 PESQ 結果					
SNR	**0 dB**	**5 dB**	**10 dB**	**15 dB**	**20 dB**
Baseline (未處理）	1.8266	2.1700	2.5367	2.8015	3.1490
NMF-MSE	2.2215	2.3892	2.7011	2.9321	3.2008

（二）不同比例之低調變頻帶之 NMF-MSE 之實驗結果

在本節，我們將呈現不同比例之低調變頻帶之 NMF-MSE 更新後之 PESQ 值，如前所述，參數 LFR 代表了被 NMF-MSE 更新之低頻帶頻寬相對於全頻帶頻寬之比例 (low-to-full ratio)。在本節實驗中此參數LFR分別被設定為 1、0.75、0.50 與 0.25，隨著LFR值的遞減，所更新處理的頻寬也跟著變小。同時，NMF-MSE 法中的BL參數值固定為 1，代表每個單一聲學頻率之調變頻譜被獨立強化。

表二列出了受雜訊干擾之語音經由 NMF-MSE 強化後的 PESQ 值。從這表，我們有以下的觀察：

1. 當處理的調變頻帶寬越小（即LFR越小）時，NMF-MSE 所對應的 PSEQ 提升程度一般會越低，唯一例外是 15 dB 的訊雜比時，$LFR = 0.75$的設定比$LFR = 1$的設定得到更高的 PESQ 值。

2. 雖然降低LFR相對帶來較低的語音強化效果，但其實 PESQ 變差的效應並不顯著，特別是當訊雜比較高的情形下，例如當把LFR從 1 降為 0.5 時，SNR 為 10 dB 的狀態下，PSEQ 大約只下降了 0.01 至 0.02，但運算複雜度卻可以因此下降了一半（因為只處理 50%的調變頻譜）。

3. 在高 SNR 時，處理低至1/4的調變頻譜寬度也能達到近似處理全頻帶的效果，但當 SNR 很低（如 0 dB 或 5 dB 時），處理全頻帶的 NMF-MSE 仍是較適當的選擇。

表二：警報雜訊環境下，基礎實驗及不同LFR值之 NMF-MSE 法所得的 PESQ 值

雜訊為 siren，固定$BL = 1$、變化LFR值之 NMF-MSE 法之 PESQ 結果					
SNR	**0 dB**	**5 dB**	**10 dB**	**15 dB**	**20 dB**

		0 dB	5 dB	10 dB	15 dB	20 dB
Baseline		1.8266	2.1700	2.5367	2.8015	3.1490
NMF-MSE	$LFR = 1$	**2.2215**	**2.3892**	**2.7011**	2.9321	**3.2008**
	$LFR = 0.75$	2.2176	2.3815	2.6931	**2.9387**	3.1991
	$LFR = 0.5$	2.1632	2.3476	2.6819	2.9267	3.1967
	$LFR = 0.25$	2.0703	2.2486	2.6280	2.8880	3.1885

（三）不同聲學頻率點數之全調變頻帶之 NMF-MSE 之實驗結果

在本節，我們將呈現不同聲學頻率點數之全調變頻帶之 NMF-MSE 更新後之 PESQ 值，如前章所述，參數 BL 代表了同時被 NMF-MSE 更新之相鄰聲學頻率的點數。在本節實驗中此參數BL分別被設定為 1、2、3 與 4，隨著BL值的增加，代表了 NMF-MSE 所處理之聲學頻率解析度相對變小。此時，NMF-MSE 法中的LFR參數值固定為 1，代表處理的對象是全頻帶之調變頻譜。

表三列出了受雜訊干擾之語音經由 NMF-MSE 強化後的 PESQ 值。從這表，我們看到在較低聲學頻率解析度的設定（即BL大於 1）時，NMF-MSE 強化的效果通常比原設定（原頻率解析度，即BL等於 1）來的好，此大致呼應了我們前面所提，相鄰聲學頻率之調變頻譜的特性相近，因此一併處理是可行的，且因為增加樣本數，使 NMF 法能得到較精確的基底矩陣，進而使 NMF-MSE 的效果更明顯。此外，採用大於 1 的BL值（即較低的頻率解析度）可使 NMF-MSE 運算複雜度降低、卻仍可以帶來相似甚至更好的強化效果，此為一顯著的優點。

表三：警報雜訊環境下，基礎實驗及不同BL值之 NMF-MSE 法所得的 PESQ 值

雜訊為 siren，固定$LFR = 1$、變化BL值之 NMF-MSE 法之 PESQ 結果						
SNR		**0 dB**	**5 dB**	**10 dB**	**15 dB**	**20 dB**
Baseline		1.8266	2.1700	2.5367	2.8015	3.1490
NMF-MSE	$BL = 1$	2.2215	2.3892	2.7011	2.9321	3.2008
	$BL = 2$	2.2445	**2.3981**	2.7020	**2.9372**	3.1991
	$BL = 3$	**2.2453**	2.3969	**2.7062**	2.9356	**3.2015**
	$BL = 4$	2.2322	2.3882	2.6960	2.9319	3.1870

（四）NMF-MSE 法與三種語音強化法之效能比較

在本節，我們將呈現前一節最佳設定的 NMF-MSE 法與三種著名語音強化法做比較，分別為頻譜消去法(SS)、韋納濾波器法(WF)以及最小均方誤差之短時頻譜振幅估測法(MMSE-STSA)，實驗結果（PESQ 值）如表四。同時，我們也將表四各方法跨不同 SNR 之 PESQ 平均值轉成圖一之長條圖以方便比較。

根據表四及圖一，我們可以觀察到三個著名的語音強化法及本論文提出的 NMF-MSE 法在五種 SNR 狀態下均可明顯提升語音品質，平均而言，MMSE-STSA 的效能表現最佳，其次就是本論文所提出的 NMF-MSE，WF 次之，SS 居末。特別的是，在 SNR 為0 dB時，NMF-MSE 法得到的 PESQ 值是所有方法裡面最高的，相對於基礎實驗 (baseline)

相比，提升了 0.4187。而當雜訊程度很低（SNR 為 20dB 時）， WF 法所對應的 PESQ 為最佳，而 NMF-MSE 和基礎實驗相比仍高了 0.0525。值得注意的是此時 NMF-MSE 的 *BL* 參數設定為 3，相當於聲學頻率解析度降為原始的1/3，在此較低的運算複雜度條件下，仍可得到顯著的語音強化效果。

表四：警報雜訊環境下，基礎實驗、NMF-MSE （其 *BL* 設為 3、*LFR* 設為 1）與三種語音強化法（SS, WF, MMSE-STSA）所得的 PESQ 值

SNR	0 dB	5 dB	10 dB	15 dB	20 dB
Baseline	1.8266	2.1700	2.5367	2.8015	3.1490
NMF-MSE	**2.2453**	2.3969	2.7062	2.9356	3.2015
SS	1.9320	2.2362	2.7176	2.9483	3.2350
WF	1.6569	2.2042	2.6856	2.9632	**3.3036**
MMSE-STSA	2.0098	**2.4355**	**2.7472**	**3.0262**	3.2873

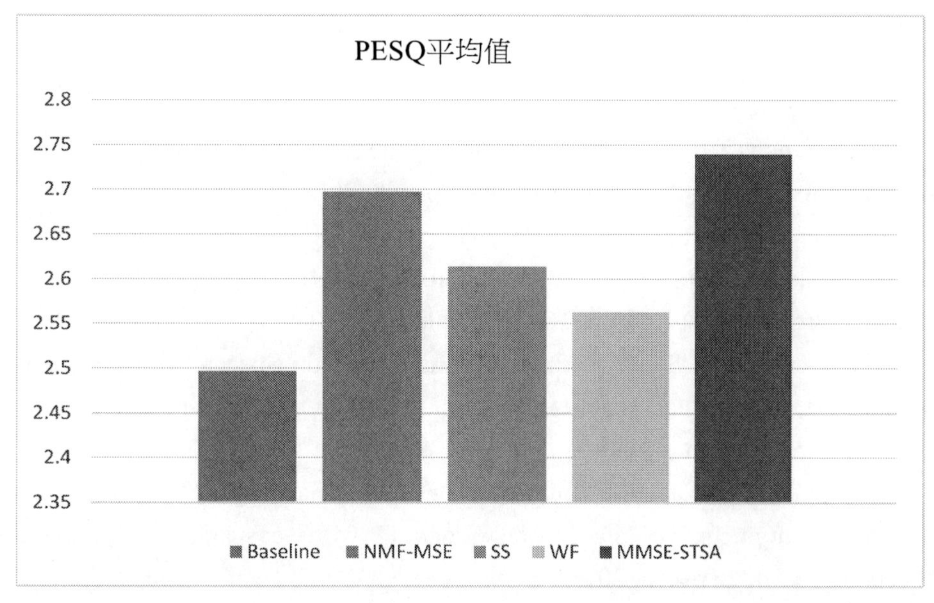

圖一、 基礎實驗、NMF-MSE（其 *BL* 設為 3、*LFR* 設為 1）與三種語音強化法（SS, WF, MMSE-STSA）各方法所得之跨不同 SNR 的 PESQ 平均值

五、結論

在本論文中，我們提出了基於非負矩陣分解法 (NMF) 在語音強化上的應用技術，使用 NMF 法對語音時頻圖之調變頻譜的強度做更新，簡稱為 NMF-MSE (NMF-based modulation spectrum enhancement)。在 NMF-MSE 法中，藉由分開訓練語句中乾淨語音及雜訊的調變頻譜強度的 NMF 基底 (basis)，將所得基底用以分解測試語音時頻圖的調變頻譜強度，再將強化後的調變頻譜透過反傳立葉轉換 (inverse Fourier transform) 得到

新的時頻圖，進一步得到強化後的語音訊號。同時，我們對上述新方法進一步提出了兩
種方式來降低演算複雜度，分別為不同比例之低調變頻帶之 NMF-MSE 更新及不同聲
學頻率點數之全調變頻帶之 NMF-MSE 更新，從 PESQ 為指標的語音品質評估上，上述
方法皆能有效提升雜訊語音的清晰度。

　　特別一提的是，NMF-MSE 法是針對語音時頻圖的調變頻譜加以更新，就我們所知，
目前基於 NMF 的語音強化法大多是針對時頻圖本身作強化，甚少有進一步處理調變頻
譜，因此我們的新方法相當於拓展了 NMF 法在語音強化上的應用。在未來展望中，我
們希望可以將 NMF-MSE 法結合其他種語音強化法達到抑制雜訊或提升語音品質，如
本論文中用以比較的的頻譜消去法 (spectral subtraction, SS)、韋納濾波法 (Wiener
filtering, WF) 與平均最小化誤差短時頻譜振幅估測法 (minimum mean-square error
short-time spectral amplitude estimation, MMSE-STSA)。此外，我們將測試擴展 NMF-MSE
法的運用，包括用在多語者與多類型雜訊環境的語音強化上，另外也可以更進一步在其
他資料庫上處理 (如中文數字語音或是更多字彙的資料庫) ，以探討其實際層面應用的
價值。

參考文獻

[1] Ford Sync - Official Site http://www.ford.com/technology/sync/

[2] B. Raj, R. Singh, T. Virtanen, "Phoneme-dependent NMF for speech enhancement in monaural mixtures" in Proceedings of Interspeech, 2011.

[3] S. Srinivasan, J. Samuelsson, and W. Kleijn, "Codebook driven short-term predictor parameter estimation for speech enhancement," IEEE Transactions on Audio, Speech, and Language Processing, 14(1), pp. 163–176, 2006.

[4] N. Mohammadiha, "Supervised and Unsupervised Speech Enhancement Using Nonnegative Matrix Factorization," IEEE Trans on Audio, Speech, and Language Processing, vol 21, Oct. 2013

[5] M. Mirbagheri, Y. Xu, S. Akram and, S. Shamma, "Speech enhancement using convolutive nonnegative matrix factorization with cosparsity regularization" in Proceedings of Interspeech, 2013

[6] S. Boll, "Suppression of acoustic noise in speech using spectral subtraction," IEEE Transactions on Acoustics, Speech, and Signal Processing, 27(2), pp. 113–120, 1979.

[7] N. Wiener, "The Extrapolation, Interpolation, and Smoothing of Stationary Time Series with Engineering Applications," New York: Wiley, 1949.

[8] V. Grancharov and J. S. B. Kleijn, "On causal algorithms for speech enhancement," IEEE Transactions on Audio, Speech, and Language Processing, 14(3), pp. 764-773, 2006.

[9] B. Chen and P. C. Loizou, "A Laplacian-based MMSE estimator for speech enhancement," Speech Communication, vol. 49, no. 2, pp. 134–143,Feb. 2007.

[10] J. Jensen, J. Benesty, M. Christensen, and S. Jensen, "Enhancement of single-channel

periodic signals in the time-domain," IEEE Trans on Audio, Speech, and Language Processing, vol. 20, no. 7, pp. 1948–1963, 2012.

[11] S. Y. Low, D. S. Pham, and S. Venkatesh, "Compressive speech enhancement," Speech Communication, vol. 55, no. 6, pp. 757–768, July 2013.

[12] M. Kim, P. Smaragdis, "Mixtures of local dictionaries for unsupervised speech enhancement, "IEEE Signal processing letters, vol. 22, no. 3, pp. 293-297, 2015

[13] D. D. Lee and H. S. Seung, "Algorithms for non-negative matrix factorization," in Proceedings of INIP, pp.556–562, 2000

[14] Y. Ephraim and D. Malah, "Speech enhancement using a minimum-mean square error short-time spectral amplitude estimator," IEEE Transactions on Audio, Speech, and Language Processing, 32(6), pp. 1109–1121, 1984.

[15] H-T. Fang, J-H. Hung, X. Lu, S-S. Wang, Y. Tsao, "Speech enhancement using segmental nonnegative matrix factorization," in Proceedings of the IEEE ICASSP, pp. 4483 – 4487, 2014.

[16] H. G. Hirsch and D. Pearce, "The AURORA experimental framework for the performance evaluations of speech recognition systems under noisy conditions," in Proceedings of the ASR, 2000

[17] Mean Opinion Score (MOS) — A Measure of Voice Quality http://voip.about.com/od/voipbasics/a/MOS.htm

[18] A. W. Rix, J. G. Beerends, M. P. Hollier and A. P. Hekstra, "Perceptual evaluation of speech quality (PESQ) — a new method for speech quality assessment of telephone networks and codecs," in Proceedings of ICASSP, pp. 749-752, 2001.

[19] Shihab A. Shamma and Les Atlas, "Joint acoustic and modulation frequency", EURASIP Journal on Applied Signal Processing, Volume 2003, Jan 2003

[20] L. Atlas, Q. Li, and J. Thompson, "Homomorphic modulation spectra", in Proceedings of the IEEE ICASSP, 2004.

[21] C.-C. Hsu, T.-H. Lin and T.-S. Chi, " FFT-based spectro-temporal analysis and synthesis of sounds", in Proceedings of the IEEE ICASSP, 2011.

The 2016 Conference on Computational Linguistics and Speech Processing
ROCLING 2016, pp. 194-203
© The Association for Computational Linguistics and Chinese Language Processing

以多重表示選擇文章分類的樣本
Using Multiple Representations to Select Instances for Text Classification

陳耀輝 Yao-Hui Chen
國立嘉義大學資訊工程學系
ychen@mail.ncyu.edu.tw

王志偉 Jhih-Wei Wang
國立嘉義大學資訊工程學系
s0983042@mail.ncyu.edu.tw

摘要

以機器學習方式產生分類模型是一種常見將文章自動分類的技術，但若有標記不精確的訓練資料，就可能得到錯誤的分類結果，而樣本選擇能藉由減少訓練資料集的大小來改善這個問題。本論文提出以不同的文章表示法建立多個分類模型，並據以分析訓練文章是否標記錯誤，然後刪除標記錯誤的文章，以提升訓練資料的品質。我們以電影評論的文字資料集作為實驗語料庫，透過詞彙頻率、主題模型、及詞彙向量三種表示法分別建立文章分類模型，並依據分類結果選擇樣本。實驗結果顯示，本論文所提出來的樣本選擇方法可以提升文章分類的準確度。

關鍵詞：文章分類、樣本選擇、支援向量機。

一、緒論

將文章自動分類到事先標記好的類別裡是很多工作的基礎，所以改善文章分類方法的準確度便成為一個重要的研究題目。機器學習是一種從已知的訓練資料中自動分析出所蘊含的規律，並利用這些規律對未知資料進行預測的技術 [1] [14]，而使用機器學習來訓練文章分類器，是一種常見的文章分類方法 [10] [22]。

樣本選擇 (instance selection) 也被稱為資料縮減 (data reduction)，其主要的功能是從已被標記類別的資料集中，利用過濾雜訊或刪除不相關的資料來減少資料集的大小，使得文章分類演算法可以有效率地執行。刪去不相關的資料可以讓資料的類別更為集中，以滿足針對特定領域資料的文章分類演算法需求。過濾雜訊與刪除不相關的資料也可以提高訓練資料集的品質，而有了高品質的訓練資料，就能提高文章分類器的分類準確率

[12] [25]。

　　樣本選擇演算法在挑選資料時，需要考慮文章與文章之間的關係，如果不事先建立文章與文章的關係對照表，便很難得知文章與文章之間的關係。向量空間模型 (Vector Space Model) 是一種常被用於資料檢索的模型，它將語料庫所有的詞彙作為空間的維度，並將文章以其詞彙的頻率表達成空間中的向量，讓我們可以利用向量之間的關係計算文章跟文章之間的相似程度，或研究文章與詞彙之間的各種關係 [21]。使用向量空間模型將文章轉換成為向量後，我們可以得到文章與文章之間的關係，並利用這些關係建立文章分類器。

　　支援向量機 (Support Vector Machine, SVM) 是一種產生分類模型的演算法，它的目的是要找到一個分割不同類別資料的超平面。由於分類效果不錯，近年來 SVM 常被使用在各個領域 [17]。我們首先使用 SVM 分析訓練資料集以產生分類器，再使用該分類器將訓練資料集重新分類。原則上這個分類器應該能正確判定訓練資料的類別，但由於分類演算法的限制，在判定為同一類別的資料群中可能找到一些不屬於該類別的錯誤資料，而刪除這些錯誤資料，將可以提高訓練資料的品質 [5]。

　　本研究希望利用原始向量空間的詞彙頻率、由潛在狄氏配置 (Latent Dirichlet Allocation, LDA) 產生的主題模型 [2]、及由 Word2vec 產生的詞彙向量 [13]，將文章轉換成三種不同的表示法，再利用 SVM 在不同的表示法中將文章分類，最後找出並刪除可能標記錯誤的文章，以提高訓練資料的品質，達到改善文章分類準確度的目的。

　　本論文其餘部分的架構如下：第二節敘述樣本選擇與樣本選擇的相關研究，包含早期的樣本選擇方法及和我們方法相關的研究；第三節介紹所使用的工具；第四節定義問題以及介紹我們的方法流程；第五節說明實驗過程與結果；第六節提出結論及未來改善的方向。

二、相關研究

　　特徵選擇 [11] 以及樣本選擇是兩種常見改善分類演算法的技術，而本論文主要是針對樣本選擇的方法進行研究。在相關文獻中顯示，樣本選擇演算法將會對於機器學習的分類模型有顯著的影響 [20]。在本節中我們會先介紹樣本選擇的概念，然後說明早期的樣本選擇方法，再比較一些相關的樣本選擇方法，最後介紹動態學習的概念。

(一) 樣本選擇

為了分類新的文章，需要給予機器學習演算法一些預先被標籤的資料集以產生分類器，這些資料集便被稱為訓練資料集 T；而要被進行分類的新資料集，則被稱為測試資料集 U。在現實情況下，T 往往會被混入一些對分類無用的資料 (例如：多餘資料或者錯誤資料)，導致產生不正確的分類器。一個子集 S⊂T 是經過樣本選擇的演算法所選取出來不包含 T 中對分類無用資料的集合。為了比較不同樣本選擇演算法之間的好壞，會使用 U 來對 S 所產生出來的分類器進行測試 [18] [25]。

(二) 早期的樣本選擇方法

從 1968 年起樣本選擇方法被提出 [26]；有學者分別依照評估標準 (evaluation-type) [9] [18] 和應用類型 (application-type) [25] [26] 將樣本選擇方法進行分類。

1. 評估標準

評估選擇樣本的標準主要分成兩種，一種是包裝 (wrapper) 法，另一種是過濾 (filter) 法。包裝法的優點找到的樣本子集對於機器學習有很好的分類效果，而缺點因為過程中需要反覆驗證，時間複雜度很高。過濾法的優點是能快速地找到粗略的子集，而缺點是產生的子集還是包含許多無用的資訊，所以對於機器學習法的幫助較小。

2. 應用類型

樣本選擇的應用類型可分為三類，第一類為雜訊過濾法 (noise filters)，第二類為壓縮演算法 (condensation algorithms)，第三類為雛型搜尋演算法 (prototype searching algorithms)。雜訊過濾法的優點是訓練出來的分類模型對於測試資料可以有更佳的分辨率，缺點則是需要反覆對資料進行比較，需要花費較多的時間，而且保留許多同一類別的資料，導致儲存空間的浪費。壓縮演算法的優點是去除了大量資料，在訓練時可以用較少的資源進行訓練，缺點則是決策邊界較為模糊，對於測試資料分辨率的提升較無幫助。雛型搜尋演算法的優點是可以有效地減少資料集的大小且可以提升機器學習的分類效果，而缺點則是要比較資料之間是否類似，有較高的時間複雜度。

(三) 相關的樣本選擇方法

前面提到的方法大多是從 K-NN 的模型延伸及改良所產生出來的方法，以下將要介紹兩種利用 SVM 的概念所延伸出來的方法。SVOIS [25] 方法可以有效地刪去一些混雜在一起的資料，提高機器學習的分類效果，但是針對不同的資料集都必須重新挑選 IS_Range 跟 Margin 這兩個參數。這個方法也沒有考慮錯誤資料的處理，使得回歸模型可能會受到錯誤資料的影響，以致未能顯著地提升分類的正確率。而 SVM-IS [6] 方法在類別資料混合較為複雜的資料集中，需要使用核心函數將訓練資料投影到更複雜的空間上才有辦法進行切割，而越複雜的核心函數會需要更多的支援向量進行處理，導致他們所減少的樣本數量較少，而且使用更複雜的核心函數可能產生過度擬合 (overfitting) 的問題，所以無法有效提高分類的正確率。

(四) 動態學習 (Active Learning)

動態學習 (又被稱為 query learning 或 optimal experimental design) 是一種被應用於人工智慧的半監督式機器學習方法，其想法是在學習一些已被標記的訓練資料後可以自行標記新的資料，然後用這些新標記的資料來擴充訓練資料集 [15]。Query By Committee (QBC) 方法則是將標記的訓練資料分別用不同的學習演算法產生分類器，再將未標記的資料分別於不同的分類器中進行分類，然後根據分類的結果進行投票。若大多數的分類器都給予相同的類別，則將這個類別給予這個未標記的資料，然後將被標記後的資料納入訓練資料中重新進行訓練分類器，並對未標記的資料進行標記 [7] [23]。前面提到的 SVOIS 與 SVM-IS 兩種方法並沒有處理錯誤資料，而我們提出的方法則會結合 QBC 的概念產生多個分類模型，先進行錯誤資料的辨識並藉由去除錯誤資料來優化訓練資料的品質，讓之後的分類器可以有較好的分類正確率。

三、背景知識

本節介紹我們會使用到的相關知識與工具。

(一) 支援向量機 (SVM)

支援向量機 [5] 是一種被廣泛應用於分類議題上的監督式演算法，主要的概念是建構一個超平面使得不同類別的資料可以被區隔，以達成分類資料的目的，主要是用來分類兩個不同類別的資料。但在許多狀況無法以簡單的一條直線來分割資料，所以用核心函數 (kernel functions) 將原始資料投影到另外一個空間再進行資料分類。

(二) 潛在狄式配置 (LDA)

潛在狄式配置 [2] 是一個以 bag of words 假設為前提的非監督式演算法，其目的是要建立主題模型。它分析並統計文章內的詞彙，並根據這些統計的資訊來判斷該文章含有哪些主題，以及主題在文章中的比例為何。其主要的想法是文章可以用隨機的潛在主題所代表，而這些潛在主題則是由不同詞彙的分佈機率所組成 [24]。在 LDA 的模型裡，所有文章都可以表示成主題機率分布，而透過分析這些主題資訊，便能讓文章與文章之間產生新的關聯性。

(三) 詞彙向量

Word2vec 是一種用來捕捉詞彙或片語意思並同時壓縮資料大小的技術，並可以分成 Continuous Bag Of Words (CBOW) 和 Skip-gram [13] 兩種不同的方法。CBOW 是希望藉由上下文來預測當前詞彙的機率，而 Skip-gram 則相反，是藉由當前詞彙來預測上下文的機率，且這兩種方法都是以類神經網路作為它們的分類演算法。開始時每個詞彙都是由一個隨機 N 維的向量構成，經過 CBOW 或 Skip-gram 的計算後，便能獲得每個詞彙最佳的向量結果。有了這些向量結果後就能以上下文的訊息發現詞彙跟詞彙之間的關係，而這些詞彙也可以代替 bag of words 來預測未知詞彙的情況。但是 Word2vec 的維度只能代表詞彙，所以需要結合文章中的所有詞彙才能代表文章。有研究是利用平均所有詞彙的向量作為文章的向量，然後就能比較文章跟文章之間向量的相似性，判斷文章的相似程度 [3]。

四、方法

本節一開始會先對研究的問題做一個完整描述，接著說明研究方法及流程。

(一) 問題定義

由於混入錯誤文章的訓練資料集將會降低分類器的分類正確率，而先前以 SVM

為核心的方法，並沒有去處理錯誤文章，使得他們所產生的分類器效果較差。因此我們利用詞彙頻率、LDA、Word2vec 分別得到文章與文章之間關係，並生成不同的模型，然後利用 QBC 的概念從不同的角度找出錯誤文章並予以刪除，希望可以藉此提高訓練資料集的品質。

(二) 方法流程

　　本研究的方法可分成資料前處理、訓練、及投票與測試三個階段。

1. 資料前處理

　　將所有文章去除 html 標記、數字、縮寫字等雜訊，然後計算每個詞彙出現的次數，去除出現次數最高的前 200 個詞彙以及只出現於一篇文章中的詞彙，收集剩餘的詞彙建立詞彙表，藉助詞彙表統一三種模型所輸入的文章。詞彙頻率模型的輸入格式是以詞彙表的詞彙當作特徵、詞彙的頻率當作特徵值；LDA 模型的輸入格式是第一行為總文章數量，第二行開始為去除沒出現在詞彙表中詞彙的原始文章；Word2vec 模型的輸入格式跟 LDA 表示法類似只是不用輸入總文章數量。

2. 訓練

　　LDA 訓練完成後會將每一篇文章以相關主題的機率代表，每一行代表一篇文章，數字則代表該文章屬於主題幾的機率，將這些主題當作特徵、主題的機率值作為特徵值，產生 LDA 的訓練結果。Word2vec 訓練完成後會產生詞彙的代表向量，將文章中各個詞彙向量取平均作為文章的代表向量，將文章的向量當作特徵、向量值作為特徵值，產生 Word2vec 的訓練結果。我們利用 SVM 分別對詞彙頻率模型、LDA 模型、Word2vec 模型所產生的訓練結果進行訓練，建立三個分類模型並以訓練資料進行測試，測試後會出現分類錯誤的文章，這些分類錯誤的文章便可能是訓練資料集中被標記錯誤的文章。

3. 投票與測試

　　統計三種表示法的錯誤資料結果，在越多表示法中被分類為錯誤的文章就越有可能是被標記錯誤的文章。將這些可能標記錯誤的文章從訓練資料集中刪除，將有助於提升訓練資料的品質。最後測試階段則是將被刪除過錯誤文章的訓練資料集利用 SVM 進行訓練產生分類器，再以測試資料集進行測試。

五、實驗

(一) 資料集

　　本論文所使用的資料集為 IMDB 這個電影評論的文字資料集 [16]。由於評論類的文章的評分大多都是自由心證，評分的情況可能會有一些跟評論不相關的文章，所以我們使用評論類的文章來進行實驗。這個資料集是由 25000 篇訓練文章及 25000 篇測試文章所組成，文章是從各個電影評論中隨機挑出最多 30 篇該電影的評論及對電影是否好看的評分，分數是採取 10 星等，越接近 1 星表示評論者認為該電影越難看，越接近 10 星表示評論者認為該電影越好看。我們將文章的評分結果當作正負面文章的判定，1~4 星為負面資料、6~10 星為正面資料。去除在經過前處理後完全一模一樣的文章後，剩餘訓練文章 24900 篇、測試文章 24797 篇，其中正面的訓練文章數量為 12470 篇、負面的訓練文章數量為 12430 篇，正面的測試文章為 12439 篇、負面的測試文章為 12338 篇。我們將訓練資料集分成 10 等份，在每次實驗取其中的 9 份當作訓練資料集，產生 10 個 folds，其中正面資料 11223 篇、負面資料 11187 篇。

(二) 分類器

　　對於文章分類所用的資料具有高維度、大規模的特性，核心函數的影響不大。而 Liblinear [8] 不計算核心函數，在訓練時比 LibSVM [4] 的計算複雜度低，所需時間也較少，所以我們利用 Liblinear 作為分類器。測試資料依照分類器的分類結果分成正確與錯誤兩種情形，統計正確資料後計算 Accuracy，其計算公式如下所示。

$$\text{Accuracy} = \frac{\text{分類正確的文章數量}}{\text{所有文章數量}}$$

(三) 實驗結果

　　LDA [2] 的實作是使用 GibbsLDA++ [19]，參數設定是以 α 為 0.5、β 為 0.1 (α 是決定生成主題機率分布的參數，β 是決定主題詞彙機率分布的參數)、主題數量為 100、疊代 1000 次。Word2vec [13] 的實作是使用 T. Mikolov 在 Google 帶領的開發團隊所開發的軟體[1]，參數設定是以 window size 為 5 (window size 就是考慮一個詞彙的前 N 個和後

---

[1] https://code.google.com/p/words2vec/

N 個詞彙出現情形)、維度為 200 (詞彙要以多少維度的向量表示)。在實驗中我們以不同
的投票結果作為刪除的條件，其中投票數代表該篇文章在幾個分類模型中被標示錯誤。
我們將刪除文章後的訓練資料集分別進行測試，並與不刪除文章的訓練資料集進行比較，
10 個 folds 平均的正確率，不刪除文章的正確率 86.52%；刪除投票數為 3 的文章時，正
確率 86.52%；刪除投票數大於 2 的文章時，正確率 86.94%；刪除投票數大於 1 的文章
時，正確率 86.55%。在刪除投票數大於 2 的文章後，分類正確率都優於其他的分類正
確率，而在刪除投票數大於 1 或 3 的文章後，分類的正確率跟原始訓練資料集的分類正
確率相比時好時壞。猜測在投票數為 3 的條件下，刪除的文章數量沒有很多，資料集中
依然參雜許多的錯誤資料影響了分類的結果；投票數為 1 的條件下，因為刪除的資料數
量太多，使得許多重要的資訊被刪除，所以導致分類的正確率下降。

在先前的實驗中，LDA 的主題數固定為 100，我們進一步比較不同主題數的平均正
確率。實驗結果如下圖，顯示出不同主題數並不會影響實驗的結果。

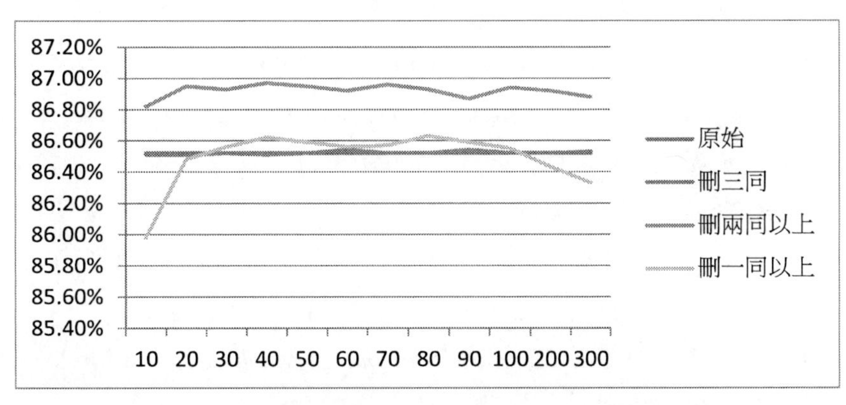

圖一、不同主題數實驗的正確率結果

六、結論與未來工作

在本論文中我們使用詞彙頻率、主題模型、及詞彙向量三種文章表示法來進行樣本選擇，
以提升文章分類的正確率。實驗結果顯示，當我們刪除投票數為兩票以上的錯誤資料時，
其分類的正確率都比原始的訓練資料的分類正確率高，由此可見我們提出的樣本選擇方
法可以提升文章分類的正確率。

未來我們也會繼續以不同的資料集進行實驗，以證明我們的方法可以推廣到其他不

同的資料集中。另外，本研究刪除錯誤資料的方法是採取滿足投票數的門檻後便刪除，

這樣可能會去除掉一些有幫助的資料，未來我們會針對刪除資料的方法進行改進。我們

未來也會研究如何結合各種表示法來產生新的模型，以更進一步提升文章分類的正確

性。

參考文獻

[1]　E. Alpaydin, *Introduction to Machine Learning*, MIT Press, 2014.

[2]　D.M. Blei, A.Y. Ng, M.I. Jordan, "Latent Dirichlet Allocation," *Journal of Machine Learning Research*, vol. 3, pp. 993-1022, 2003.

[3]　M. Campr and K. Ježek, "Comparing Semantic Models for Evaluating Automatic Document Summarization," *Proceedings of the 18th International Conference on Text, Speech, and Dialogue*, pp. 252-260, 2015.

[4]　C.-C. Chang and C.-J. Lin, "LIBSVM: A Library for Support Vector Machines," *ACM Transactions on Intelligent Systems and Technology*, vol. 2, no. 3, Article 27, 2011.

[5]　C. Cortes and V. Vapnik, "Support-Vector Networks," *Machine Learning*, vol. 20, No. 3, pp. 273-297, 1995.

[6]　G.P. Figueredo, D.A. Augusto, H.J.C. Barbosa, and N.F.F. Ebecken, "A Support Vector Machine-based Technique for Instance Selection," *Proceedings of the XXXIV Iberian Latin-American Congress on Computational Methods in Engineering*, 2013.

[7]　Y. Freund, H.S. Seung, E. Shamir, and N. Tishby, "Selective Sampling Using the Query by Committee Algorithm," *Machine Learning*, vol. 28, no. 2-3, pp. 133-168, 1997.

[8]　R.-E. Fan, K.-W. Chang, C.-J. Hsieh, X.-R. Wang, and C.-J. Lin, "LIBLINEAR: A Library for Large Linear Classification," *Journal of Machine Learning Research,* vol. 9, pp. 1871-1874, 2008.

[9]　S. Garcia, J. Luengo, and F. Herrera, "Instance Selection," *Data Preprocessing in Data Mining*, Springer International Publishing, pp.195-243, 2015.

[10] M. Ikonomakis, S. Kotsiantis, and V. Tampakas, "Text Classification Using Machine Learning Techniques," *WSEAS Transactions on Computers*, vol. 4, is. 8, pp. 966-974, 2005.

[11] H. Kim, P. Howland, and H. Park, "Dimension Reduction in Text Classification with Support Vector Machines," *Journal of Machine Learning Research*, vol. 6, pp. 37-53, 2005.

[12] H. Liu and H. Motoda, "On Issue of Instance Selection," *Data Mining and Knowledge*

Discovery, vol. 6, no. 2, pp. 115-130, 2002.

[13] T. Mikolov, I. Sutskever, K. Chen, G. Corrado, and J. Dean, "Distributed Representations of Words and Phrases and Their Compositionality," *Advances in Neural Information Processing Systems*, pp. 3111-3119, 2013.

[14] T.M. Mitchell, *Machine Learning*, McGraw Hill, 1997.

[15] C. Mesterharm and M.J. Pazzani, "Active Learning using On-line Algorithms," *Proceedings of the 17th ACM SIGKDD International Conference on Knowledge Discovery and Data Mining*, pp. 850-858, 2011.

[16] A.L. Maas, R.E. Daly, P.T. Pham, D. Huang, A.Y. Ng, and C. Potts, "Learning Word Vectors for Sentiment Analysis," *Proceedings of the 49th Annual Meeting of the Association for Computational Linguistics: Human Language Technologies,* vol. 1, pp. 142-150, 2011.

[17] A.M. Nichat, and S.A. Ladhake, "Brain Tumor Segmentation and Classification Using Modified FCM and SVM Classifier," *International Journal of Advanced Research in Computer and Communication Engineering,* vol. 5, no. 4, pp. 73-76, 2016.

[18] J.A. Olvera-López, J.A. Carrasco-Ochoa, J.F. Martinez-Trinidad, and J. Kittler, "A Review of Instance Selection Methods," *Artificial Intelligence Review*, vol. 34, no. 2, pp. 133-143, 2010.

[19] X.-H. Phan and C.-T. Nguyen. "GibbsLDA++: A C/C++ Implementation of Latent Dirichlet Allocation (LDA)," http://gibbslda.sourceforge.net/, 2007.

[20] T. Reinartz, "A Unifying View on Instance Selection," *Data Mining and Knowledge Discovery,* vol. 6, no. 2, pp. 191-210, 2002.

[21] G. Salton, A. Wong, and C.S. Yang, "A Vector Space Model for Automatic Indexing," *Communications of the ACM*, vol.18, no.11, pp. 613-620, 1975.

[22] F. Sebastiani, "Machine Learning in Automated Text Categorization," *ACM Computing Surveys*, vol. 34, no. 1, pp. 1-47, 2002.

[23] H.S. Seung, M. Opper, and H. Sompolinsky, "Query by Committee," *Proceedings of the 5th Annual Workshop on Computational Learning Theory*, pp. 287-294, 1992.

[24] M. Steyvers and T. Griffiths, "Probabilistic Topic Models," *Handbook of Latent Semantic Analysis*, vol. 427, no. 7, pp.424-440, 2007.

[25] C.-F. Tsai and C.-W. Chang, "SVOIS: Support Vector Oriented Instance Selection for Text Classification," *Information Systems*, vol. 38, no. 8, pp. 1070-1083, 2013.

[26] D.R. Wilson and T.R. Martinez, "Reduction Techniques for Instance-Based Learning Algorithms," *Machine Learning*, vol. 38, no. 3, pp. 257-286, 2000.

The 2016 Conference on Computational Linguistics and Speech Processing
ROCLING 2016, pp. 204-213
© The Association for Computational Linguistics and Chinese Language Processing

Computing Sentiment Scores of Verb Phrases for Vietnamese

Thien Khai Tran[1], Tuoi Thi Phan[2]
Faculty of Computer Science and Engineering, Ho Chi Minh City University of Technology
Ho Chi Minh City, Vietnam
[1] thientk@cse.hcmut.edu.vn, [2] tuoi@cse.hcmut.edu.vn

Abstract. Sentiment analysis is an emerging research field. One of the major tasks of sentiment analysis is building sentiment lexicons and calculating their scores, which is an essential job that provides "material" for all sentiment analysis problems. In this paper, we propose a fuzzy language computation by taking linguistic context into account to provide an effective method for computing the sentiment polarity of verb phrases. The positive results, which come from an experimental period, will provide us with a basis from which to build an effective sentiment analysis system by making use of the contextual valence shifter.

Keywords: sentiment lexicons; language computation; linguistic variable; fuzzy logic; fuzzy function; approximate reasoning

1. Introduction

Sentiment analysis (or opinion mining) is a new research field, but it is an important area that attracts the attention of not only researchers but also businesses and organizations. Building sentiment lexicons is an essential task that provides "material" for all sentiment analysis levels: document-based, sentence-based, concept-based, and aspect-based. One of the biggest English sentiment lexicons is SentiWordNet [15]. It contains opinion terms extracted from WordNet [3] with a semi-supervised learning method and is available for research purposes. SenticNet [2] is a lexical resource used in concept-level sentiment analysis. It provides sentiment scores for 14,000 common sense concepts. To tackle the problem of mining verb expressions to identify opinions from customer reviews, there also have been a large number of works discovered the semantics of verbs and verb phrases. For example, Sokolova and Lapalme [13] incorporate semantic verb categories including verb past and continuous forms into features sets. Neviarouskaya et al. [9] built a rule-based approach to incorporate verb classes from VerbNet [12] to detect the sentiment orientation of sentences.

For Vietnamese, Vu et al. [18] built VietSentiWordNet, which contains 1,000 words; it also includes syntactic rules for extracting sentiments from review sentences. Hong et al. [4] built an opinion dictionary for product domains based on a combination of a statistical method, a machine translation technique, and WordNet. Their work outperformed VietSentiWordNet. Recently, in 2016, Son et al. [14] built a Vietnamese opinion dictionary that contains five sub-dictionaries: verb, adjective, adverb, noun, and proposed features. The sub-dictionaries are based on the English emotional analysis approach and adapted to traditional Vietnamese language. The support vector machine classification technique was then used to identify the emotional content of the user's message. However, the authors calculated the sum of the emotional values of the linguistic variables based on feelings.

In this paper, based on Vietnamese linguistic characteristics and the fuzzy computation proposed by Zadeh [6,8,19], we present an effective method for computing the sentiment polarity of verb phrases. From this, we built a fine-grained linguistic sentiment analysis for Vietnamese. Zadeh developed the concept of fuzzy linguistic variables that modify the meaning and intensity of their operands, and we developed a modified fuzzy function suitable for use with the Vietnamese language. In our experiments, we showed that our system provides good results.

In this paper, we describe our research contributions, as follows:

-   The mining of Vietnamese linguistic characteristics to propose sentiment computing rules for verb phrases.
-   Proposing the modified fuzzy functions suitable for Vietnamese linguistic variables.
-   Taking steps toward building an effective sentiment analysis system with fine-grained scores.

The outline of the rest of this paper is as follows: in section 2, we present the linguistic characteristics of Vietnamese; in section 3, the proposed model is described; in section 4, we report our experiments; and finally, we conclude the paper and discuss possibilities for future work.

2.   Linguistic Characteristics of Vietnamese

Vietnamese is an isolating language with lexical tones and monosyllabic word structure. These characteristics are evident in all aspects: phonetic, vocabulary, and grammar. For vocabularies, Le [7] and Nguyen [11] proposed three common standards used to classify them: 1) essential meaning of the word type, 2) the function of the word in the sentence, and 3) the ability to combine with other words. Both Vietnamese and English words can be divided into content words and function words. Content words carry lexical meaning; while, function words relate lexical words to each other. For both languages, content words may be further divided into nouns, adjectives, and verbs. Nouns are words that represent entities; adjectives represent qualities or characteristics; and verbs represent actions or states. In English, most adverbs are content words, but Vietnamese adverbs are function words. Generally, these words modify any part of speech other than a noun. Adverbs can modify verbs, adjectives, clauses, sentences, and other adverbs. In this paper, we only focus on verbs and adverbs.

2.1 Vietnamese Verbs

Verbs denote action, state, or occurrence, and form the main part of the predicate of a sentence. In Vietnamese, there are some types of verbs [1,10] as follows:

-   Intransitive verb (denotes Vin): Intransitive verbs are not used with an object; they relate only to the subject. For example: ngủ sleep, ngồi sit, khóc cry, cười smile etc.

- Transitive verb (denotes Vex1): Transitive verbs are action verb that have an object to receive that action. For example: làm do, trồng plant, xây build, phát triển develop, đàn áp suppress, mua bán purchase etc.

- Verb of giving and receiving (denotes Vex2): For example: cho give, gửi send, tặng offer, biếu donate etc.; nhận get, vay lend etc.

- Verb of command (denotes Vex3): this type of verb presents activities that promote or prevent one from doing something else. For example: khuyên advice, bắt buộc obligatory, đề nghị suggest, đình chỉ suspend etc.

- Verb of moving, direction (denotes Vdr). For example: vào in, ra out, lên up, xuống down, đến come, lại back etc.

- Modal verb (denotes Vt): is a type of verb that is used to indicate modality, that is: likelihood, ability, permission, and obligation. For example: cần need, muốn want, ước wish etc. There are some kind of modal verbs:

  o A need (denotes Vt1): nên should, phải have to…
  o An ability (denotes Vt2): có lẽ may, có thể can, không thể cannot…
  o A volition (denotes Vt3): dự định intend, dám dare…
  o A wishing (denotes Vt4): hy vọng hope, ước wish, mơ dream…
  o A recipient, stand (denotes Vt5): đạt obtain, nhận get…
  o A judge (denotes Vt6): cho, thấy...

- Verb of mentality, awareness (denotes Vin1): hối tiếc regret etc.
- Verb of emotion (denotes Vin2): hạnh phúc happy, buồn sad, giận angry etc.
- Verb of physiology (denotes Vin3): mong want etc.
- Verb of nature, morality, personality (denotes Vin4): nhịn condescend, tha thứ forgive etc.

2.2 Vietnamese Adverbs

Adverbs are words that modify or describe verbs, adjectives, clauses, sentences, and other adverbs. Generally, these words modify any part of speech other than a noun.

The following observations relate to Vietnamese adverbs when comparing them with English adverbs.

Morphology. English adverbs are content words but Vietnamese adverbs are function words. To the best of our knowledge, there are approximately 600 Vietnamese adverbs while English has more than 6,000 adverbs.

Syntactic. In English, the adverb is the head of the phrase, can appear alone, or can be modified by other words. An adverb phrase is a subordinate clause in a sentence. In Vietnamese, adverbs do not have primary grammatical functions in a clause (subject, predicate).

Function. English adverbs modify a verb, adjective, or another adverb. The adverb typically expresses the manner, time, place, cause, or circumstance in which something has happened. In

Vietnamese, adverbs do not have real meaning for describing the name, action, status, nature, and quantity of things. Adverbs only contain grammatical meaning based on the part of speech they modify.

Position. There are three normal positions for adverbs in an English sentence: before the subject, between the subject and the verb, and at the end of the clause. Vietnamese adverbs can precede or follow the words they modify.

Classification. English adverbs have the following types: time adverbs, degree adverbs, manner adverbs, frequency adverbs, and place adverbs.

For Vietnamese, a selection of the types of adverbs and their ability to combine with verbs are presented in Table 1.

Table 1. Vietnamese adverbs and their ability to combine with verbs.

Types	Adverbs	Kinds of verbs	Verb phrases
PV1 the same, similar	đều both cũng too cùng jointly	PV1 + (Vdr, Vin1, Vin2, Vin3, Vin4, Vex1, Vex2, Vex3)	cùng chuẩn bị (prepared jointly)
PV2 continuation	vẫn still	PV2 + (Vdr, Vin1, Vin2, Vin3, Vin4, Vex1, Vex2, Vex3)	vẫn cười (still smile)
PV31 time relation (present+ future)	sẽ will đang -ing	PV3 + (Vdr, Vin1, Vin2, Vin3, Vin4, Vex1, Vex2, Vex3)	Anh sẽ thi rớt. (He will fail the exam.)
PV32 time relation (pass)	vừa just đã -ed từng	PV3 + (Vdr, Vin1, Vin2, Vin3, Vin4, Vex1, Vex2, Vex3)	Anh ấy từng thi rớt. (He has failed the exam.)
PV41 frequency (increase)	thường usually hay often năng always	PV4 + (Vdr, Vin1, Vin2, Vin3, Vin4, Vex1, Vex2, Vex3)	hay ăn trễ (often eat lately)
PV42 frequency (decrease)	ít rarely hiếm rarely	PV4 + (Vdr, Vin1, Vin2, Vin3, Vin4, Vex1, Vex2, Vex3)	ít đi trễ (rarely go late)
PV5 degree	rất very, hơi a bit quá too, lắm much cực extremely	PV5 + (Vin1, Vin2, Vin3)	rất yêu (very love)
PV6 confirmation	có to	PV6 + (Vdr, Vin1, Vin2, Vin3, Vin4, Vex1, Vex2, Vex3)	có tồn tại (to exist)
PV7 command	đừng don't chớ shouldn't	PV7 + (Vdr, Vin1, Vin2, Vin3, Vin4, Vex1, Vex2, Vex3)	chớ hiểu lầm (shouldn't misconceive)
PH negation	không don't chưa yet	PH + (Vdr, Vin1, Vin2, Vin3, Vin4, Vex1, Vex2, Vex3)	không đi (don't go)

PV9 immediateness	ngay right liền right tức khắc right tức thì right	(Vdr, Vin1, Vin2, Vin3, Vin4, Vex1, Vex2, Vex3) + PV9	quay ngay (spin right)
PV10 mediateness	dần dần gradually dần gradually từ từ slowly	(Vdr, Vin1, Vin2, Vin3, Vin4, Vex1, Vex2, Vex3) + PV10	dần dần cải thiện (gradually improved)
PV11 direction	vào into	Vdr + PV11	cứ nói vào (talk into)
PV12 direction	ra out lùi back	Vdr + PV12	lại bàn ra (talk out)
PV13 activity direction	đi away, về back tới to, qua over lại back	Vdr + PV13	mang lại (bring back)
PV14 quickview	qua through	(Vdr, Vin1, Vin2, Vin3, Vin4, Vex1, Vex2, Vex3) + PV14	Đọc qua (read through)
PV15 ascription	cho for	(Vdr, Vin1, Vin2, Vin3, Vin4, Vex1, Vex2, Vex3) + PV15	Người ta cười cho. (people can laugh)
PV16 joint	với along	(Vdr, Vin1, Vin2, Vin3, Vin4, Vex1, Vex2, Vex3) + PV16	Đi với (go along)
PV17 do for himself or he does it with himself	lấy out	(Vdr, Vin1, Vin2, Vin3, Vin4, Vex1, Vex2, Vex3) + PV17	Cầm lấy. (Take it out)
PV18 describe a positive	được obtain	(Vdr, Vin1, Vin2, Vin3, Vin4, Vex1, Vex2, Vex3) + PV18	Tôi mua được cái áo đẹp. (I acquire a nice shirt.)
PV19 describe a negative	phải ought	(Vdr, Vin1, Vin2, Vin3, Vin4, Vex1, Vex2, Vex3) + PV19	Cô ấy tin phải người xấu. (She has trusted a bad guy.)

3. Proposed Model

In this model, we try to compute the sentiment scores for word phrases that include verbs and adverbs based on Vietnamese linguistic characteristics. By combining with some adverbs, the verb phrases will have a smoother sentiment scaling.

3.1 System architecture

Our system architect is presented in Figure 1. We used the English sentiment dictionary, SentiWordNet, and the translate tools Vdict[*] and Google Translate[**] to build the core verb lexicons with sentiment scores for Vietnamese. The fuzzy rules then computed the sentiment scores for the whole phrase, which included the verbs and associated adverbs.

[*] *http://vdict.com* [**] *https://translate.google.com/*

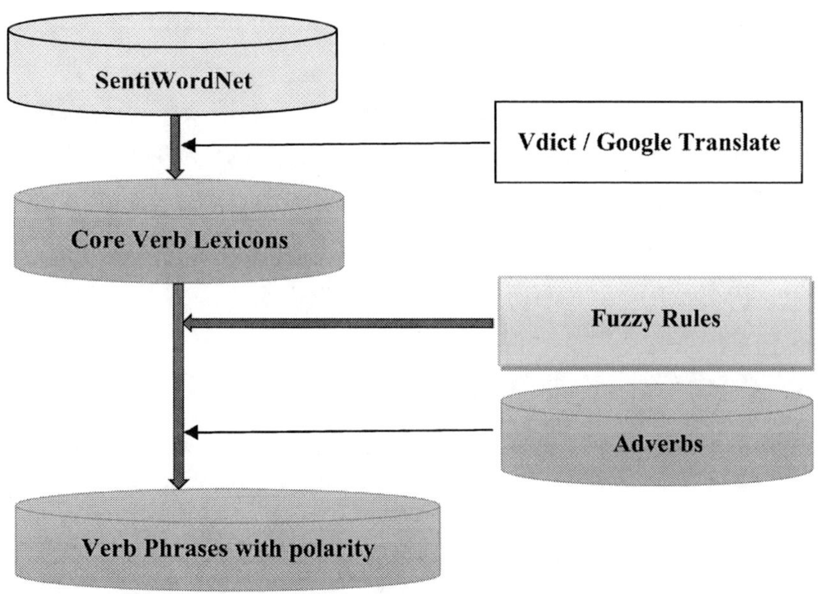

Fig.1. System architecture.

Building core verb lexicons.

We constructed a handcrafted opinion dictionary containing approximately 1,000 verbs. The number of words was high enough to cater to the problem we sought to solve. These words:

- appeared in the review corpus obtained from [16,17].
- are matched with corresponding English words in SentiWordNet; we used Vdict and Google Translate to check this. To meet the scope of this project, we assigned opinion word scores that were the same as the scores of words in SentiWordNet.

In Table 2, we describe some of the opinion words that appear in this core dictionary.

Table 2. Fragment of Core Opinion Dictionary.

Term	Positive Score	Negative Score	POS	Tag
yêu love	0.375	0	Verb	Vin2
ghét hate	0	0.75	Verb	Vin2
tin tưởng trust	0.625	0	Verb	Vin2
kính nể respect	0.5	0	Verb	Vin2

3.2 Fuzzy Rules

Overall sentiment scores for the verb phrases were calculated thanks to fuzzy rules that were associated with the combination between the verb (denotes x) and the adverb (denotes y). We used fuzzy functions to incorporate the effect of the adverbs in the verb phrases. We considered the sentiment score of a verb to be its initial fuzzy score $\mu(x)$. Based on Vietnamese linguistic characteristics, we realized five sentiment shifting scalings for adverbs that go along with verbs;

these were intensifier, booster, diminisher, minimizer, and modifier. General principles for classifying adverbs are as follows:

1. Adverbs of degree: There are five levels: intensifier, booster, diminisher, minimizer, and modifier. Some Vietnamese adverbs of degree are presented by Table 3.

2. Other adverbs: There are three levels that are booster, diminisher, and modifier:
   - Booster: PV1, PV2, PV31, PV41, PV6, PV9, PV10, PV13, PV16, PV17, PV18.
   - Diminisher: PV32, PV42, PV10, PV12, PV14, PV15.
   - Modifier: PH, PV19.

   Some of these adverbs are presented by Table 4.

Table 3. Some Vietnamese adverbs of degree with their scalings.

intensifier	booster	diminisher	minimizer	modifier
cực kỳ extremely	rất very	khá rather	cũng seemingly	không no
cực strongly	quá too	tương đối relatively	hơi a bit	chẳng no
siêu super	lắm much	tạm rather	rồi already	chả no

Table 4. Some other adverbs with their scalings.

booster	diminisher	modifier
đều both	phải to	chả no
vẫn still	hiếm rarely	không not
hay often	từng already	chưa yet

In our system, Vietnamese adverbs are organized in a database. In Table 5, we describe some of the adverbs that appear in our adverb database. In the table, "Tag" is the scaling category to which an adverb can belong.

Table 5. Some Vietnamese adverbs with their tags.

Adverbs	Types	Tag
cực kỳ extremely	PV5	intensifier
không no	PH	modifier
phải to	PV19	modifier
hay often	PV41	booster
hiếm rarely	PV42	diminisher

Similar to Zadeh's proposition [6,8,19], if the verb phrase had an adverb, its modified fuzzy score was computed by (1):

$$f(\mu(x)) = 1 - (1 - \mu(x))^{\delta} \quad (1)$$

We chose δ = 4, 2, 1/2, or 1/4 if the adverb was a(n) intensifier, booster, diminisher, or minimizer. which gives us a modified fuzzy score, as indicated in (2).

$$f(\mu(x),y) = \begin{cases} 1 - \sqrt[4]{1 - \mu(x)} & y.tag \in minimizer \\ 1 - \sqrt[2]{1 - \mu(x)} & y.tag \in diminisher \\ 1 - (1 - \mu(x))^2 & y.tag \in booster \\ 1 - (1 - \mu(x))^4 & y.tag \in intensifier \\ -\mu(x) & y.tag \in modifier \cap y.type \in pv19 \\ 0 & y.tag \in modifier \cap y.type \in ph \end{cases} \qquad (2)$$

with

- $f(\mu(x),y)$ is the sentiment score of a verb phrase, in which x: verb, y: adverb.
- $\mu(x)$ is the sentiment score of a verb.

Table 6 presents an example of verb phrases and their sentiment scores.

Table 6. Sentiment score of verb phrases.

f(μ(x),y)					μ(x)
intensifier	**booster**	**diminisher**	**minimizer**	**modifier**	**verb**
cực kỳ (yêu) extremely (love)	rất (yêu) very love	khá (yêu) rather love	cũng (yêu) seemingly love	không (yêu) doesn't love	yêu love
0.85	0.61	0.21	0.11	0	0.375

According to the formula (2), if the adverb was a modifier (y.tag = modifier), we had two cases. For example:

$f(tin \ \mathbf{phải} \ {}_{\text{trust (a bad guy)}}) = - f(tin \ {}_{\text{trust}}) = - 0.625$, but

$f(\mathbf{đừng} \ hiểu \ lầm \ {}_{\text{shouldn't misconceive}}) = 0$

4. Experiments

Cohen's kappa coefficient. Two judges participated in categorizing the adverbs as intensifier, booster, diminisher, minimizer, or modifier. To compute the "between judges' agreement," we used the Cohen's kappa coefficient [5], as follows:

$$k = \frac{\text{Pr(a)} - \text{Pr(e)}}{1 - \text{Pr(e)}} \qquad (3)$$

where

Pr(a) is the relative observed agreement among the judges and Pr(e) is the hypothetical probability of a chance agreement. The Cohen's kappa coefficient of our corpus $k = 0.80$.

104 Vietnamese verb phrases from Agoda.com were randomly collected to evaluate the system performance. The system was capable of handling 100 phrases. The highest sentiment score was +0.98 *(cực kỳ tin tưởng extremely trust)*, and the lowest one was -0.99 *(vô cùng ghét extremely hate)*. Obviously, the adoption of fuzzy logic for computing sentiment scores of verb phrases helps the sentiment valences have a smoother sentiment scaling, not only 1, -1, and 0. In Table 7, we describe the eleven levels of sentiment polarities that obtained from the testing.

Table 7. The eleven levels of sentiment polarities.

Level	5[†]	4	3	2	1	0	-1	-2	-3	-4	-5
Number of phrases	2	12	6	11	13	13	14	13	5	10	1

[†] 5: extremely positive; 4: very positive; 3: positive; 2: rather positive; 1: a little positive; 0: neutral; -1: a little negative; -2: rather negative; -3: negative; -4 very negative; -5: extremely negative.

Application. By identifying the fine-grained scores of phrase in sentence, the system can deal with many multi-class sentiment classification problems. For example, to classify the sentences, we simply counted the mean scores of sentiment phrases in each sentence. If the final score was more than +0.1 the sentence was considered to show a positive emotion. If the score was less than -0.1 the sentence was considered to show a negative emotion. Otherwise, the sentence was considered to show a neutral emotion.

For example: Rất tin tưởng vào dịch vụ khách sạn, cực yêu phong cảnh nơi đây *(Very trust in the hotel services, extremely love the scenery)*. Total score: *(f(rất tin tưởng very trust) + f(cực yêu extremely love)) / 2 = (0.86 + 0.85) / 2 = 0.855.* Therefore this sentence is considered to show a extremely positive emotion.

5. Conclusions

This paper has presented a mechanism for computing the sentiment scores of verb phrases by mining the Vietnamese linguistic characteristics and using fuzzy functions. We have shown this approach to be effective. By identifying the opinion phrase polarity automatically, the method can be useful to deal with many sentiment analysis problems. Still, there are a number of challenges to indentify, classify, and calculate the sentiment scores of verbs and verb phrases because of linguistic challenges and the rule based approaches often suffer from domain-specificity problem. Future work will expand our research with more data and adopt this approach for developing Vietnamese sentiment lexicons with adjective phrases and noun phrases. We will also consider using machine learning methods to help the system become more robust.

6. Acknowledgment

This paper was supported by the research project C2016-20-32 funded by Vietnam National University Ho Chi Minh City (VNU-HCM).

7. References

[1] Diep Van Ban and Hoang Van Thung, (1998).: Ngữ pháp tiếng Việt, "Vietnamese Grammar", Vietnam Education Publishing House.

[2] Erik Cambria, Daniel Olsher, and Dheeraj Rajagopal, (2014). SenticNet 3: A common and common-sense knowledge base for cognition-driven sentiment analysis. AAAI, pp. 1515–1521.

[3] Princeton University "About WordNet." WordNet. Princeton University. 2010. <http://wordnet.princeton.edu>.

[4] Hong Nam Nguyen, Thanh Van Le, Hai Son Le, Tran Vu Pham, (2014). Domain Specific Sentiment Dictionary for Opinion Mining of Vietnamese Text. The 8th Multi-Disciplinary International Workshop on Artificial Intelligence (MIWAI 2014): 136-148.

[5] J. Carletta (1996). Assessing agreement on classification tasks: the Kappa statistic, Computational Linguistics, 22, 249-254.

[6] L. A. Zadeh, (1975). "The concept of a linguistic variable and its application to approximate reasoning-II," Information Sciences,vol.8, no.4, part3, pp.301–357.

[7] Le Van Ly, (1972) .:Sơ thảo ngữ pháp Việt Nam, "Vietnamese Essentials: Grammar". Vietnam Education Publishing House.

[8] Mita K. Dalal and Mukesh A. Zaveri, (2014). "Opinion Mining from Online User Reviews Using Fuzzy Linguistic Hedges," Applied Computational Intelligence and Soft Computing. Volume 2014, Article ID 735942.

[9] Neviarouskaya A., Prendinger H., Ishizuka M, (2009) "Semantically distinct verb classes involved in sentiment analysis", IADIS International Conference Applied Computing 2009.

[10] Nguyen Kim Than, (1997) .: Nghiên cứu ngữ pháp tiếng Việt, "Vietnamese Grammar". Vietnam Education Publishing House.

[11] Nguyen Tai Can, (1975) .: Ngữ pháp tiếng Việt (Tiếng - Từ ghép - Đoản ngữ), "Vietnamese Grammar". Hanoi Publisher.

[12] Schuler, K. K., Korhonen, A., and Brown, S. W. (2009). VerbNet overview, extensions, mappings and applications. In HLT-NAACL, 13–14.

[13] Sokolova, M., and Lapalme, G. 2008. Verbs Speak Loud: Verb Categories in Learning Polarity and Strength of Opinions. In Canadian Conference on AI, 320–331.

[14] Son Trinh , Luu Nguyen, Minh Vo, Phuc Do, (2016) "Lexicon-Based Sentiment Analysis of Facebook Comments in Vietnamese Language," Recent Developments in Intelligent Information and Database Systems Volume 642 of the series Studies in Computational Intelligence. pp 263-276.

[15] Stefano Baccianella, A.E., Sebastiani, F. (2010).: Sentiwordnet 3.0: An enhanced lexical resource for sentiment analysis and opinion mining. In: LREC'10 (May 2010).

[16] Thien Khai Tran and Tuoi Thi Phan, (2015) "An upgrading SentiVoice – a system for querying hotel service reviews via phone," Proceedings of the 19th International Conference on Asian Language Processing (IALP 2015), Suzhou, China. pp. 115-118.

[17] Thien Khai Tran and Tuoi Thi Phan, (2015) "Constructing Sentiment Ontology for Vietnamese Reviews," Proceedings of the 17th International Conference on Information Integration and Web-based Applications & Services (iiWAS2015), Brussels, Belgium. December 11 - 13, 2015. pp.281-285. ISBN: 978-1-4503-3491.

[18] Tien-Thanh Vu, Huyen-Trang Pham, Cong-To Luu, Quang-Thuy Ha (2011).: A feature-based opinion mining model on product reviews in Vietnamese. In: Semantic Methods for Knowledge Discovery and Communication, Polish-Taiwanese Workshop, Springer Berlin Heidelberg. pp.22–23.

[19] V. N. Huynh, T. B. Ho, and Y. Nakamori, (2002) "A parametric representation of linguistic hedges in Zadeh's fuzzy logic," International Journal of Approximate Reasoning, Vol. 30, No. 3, pp.203–223.

The 2016 Conference on Computational Linguistics and Speech Processing
ROCLING 2016, pp. 214-228
© The Association for Computational Linguistics and Chinese Language Processing

Automatic evaluation of surface coherence in L2 texts in Czech

Kateřina Rysová, Magdaléna Rysová, Jiří Mírovský

Charles University in Prague, Czech Republic

Faculty of Mathematics and Physics

Institute of Formal and Applied Linguistics

`{rysova|magdalena.rysova|mirovsky}@ufal.mff.cuni.cz`

Abstract

We introduce possibilities of automatic evaluation of surface text coherence (cohesion) in texts written by learners of Czech during certified exams for non-native speakers. On the basis of a corpus analysis, we focus on finding and describing relevant distinctive features for automatic detection of A1–C1 levels (established by CEFR – the Common European Framework of Reference for Languages) in terms of surface text coherence. The CEFR levels are evaluated by human assessors and we try to reach this assessment automatically by using several discourse features like frequency and diversity of discourse connectives, density of discourse relations etc. We present experiments with various features using two machine learning algorithms. Our results of automatic evaluation of CEFR coherence/cohesion marks (compared to human assessment) achieved 73.2% success rate for the detection of A1–C1 levels and 74.9% for the detection of A2–B2 levels.

1   Introduction

Our research is carried out on texts written during the international language examinations provided by the Test Centre of the Institute of Language and Preparatory Studies at the Charles University in Prague in line with the high ALTE (Association of Language Testers in Europe) standards. Such type of examination is required by Czech universities (the needed CEFR level is usually B2) or often also by employers and the exam is compulsory for foreigners to be granted permanent residence in the Czech Republic (the required CEFR level is A1) or state citizenship (the required CEFR level is B1).[1] Therefore, it is of great importance to assess these examinations as objectively as possible and according to uniform criteria.

This is rather difficult because the writing samples are evaluated manually by human assessors (although according to the uniform rating grid) who naturally bring to the evaluation a subjective human factor. In the present paper, we aim at finding several objective criteria (concerning surface text coherence) for distinguishing the individual CEFR levels automatically. Specifically, we carry out a research on surface text coherence concerning various discourse phenomena (like the use and frequency of connectives etc.) and we test the possibility of their automatic monitoring and evaluating. The results of our research will become a part of a software application that will serve as a tool for objective assessment of surface text coherence, i.e. for automatic division of submitted writing samples into the suitable CEFR levels in the coherence/cohesion category.

2   Previous Research

There are many studies and projects dealing with automatic evaluation of various language phenomena especially for English. Many of them focus on grammatical aspects of language (e.g. on automatic evaluation of grammatical accuracy, detection of grammatical errors etc. – see [1]; [2] or [3]). On the other hand, only few of them aim at automatic evaluation of text coherence.

Text coherence may be viewed as local (in smaller text segments covering e.g. discourse relations between sentences within a paragraph) or global (coherence concerning larger text segments like correlation between a title and content etc.). Automatic evaluation of local

---

[1] Common European Framework of Reference for Languages (CEFR, the document of the Council of Europe) divides language learners into three broad categories (A: Basic user, B: Independent user, C: Proficient user). These categories may be further subdivided into six levels (A1, A2, B1, B2, C1 and C2).

coherence is a topic investigated e.g. by Miltsakaki and Kukich [4] analyzing student's essays or Lapata and Barzilay [5] focusing on machine-generated texts. Higgins et al. [6] examine possibilities of automatic assessment of both local and global coherence at once carried out on student's writing samples.

A specific topic of automatic evaluation of language is an analysis and assessment of L2 texts, i.e. (both written and spoken) texts by non-native speakers. Again there are many studies focusing especially on English (or languages like German or Dutch) as L2 and examining various aspects of language like automatic assessment of non-native prosody [7], automatic classification of article errors [8] or automatic detection of frequent pronunciation errors [9].

Whereas there is a number of studies focusing on automatic evaluation of texts written by non-native speakers for different languages, there is no similar research for Czech as L2/FL so far. Therefore, we open this topic for Czech by introducing automatic evaluation of surface text coherence, which has a clear potential for practical usage.

3   Text Coherence

There are many approaches to text coherence as well as capturing and monitoring coherence relations in large corpora, such as Rhetorical Structure Theory (RST, [10]), Segmented Discourse Representation Theory (SDRT, [11]) and the project Penn Discourse Treebank (PDTB, [12]). The PDTB approach inspired also the annotation of discourse in the Prague Dependency Treebank for Czech (PDT, [13]) – the only corpus of Czech marking relations of text coherence relations.

In this paper, we use the PDT way of capturing coherence relations. We focus on the aspects of surface coherence (cohesion), i.e. on the surface realization of coherence relations that may be processed automatically (like signalization of discourse relations by discourse connectives, distribution of inter- and intra-sentential discourse relations, distribution of semantico-pragmatic relations like contingency, expansion etc.).

4 Language Material: Corpus MERLIN

For our analysis, we use the language data of the corpus MERLIN [14][2] containing altogether 2,286 writing samples by non-native speakers (learners) of Czech, German and Italian.

German and Italian texts of the corpus were collected by TELC (The European Language Certificates) and Czech texts were provided by the Test Centre of the Institute of Language and Preparatory Studies at the Charles University in Prague. Both institutions (as full members of The Association of Language Testers in Europe (ALTE)) offer internationally recognized language exams in accordance with the high ALTE standards.

All texts forming the corpus MERLIN were created as out-puts of standardized tasks aligned to the Common European Framework of Reference for Languages (CEFR) – it means that all writing samples are evaluated across the CEFR levels, in the MERLIN case as A1–C1.[3]

The evaluation reflects both an overall level (general linguistic range) and the individual rating criteria including vocabulary range, vocabulary control, grammatical accuracy, surface coherence (cohesion), sociolinguistic appropriateness and orthography.

MERLIN uses two rating instruments: an assessor-oriented version of the holistic scale (see Alderson [15]) for the general linguistic range and an analytical rating grid closely related to CEFR rating table[4] used in the process of scaling the CEFR descriptors, see [16] and [17].

4.1 Sample of Learners' Texts

Example 1 demonstrates a Czech writing sample from the corpus MERLIN (the overall CEFR rating of this text is A2, i.e. basic user – elementary level):

(1) *Čau Martine,*

Chci Tě zaprvé poděkovat že si mě pozval. Já ještě potřebuju ale vědet kdy to začíná? Abychom jsem mohl vědět kdy musím z domova odejít. Kdo ještě příjde, budou tam Tomáš a Lukáš, jestli ano, tak fajn. Budou tam tvoje rodiče, Radek chtěl vědět.

---

[2] http://merlin-platform.eu/index.php

[3] Corpus MERLIN does not contain C2 texts at the moment.

[4] Common European Framework of Reference for Languages: Learning, Teaching, Assessment (Council of Europe, 2001)

Uvidím tě poždeji

David

Literal translation into English:[5]

Hello Martin,

First, I want to thank you that you have invited me. But I need to know when it begins?
In order to know when I must leave my home. Who will come – Tomáš and Lukáš as
well? If yes, it is fine. Your parents will be there? Radek wanted to know.
See you later

David

The writing sample in Example 1 is provided with the MERLIN evaluation criteria presented in Table 1, i.e. with the assessments by the trained human evaluators.

Table 1: Evaluating table for the MERLIN writing sample in Example 1

Overall CEFR rating	A2
Grammatical accuracy	A2
Orthography	B1
Vocabulary range	A2
Vocabulary control	A2
Coherence/Cohesion	A2
Sociolinguistic appropriateness	A1

4.2   Levels of Coherence in MERLIN

The writing sample in Example 1 was assigned A2 level for Coherence/Cohesion. Corpus MERLIN contains altogether 441 writing samples in Czech across the A1–C1 levels. Their distribution concerning Coherence/Cohesion is captured in Table 2.

---

[5] The original Czech text contains some errors in morphology and spelling that are not represented in the English translation.

Table 2: Distribution of Czech writing samples across CEFR levels of coherence in corpus MERLIN

Coherence level	Number of texts
A1	1
A2	102
B1	172
B2	157
C1	9
Total	441

5 The Experiment

Our goal was to experimentally verify whether and to what extent the human annotation of the Coherence/Cohesion CEFR mark can be simulated by automatic methods. We tried to find possible distinctive criteria/features for automatic detection of the individual CEFR levels in this category.

5.1 Processing the Data

The first step was to parse the data (441 texts) from the raw text up to the deep syntactico-semantic (tectogrammatical) layer in the annotation framework of the Prague Dependency Treebank (PDT)[6] following the theoretical framework of the Functional Generative Description, see Sgall [18, 19]. To parse the data, we used the current version of Treex, a modular system for natural language processing [20], with a pre-defined scenario for Czech text analysis, which includes tokenization, sentence segmentation, morphological tagging,[7] surface

---

[6] The Prague Dependency Treebank [13] is a corpus of Czech newspaper texts (containing almost 50 thousand sentences) with a multi-layer annotation: morphological, surface syntactic and deep semantico-syntactic. On top of the dependency trees of the tectogrammatical layer, the PDT contains also manual annotation of discourse relations including annotation of discourse connectives.

[7] with recognition of unknown words (by heuristic guessing), which is very helpful for L2 texts with high number of typos

syntactic parsing and deep syntactic parsing.

On top of the automatically parsed dependency trees of the tectogrammatical layer, we automatically annotated explicit discourse relations (i.e. relations expressed by discourse connectives). As a theoretical background for capturing discourse relations in text, we employed the approach described in Poláková et al. [21] and used first in the annotation of the Prague Discourse Treebank 1.0 (PDiT; [22]) and later in the Prague Dependency Treebank 3.0 [13]. It is an approach similar to (and based on) the approach used for the annotation of the Penn Discourse Treebank 2.0 (PDTB; [12]). Both these approaches are lexically based and aim at capturing local discourse relations (between clauses, sentences, or short spans of texts), which is in accordance with our project and aims.[8]

For automatic annotation of intra-sentential discourse relations, we used a slightly modified algorithm originally designed by Jínová et al. [23] for a pre-annotation of intra-sentential discourse relations in the Prague Dependency Treebank. For automatic annotation of inter-sentential discourse relations, we devised and implemented an algorithm based on combining features from the automatically parsed deep-syntax dependency trees and lists of common Czech inter-sentential connectives and their most frequent discourse types (senses) extracted from the PDT using the query engine PML-Tree Query [24].

5.2 Features and Methods

To select features for automatic assessment of Coherence/Cohesion text levels, we first carried out a linguistic analysis of a couple of sample texts. Then we extracted (values of) these features from the automatically parsed texts. We established a relatively simple baseline and experimented with several other sets of features, as described below and summarized in Table 3.

The Baseline consists of a single feature that uses a list of 45 most frequent discourse connectives first extracted from the discourse annotation in the PDT 3.0 and complemented by a few informal variants that are likely to appear in texts written by non-native speakers

---

[8] If we aimed at evaluating the global coherence of texts, other theories would be more appropriate, such as the Rhetorical Structure Theory (RST; [10]), which tries to represent a document as a single tree expressing the hierarchy of discourse relations both between small and larger text segments.

(e.g. *teda* as an informal variant of *tedy* [*so, therefore*]). The feature counts number of occurrences of these connective words in the tested text, without trying to distinguish their connective and non-connective usages, and normalizes the count to 100 sentences. The Baseline is thus as follows:

- number of all connective words per 100 sentences

Another set of features – called Surface features – consists of features that only use tokenization and sentence segmentation. They do not use any advanced part of the text analysis such as syntactic parsing and discourse parsing. These features include also the baseline feature and all together are:

- number of all connective words per 100 sentences
- number of coordinating connective words per 100 sentences
- number of subordinating connective words per 100 sentences
- number of tokens per sentence

Other features extract information from the automatically parsed tree structures and from automatically annotated discourse relations. Together with the surface features they form a feature set called All features. Here is a list of the additional features:

- number of intra-sentential discourse relations per 100 sentences
- number of inter-sentential discourse relations per 100 sentences
- number of all discourse relations per 100 sentences
- number of different connectives in all discourse relations
- ratio of discourse relations with connective *a* [*and*]
- number of predicate-less sentences per 100 sentences
- ratio of discourse relations from class Temporal
- ratio of discourse relations from class Contingency
- ratio of discourse relations from class Contrast
- ratio of discourse relations from class Expansion

These three sets of features (Baseline, Surface, All) were predefined before the experiments with the machine learning methods. We also experimented with other sets of features (Set 1

Table 3: Various sets of features used in the experiments.

Feature	Baseline	Surface	Set 1	Set 2	All
number of all connective words per 100 sentences	+	+	+	-	+
number of coordinating connective words per 100 s.	-	+	+	-	+
number of subordinating connective words per 100 s.	-	+	+	-	+
number of tokens per sentence	-	+	+	+	+
number of intra-sentential discourse relations per 100 s.	-	-	+	+	+
number of inter-sentential discourse relations per 100 s.	-	-	+	+	+
number of all discourse relations per 100 sentences	-	-	+	+	+
number of different connectives in all discourse relations	-	-	+	+	+
ratio of discourse relations with connective *a* [*and*]	-	-	+	+	+
number of predicate-less sentences per 100 sentences	-	-	-	-	+
ratio of discourse relations from class Temporal	-	-	-	-	+
ratio of discourse relations from class Contingency	-	-	-	-	+
ratio of discourse relations from class Contrast	-	-	-	-	+
ratio of discourse relations from class Expansion	-	-	-	-	+

and Set 2 in Table 3), trying to find the best sets of features for the learning algorithms. As for selection of these features as well as for testing the algorithms with these features we used the 10-fold cross validation on all the data, results on these two sets may be slightly biased.

We used two machine learning algorithms – Random Forest and Multilayer Perceptron,[9] namely their implementation in the Waikato Environment for Knowledge Analysis – Weka toolkit [25].[10]

We trained and tested the algorithms with 10-fold cross validation on all the available data from the MERLIN corpus (441 instances), using the sets of features defined in Table 3.

---

[9] These two algorithms provided the best results among several other algorithms that we tried in the preliminary stage of the research; therefore, in the subsequent experiments, we used these two algorithms.

[10] Weka toolkit ver. 3.8.0, downloaded from http://www.cs.waikato.ac.nz/ml/weka/.

Table 4: Results of the experiments – accuracy, number of correctly classified instances and number of incorrectly classified instances. Statistically significant improvements over the respective baselines (tested with paired t-test) are marked with * for significance level 0.1 and ** for significance level 0.05.

Experiment	Accuracy (%)	Correct	Incorrect
Random Forest, Baseline	57.1	252	189
Random Forest, Surface features	62.6	276	165
Random Forest, Set 1	** 73.0	322	119
Random Forest, Set 2	* 67.1	296	145
Random Forest, All features	** 70.3	310	131
Multilayer Perceptron, Baseline	60.8	268	173
Multilayer Perceptron, Surface features	* 66.2	292	149
Multilayer Perceptron, Set 1	** 71.9	317	124
Multilayer Perceptron, Set 2	** 73.2	323	118
Multilayer Perceptron, All features	* 68.0	300	141

As the data are relatively small, we chose the 10-fold cross validation instead of setting aside an evaluation test data, which in this case would be too small.

5.3   Results and Evaluation

Table 4 gives an overview of the performance of the two algorithms run with different feature sets.[11] The table gives the accuracy, i.e. the percentage of correctly classified instances, and also the absolute numbers of correctly and incorrectly classified instances. Statistically significant improvements over the baselines are marked with * for significance level 0.1 and ** for significance level 0.05.

---

[11] Please note again that feature sets Baseline, Surface and All were set beforehand, thus the results of the algorithms using these feature sets may be considered more reliable than for feature sets Set 1 and Set 2, which were defined by subsequent experimenting with the two algorithms in an attempt to find the best set of features for each of them (again using the 10-fold cross validation on all the data).

Table 5: Confusion matrix for Random Forest with Set 1 (classes in the rows classified as classes in the columns).

	A1	A2	B1	B2	C1
A1	**0**	1	0	0	0
A2	0	**56**	36	10	0
B1	0	25	**123**	24	0
B2	0	2	12	**143**	0
C1	0	0	0	9	**0**

Table 6: Confusion matrix for Multilayer Perceptron with Set 2 (classes in the rows classified as classes in the columns).

	A1	A2	B1	B2	C1
A1	**0**	1	0	0	0
A2	0	**67**	31	4	0
B1	0	29	**120**	23	0
B2	0	3	18	**136**	0
C1	0	0	0	9	**0**

The confusion matrix for the Random Forest algorithm run with features from Set 1 is given in Table 5. The confusion matrix for the Multilayer Perceptron algorithm run with features from Set 2 is given in Table 6. We can count from the tables that if we allow for "one level" error in the classification (i.e. for example if we consider classification A2 instead of B1 still correct), the accuracy of the algorithms is 97.3% and 98.4%.

The tables also demonstrate that the algorithms have never classified levels A1 and C1 correctly. The reason is that these levels are represented by very small numbers of texts in the corpus (1 writing sample of A1 and 9 of C1) and therefore they do not provide a sufficient language material for training. If the texts of A1 and C1 levels are excluded from the experiments, the succession rates for detection of A2/B1/B2 levels achieve slightly higher results: Random Forest reaches 74.7% over Set 1 and Multilayer Perceptron 74.9% over Set 2. In this case, if we allow for "one level" error, the results are 97.2% for Random Forest and 98.4% for Multilayer Perceptron.

Linguistically, the experiments demonstrate that the most relevant features of surface coherence the (human or automatic) assessors should take into account are especially the following: frequency of connective words (expressing inter- or intra-sentential discourse relations such as *and, but, because, although* etc.); richness or variety of connective words (there is a difference between texts using almost exclusively the conjunction *and* and texts with a bigger diversity of connective words) and lexical richness of text spans (measured as word count per sentence).

6   Conclusion

In the paper, we have presented experiments on automatic evaluation of surface text coherence in writing samples by non-native speakers of Czech, more specifically on automatic detection of the individual CEFR levels. The main aim of our research was to examine to what extent the human assessment of surface text coherence can be simulated by automatic methods.

We have used several distinctive features concerning discourse and observed which combination of them reaches the best results for the two selected algorithms.

The algorithm Random Forest achieved the highest succession rate (73%) with Set 1 and the algorithm Multilayer Perceptron with Set 2 (73.2%). With "one level" error in the classification, the accuracy of the algorithms is 97.3% and 98.4%.

The experiments were carried out on the language data of the corpus MERLIN containing altogether 441 writing samples across A1–C1 levels of coherence. However, levels A1 and C1 are rather rare (1 text of A1 and 9 of C1). If we exclude these two levels from the experiments and focus only on detection of A2/B1/B2 levels, Random Forest reaches 74.7% of success rate over Set 1 and Multilayer Perceptron 74.9% over Set 2.

Acknowledgment

The authors acknowledge support from the Ministry of Culture of the Czech Republic (project No. DG16P02B016 *Automatic evaluation of text coherence in Czech*).

This work has been using language resources developed, stored and distributed by the LINDAT/CLARIN project of the Ministry of Education, Youth and Sports of the Czech Republic (project LM2015071).

References

[1] S. Bangalore, O. Rambow, and S. Whittaker, "Evaluation metrics for generation," in *Proceedings of the First International Conference on Natural Language Generation – Volume 14.* Morristown, AJ, USA: Association for Computational Linguistics, 2000, pp. 1–8.

[2] M. Chodorow and C. Leacock, "An unsupervised method for detecting grammatical errors," in *Proceedings of the 1st North American chapter of the Association for Computational Linguistics conference (NAACL 2000).* Stroudsburg, PA, USA: Association for Computational Linguistics, 2000, pp. 140–147.

[3] K. Papineni, S. Roukos, T. Ward, and W.-J. Zhu, "Bleu: a method for automatic evaluation of machine translation," in *Proceedings of the 40th annual meeting on association for computational linguistics.* Philadelphia, USA: Association for Computational Linguistics, 2002, pp. 311–318.

[4] E. Miltsakaki and K. Kukich, "Evaluation of text coherence for electronic essay scoring systems," *Natural Language Engineering*, vol. 10, no. 1, pp. 25–55, 2004.

[5] M. Lapata and R. Barzilay, "Automatic Evaluation of Text Coherence: Models and Representations," in *Proceedings of the 19th International Joint Conference on Artificial Intelligence (IJCAI)*, vol. 5, Edinburgh, 2005, pp. 1085–1090.

[6] D. Higgins, J. Burstein, D. Marcu, and C. Gentile, "Evaluating multiple aspects of coherence in student essays." in *Proceedings of HLT–NAACL*, Boston, 2004, pp. 185–192.

[7] F. Hönig, A. Batliner, K. Weilhammer, and E. Nöth, "Automatic Assessment of Non-Native Prosody for English as L2," in *Proceedings of Speech Prosody*, vol. 100973, no. 1, Chicago, 2010, pp. 1–4.

[8] A. M. Pradhan, A. S. Varde, J. Peng, and E. Fitzpatrick, "Automatic Classification of Article Errors in L2 Written English," in *Twenty-Third International FLAIRS Conference*, Florida, USA, 2010.

[9] K. P. Truong, A. Neri, F. De Wet, C. Cucchiarini, and H. Strik, "Automatic detection of frequent pronunciation errors made by L2-learners," in *Proceedings of InterSpeech*, Lisbon, Portugal, 2005, pp. 1345–1348.

[10] W. C. Mann and S. A. Thompson, "Rhetorical Structure Theory: Toward a Functional Theory of Text Organization," *Text*, vol. 8, no. 3, pp. 243–281, 1988.

[11] N. Asher, *Reference to Abstract Objects in Discourse*. Dordrecht: Kluwer Academic Publishers, 1993.

[12] R. Prasad, N. Dinesh, A. Lee, E. Miltsakaki, L. Robaldo, A. Joshi, and B. Webber, "The Penn Discourse Treebank 2.0," in *Proceedings of the Sixth International Conference on Language Resources and Evaluation (LREC'08)*, N. Calzolari, K. Choukri, B. Maegaard, J. Mariani, J. Odijk, S. Piperidis, and D. Tapias, Eds. Marrakech: European Language Resources Association, 2008, pp. 2961–2968.

[13] E. Bejček, E. Hajičová, J. Hajič, P. Jínová, V. Kettnerová, V. Kolářová, M. Mikulová, J. Mírovský, A. Nedoluzhko, J. Panevová, L. Poláková, M. Ševčíková, J. Štěpánek, and Š. Zikánová, "Prague Dependency Treebank 3.0," Data/software, Prague, 2013.

[14] A. Boyd, J. Hana, L. Nicolas, D. Meurers, K. Wisniewski, A. Abel, K. Schöne, B. Stindlová, and C. Vettori, "The MERLIN corpus: Learner language and the CEFR." in *Proceedings of LREC 2014*, 2014, pp. 1281–1288.

[15] J. C. Alderson, "Bands and scores," *Language testing in the 1990s*, pp. 71–86, 1991.

[16] B. North, "The CEFR levels and descriptor scales," in *Unpublished manuscript, from a paper presented at the 2nd International Conference of ALTE, Berlin, Germany*, 2005.

[17] ——, *The development of a common framework scale of language proficiency.* Peter Lang New York, USA, 2000.

[18] P. Sgall, "Generativní systémy v lingvistice [Generative systems in linguistics]," *Slovo a slovesnost*, vol. 25(4), no. 274–282, 1964.

[19] ——, *Generativní popis jazyka a česká deklinace [Generative Description of Language and Czech Declension].* Prague: Academia, 1967.

[20] Z. Žabokrtský, "Treex – an open-source framework for natural language processing," in *Information Technologies – Applications and Theory*, M. Lopatková, Ed., vol. 788. Košice, Slovakia: Univerzita Pavla Jozefa Šafárika v Košiciach, 2011, pp. 7–14.

[21] L. Poláková, J. Mírovský, A. Nedoluzhko, P. Jínová, Š. Zikánová, and E. Hajičová, "Introducing the Prague Discourse Treebank 1.0," in *Proceedings of the Sixth International Joint Conference on Natural Language Processing.* Nagoya: Asian Federation of Natural Language Processing, 2013, pp. 91–99.

[22] L. Poláková, P. Jínová, Š. Zikánová, E. Hajičová, J. Mírovský, A. Nedoluzhko, M. Rysová, V. Pavlíková, J. Zdeňková, J. Pergler, and R. Ocelák, "Prague Discourse Treebank 1.0," Data/software, Prague, 2012.

[23] P. Jínová, J. Mírovský, and L. Poláková, "Semi-Automatic Annotation of Intra-Sentential Discourse Relations in PDT," in *Proceedings of the Workshop on Advances in Discourse Analysis and its Computational Aspects (ADACA) at Coling 2012*, E. Hajičová, L. Poláková, and J. Mírovský, Eds. Bombay: Coling 2012 Organizing Committee, 2012, pp. 43–58.

[24] J. Štěpánek and P. Pajas, "Querying Diverse Treebanks in a Uniform Way," in *Proceedings of the 7th International Conference on Language Resources and Evaluation (LREC 2010).* Valletta, Malta: European Language Resources Association, 2010, pp. 1828–1835.

[25] M. Hall, E. Frank, G. Holmes, B. Pfahringer, P. Reutemann, and I. H. Witten, "The weka data mining software: an update," *ACM SIGKDD explorations newsletter*, vol. 11, no. 1, pp. 10–18, 2009.

The 2016 Conference on Computational Linguistics and Speech Processing
ROCLING 2016, pp. 229-243
© The Association for Computational Linguistics and Chinese Language Processing

Facebook 活動事件擷取系統

Facebook Activity Event Extraction System

林圓皓　Yuan-Hao Lin
國立中央大學資訊工程學系
Department of Computer Science and Information Engineering
National Central University
luff543@gmail.com

張嘉惠　Chia-Hui Chang
國立中央大學資訊工程學系
Department of Computer Science and Information Engineering
National Central University
chia@csie.ncu.edu.tw

摘要

社群網路的普及使得不少人以 Facebook 為媒介來宣傳活動，因此本論文的目的即是建立一個 Facebook 的活動事件擷取系統，以幫助使用者快速地掌握活動的資訊。我們改善了黃等人的 Web NER Model Generation 工具[1]，藉以建立活動名稱及地點擷取模型，再利用序列樣版探勘找出活動的起始、結束日期。此外，我們也嘗試以大量的 Facebook 打卡地點來改善地點辨識準確率。實驗測試了 1,300 篇人工標記答案的貼文，以評斷系統擷取活動事件的效能和命名實體辨識的效能，並將擷取出來的活動地點實際投射到經緯度座標上，以評估預測活動實際位置的準確度。實驗結果顯示活動名稱、地點以及開始、結束日期擷取的F_1-score 分別為 0.727, 0.694 及 0.865, 0.72，活動事件整體辨識率為 0.708，顯示藉由此系統來統整 Facebook 上的活動事件並定位出事件發生的地點是相當可行的。

Abstract

The popularity of social networks has made them a perfect medium for activity or advertising campaign promotion. Therefore, many people use Facebook pages to announce their advertising campaign. The purpose of this study is to extract activity events by constructing two named entity recognition models, namely activity name and location, via a Web NER model generation tool [1]. We enhance the tool by improving the tokenizer and alignment technique. In addition, we also use a large database of FB checkin places for location name recognition improvement. For entity relation extraction, we apply sequential pattern mining to find rules for start date, end date, and location coupling. We use 1,300 posts from Facebook to test the activity event extraction performance. The experimental results show 0.727, 0.694 F_1-score for activity name and location recognition; and 0.865, 0.72 F_1-score for start and end date extraction. Overall, the extraction performance for activity event extraction is 0.708.

關鍵詞：活動事件擷取，命名實體辨識，社群媒體事件

Keywords: Activity Event Extraction, Named Entity Recognition, Social Media Event

一、緒論

網際網路發展改變了人們獲得活動訊息的習慣，在過去是藉由電視、平面媒體、廣播媒體的宣傳來得知活動資訊，但隨著網路的進步和社群平台的蓬勃發展，商家有了新的傳播途徑，不僅增加了與客戶間的互動性，也可以更快回應客戶的問題。

得知活動或優惠的訊息是日常生活及旅遊休閒規劃重要的一環，若能取得較多的活動資訊，就能方便人們更有效的規劃。Facebook 是目前台灣最流行的社群平台，每天有一半以上的台灣人在使用手機，這樣的現象使得不少商家、政府、組織會自己經營的粉絲頁，並在粉絲頁上發佈活動訊息或商家優惠，我們發現這些跟活動有關的訊息數量會比一些現有的活動公告網站（如 CityTalk 或活動通）來的更多和即時，因此本文的目的即為從 Facebook 擷取活動訊息。

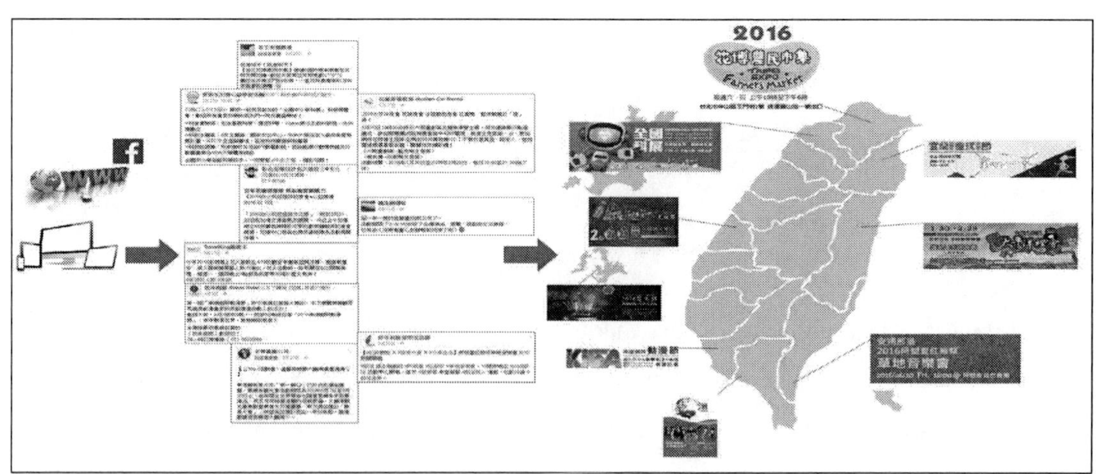

圖一、活動訊息擷取及活動地圖服務的呈現

早期社群平台尚未蓬勃發展時，想要獲取活動訊息只能仰賴 CityTalk、活動通這類網站查詢活動事件資訊，否則就只能辛苦地瀏覽政府、學校網站公告來得知事件。而這樣的

現象往往會使得資訊缺少整合與和使用者的互動。如果能將不同管道的資訊如 CityTalk、活動通、政府、學校網站公告和社群媒體做結合，便可以依活動的受歡迎程度和討論程度，提供一個活動地圖服務（如圖一所示），像是活動的評論、活動剪影和活動的圖片/影片，這些對於了解活動進行和參與有很大的幫助。所以整合現有的活動公告網站，並和社群媒體做結合是本研究的目標。

在本研究當中，我們專注於 Facebook 活動事件的擷取，並提出方法從粉絲頁發文中擷取活動及其重要資訊，系統將擷取出來的活動事件結合電子地圖與時間軸，幫助使用者了解系統擷取出來的活動事件。

二、相關研究

根據 Sarawagi 的 Survey 常見的資訊擷取(Information Extraction)[2]任務包括實體(Entity)、關係(Relation)、屬性(Descriptor)、結構(Table, List, Ontology, etc.)等四類。而資訊擷取的方法有 Hand-coded 及 Learning-Based 兩種方式，可產生規則式(Rule-Based)或是統計式(Statistical Model)。

(一)社群媒體事件擷取系統

常見的事件擷取做法，主要是利用命名實體辨識(NER)的技術去識別文章中和事件相關的實體，並進行 association task 識別出實體間關係，接著透過人工建立的規則去擷取定義的事件。舉例而言，Tweets calendar 系統[3]的擷取的目標是 Twitter 上開放領域的事件，定義事件為(Entity, Event Phrase, Date, Type)，其目標是擷取人物、事件及日期等三種資訊，再將事件分類，組合成事件的 4-tuple 屬性得到如:(Steve Jobs, died, 10/6/11, DEATH)的事件資訊。其作法是標記完命名實體之後，利用卡方測定(Chi square)來做關係的驗證，以強化實體和時間關係並得出前 100、500、1,000 tuple，組合成完整的事件關係。換言之，事件必須被眾人多次提及，才有足夠資訊證明事件為真。

(二)新聞的事件擷取系統

另外，Wang[4]則提出一個應用於新聞媒體上的事件擷取系統，其目的是 5W1H 的語意層級的元素擷取系統，新聞事件的 5W1H 元素事件屬性定義如表一。方法是設計一些特徵(feature)從新聞標題中找出新聞中的主題句，接著透過語義角色標註，最後將擷取出來的元素填入到 News Ontology Event model 供後續的利用。

N. Kanhabua[5]提出的研究是跟公共衛生事件相關的事件擷取，主題是疾病爆發的事件擷取系統，疾病爆發的事件定義如表一，包括受害人、疾病、時間及地點，主要要解決的問題是找到疾病和疾病重要的時程表達式，定義這樣的問題為分類問題，並提出了相關排序(relevance ranking) 方法去判別重要的時程表達式。在不同分類方法中最好的效果是採用 J48，準確率(accuracy)能達到 0.65。

表一、新聞事件的 5W1H 元素事件屬性說明和疾病爆發的事件定義

5W1H	News 5W1H Event	Disease Event e: (v, m, l, t)
What	抵達	disease *m*
When	8 日	time *t*
Where	渥台華　加拿大	location *l*
Who	中國國家主席胡錦濤	victim *v*
Whom	加拿大首都渥台華	
How	中國國家主席胡錦濤抵達加拿大首都渥太華進行軍事訪問	

三、系統架構

本研究的系統架構如圖二，系統首先進行資料的蒐集，包括 CityTalk 和 FB 的發文，接著透過活動相關的關鍵字取得跟活動較為相關的發文，並利用活動名稱辨識的模型進行標記，只有包含活動名稱的貼文才會利用時程表達式、地點、地址辨識的模型進行標記。最後利用事件關係耦合的模組將發文的活動事件的關係找出來，並放到事件的資料庫，並提供介面給使用者查看擷取出來的活動資訊。

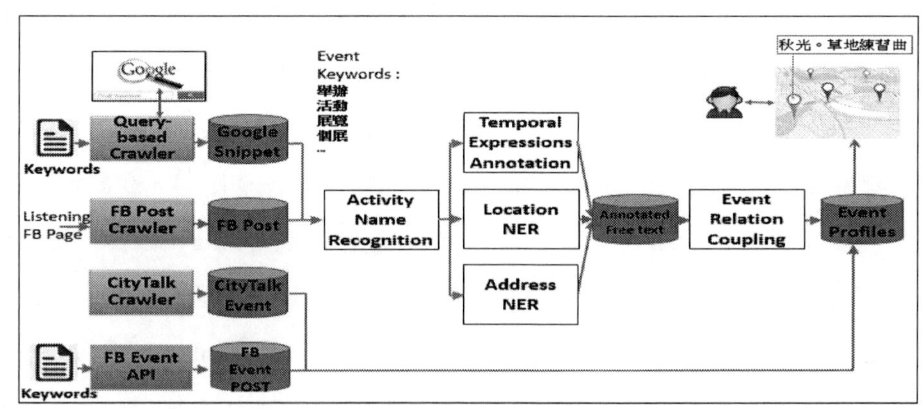

圖二、系統架構圖

(一) 活動事件定義

活動事件的定義可由活動名稱、開始、結束時間、地點（或地址）四個基本元素組成，由於 FB 大部分提及事件的發文都只提到單一事件，因此本研究活動事件擷取任務即從每篇貼文中先行辨識活動名稱，再擷取活動的日期及地點。以圖三貼文為例，表二即為

活動事件擷取的輸出。

表二、活動事件的關係

Activity Name	Start Date	End Date	Location/Address
「世界文化遺產重慶大足石刻彩燈暨牽手嘉年華」	明晚 (2016-02-06)	3 月 13 日 (2016-03-13)	冬山河親水公園

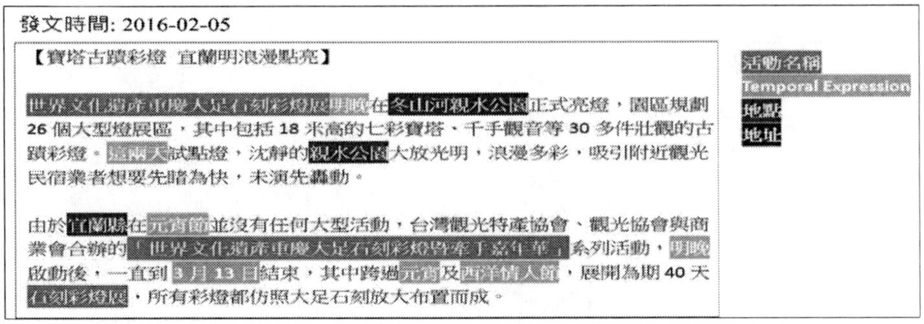

圖三、事件擷取範例說明

(二) 資料收集

在資料收集方面，系統主要會收集 FB、CityTalk 及搜尋引擎的活動關鍵字查詢結果。FB 網站上的資訊，包括打卡地點、台灣公開粉絲專頁、和 FB 事件的發文，其中打卡地點包括 245 萬 Places。由於 FB 沒有像 Twitter 提供對整個 FB 網站發文的搜尋 API，因此我們只能利用 FB Graph API 對 22 萬個台灣公開粉絲專頁(透過解析 1,400 萬筆 FB Object id 所得)，分別監聽關注的粉絲網頁取得發文資料。在 2015/9~2016/8 月間發文蒐集模組共收集粉絲頁的發文 2,947 萬篇以及和該發文的前 100 篇回應。另外系統也收集 FB 事件的發文，並利用爬蟲程式抓取 CityTalk 網站上的活動事件。

(三) 活動名稱實體的識別

活動名稱的模型是根據 CityTalk 網站蒐集回來的活動名稱做查詢詞，對搜尋引擎詢問結果，並經由自動標記得到訓練文本，活動名稱屬於長命名實體，所以歧義性等問題發生機會比較少，因此我們可以進行自動標記獲得大量標記的訓練文本。完整訓練過程和使用 Huang[1]的模型和改進部分可以參考下圖四，訓練模型的部分首先將我們爬蟲程式撈回來的文本透過 tokenization 模組將 token 做較好的切割，接著透過自動標記模組自動標記實體，標記出實體的文本我們不會整段使用而是透過 String split 模組只留 entity 前後固定長度的範圍，接著透過 Feature Mining 模組得到字典檔，透過這些字典檔經由 Generate Feature Matrix 模組產生 CRF ++訓練格式並訓練產生 CRF Model。在任務中改善 Huang[1]的排比（Alignment）方法，加入可自訂義的 tokenizer 模組，允許對 token 做去詞幹設定。排比方式是參考 T.-S. Chen[6]提出的 Global alignment，針對長度大於 k 的活動名稱排比標記條件包括(1)不允許兩排比序列中的字元 mismatch 的對應，(2)兩相鄰 matched token 之間出現 Gap 數至多為 MaxG，且(3)重覆的 token 比例必須大於門檻值 r，滿足以上三者條件的比對系統即將其標記為出現範例。

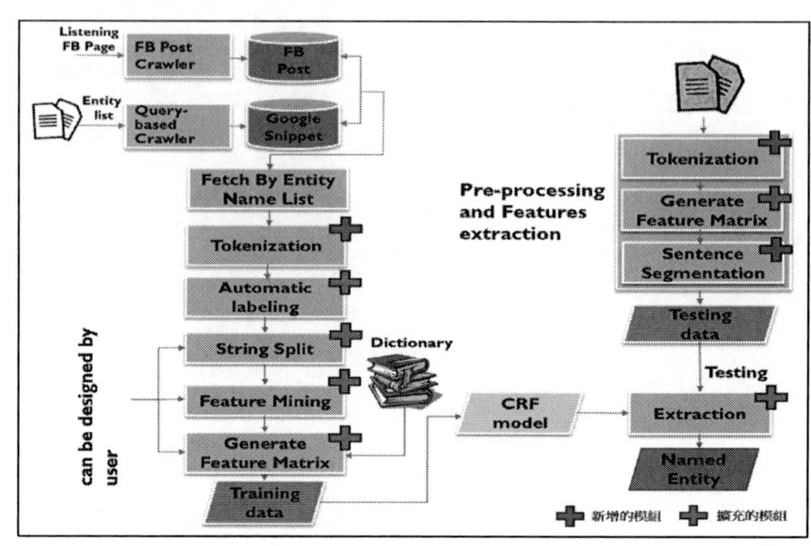

圖四、活動名稱辨識模型建立和更新 Huang 工具的說明

(四) 工具的擴充

工具的擴充是為了改進原先 Huang[1]工具在 FB 文本效能不好的問題，除了上述改善長實體 Uni-Labeling 模組標記的準確性之外，並新增長實體排比 Full-Labeling 模組。較大的改變是擴充框架的可擴展性(scalability)，新增(1)不同資料來源的多線程(multithreading)標記和標記結果的倉儲、(2)支援 word-based 方法的標記（如表三）、(3)斷句模組，和(4)擷取出的實體精準度。

為了整併 word-based 和 character-based 方法並提供更豐富前處理功能新增 Tokenizer 模組，實作透過移植了 Lucene 的 Analyzer，可自行替換根據任務所需並自行設定詞幹設定。當採用 character based 時，我們使用 Jflex 這套工具定義常見的 token 型態(包括 money、alphanum、Chinese or Japan、URL、E-mail 等共 20 個)，而當採用 word based 時則預設使用 IK Analyzer，不過由於 IK Analyzer 會濾除未定義的 token，造成 token 遺失，因此我們改寫部分程式移除這樣的設定，並添加應用庖丁斷詞和 MMSeg 自定義的詞庫，如果要使用其它中文斷詞，可自行封裝斷詞來取代預設。標記精準度是指識別出的實體和原文是一致的。我們要保證所有對文本做的前處理都不會影響識別出的實體。

表三、不同方法 tokenizer 自動產生的活動名稱辨識特徵值範例

ID	說明	長	character based	word based
...	…	…	…	…
10	常見於活動名稱前方的 token	1	到、在	舉辦、參加
11	常見於活動名稱前方的 token	2	舉辦、推出	推出/「、一年一度/的
12	常見於活動名稱前方的 token	3	活動：、參加「	活動/名稱/:、節目/名稱/:
13	常見於活動名稱後方的 token	1	】、」	即日起、開幕式
14	常見於活動名稱後方的 token	2	起跑、本次	表演/活動、明日/登場
15	常見於活動名稱後方的 token	3	來囉~	熱烈/開跑/囉、 /開幕/盛況
...	…	…	…	…

(五) 地點實體的識別

錯誤標記的地點會影響判定活動地點，對於地點辨識模型我們更看重精確率(precision)和實體邊界，精確率是不要錯誤地識別一些地點，採 CRF 方法召回率很高但識別錯誤例子也很多例如："免費" 識別成地點，另外識別出來的地點有時候邊界不是那麼完整如："三灣鄉五穀廟前廣場" 被識別為 "三灣" 和 "廟前"，這些原因都可能造成地點轉 GPS 錯誤。另外還有原因是地點 NER 採 CRF 方法自動標記負擔太大。為此另外實做了配合 FBPlaceDB 標記方法的地點 NER 模組解決上述提到的問題。方法參考 Facebook Deduplicating a places [7]想法去實現地點 NER 模組。由於 FB Place 資料庫收錄的名稱有 245 萬，因此利用 Apache Solr 將打卡地點建成倉儲，同時為加快對句子的標記我們將句子切割成 n-gram (n=4~10)，分別查詢最相關的 k 個地點名稱 place。另外建立兩個跟地點及商家名稱有關的字典檔 CoreDic 及 LocBgDic：核心字典檔 CoreDic 是利用 MSRA 訓練出的實體(包含人名、地名、組織名)辨識模型，標記 92 萬個黃頁商家名稱中出現的實體，並刪掉出現頻率少於6次的實體名稱，做為核心字典檔(7,993 詞)；而地點商家背景字典檔 LocBgDic 收集方式則是將商家名稱經過中文斷詞後，取詞頻大於 500 且存在庖丁斷詞和 MMSeg 預設詞庫中但不屬於 CoreDic 的字詞(1,361 詞)。

利用這兩個字典檔，我們可以對每一個句子中的 n-gram 及其查詢到的 place 評分。給分原則為(1)避免跟 Location 或商家無關的字會得到分數。(2)當要標記的對象和資料庫的地點相關度判定分數超過門檻值，我們認為其實可視為相關，即可以地點標記句子。(3)比較好的實體邊界應取得較高的分數，如 n-gram1= "*清華/大學/旺宏/館*" 與 n-gram2= "*清華/大學/旺*" 分別和 place= "*清華/大學/旺宏/館*" 匹配所得的分數，前者較後者為

高。完整的給分方式定義如下圖五。

其中 CoreFind 目的為找出輸入字串中可能出現的核心字詞集合(利用 MSRA NER 模型標記的實體加上 CoreDic 標記的字詞)，BgFind 透過中文斷詞並排除核心字，與 LocBgDic 交集得到的背景字詞集合，剩餘不屬於核心字和背景字的集合我們將其定義為描述字。CoreFind, BgFind 及 Descriptor 三個模組聯集所得的字詞數即是 Count 函數回傳值。演算法主要是計算出 n-gram 及 place$_i$ 共同的實體核心詞 CoreSet(去掉沒有出現在 place$_i$ 中核心詞)，以及共同背景詞 BgSet，並依 Eq.(1)計算 n-gram 與 place$_i$ 的相似度，若相似度大於門檻值，則用該地點 place$_i$ 進行 Partial Alignment 標記這個句子，進行最完整標記。

For each n-gram (n=4 to 10) in a sentence s
- Query FBPlaceDB to obtain top k place names
- For each place$_i$ from top k place names
    1. $CoreSet = CoreFind\ (place_i)\ \cap\ CoreFind(n\text{-}gram)$
    2. Find the Segment Core Entity based on common core, core length and frequency in CoreDic
    3. $BgSet = BgFind\ (n\text{-}gram)\ \cap\ BgFind(place_i)$
    4. Compute $Descriptor(n\text{-}gram)$ and $Descriptor(place_i)$, respectively
    5. $NCBSim(n\text{-}gram, place_i) = \dfrac{\beta \times |CoreSet| + (1 - \beta) \times |BgSet|}{\beta \times min(|Count(n\text{-}gram)|,\ |Count(place_i)|)}$ Eq. (1)
    6. If ($NCBSim(n\text{-}gram,\ place_i)$ > threshold) then Label sentence s with place$_i$

圖五、FBPlaceDB 地點辨識標記演算法

舉例而言，句子 s1=「主辦單位：高雄市政府勞工局訓練就業中心」，利用不同的 n-gram 可查詢到 "高雄市政府"、"新北市政府勞工局"、"勞工局訓練就業中心"、"斗六就業中心"、"高雄市政府勞工局勞工教育生活中心"、"高雄市政府勞工局訓練就業中心大寮職訓場域"等相關的 FB 打卡點，透過演算法最後句子中會標記到的地點為「高雄市政府勞工局訓練就業中心」，雖然這筆地點名稱不在 FBPlaceDB 中，但是因為與 "高雄市政府勞工局訓練就業中心大寮職訓場域"經過排比，卻能完整的進行標記。

(六) 地址實體的識別和時程表達式標記模組

地址實體的識別模組主要應用是參考 2012 年 Chang 等人[8]提出的台灣地區地址擷取，使用 CRF 和配合表四 17 種地址特徵做訓練該模型，並配合極大分子序列演算法

（Maximal Scoring Subsequences）其F_1-score 約在 0.94 至 0.99 區間。另外本文研究主要文本擷取對象為 FB Post，但未來事件擷取的任務會擴充成 Web Data Extraction，為了相容HTML網頁(semi-structured)和FB Post (free text)採用Su [9]系統模組擷取台灣地址。

表四、地址擷取模型辨識特徵值

ID	Feature	ICCS	ID	Feature	ICCS
1	CountyCity	縣、市	10	ChineseNo	一、二、三
2	Township	鎮、鄉、區,	11	AllDigits	42011、0937137659
3	Village	村、里、鄰	12	DigitLen1	5、6
4	StreetRoad	道、路、街	13	DigitLen2	11、32
5	LaneAlley	段、巷、弄	14	DigitLen3	420、260
6	HouseNo	號	15	DigitLen4	5566、1234
7	Building	樓、室	16	DigitLen5	42011
8	ContactTag	地、址、電、話	17	DigitLong	327363、4227151
9	Punctuation	、、：；			

活動時間在發文中會以比較口語的方式提及如: 本周六、明天下午等這些表達活動時間的陳述也是系統擷取的目標，標記的時間針對時程表達式進行標記，該模組參考Heideltime[10]，加入了口語的時間表達規則和正規化文字步驟（含全形字轉半形字），解決 FB 上書寫過於自由造成規則匹配失敗的問題，並利用匹配到的時間規則轉換成明確的年月日的日期格式，再修復跟週相關規則有關的臭蟲。

(七) 關係的耦合

這個步驟是將擷取出實體相關資訊，配對成完整的活動事件，我們採用規則式的方式，透過循序樣式探勘，快速找到和活動相關的文字特徵。由於透過系統標記活動名稱模組可能會得到多個活動名稱，我們將從中選擇系統認為最合適的活動名稱。挑選方法是針對每一個標記活動名稱 t 和系統標記的所有活動名稱 aSet 去排比，並得到共同交集比例最高的活動名稱做為標記的輸出。

雖然每個人介紹活動資訊的方式有很多種，但會有一些常見介紹活動資訊的語句，我們想法是找出這些語句出現的特定字，用其建立擷取活動時間的規則，我們的樣本數是包含時程表達式且是跟活動資訊有關的 40 萬句句子，接著透過循序樣式探勘(sequential pattern mining)，找出前 800 樣版，經由人工判定留下 79 Pattern，其中包括起始 51 個日期規則、14 個結束日期規則、以及 14 條 Date Confuse 規則，建立活動時間 Pattern 擷取規則。另外系統也手動建立一些輔助的規則以識別特殊的活動發文案例和識別活動地點，完整的制定規則在圖六。這些規則會有優先順序，對於比較完整的 Pattern 會有比較高的優先權，如果同樣長度則看 Pattern 的觸發機率，計算方式是針對 Pattern s = $w_0 \dots w_{n-1}$ 在 40 萬時間相關句子去看 Pattern unigrams ，bigrams 的機率，如下 Eq. (2)：

$$\text{Probability of s: } P(s) = P(w_0) \times P(w_1|w_0) \dots \times P(w_{n-1}|w_{n-2}) \qquad \text{Eq. (2)}$$

- Start Date rule
    - (r1)Prefix word: "於" | "活動時間" | "展期" | "活動日期" …
    - (r2)Suffix word: "起" | "舉辦" …
    - *(r5)Date Update: "活動改到" …*
- End Date rule
    - (r3)Prefix word: "截止日期" | "即日起至" …
    - (r4)Suffix word: "止" | "截止後" …
    - (r6)Date Update: "活動延長至" …
    - *(r11)Negative rule: "結標時間" | "原訂於" …*
- Special Date rule
    - (r7)Confuse rule: "販賣時間" | "徵件時間" …
- Location rule
    - *(r8)Prefix word: "於" | "假" …*
    - *(r9)Suffix word: "展出" | "舉行" …*
    - *(r10)LOC Update: "新活動地點" …*
- Negative Activity rule:
    - *(r12)Cancel: "活動取消" | "暫停舉辦" …*

註: 灰底是人工建立的規則

圖六、擷取活動時間、地點制定的規則

四、實驗

(一) 實驗資料集

實驗測試資料集透過隨機抽樣 FB 官方粉絲專頁的發文，挑選 1,300 篇文本中至少含有 1 個活動名稱的活動貼文。透過人工進行標記代表該篇文章最重要的活動事件關係，得到包含活動名稱、開始結束時間、地點或地址的活動事件關係資料集。另外將事件中提到的活動地點透過 FB Place 的資料庫對應到明確的 FB 上的打卡點取得人工判定的 GPS，或是透過 Google Map API 將活動地址轉成 GPS。另外我們也評估了系統命名實體模組效能，產生兩個估量命名實體的第一個資料集是將這 1,300 篇所有提到的活動名稱都進行人工標記，產生活動名稱辨識的資料集(2,132 Activity Name)，另外一個資料集則是將這 1,300 篇提到的地點和地址進行人工標記，產生地點辨識的資料集(2,015 Loc)，在此資料集我們會將組織和地點和地址做區隔，以反映出真實資料中三者實體重疊的情況。

(二) 命名實體辨識的效能

實體估量的算分方式，考量實體有時難以準確斷出邊界，以活動名稱舉例:「105 年基隆市「主委盃」全國青少年 14 歲級網球錦 1 標賽（C-2）─基隆」可能只識別出部分「主委盃」全國青少年 14 歲級網球錦標賽」，參考 Huang 評估方法對於每個辨識到的命名實體 e 與正確答案的命名實體 a 進行命名實體辨識效能的評估，並定義 Eq. (3) $P(e,a)$、$R(e,a)$ 分數，加總分數後取平均值得到整體的 Eq. (4) Precision、Recall 與 Eq. (5) F_1-score。

$$P(e,a) = \frac{|e \cap a|}{|e|}, \quad R(e,a) = \frac{|e \cap a|}{|a|} \qquad \text{Eq. (3)}$$

$$Precision = \frac{\sum P(e,a)}{|Identified\ entities|}, \quad Recall = \frac{\sum R(e,a)}{|Real\ entities|} \qquad \text{Eq. (4)}$$

$$F_1\text{-score} = \frac{2 \times Precision \times Recall}{Precision + Recall} \qquad \text{Eq. (5)}$$

(三) 活動名稱模型的評估

我們使用 CityTalk 11.7 萬個活動名稱(2015/12 前的活動)做為種子，查詢 Google 前 100 筆搜尋結果(絕大多數都不滿 100 筆且有可能找不到，造成 Google 自動將我們下的 Exact match 搜尋詞自動改成 Partial match)，得到約 67 萬個句子，利用 Uni-Labeling 標記活動名稱，提供給 Stanford 及 CRF++模型，利用活動名稱辨識的資料集評估結果如下圖七。

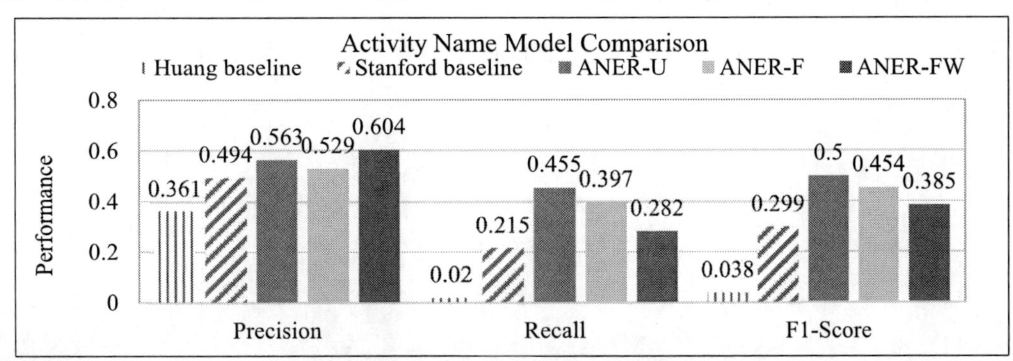

圖七、Activity Name NER Model 比較

分析發現給定相同的 Google snippets 文本進行自動標記，Huang 的工具在活動名稱(長實體採排比方式 Uni-Labeling)只能標記 2,221 個實體，而改進的排比方式 Uni-Labeling 則可標記 77,766 個實體，顯示透過新增 tokenizer 和重新實做的排比方式，能自動標記在拼音和非拼音的文本。並達到 0.5 的 F_1-score，相對 Huang 與 Stanford 兩個 Baseline，均有大幅度的效能改進(0.038 及 0.299)。另外我們採 Full-Labeling 能標記到 195,400 個實體訓練文本並依 tokenizer 方法不同訓練兩個模型，比較 ANER-F 和 ANER-FW 這兩

個方法，word-based 有 Precision 較佳的優點，但在 Recall 較低。

(四) 地點模型的評估

我們使用打卡次數超過 1,000 次的 10.3 萬 FB 地點做為種子，查詢 Google 前 10 筆搜尋結果，以及 FB 貼文分別得到 17 萬，1,317 萬句子(FB 貼文搜尋採 Partial match 查詢，所以可能會得到查詢詞無關的文本，另外句子統計是查詢結果得到文本所含句子數量)，利用 Uni-Labeling 標記地點名稱，分別標記了 62,723 及 148,801 個地點實體，供給 CRF++ 訓練地點名稱辨識模型，其中 LNER(Google snippets)及 LNER(FB posts)是利用改善後的 Web NER Model Generation 工具配合 Google Snippets 和 FB 貼文的方法，FBLocDic 則為本文配合 FBPlaceDB 標記方法所提的方法。利用地點辨識的資料集評估結果如圖八所示，由於測試答案對地點和地址和組織的區分，且訓練種子檔有鄉鎮區和街道名組成的地點名稱，造成會標記到部分地址，普遍 Precision 都維持在 6 成以下，FBLocDic 精確率較高標記實體邊界也較準，但召回率過低是該方法的缺點。改進後工具以及 FB 貼文訓練所得的模型可以達到最好 0.618 的 Recall 以及最好的 0.452 的F_1-score。另外我們將兩者方法做結合的 LNER(FB posts)+FBLocDic 能將 Recall 提升到 0.656 且 Precision 僅有 0.02 下降。

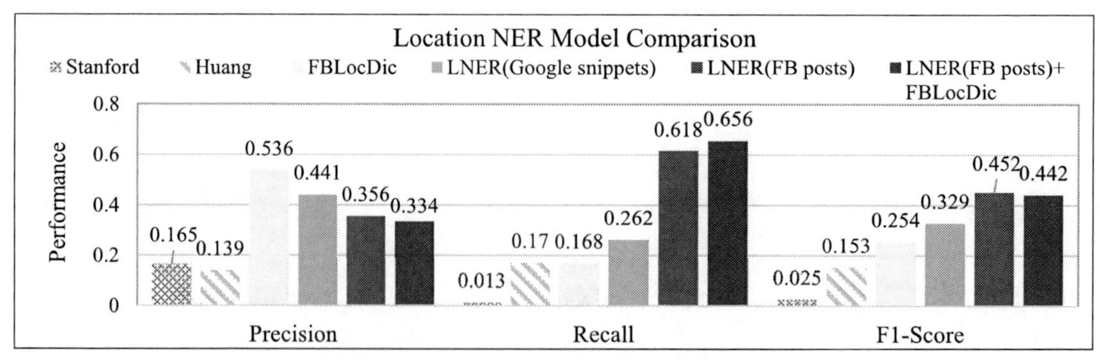

圖八、Location NER Model 比較

(五) 活動事件擷取的效能

活動事件關係的估量方式先以每篇文章識別出個別實體進行評估，再定義整個活動事件的擷取效能。如前所述，由於 FB 上的活動貼文基本上是主述一個主要活動事件，因此給定一篇活動貼文及人工標記的活動、起始日期、結束日期以及地點四個答案(ActSet,

Start, End, Loc/Addr)[1]，根據答案含有 k 活動事件資訊，定義活動為 k-tuple (k=1 to 4)，若系統擷取出活動名稱 EAct、起始日期 EStart、結束日期 EEnd、以及地點 ELoc 或 EAddr，我們分別定義 Eq. (6)式個別實體擷取的 P, R 分數[2]。Eq. (7) 式為活動時間資訊判定是否正確的分數，我們將開始、結束時間分別估量。另外 Eq. (8) 為活動地點資訊正確的分數。再將這 k 個實體分數做平均便能分別得到 Eq. (9) EventPrecision 及 Eq. (10) EventRecall。活動事件關係評估定義如下:

$$P(ActSet, EAct) = \max_{a \in ActSet} \frac{|EAct \cap a|}{|EAct|} , \quad R(ActSet, EAct) = \max_{a \in ActSet} \frac{|EAct \cap a|}{|a|} \qquad \text{Eq. (6)}$$

$$I(Date, EDate) = \begin{cases} 1 & If \ \ Date = EDate \ AND \ Date \neq NULL \\ 0 & If \ \ Date \neq EDate \end{cases} \qquad \text{Eq. (7)}$$

$$MP(Loc, ELoc) = P(Loc, ELoc) , MR(Loc, ELoc) = R(Loc, ELoc) \qquad \text{Eq. (8)}$$

$$EventPrecision = (\ P(ActSet, EAct) + I(Start, EStart) + I(End, EEnd) \\ + MP(Loc/Addr, ELoc/EAddr) \ ) \ / \ k \qquad \text{Eq. (9)}$$

$$EventRecall = (\ R(ActSet, EAct) + I(Start, EStart) + I(End, EEnd) \\ + MR(Loc/Addr, ELoc/EAddr) \ ) \ / \ k \qquad \text{Eq. (10)}$$

$$EventF1 = 2 \times \frac{EventPrecision \times EventRecall}{EventPrecision + EventRecall} \qquad \text{Eq. (11)}$$

$$P(Act) = \frac{\sum P(ActSet, EAct)}{|Identified \ EAct|} , \quad R(Act) = \frac{\sum R(ActSet, EAct)}{|answer \ Act|} , \quad F1(Act) = 2 \times \frac{P(Act) \times R(Act)}{P(Act) + R(Act)} \qquad \text{Eq. (12)}$$

表五、不同 k 資料集個別的事件屬性和活動事件擷取效能

F$_1$-score / attribute	#posts	F_1-score				Event		
		Activity Name	Start Date	End Date	Loc/Add	Precision	Recall	F$_1$-score
1-tuple	45	0.766	NA	NA	NA	0.776	0.757	0.766
2-tuple	124	0.732	0.8587	NA	0.39	0.651	0.648	0.650
3-tuple	547	0.727	0.881	0.704	0.719	0.742	0.724	0.732
4-tuple	584	0.731	0.853	0.744	0.687	0.705	0.685	0.694
Total/Avg	1300	0.727	0.865	0.720	0.694	0.718	0.700	0.708

表六、個別的事件屬性和活動事件擷取效能

Performance / Item	Activity Name	Start Date	End Date	Loc/Add	Event
Precision	0.729	0.884	0.942	0.849	0.718
Recall	0.726	0.848	0.583	0.587	0.700
F$_1$-score	0.727	0.865	0.720	0.694	0.708

活動事件關係實驗結果表五、表六雖然在前一節中，個別實體名稱辨識效果只有 0.5 左右，但是由於活動貼文中可能以不同方式提及活動相關資訊，加以循序樣式探勘所得的

---

1 若文章無資料則標記為 NULL，於活動事件擷取效能時，不予計算。
2 目前系統預測事件屬性都只預測一個，取 max 為我們系統預測跟所有的答案標記去看能拿到的分數

擷取規則，因此我們整體的擷取效能可以達到 0.7 左右的F_1-score，對於起始日期更可達到 0.865 的F_1-score。

最後我們評估系統將活動地點投射到電子地圖上的位置，跟人工判定的真實座標的誤差。從 1,300 篇文章中，利用人工判定的活動位置 GPS 和系統自動化定位的 713 筆 GPS 進行實驗(目前系統每篇文章只會自動定位 1 個 GPS，自動定位 713 代表對 713 篇文章做自動定位)。扣除 75 筆系統進行自動定位、但無人工判定答案的 GPS，針對有答案的 638 筆 GPS 我們統計實際自動化定位和答案活動事件位置 GPS 的差距，將結果顯示在圖九。其中八成四的預測少於 4 公里(平均 0.15 公里)，與表六中的 0.849 的 Precision 相近。

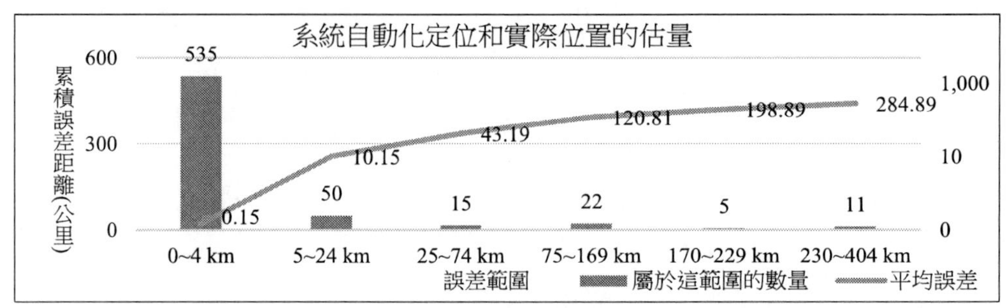

圖九、活動事件預測活動位置(GPS)評估實驗

五、結論

本研究建構了一個 FB 事件擷取系統，並主動蒐集社群媒體資料，整合分散的粉絲頁發布的活動發文，擷取活動重要資訊，提供搜尋 FB 活動發文的功能，並將擷取到的活動事件在電子地圖上顯示方便使用者查看。在系統發展過程中，發現中文命名實體辨識模組仍有很大的進步空間，尤其是對於書寫較自由的 FB 發文，透過改善自動標記的方法，可以大幅改善標記的準確率和標記量，解決 Huang 在非拼音(中文)排比方法效能不好的問題。同時我們也加強文本前處理彈性以適應擴充和客製化。透過蒐集 FB 上的資料，可以有效的訓練我們的中文命名實體辨識模組。另外我們透過序列樣式探勘找出有用的特徵，輔助活動擷取的判斷，對提升準確率有很大的幫助。最後實驗透過人工標記的 1,300 篇發文評估命名實體辨識和事件擷取的效能。統計從 2015/6/23 截至 2016/8/8，針對 FB Post 進行活動事件擷取，系統在這段時間共截取了 11 萬 1,931 個活動事件(有同時提及活動名稱和活動時間抑或是同時提及活動名稱和活動地點/地址)。

目前系統對於每篇文章目前針對內文的單一事件去做擷取，但是如果文章提及多個事件，也需擷取文章中提到的多個事件。此外文章中提到的多個子活動也是擷取感興趣的目標，因為這些事件的子活動和子活動提及的描述和時間更能夠幫助人們快速了解該活動的詳情，如果能擷取這樣的資訊，就能提供人們活動排程功能和活動的推薦。此外像一些特殊情況發生例如颱風造成活動取消，系統應該註記活動因為何種原因取消，避免提供錯誤活動訊息。最後希望我們的任務能推廣到整個不只有社群媒體的 Web 上，從台灣的網站，政府、學校、售票網站公告自動化擷取活動公告，提供更完整豐富的活動訊息。

參考文獻

[1] Y. Y. Huang, C.H. Chung, "A Tool for Web NER Model Generation Based on Google Snippets," Proceedings of the 27th Conference on Computational Linguistics and Speech Processing, pp. 148–163, 2015.

[2] Sunita Sarawagi (2008), "Information Extraction," Foundations and Trends® in Databases, pp. 261-377, 2008.

[3] A. Ritter, O. Etzioni, and S. Clark, "Open domain event extraction from Twitter," Proc. SIGKDD, pp. 1104–1112, 2012.

[4] Wei, Wang "Chinese news event 5W1H semantic elements extraction for event ontology population," Proceedings of the 21st International Conference Companion on World Wide Web, pp. 197–202, 2012.

[5] N. Kanhabua, S. Romano, and A. Stewart, "Identifying relevant temporal expressions for real-world events," Proceedings of the SIGIR 2012 Workshop on Time-aware Information Access, 2012.

[6] T.-S. Chen, M.-C, Chen, and C.-H, Chang, "Efficient Page-Level Data Extraction via Schema Induction and Verification," Proceedings of the 15th Conference on Technologies and Applications of Artificial Intelligencester, 2014.

[7] N. Dalvi, M. Olteanu, M. Raghavan, and P. Bohannon, "Deduplicating a places database," Proceedings of the 23rd international conference on World Wide Web, pp. 409–418, 2014.

[8] C.H. Chung, C.-Y. Huang, and Y.-Y. Su, "On Chinese Postal Address and Associated Information Extraction," Proceedings of the 26th Annual Conference of the Japanese Society for Artificial Intelligence, 2012.

[9] Y.-S. Su, "Associated Information Extraction for Enabling Entity Search on Electronic Map," National Central University, 2012.

[10] J. Strötgen, M. Gertz, "Heideltime: High quality rule-based extraction and normalization of temporal expressions," Proceedings of the 5th International Workshop on Semantic Evaluation, 2010.

The 2016 Conference on Computational Linguistics and Speech Processing
ROCLING 2016, pp. 244-254
© The Association for Computational Linguistics and Chinese Language Processing

標記對於類神經語音情緒辨識系統辨識效果之影響

Effects of Label in Neural Speech Emotion Recognition System

吳東翰 Tung-Han Wu

國立中山大學資訊工程學系

Department of Computer Science and Information Engineering

National Sun Yat-sen University

ajason6208@gmail.com

陳嘉平 Chia-Ping Chen

國立中山大學資訊工程學系

Department of Computer Science and Information Engineering

National Sun Yat-sen University

cpchen@mail.cse.nsysu.edu.tw

摘要

本研究主要目的是探討平衡訓練語料與不平衡訓練語料對於語音情緒辨識的影響。此外由於情緒標記的主觀性可能帶來誤差，因此在此論文中也探討在輸入狀態下資料標記錯誤與否對於系統未加權平均辨識率(Unweighted Accuracy, UA)之影響。實驗工作主要是設計一個類神經網路之語音情緒辨識系統，並使用 INTERSPEECH 2009 Emotional Challenge 中所釋出之 FAU-Aibo 情緒語料庫，以作為辨識率之基準。實驗結果顯示，在假設訓練語料正確標記時，資料平衡與資料不平衡時的未加權平均辨識率分別為 39.6% 與 34.6%；在容許訓練語料錯誤標記時，資料平衡與資料不平衡時的未加權平均辨識率分別為 41.8% 與 35.7%。因此在利用類神經系統作為辨識工具時，若能考慮訓練語料錯誤標記的因素，並適當的提供標記錯誤參數，系統之未加權平均辨識率將可以明顯改善。

關鍵詞：情緒辨識、情緒辨識資料庫、類神經網路、系統平均辨識率

1 緒論

人與人在互相交流時語言溝通就扮演了一個很重要的角色，人們會透過語言來互相交流訊息。基於此理念下開發出了許多人機介面 (Human-computer Iteration, HCI) 相關的產品，如早期的 IBM、Microsoft 系統的語音輸入等，能用語音取代傳統鍵盤打字，而近年來自動語音辨識 (Automatic Speech Recognition, ASR) 已經進步到能夠準確的辨識出語者的語音，不僅能轉換成文字，還能進一步轉化成聲音來與使用者互動，例如 Google 的語音搜尋以及蘋果公司的 Siri 為人們所熟知的代表作之一。人與人在溝通時除了考慮語言在字面上本身所表示的意思之外，還會去考慮當時語者說話時的情緒，但是現今即使是功能完善的 Siri 也無法針對人類的情緒來給出最好的回應，因此在自動情感語音辨識 (Speech Emotion Recognition, SER) 上仍有相當大的發展性。此外，在 2014 年 4 月由日本軟銀集團以及法國 Aldebaran Robotics 公司共同研發的機器人 Pepper 就是一台可以表達情緒以及辨識人類情緒的人型機器人，並且已經應用於日本軟銀集團旗下的分行進行服務，可見情緒辨識也被廣泛應用於各種不同的產品上。

早在 1980 年代，研究發現在情緒上存在著普遍能夠識別出的特徵，而這些特徵主要與情緒的發聲模式有關，因此開創了使用聲學統計特徵進行情感分類的先河 [1]。情感語音辨識屬於情感運算的一部分，在 1997 年, Picard 所著一書為最早提到情感運算辨識的起頭，此書定義了情感計算 [2]，他從一個資訊工程研究者的角度來說明情感運算的應用以及重要性。接下來的幾年內學者對於情感上的分類做了許多研究，並探討情緒對於生理及心理所產生的影響以及變化。本篇論文所使用的 FAU-Aibo [3] [4] 資料庫為 INTERSPEECH 2009 Emotional Challenge 中所指定的基準情緒語料庫，該語料庫改善了傳統語料庫所欠缺的部分。例如：資料量太小、情感的表達不夠自然、實驗結果和他人所做的研究無法有一個好的比較基準等，基於以上原因我們選用了該語料庫做為我們實驗的依據。

現今世界中許多分類的問題通常並不是單純的 0 或 1 的問題，Tsoumakas 等人統整了近幾年來複數標記的需求不斷應用於許多大型的應用 [5]，例如：音樂分類 [6]、語意分類 [7] 等，而我們所研究的情緒分類也屬於複數標記的類型。在分辨人類的情緒時，我們常常不能百分之百的篤定結果，自動情感語音辨識 (Speech Emotion Recognition, SER) 其中一項困難的點在於情緒的分類是一種很主觀的資訊，常常同一句話在不同的聆聽者下會有不同的結果，而為了解決上述這種情況我們嘗試在類神經

網路 (Neural Network) 架構下透過模擬標記錯誤的方法來消除主觀意識所造成的誤差，藉此來改善情緒辨識下的辨識率。

本論文主要分為四個部分，第一部分為緒論；第二部分為研究方法，首先先介紹了實驗時的輸入特徵，接下來是針對資料進行語者正規化的前處理以及偏斜資料進行平衡，最後再加入我們考慮資料標記錯誤的方法來完成實驗，第三部分為實驗結果分析，第四部分為對整體實驗的結論以及未來展望。

2　研究方法

2.1　基準特徵集

本論文所使用的特徵為 INTERSPEECH 2009 Emotional Challenge [3] 所採用的基準特徵集如表 1 所示，包含 16 個低階參數(Low-Level descriptors, LLDs)與其 delta 和 12 個泛函，此特徵集於隱藏式馬可夫模型與線性支持向量機分類器上得到了該挑戰的基準實驗結果分別為 35.9% 以及 38.2%。在聲學特徵上所採用了包含聲韻、頻譜、聲音能量等特徵，所選擇的16個低階參數為過零率(Zero Cross Rate, ZCR)、能量方均根(Root Mean Square, RMS)、音調頻率(pitch frequency)、諧音噪音比(Harmonics to Noise Ratio, HNR)、梅爾倒頻譜係數(Mel Frequency Cepstral Coefficients, MFCCs) (1-12維) 等；12 個泛函為平均值(mean)、標準差(standard deviation)、峰度(kurtosis)和偏移態(skewness)、最大與最小值、相對位置(relative position)與範圍(range)以及另外兩個線性迴歸係數(linear regression coefficients)及其均方差(Mean Square Error, MSE)。最後經過一階係數差並經由12個泛函計算後，最後特徵即包含了 16×2×12=384 個特徵參數。

表 1: 基準特徵集

LLDs	Functionals
RMS Energy	mean
ZCR	standard devation
MFCC 1-12	kurtosis, skewness
HNR	extrmes:value, rel.position, range
F0	linear regression:offset, slope, MSE

2.2　語者正規化(CSHE)

當我們在擷取特徵時，可能會因為語者的不同而產生差異性，因此我們採用直方圖均衡法(Histogram Equalization, HE)做為我們的語者正規化方法(Cross-speaker histogram equalization, CSHE)。基於 Chiou 的做法 [8]，我們將直方圖轉換的公式 (1) 定義如下，其中 $X(x)$ 代表原始特徵分佈，$Y(y)$ 代表目標分佈，p 代表原始的特徵值，q 代表轉換過的特徵值：

$$\int_{x=-\infty}^{p} X(x)dx = \int_{y=-\infty}^{q} Y(y)dy \tag{1}$$

對於兩個分佈 $X(x)$ 與 $Y(y)$，我們的目標是將 $X(x)$ 轉換到 $Y(y)$。我們分別計算 $X(x)$ 與 $Y(y)$ 兩者的累積分布函數(Cumulative Distribution Function, CDF)，再將原始特徵值轉換到目標分布上。因此我們會將多個訓練語者視為一個虛擬語者，在所有資料中我們就可以得到此虛擬語者的累積分佈函數 $c_Y(y)$ 做為目標分佈，而對於每一位訓練語者的資料

$$D_x = \{x_1,...,x_n\} \tag{2}$$

我們也可以由 D_x 算出對應的累積分布函數 $c_X(x)$，最後再經由直方圖均衡法求得對應的特徵值。圖 1 表示正規化的流程。

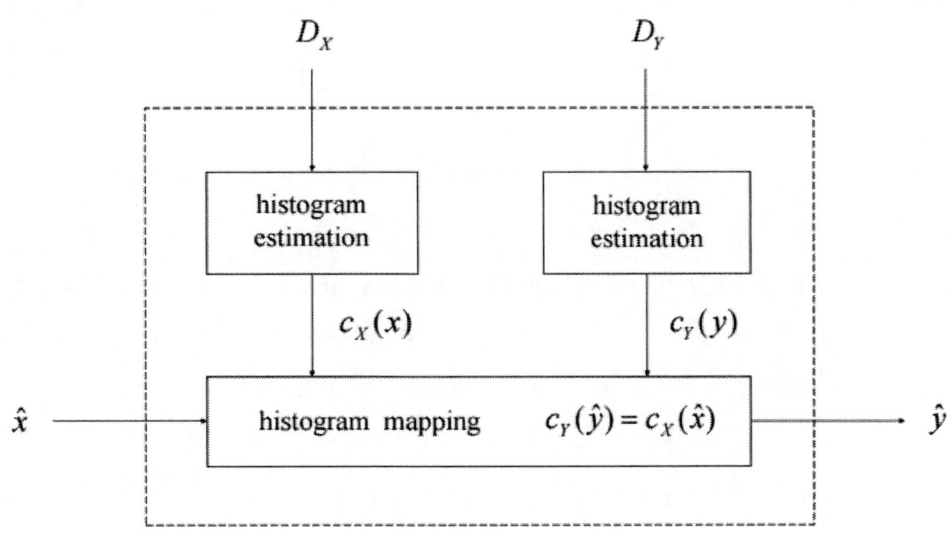

圖 1: 語者正規化流程圖

2.3　資料平衡化

本實驗所採用的資料平衡化的方法為少數類過採樣技術(Synthetic Minority Oversampling Technique, SMOTE) [9] 來對資料進行平衡。首先我們隨機選出一個少數類別之資料樣本 X_i，並透過最近鄰居法(K-Nearest Neighbors, KNN)來產生 K 個鄰近的樣本，並從這K個樣本中隨機選出其中一筆資料 X_i' 後計算出兩樣本之間的差值，最後再隨機乘上一個介於 0 到 1 之間的數值來產生新的樣本，其公式 (3) 如下：

$$X_{new} = X_i + (X_i' - X_i) \times \delta \tag{3}$$

2.4　標記錯誤模擬

首先我們先定義類神經網路架構如圖 2：

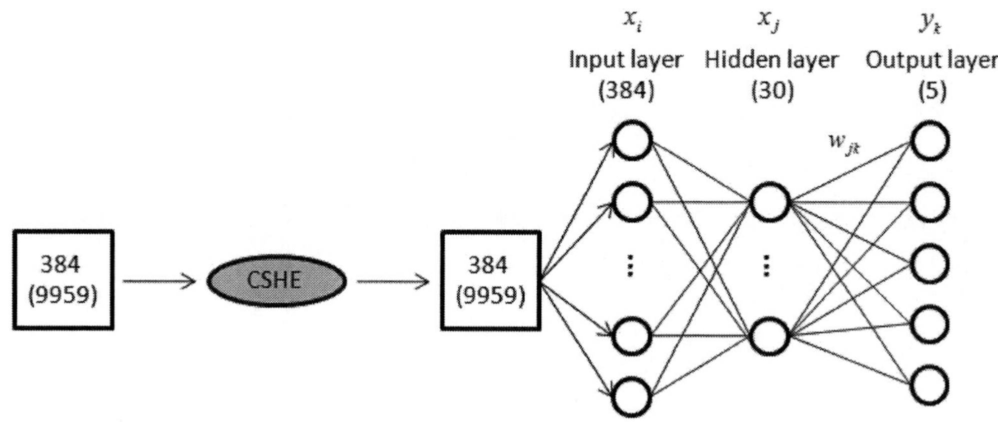

圖 2: 類神經網路架構

y_k 代表隱藏層到輸出層的激活函數輸出值(activation value)，a_k 代表神經元輸入的權重總合，如式 (4) 所示。此外，在多類的分類問題上，我們使用 softmax 函數做為輸出層的激活函數，對於一個 K 類的分類問題，其第 k 個神經元的輸出值為式 (5) 所示：

$$a_k = \sum_{j=1} x_j w_{jk} \tag{4}$$

$$y_k = \frac{\exp(a_k)}{\sum_{j=1}^{k} \exp(a_j)} \tag{5}$$

接下來假設有 K 個類別與 N 筆訓練資料的資料集 D。我們單看其中一筆資料 (t,x)，其資料似然度(likelihood)為式 (6)：

$$P(t|x,W) = \prod_{k=1}^{K} y_k(x,W)^{t_k} \tag{6}$$

而對於整個資料集 D 的資料似然度(likelihood)為式 (7)：

$$P(D|W) = \prod_{n=1}^{N} \prod_{k=1}^{K} y_{nk}(X,W)^{t_{nk}} \tag{7}$$

接下來我們對式 (7) 計算其負對數(negative logarithm) 之後，我們可以得到下式 (8)，其中 t 就是我們的正確標記，而 y 是我們預測出來的結果

$$E(W) = -\sum_{n=1}^{N} \sum_{k=1}^{K} t_{nk} \log(y_{nk}) = \sum_{n} E_n(W) \tag{8}$$

此為交叉熵(cross-entropy)成本函數，其中 t_n 為目標輸出值，y_n 為實際輸出值，而 $E_n(W)$ 則為該目標輸出值和實際輸出值之間的交叉熵。

$$y_{nk} = y_k(x_n,W) \tag{9}$$

最後我們要模擬錯誤標記時的情況，所以我們會假設訓練語料標記錯誤的機率是 ε，其中標記錯誤的方式又分為兩種類型進行探討，並將原本是以 One-Hot 來標記的 t_n 根據不同標記錯誤的類型來進行變換，其中 One-Hot 表示一個列向量中只有一個元素的值為 1 其餘的元素值為 0。

2.4.1　非彈性的標記錯誤(Hard Label Error)

t_n 會有 ε 的機率會隨機分到其他的類別上，並且依舊維持 One-Hot 的型式，這邊為了表示變化的情況，所以我們假設 ε =100% 的情況下，t 所產生的變化如下式 (10)，矩陣的列表示第 n 筆資料，行表示第 k 個類別的機率分佈：

$$\begin{bmatrix} 0 & 0 & 1 & 0 & 0 \\ 1 & 0 & 0 & 0 & 0 \\ 0 & 1 & 0 & 0 & 0 \end{bmatrix} \rightarrow \begin{bmatrix} 0 & 1 & 0 & 0 & 0 \\ 0 & 0 & 1 & 0 & 0 \\ 0 & 0 & 0 & 1 & 0 \end{bmatrix} \tag{10}$$

2.4.2 彈性的標記錯誤(Soft Label Error)

t_n 會有 ε 的機率標記錯誤，但是此時的 t_n 不需要標記成 One-Hot 的型式，而是將錯誤率 ε 當成類別的錯誤率，再將 $\frac{\varepsilon}{4}$ 的機率平均分給其他四個類別。這邊為了表示變化的情況，所以我們假設 $\varepsilon = 40\%$ 的情況下我們所產生的變化如下式 (11)：

$$\begin{bmatrix} 0 & 0 & 1 & 0 & 0 \\ 1 & 0 & 0 & 0 & 0 \\ 0 & 1 & 0 & 0 & 0 \end{bmatrix} \rightarrow \begin{bmatrix} 0.1 & 0.1 & 0.6 & 0.1 & 0.1 \\ 0.6 & 0.1 & 0.1 & 0.1 & 0.1 \\ 0.1 & 0.6 & 0.1 & 0.1 & 0.1 \end{bmatrix} \tag{11}$$

經由對 t_n 進行改變之後，式 (8) 的 W 產生微小變化時，E 也會跟著產生微小變化，透過偏微分以及連鎖率(Chain Rule)可以將最上層(Top Layer)權重的梯度寫成下式 (12)：

$$\frac{\partial E_n}{\partial w_{jk}} = \frac{\partial E_n}{\partial y_{nk}} \frac{\partial y_{nk}}{\partial a_{nk}} \frac{\partial a_{nk}}{\partial w_{jk}} \tag{12}$$

接下來我們會針對式 (12) 中的每一項做偏微分來求得 w 變動時 E 的 變化量，計算過程如下式 (13) 至式 (15) 所示 ：

$$\frac{\partial E_n}{\partial y_{nk}} = -\frac{t_{nk}}{y_{nk}} \tag{13}$$

$$\frac{\partial y_{nk}}{\partial a_{nj}} = \begin{cases} y_{nk}(1 - y_{nj}) & k = j \\ -y_{nk}y_{nj} & k \neq j \end{cases} \tag{14}$$

$$\frac{\partial E_n}{\partial a_{nk}} = \sum_{j}^{nclass} \frac{\partial E_n}{\partial y_{nj}} \frac{\partial y_{nj}}{\partial a_{nk}} = y_{nk} - t_{nk} \tag{15}$$

因此我們可以得到最上層(Top Layer)權重的梯度為式 (16)：

$$\frac{\partial E_n}{\partial w_{jk}} = \sum_{k} \frac{\partial E_n}{\partial a_{nk}} \frac{\partial a_{nk}}{\partial w_{jk}} = (y_{nk} - t_{nk})x_j \tag{16}$$

而我們以 j 表示第二層的神經元，其權重的梯度計算為式 (17)

$$\frac{\partial E_n}{\partial w_{ij}} = \sum_{k} \frac{\partial E_n}{\partial a_{nj}} \frac{\partial a_{nj}}{\partial w_{ij}} = \sum_{k} (y_{nk} - t_{nk})(w_{jk})(y_{nk}(1 - y_{nk}))x_i \tag{17}$$

最後將權重所產生的變化更新回舊的權重上來完成考慮標記錯誤下的類神經網路訓練。

3　實驗結果與討論

實驗中所使用的資料庫為 FAU-Aibo 情緒語料庫，分為生氣(Anger)、強調(Emphatic)、中性(Neutral)、正面(Positive)、其他(Rest)的五類情緒語料，由於五類情緒之資料不平衡問題，訓練資料與測試資料中各類別的資料分佈差異極大，因此辨識結果主要採用未加權平均辨識率(UA)作為比較基準，計算方法為式 (18) 所示，其中，A_{ij} 為類別 i 被分到類別 j 的資料數，K 為總類別數。

$$UA = \frac{1}{K} \sum_{i=1}^{K} \frac{A_{ii}}{\sum_{j=1}^{K} A_{ij}} \tag{18}$$

實驗所使用的工具為 Google 所釋出的開源軟體 Tensorflow [10] [11]，以下數據均為實驗五次後取平均後所產生的結果。實驗中使用的神經網路架構均為單層類神經網路架構：輸入層為 384 個神經元、隱藏層為 30 個神經元、輸出層為 5 個神經元，迭代的次數為 60，每一批次設定為 30，學習率固定為 0.3。

3.1　標記正確

我們先在標記正確的情況下分別對有做資料平衡與未做資料平衡的資料下做出一個基準實驗(表 2)，並與標記錯誤時的實驗進行比較。

表 2: 標記正確情況下，資料平衡與不平衡的結果

Process	平均辨識率(UA)
有做資料平衡	39.6
未做資料平衡	34.6

3.2　標記錯誤

3.2.1　非彈性標記錯誤

(1) 有做資料平衡

表 3: 資料平衡下，不同 ε 的比較

標記錯誤率	平均辨識率(UA)
$\varepsilon = 10\%$	40.6
$\varepsilon = 20\%$	41.2
$\varepsilon = 30\%$	41.3

(2) 未做資料平衡

表 4: 資料未平衡下，不同 ε 的比較

標記錯誤率	平均辨識率(UA)
$\varepsilon = 10\%$	35.0
$\varepsilon = 20\%$	34.5
$\varepsilon = 30\%$	34.7

　　我們針對表 3、表 4 先進行初步觀察，可以發現到非彈性標記錯誤的情況下去考慮標記錯誤時，並不會對平均辨識率有顯著的影響，其原因在於我們當初想要考慮標記錯誤的目的是認為每一個語者所講出來情緒可能會因為不同聆聽者而產生不同的結果，但是當我們使用 SMOTE 來解決資料不平衡時，我們同時也正在降低不同類別的相似程度，因為訓練資料的提升有助於讓類神經網路更加完整，縱使有標記錯誤，但是對於整體的網路卻不會有太大的影響。此外當我們使用非彈性的標記錯誤來進行模擬時，資料有 ε 機率隨機分到其他類，該筆資料也可能只有 20% 機率分到正確的類別上，除此之外語者可能當下所想表達的情緒可能不只有一種，例如：語者生氣的時候說出來的情緒可能包含憤怒以及難過，所以基於上述兩種原因的影響，我們進一步嘗試了彈性的標記錯誤來改善此問題。

3.2.2　彈性標記錯誤

從彈性的標記錯誤所做出來的實驗結果來看，不管是資料平衡與否，平均辨識率均有上升的趨勢，尤其是在資料平衡的時候再加入彈性標記錯誤的方法時，比起單純只做資料平衡平均辨識率上升了 2.2%。由此實驗結果 (表 5 6) 可以說明情緒標記確實存在著主觀性，也驗證了在考慮標記錯誤的情況下來實做一個類神經網路系統是可以有效

的提升整體的平均辨識率。

(1) 有做資料平衡

表 5: 資料平衡下，不同 ε 的比較

標記錯誤率	平均辨識率(UA)
$\varepsilon = 10\%$	40.8
$\varepsilon = 20\%$	41.5
$\varepsilon = 30\%$	41.8

(2) 未做資料平衡

表 6: 資料未平衡下，不同 ε 的比較

標記錯誤率	平均辨識率(UA)
$\varepsilon = 10\%$	34.9
$\varepsilon = 20\%$	35.1
$\varepsilon = 30\%$	35.7

4　結論與未來展望

在類神經系統中，訓練資料對於系統之平均辨識率應有一定之影響。因此在利用類神經系統作為辨識工具時，若能考慮訓練資料錯誤標記的因素，並適當的提供標記錯誤參數，系統之平均辨識率將可以明顯改善。根據本篇論文所實驗的結果，可以發現在類神經網路下處理特定且不確定性很高的資料集的時候，可以透過考慮錯誤標記的方式來有效的提升平均辨識率。我們的方法在考慮彈性的錯誤標記時，是將 $\frac{1-\varepsilon}{4}$ 的機率平均分給其他四個類別，但是這種做法沒有去考慮語者說出來的話語中，各個情緒所佔的比例，這一點是將來研究時必須要再進一步探討的問題，是否能夠找出一個方法可以有系統的調整這些參數來使平均辨識率可以更有效的提升。另外當我們考慮錯誤標記的方法時，如果是運用在資料已經很完整且辨識度很高的資料集上就不適用於此

方法，例如：手寫辨識，未來我們希望可以在更複雜的模型上來考慮標記錯誤的情況
以面對各種不同類型的資料，並將其應用在一個更完整的系統上。

參考文獻

[1] R. Van Bezooijen, S. A. Otto, and T. A. Heenan, Recognition of vocal expressions of emotion a three-nation study to identify universal characteristics, Journal of Cross Cultural Psychology, Vol. 14, no. 4, 387-406, 1983. 2011.

[2] R. W. Picard, Affective computing. MIT Press, 1997.

[3] S. Steidl, Automatic classification of emotion related user states in spontaneous children's speech. University of Erlangen-Nuremberg Erlangen, Germany, 2009.

[4] B. Schuller, S. Steidl, and A. Batliner, The INTERSPEECH 2009 Emotion Challenge, Proceedings of the Interspeech 2009, Brighton, UK, 312–315, 2009

[5] G. Tsoumakas, K. Ioannis and V. Ioannis, . A Review of Multi-Label Classification Methods, Proceedings of the 2nd ADBIS Workshop on Data Mining and Knowledge Discovery, 99-109, 2006.

[6] T. Li and O. Mitsunori. Detecting emotion in music, ISMIR. Vol. 3. 2003.

[7] M. Boutella, X. Shena, J. Luob and C. Browna1, Multi-label semantic scene classification. technical report, department of computer Science, University of Rochester, 2003.

[8] B. -C. Chiou, Cross-lingual automatic speech emotion recognition, Master's thesis, National Sun Yat-sen University, 2014.

[9] N. V. Chawla, K. Y. Bowyer, L. O. Hall and W. P. Kegelmeyer, SMOTE: synthetic minority over-sampling technique, Journal of artificial intelligence research, Vol. 16, 321-357, 2002.

[10] M. Abadi. TensorFlow: Large-scale machine learning on heterogeneous systems, Software available from tensorflow, 2015.

[11] M. Abadi . Tensorflow: Large-scale machine learning on heterogeneous distributed systems. 2016.

The 2016 Conference on Computational Linguistics and Speech Processing
ROCLING 2016, pp. 255-270
© The Association for Computational Linguistics and Chinese Language Processing

基於深層類神經網路及表示學習技術之文件可讀性分類

Classification of Text Readability Based on Deep Neural Network and Representation Learning Techniques

曾厚強　Hou-Chiang Tseng
國立臺灣師範大學資訊工程學系
Department of Computer Science and Information Engineering
National Taiwan Normal University
ouartz99@gmail.com

洪孝宗　Hsiao-Tsung Hung
國立臺灣師範大學資訊工程學系
Department of Computer Science and Information Engineering
National Taiwan Normal University
alexhung@ntnu.edu.tw

宋曜廷　Yao-Ting Sung
國立臺灣師範大學教育心理與輔導學系所
Department of Educational Psychology and Counseling
National Taiwan Normal University
sungtc@ntnu.edu.tw

陳柏琳　Berlin Chen
國立臺灣師範大學資訊工程學系
Department of Computer Science and Information Engineering
National Taiwan Normal University
berlin@ntnu.edu.tw

摘要

隨著網路快速發展，帶來的是資訊流通的便利性。然而，如此爆炸性成長的網路資訊卻令人忽略最重要的根本：閱讀的材料是否能夠被理解。當閱讀材料愈能夠被讀者所理解，就愈能夠產生好的學習效果。而合理估測文本能夠被理解的程度是可讀性公式的研究目標，它主要透過分析文件上的資訊來轉化成可讀性特徵，再利用這些可讀性特徵來訓練出可讀性模型，以便能自動化預測文件的可讀性。而近年來隨著深層類神經網路的崛起，不論應用在語音辨識、圖像處理及自然語言都有明顯效能上的提升。因此，本論文將研究這個技術應用於文本可讀性這個有趣且富實際應用的議題，提出一個基於深層類神經網路技術及詞向量表示法來建構出一個能夠分析跨領域文件的可讀性模型，以符合文件內容多元主題的特性。使可讀性模型能夠更精確分析文件的可讀性之外，也能夠兼具領域一般化的能力。

Abstract

The development of the internet has facilitated the flow of information. However, this explosive growth of information has led to fundamental importance being overlooked: Reading material can be understood. Research on readability formulas aims to predict, to a reasonable extent, the degree to which a text can be understood. It does so mainly by analyzing and translating the information within a text into readability features, which are used to train a readability model, in order to automatically predict the readability of a given text. In recent years, the development of deep neural networks, applied to speech recognition, image processing and natural language processing has improved significantly on the performance. Therefore, this paper proposes a readability model built with deep neural network and word vector representation, and which is capable of analyzing cross-domain texts, in accordance with the diverse topics of text contents. The authors aim to make the readability model capable of analyzing text readability with more accurate, as well as possess domain generalization capacity.

關鍵詞：可讀性，詞向量，分類，深層類神經網路，支向量機

Keywords: Readability, Word2vec, Classification, Deep Neural Network, Support Vector Machine.

一、緒論

可讀性(Readability)是指閱讀材料能夠被讀者理解的程度[1],[2],[3],[4]，當讀者閱讀高可讀性的文件時，會產生較好的理解及學後保留效果[2],[3]。由於文件的可讀性是如此重要，因此早在 1923 年 Lively 和 Pressey 就提出方法來探討教科書中字彙難度的問題[5]。在 1928 年 Vogel 和 Washburne 則是提出一個 Winnetka Formula 來評量小孩讀物的可讀性[6]。可讀性研究一直持續不斷的發展，據 Chall 與 Dale 在 1995 年的統計，到 1980 年為止相關的可讀性公式已經超過 200 多則文件可讀性公式[7]。這些傳統的可讀性公式大多都是使用語言特徵來評量文件的可讀性，例如：著名的 Flesch Reading Ease 公式以詞彙音節數做為語意的指標，以句子的長度作為語法的指標，計算詞彙的平均音節數與文件的平均句子長度來評估文件難度，當文件的詞彙音節數愈多、句子愈長，則該文

件愈困難[8]。Chall 和 Dale(1995)加入了「難詞比率」做為評估文件難度的方式，難詞出現愈多，表示文件愈困難[7]。至今，可讀性模型的發展依舊蓬勃發展，並隨著機器學習演算法的崛起，研究人員得以用更細緻的演算法讓可讀性模型可以納入更多元的可讀性指標，以提升模型準確率 [9],[10],[11]。

雖然機器學習演算法提升了可讀性模型的準確率，然而模型所採用的特徵仍舊為過去的一般語言特徵，而一般語言特徵只單純考量語意、語法和難詞比率等變項並不足以反映文件難度。Graesser、Singer 和 Trabasso(1994)指出，傳統語言特徵公式無法反映閱讀的真實歷程，文件的語意語法只是文件的淺層語言特徵，沒有考量文件的凝聚特性[12]。Collins-Thompson(2014)亦指出傳統可讀性公式僅著重在文件的表淺資訊，而忽略文件重要的深層特徵。這也讓傳統可讀性公式在預測文本可讀性的結果常遭受到質疑[13]。此外，一般語言特徵亦無法判斷詞彙在不同領域時，其詞彙背後所代表的意義。因為特定領域文本的內容著重在闡述領域的「知識概念」，而這樣子的描述方式有別於一般語文的敘述文或故事體的結構。Yan 等人(2006)就明確指出在計算美國大型醫學資料庫(Medical Subject Headings, MeSH)中的專業術語去探討，發現語言特徵公式的音節數、字長與醫學類專業詞彙的困難度無相關。換句話說，採用一般語言特徵的可讀性公式無法反映特定領域文件中專業術語的難度[14]。

針對一般語言特徵無法表徵特定領域知識結構的問題，開始有學者針對這個議題進行研究。例如，Yan 等人(2006)利用本體論的技術將美國國家醫學資料庫(Medical Subject Headings, MeSH)的醫學符號階層資料庫作為概念資料庫，從中找出每一個醫學類文件中的概念，並計算概念到此樹狀結構最底部的距離，得出每篇文件概念深度指標(Document Scop)[14]。Borst 等人(2008)則是利用詞表的方式將每個詞彙的「類別複雜度」與「詞頻」兩個分數加總來計算詞彙複雜度，作為評估醫學類線上文件詞彙、句子、及文件難度的依據[15]。Chang 等人(2013)則是將潛藏語意分析(Latent Semantic Analysis, LSA)應用在特定領域的教科書上，透過奇異值分解(Singular Value Decomposition, SVD)將維度縮減以擷取出語料庫的語意空間來表達文件潛藏語意屬性，接著再以餘弦測量(cosine measure)的方式來獲得領域文件中不同難度的概念詞彙[16]。

透過表徵特定領域的知識結構來做為文件表示(Document Representation)，雖然可以增進可讀性模型的效能。但卻也限制可讀性模型的一般化(Generalization)能力：必須先確認文件所屬的領域後，才能使用相對應的可讀性模型來評估文件可讀性。而此限制除了將造成可讀性模型在實際上應用的問題外，如何事先對於文件所屬領域的界定更是一大考驗。例如網路文本或者課外讀物的內容非常多元，因此難以區別文件所屬的領域。所以發展一個跨領域文件的可讀性模型是必須的。

本論文的內容安排如下：第二節將描述目前可讀性模型應用於評量網路文本的相關研究，並說明其模型可改進的空間。第三節將提出基於深層類神經網路及詞向量技術來建構出一個能夠同時分析不同領域文件可讀性的模型。第四節將呈現本論文所提出模型的效能。最後第五節是總結及未來研究的方向。

二、相關研究

如同 Collins-Thompson 在 2014 所述：讀者是否能理解文件常被視為文件的重要價值之一，然而在設計網頁文本時卻常忽略這個基本的價值而導致讀者在閱讀上的困難[13]，而這也正好凸顯了文件可讀性的重要性和問題所在。在這資訊爆炸的現代，網路文本更是讀者獲取資訊的主要來源。然而目前常看到評量網頁可讀性的服務如 Readability Test [17]、The Readability Test Tool[18]依舊利用傳統的可讀性公式如 Flesch Reading Ease[8]、Flesch Kincaid Grade Level[19]及 Gunning Fog Score [20]來評量不同領域的網路文本可讀性。然而，傳統可讀性公式僅以詞彙（如音節數與難詞比率）或句子（如句長）來當作可讀性指標，但這類表淺的語言指標卻經常被質疑詞彙越長的詞不一定就越困難，並且以句子長度當成句法複雜的指標則過於直覺不夠精緻[21]。Kidwell、 Lebanon 和 Collins-Thompson (2011)指出當文本字數少於 300 字時，其傳統可讀性公式是不適用的。而這個問題對於字數難以控制的網路文本而言顯然是一個重大的限制[22]。

目前已有許多研究指出傳統可讀性公式並不適合評量網頁文本的可讀性 [23],[24],[25]，因此如何才改善可讀性模型來適用於在網頁文本便是值得研究的議題。Miltsakaki 在 2007 年提出 Read-X 系統來針對不同類別網頁文本進行可讀性的評估，它是利用三種可讀性公式：Lix readability formula、 Rix readability formula 和 Coleman-Liau redability formula 等來評量文件的可讀性難度，但 Read-X 系統未將三種可讀性的難度進行整合，這將造成使用者對於文件可讀性難度造成疑慮[26],[27]。直到 2009 年 Miltsakaki 利用平均將 Lix Readability Formula、Rix Readability Formula 和 Coleman-Liau Readability

Formula 的難度進行整合，然而卻也發現這樣子的整合方式無法有效區分出 9-10 年級及 11-13 年級的難度[28]。Eickhoff 等人則是藉由偵測主題的方式來區分哪種網頁適合小孩子閱讀[29]。然而此種判定文件可讀性的方式是否適用於螺旋式教學(Spiral Curriculum)的文本值得商榷。Kanungo 和 Orr(2009)則是針對搜尋引擎所搜尋出來的網頁摘要來評量可讀性，可惜所採用的可讀性特徵仍舊為一般的語言特徵，並無法表徵特定領域文件的知識結構，因此其文件可讀性結果是否能進一步對應網頁適讀的年齡則需進一步的驗證[30]。

除了可讀性指標的問題之外，受益於自然語言處理技術與機械學習演算法的崛起，研究人員得以用更精緻的模型演算法來測量文本的可讀性，使可讀性模型不僅可以納入更多元的可讀性指標，並且對於模型的效能亦有明顯的提升[31],[32],[34] ，而其中所採用分類的工具又以支向量機(Support Vector Machine, SVM)最為常見。然而支向量機相對於深層類神經網路(Deep Neural Network, DNN)而言，是屬於一種淺層的結構，目前已有研究證明這種淺層結構的機械學習演算法在解決簡單或限制較多的分類問題上，是可以得到不錯的效果。但是受限於模型建模和表示的能力，當處理的問題是更為複雜的情形下，就會面臨各種的困難[35]。因此，從上述的研究可以發現，將可讀性模型運用至網路文件是一個必然的趨勢，但也因為網路文件有著許多複雜且無法掌控的因素，致使可讀性模型的發展需要考慮的更加周延。因此，本論文將利用深層類神經網路及詞向量技術來建構跨領域文件的可讀性模型。

三、基於深層類神經網路及詞向量表示法之可讀性模型建立

(一)、詞向量表示

詞向量表示的觀念最早由 Hinton 在 1986 年所提出，又被稱為詞表示(Word Representation or Word Embedding)[36]。Bengio 在 2003 年提出回饋式類神經網路語言模型(Feed-forward Neural Network Language Model(FFNNLM)的訓練架構，從文件中詞彙前後相鄰的關係來求取詞向量表示[37]。而近期 Google 所發表的 Word2Vec 則可視為 FFNNLM 的後繼方法[38]。然而跟 FFNNLM 架構不一樣的是，Word2vec 去除了 FFNNLM 在訓練時最耗時的非線性隱藏層，僅保留輸入層、投影層和輸出層，使其架構更加簡單。Word2vec 提供了二種訓練方式，分別是連續詞袋模型(Continuous Bag-of-words Model,

CBOW)及略詞模型(Skip-gram Model, Skip-gram)。連續詞袋模型主要的精神是由目標詞之外的前後文來預測目標詞的機率；而略詞模型的訓練方式正好相反，它是由目標詞本身來去預測前後文的機率，二種訓練模型示意圖如圖 1 和圖 2 所示。在 Word2Vec 中不論是連續詞袋模型還是略詞模型，在輸出層都可以採用 Hierarchical Softmax 或是 Negative Sampling 兩種模式來增進訓練的效能。然而，不論是連續詞袋模型還是略詞模型都是基於一個長度來看詞彙之間的關係，即所謂的 Shallow Window-Based 的方法。Jeffrey Pennington 則是在 2014 年提出一個 GloVe 的演算法來同時考慮全域及區域詞彙之間的關係，以提升 Word Embedding 的效果[39]。而根據過去的實驗，連續詞袋模型、略詞模型及 GloVe 在可讀性研究的效能差異不大的情況下，本論文將基於連續詞袋模型詞向量表示方式來搭配深層類神經網路建構出一個跨領域文件的可讀性模型[40]。

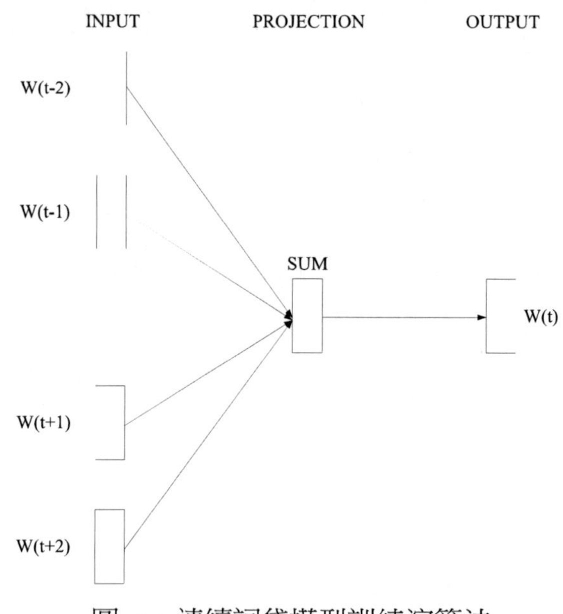

圖一、連續詞袋模型訓練演算法

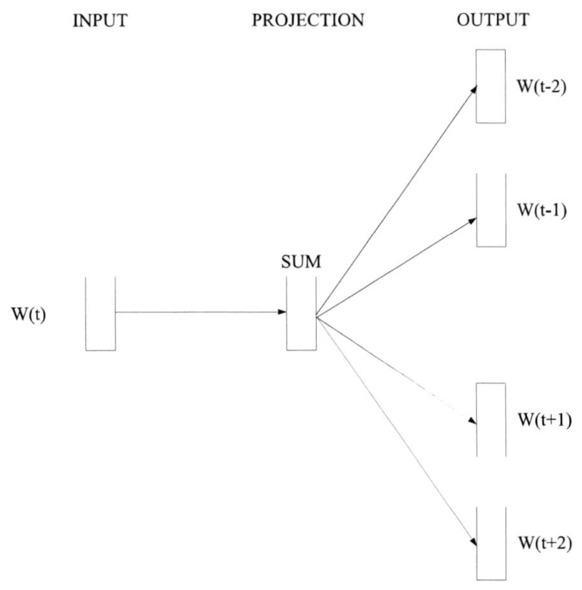

圖二、略詞模型訓練演算法

(二)、深層類神經網路

近年來深層學習的相關研究將類神經網路成功應用在各領域,主要原因為一系列的訓練演算法及模型架構被提出,克服傳統的多層類神經網路訓練困難問題。例如利用 Deep Belief Network(DBN)來初始化深層類神經網路參數,常常會得到比隨機初始化的方法來得到更好的結果[35],[41]。又如 Hinton 利用 rectified linear units (ReLU) 作為隱藏層的激發函數,以克服當網路在兩個方向都接近飽和時,造成梯度變化很小,整個網路的學習變的很慢[35],[42]。本論文的模型利用 ReLU 作為隱藏層的激發函數。此函數可以表示為$\max(0, x)$,即保留正數部分。由於其導函數為常數,可以避免典型的梯度消失(gradient vanish)問題。本論文採用網路模型架構為 1024 維 ReLU 隱藏層和 12 維 softmax 作為輸出層,預測文本屬於各年級教材機率。我們已知課程難易度是漸進關係,隨著年級提升而內容更複雜,但典型的類神經網路沒有考量此因素。因此,我們提出目標函數應加入一正則項,滿足前述的觀察。令輸出層網路參數為矩陣W^L,可以表達為 12 個行項量(column vectors),分別對應各年級,如下式(1):

$$W^L = |\mathbf{w}_1^L \, \mathbf{w}_2^L \, ... \, \mathbf{w}_{12}^L| \tag{1}$$

本論文提出的方法為限制鄰近年級的行項量距離,相鄰的年級應該有相近的向量,可以自然地表達年級的連續性。此正則項可以表達為下式(2):

$$R(W^L) = \sum_{i=1}^{11} \left\| \mathbf{w}_i^L - \mathbf{w}_{i+1}^L \right\| \tag{2}$$

我們希望此正則項可以限制鄰近年級向量的距離,而完整的減損函數為交叉熵(cross entropy)和正則項的結合,如下式(3):

$$L(\theta) = -\sum_{i=1}^{12} (y_i - \log v_i^L) - \sum_{j=1}^{11} \left\| \mathbf{w}_j - \mathbf{w}_{j+1} \right\| \tag{3}$$

其中y_i為年級標記,v_i^L為模型輸出年級 i 的機率。我們藉此鼓勵輸出層參數呈現 12 年級的流形(manifold),即相鄰兩個年級彼此在輸出層空間中相近。

(三)、訓練可讀性模型

建置跨領域文件的可讀性模型流程如圖 3 所示，本研究材料選自 98 年度臺灣 H、K、N 三大出版社所出版的 1-12 年級審定版的國語科、社會科、自然科及體育和健康教育等四個領域的教科書全部共計 6,230 篇，各版本教科書均經由專家根據課程綱要編制而成。本研究實驗拆成兩個資料集分別為：一、資料集 A：由國語科、社會科及自然科等三個領域的教科書共計 4,648 篇。二、資料集 B：由國語科、社會科、自然科及體育和健康教育等四個領域的教科書共計 6,230 篇。藉此觀察在資料集愈複雜的情況下，對於支向量機及深層類神經網路所造成的影響為何。而整實驗的流程皆採用 5-fold 交互驗證的方式進行，首先將文件利用 WECAn[43]來進行中文文件的斷詞，再將訓練資料利用 Word2Vec[38]來分別得到連續詞袋模型詞向量對照表。接著將訓練資料的每一篇課文依據使用到的詞彙從詞向量對照表中取出向量，並將這些向量全部相加，最後所得到的向量便是這一篇課文的可讀性特徵，而它的類別就是課文所屬的年級。本研究分別利用 Keras [44] 和 LIBSVM[45]來訓練出深層類神經網路及支向量機可讀性模型。在驗證可讀性模型的階段，本研究將測試資料使用到的詞彙一樣從詞向量對照表取出向量，並將這些向量全部相加，如遇到詞向量對照表沒有的詞彙時，則不處理該詞彙。在取得測試資料的可讀性特徵後，便可輸入至已訓練好的可讀性模型來預測文件的年級值。

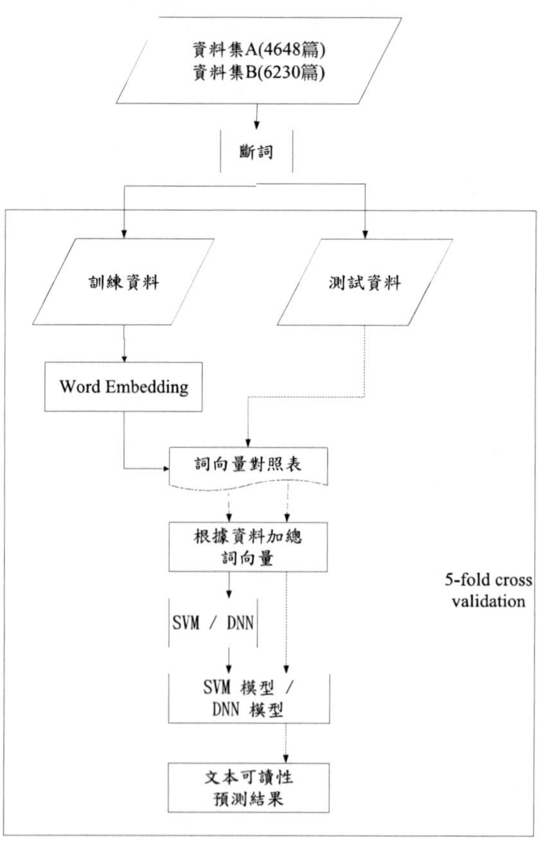

圖三、可讀性模型訓練及測試流程圖

四、實驗結果

本研究的實驗結果如表一和表二所示，而四種可讀性模型的錯誤矩陣分別如表三、表四、表五及表六。從結果可以發現不論是在三種領域文本還是四種領域文本的情況下，深層類神經網路的準確率都優於支向量機。然而我們也不難發現在加入 1,582 篇的體育和健康教育後，模型分類的難度大幅度的上升。對支向量機模型而言，準確率減少了 9.5%的準確率，而深層類神經網路只有減少了 7.32%的準確率。這顯示在文本可讀性分類的這個研究領域中，深層類神經網路比支向量機更能夠處理更為複雜的資料。

表一、實驗一：連續詞袋模型 100 維度之三種領域文本效能比較

適用年級	適用領域	分類演算法	準確率(%)
1-12 年級	國語、社會、自然共計 4,648 篇	支向量機	70.83
		深層類神經網路	74.27

表二、實驗二：連續詞袋模型 100 維度之四種領域文本效能比較

適用年級	適用領域	分類演算法	準確率(%)
1-12 年級	國語、社會、自然、體育和健康教育共計 6,230 篇	支向量機	61.33
		深層類神經網路	66.95

表三、實驗一支向量機模型之錯誤矩陣

		模型預估年級												準確率
		1	2	3	4	5	6	7	8	9	10	11	12	
實際年級	1	17	7	0	0	0	0	0	0	0	0	0	0	70.83%
	2	2	60	5	0	0	0	0	0	0	0	0	0	89.55%
	3	1	6	156	35	6	5	4	0	0	0	0	0	73.24%
	4	0	3	46	124	17	11	7	0	1	2	1	0	58.49%
	5	0	0	11	27	119	28	26	2	2	2	4	0	53.85%
	6	0	1	16	16	33	95	24	9	16	3	0	0	44.60%
	7	0	0	3	0	12	7	499	28	9	20	11	9	83.44%
	8	0	0	0	1	5	4	39	502	18	30	7	10	81.49%
	9	0	0	0	0	3	10	32	18	377	43	25	2	73.92%
	10	1	2	2	2	1	3	35	26	30	404	76	53	63.62%
	11	0	0	0	0	5	0	22	15	37	69	502	77	69.05%
	12	0	0	1	1	1	0	8	10	7	59	71	454	74.18%

表四、實驗一深層類神經網路模型之錯誤矩陣

		模型預估年級												準確率
		1	2	3	4	5	6	7	8	9	10	11	12	
實際年級	1	3	15	5	0	0	0	0	1	0	0	0	0	12.50%
	2	1	45	13	6	1	0	0	1	0	0	0	0	67.16%
	3	1	16	143	26	10	10	4	2	0	1	0	0	67.14%
	4	0	4	29	133	25	14	5	0	0	1	0	1	62.74%
	5	0	3	7	30	113	40	17	4	4	3	0	0	51.13%
	6	0	2	11	15	37	107	11	8	18	4	0	0	50.23%
	7	0	0	2	0	7	8	527	13	9	20	8	4	88.13%
	8	0	1	1	2	2	6	23	528	15	21	12	5	85.71%
	9	0	0	0	0	3	5	14	17	424	23	23	1	83.14%
	10	0	1	2	1	4	3	29	30	23	434	71	37	68.35%
	11	0	0	0	0	3	0	12	17	27	82	537	49	73.87%
	12	0	0	1	0	1	1	9	8	7	57	70	458	74.84%

表五、實驗二支向量機模型之錯誤矩陣

實際年級		模型預估年級												準確率
		1	2	3	4	5	6	7	8	9	10	11	12	
	1	106	27	7	5	0	0	0	0	0	2	0	2	71.14%
	2	65	86	27	13	0	0	0	0	0	1	0	0	44.79%
	3	34	30	172	65	12	12	5	0	0	3	0	1	51.50%
	4	18	14	66	179	42	19	9	1	1	7	0	0	50.28%
	5	2	1	35	59	142	64	34	6	3	13	6	5	38.38%
	6	1	2	19	37	72	147	34	10	23	14	0	4	40.50%
	7	2	0	2	0	18	19	513	40	11	44	14	14	75.78%
	8	9	0	0	1	3	6	57	527	24	55	7	18	74.54%
	9	10	0	0	1	3	15	32	30	383	74	33	14	64.37%
	10	2	3	3	1	5	5	35	33	32	520	116	77	62.50%
	11	0	0	0	3	7	4	15	17	37	148	530	105	61.20%
	12	4	0	0	0	5	1	19	9	3	128	104	516	65.40%

表六、實驗二深層類神經網路模型之錯誤矩陣

實際年級		模型預估年級												準確率
		1	2	3	4	5	6	7	8	9	10	11	12	
	1	80	49	15	1	1	1	1	0	0	0	0	1	53.69%
	2	37	101	39	7	4	3	0	0	0	0	1	0	52.60%
	3	13	42	191	56	13	12	2	1	0	2	2	0	57.19%
	4	6	19	66	185	48	20	11	0	0	1	0	0	51.97%
	5	0	3	36	50	168	66	20	6	3	7	8	3	45.41%
	6	1	4	24	29	65	158	23	16	22	16	4	1	43.53%
	7	0	1	1	3	12	18	553	35	8	29	11	6	81.68%
	8	2	1	0	3	9	14	45	552	23	35	16	7	78.08%
	9	2	1	1	0	4	16	29	25	449	38	22	8	75.46%
	10	1	2	1	1	6	6	37	36	27	545	113	57	65.50%
	11	0	0	0	1	5	1	18	21	42	102	611	65	70.55%
	12	2	0	0	0	0	0	9	7	11	73	109	578	73.26%

除此之外，本研究也比較深層類神經網路輸出層在考量教科書年級的 manifold 的情況
下對於模型準確率的影響，其結果如表七所示。從結果可以發現，在考慮的情況下，可
以小幅度的提升可讀性模型的準確率，而這樣的考量也凸顯文本的可讀性分類，其類別
之間可能是存在著關係，而這樣子的關係對於分類準確率是有所幫助的。

表七、實驗三：深層類神經網路考量教科書年級的 manifold 對於模型準確率的影響

適用年級	適用領域	是否考慮教科書年級 manifold	準確率(%)
1-12 年級	國語、社會、自然、體育和健康教育共計 6,230 篇	考慮	66.95
		不考慮	66.48

最後，本研究所要探討的是深層類神經網路在考慮教科書年級的 manifold 的情況下，
隱藏層的層數多寡是否會對可讀性模型的準確率造成影響。其結果如表八所示，我們可
以發現二層與三層的深層類神經網路的準確率會比單層的好，但卻不保證一直增加隱藏
層的數量，其模型的準確率能夠穩定向上提升。雖然如此，若跟過去的研究相比如表九
所示，本研究也成功維持相近準確率的情況下，將可讀性模型的領域一般化能力又多拓
展了一個領域。在未來本研究可以往更精緻的深層類神經網路來發展，例如用長短期記
憶深層類神經網路(Long-Short Term Memory, LSTM)來模擬人閱讀文本順序時，這種時間
序列對於文本可讀性的影響。

表八、實驗四：深層類神經網路隱藏層的數量對於可讀性模型的影響

適用年級	適用領域	隱藏層數量	準確率(%)
1-12 年級	國語、社會、自然、體育和健康教育共計 6,230 篇	1	66.95
		2	68.59
		3	68.33

表五、實驗五：與相關研究的可讀性模型之效能比較

	適用年級	適用領域	使用特徵	分類演算法	準確率(%)
[40]	1-12 年級	國語、社會、自然共計 4,648 篇	GloVe 100 維	支向量機	68.33
本論文		國語、社會、自然、體育和健康教育共計 6,230 篇	COW100 維	深層類神經網路	68.59

五、結論

過去可讀性模型在發展的過程中，從一開始的線性廻歸式到現在運用許多非線性的機械學習分類演算法來增進模型的效能，而其中又以支向量機最廣為研究人員所喜愛。然而，從本實驗的結果可以發現，在相同的條件下，當分類資料更為複雜時，支向量機這種淺層結構的機械學習演算法的效能會快速下降。有鑑於此，本論文基於深層的類神經網路提出一個訓練可讀性模型的架構，除了預測效能能夠更勝支向量機外，所訓練出來的可讀性模型也都能夠適用於多個領域的文本。

在未來，本研究將提升詞向量的維度來增進可讀性模型的效能外，並將整合更多元的指標，如 Sentence Embedding[46]來讓文件的表達(Document Representation)可以更加的精確和有意義外，也希望能整合 Sung 等人所提出 Multilevel Linguistic Features 的概念[11]，讓可讀性模型能夠從更多元的角度來考量文件的可讀性，使評量的結果能夠更加的客觀和精確。

參考文獻

[1]E. Dale and J. S. Chall, "The concept of readability," *Elementary English,* vol. 26, pp. 19–26, 1949.

[2]G. R. Klare, Measurement of Readability, 1963.

[3]G. R. Klare, "The measurement of readability: useful information for communicators," *ACM Journal of Computer Documentation (JCD),* vol. 24, pp. 107-121, 2000.

[4]G. H. McLaughlin, "SMOG grading: A new readability formula," *Journal of reading,* vol. 12, pp. 639–646, 1969.

[5]B. A. Lively and S. L. Pressey, "A method for measuring the vocabulary burden of textbooks," *Educational administration and supervision,* vol. 9, pp. 389–398, 1923.

[6]M. Vogel and C. Washburne, "An objective method of determining grade placement of children's reading material," *The Elementary School Journal,* pp. 373–381, 1928.

[7]J. S. Chall and E. Dale, *Readability Revisited: The new Dale-Chall Readability Formula*, Brookline Books, 1995.

[8]R. Flesch, "A new readability yardstick," *Journal of applied psychology,* vol. 32, p. 221, 1948.

[9]S. E. Petersen and M. Ostendorf, "A machine learning approach to reading level assessment," *Computer Speech & Language,* vol. 23, pp. 89–106, 2009.

[10] L. Feng, M. Jansche, M. Huenerfauth, and N. Elhadad, "A comparison of features for automatic readability assessment," in *Proceedings of the 23rd International Conference on Computational Linguistics: Posters*, 2010, pp. 276–284.

[11] Y.-T. Sung, J.-L. Chen, J.-H. Cha, H.-C. Tseng, T.-H. Chang, and K.-E. Chang, "Constructing and validating readability models: the method of integrating multilevel linguistic features with machine learning," *Behavior research methods,* vol. 47, pp. 340–354, 2014.

[12] A. C. Graesser, M. Singer, and T. Trabasso, "Constructing inferences during narrative text comprehension," *Psychological Review,* vol. 101, p. 371, 1994.

[13] K. Collins-Thompson, "Computational assessment of text readability: A survey of current and future research," *International Journal of Applied Linguistics,* vol. 165, pp. 97–135, 2014.

[14] X. Yan, D. Song, and X. Li, "Concept-based document readability in domain specific information retrieval," in *Proceedings of the 15th ACM international conference on Information and knowledge management*, 2006, pp. 540–549.

[15] A. Borst, A. Gaudinat, C. Boyer, and N. Grabar, "Lexically based distinction of readability levels of health documents," *Acta Informatica Medica,* vol. 16, pp. 72–75, 2008.

[16] T.-H. Chang, Y.-T. Sung, and Y.-T. Lee, "Evaluating the difficulty of concepts on domain knowledge using latent semantic analysis," in *Proceedings of the International Conference on Asian Language Processing (IALP),* pp. 193–196, 2013

[17] Juicy Studio. (2015). *Readability Test*. Retrieved from http://juicystudio.com/services/readability.php.

[18] David Simpson. (2015). *The Readability Test Tool*. Retrieved from http://read-able.com/.

[19] J. P. Kincaid, R. P. Fishburne Jr, R. L. Rogers, and B. S. Chissom, "Derivation of new readability formulas (automated readability index, fog count and flesch reading ease formula) for navy enlisted personnel," *DTIC Document*, 1975.

[20] R. Gunning, *The Technique of Clear Writing*, 1952.

[21] A. Bailin and A. Grafstein, "The linguistic assumptions underlying readability formulae: A critique," *Language & Communication,* vol. 21, pp. 285–301, 2001.

[22] P. Kidwell, G. Lebanon, and K. Collins-Thompson, "Statistical estimation of word acquisition with application to readability prediction," *Journal of the American Statistical Association,* vol. 106, pp. 21–30, 2011.

[23] L. Si and J. Callan, "A statistical model for scientific readability," in *Proceedings of the International Conference on Information and Knowledge Management*, pp. 574–576, 2001.

[24] K. Collins-Thompson and J. P. Callan, "A language modeling approach to predicting reading difficulty," in *Proceedings of HLT-NAACL*, pp. 193–200, 2004.

[25] L. Feng, N. Elhadad, and M. Huenerfauth, "Cognitively motivated features for readability assessment," in *Proceedings of the 12th Conference of the European Chapter of the Association for Computational Linguistics*, pp. 229–237, 2009.

[26] E. Miltsakaki and A. Troutt, "Read-x: Automatic evaluation of reading difficulty of web text," in *Proceedings of World Conference on E-Learning in Corporate, Government, Healthcare, and Higher Education*, pp. 7280–7286, 2007.

[27] E. Miltsakaki and A. Troutt, "Real-time web text classification and analysis of reading difficulty," in *Proceedings of the Third Workshop on Innovative Use of NLP for Building Educational Applications*, 2008, pp. 89–97.

[28] E. Miltsakaki, "Matching readers' preferences and reading skills with appropriate web texts," in *Proceedings of the Conference of the European Chapter of the Association for Computational Linguistics: Demonstrations Session*, pp. 49–52, 2009.

[29] C. Eickhoff, P. Serdyukov, and A. P. de Vries, "Web page classification on child suitability," in *Proceedings of the ACM International Conference on Information and Knowledge Management*, pp. 1425–1428, 2010.

[30] T. Kanungo and D. Orr, "Predicting the readability of short web summaries," in *Proceedings of the ACM International Conference on Web Search and Data Mining*, pp. 202–211, 2009.

[31] S. Petersen and M. Ostendorf, "A machine learning approach to reading level assessment," *Computer Speech & Language*, vol. 23, no. 1, pp. 89–106, 2009.

[32] L. Feng, M. Jansche, M. Huenerfauth, and N. Elhadad, "A comparison of features for automatic readability assessment," In *Proceedings of the International Conference on Computational Linguistics: Posters*. Association for Computational Linguistics, pp. 276–284, 2010.

[33] T. François and E. Miltsakaki, "Do NLP and machine learning improve traditional readability formulas?," in *Proceedings of the First Workshop on Predicting and Improving Text Readability for target reader populations*. Association for Computational Linguistics, pp. 49-57, 2012.

[34] Y. Sung, J. Chen, J. Cha, H. Tseng, T. Chang and K. Chang, "Constructing and validating readability models: the method of integrating multilevel linguistic features with machine learning," *Behavior research methods*, vol. 47, no. 2, pp. 340–354, 2014.

[35] L. Deng, and D. Yu, "Deep Learning Methods and Applications," vol. 7, no. 3–4, pp 197–387, *Foundations and Trends in Signal Processing*, 2014.

[36] G. E. Hinton, "Learning distributed representations of concepts," in *Proceedings of the Annual Conference of the Cognitive Science Society*, pp. 1–12, 1986.

[37] Y. Bengio, R. Ducharme, P. Vincent, and C. Janvin, "A neural probabilistic language model," *The Journal of Machine Learning Research,* vol. 3, pp. 1137–1155, 2003.

[38] T. Mikolov, K. Chen, G. Corrado, and J. Dean, "Efficient estimation of word representations in vector space," *arXiv preprint arXiv:1301.3781,* 2013.

[39] J. Pennington, R. Socher, and C. D. Manning, "Glove: Global vectors for word representation," in *Proceedings of the Empirical Methods in Natural Language Processing*, vol. 12, pp. 1532–1543, 2014.

[40] H. C. Tseng, Y. T. Sung, B. Chen, W. E. Lee, "Classification of text readability based on representation learning techniques," in *Proceedings of the Annual Meeting of the Society for Text & Discourse, kassel*, 2016.

[41] G. Hinton, L. Deng, D. Yu, G. E. Dahl, A.-r. Mohamed, N. Jaitly, A. Senior, V. Vanhoucke, P. Nguyen, and T. N. Sainath, "Deep neural networks for acoustic modeling in speech recognition: The shared views of four research groups," *IEEE Signal Processing Magazine,* vol. 29, pp. 82–97, 2012.

[42] Nair, Vinod, and Geoffrey E. Hinton. "Rectified linear units improve restricted boltzmann machines," in *Proceedings of the International Conference on Machine Learning*, pp. 807–814. 2010.

[43] T. H. Chang, Y. T. Sung, and Y. T. Lee, "A Chinese word segmentation and POS tagging system for readability research." in *Proceedings of the Annual Meeting of the Society for Computers in Psychology*, 2012.

[44] "Keras", Available at: https://github.com/fchollet/keras.

[45] C.-C. Chang and C.-J. Lin, "LIBSVM: A library for support vector machines," *ACM Transactions on Intelligent Systems and Technology,* vol. 2, pp. 27:1–27, 2011.

[46] Q. V. Le and T. Mikolov, "Distributed representations of sentences and documents," *arXiv preprint arXiv:1405.4053,* 2014.

The 2016 Conference on Computational Linguistics and Speech Processing
ROCLING 2016, pp. 271-283
© The Association for Computational Linguistics and Chinese Language Processing

命名實體識別運用於產品同義詞擴增

Using Named Entity Recognition Increases the Synonym of Products

洪智力 Chihli Hung
中原大學資訊管理學系
Department of Information Management
Chung Yuan Christian University
chihli@cycu.edu.tw

黃政華 Jheng-Hua Huang
中原大學資訊管理學系
Department of Information Management
Chung Yuan Christian University
joyhung1993@gmail.com

鍾瑞嘉 Rui-Jia Zhong
中原大學資訊管理學系
Department of Information Management
Chung Yuan Christian University
barry67024444ab@gmail.com

陳良圃 Liang-Pu Chen
財團法人資訊工業策進會
Institute for Information Industry
eit@iii.org.tw

楊秉哲 Ping-Che Yang
財團法人資訊工業策進會
Institute for Information Industry
maciaclark@iii.org.tw

摘要

本研究提出產品名稱機率比對法，嘗試解決命名實體識別領域中，常被忽略的同義詞辨識問題。在意見探勘領域中，正確並使用相同的用詞用語描述一項產品或服務，能有效提升意見探勘或情感分析的成果。然而，口碑或意見為使用者自行產生的內容（UGC；
user generated content），口碑文章缺乏一定的撰寫規則與統一的命名規定，不同作
者甚至相同作者對於相同的產品，常會產生命名不一致的現象，導致口碑敘述的產品名
稱和正式產品名稱不一致。此產品名稱不一致的現象，在搜尋或整理口碑文章時，則會
產生資訊遺漏的問題。本研究提出產品名稱機率比對法，透過產品共現詞彙集、Word2vec
語言模型，擴增產品的同義詞，並使用機率比對方式，嘗試找到適合的產品同義詞，以
解決資訊遺漏的問題。根據本研究的初步實驗顯示，本研究所提出的方法對於同義詞辨
識問題，有發展的潛力。

Abstract

This research proposes the probability mapping approach for a product name to attempt to resolve the synonym identification problem, which is usually ignored in the field of Named Entity Recognition. Using the same name to describe a product or service may effectively improve the results of opinion mining or sentiment analysis. However, as WOM is a user generated content (UGC), different names may be used by the same or different users. Besides, there is no unified naming rule when writing the WOM. Even though the authors are the same or different, they may use different names to describe the same products. In this case, searching or organizing the WOM article without the consideration of the naming issue may lead to the problem of information loss. Thus, we propose the probability mapping approach via the co-occurrence naming dataset and the Word2vect language model in order to reduce the naming issue. According to our initially experimental results, the probability mapping approach for a product name present its potential in the naming issue.

關鍵詞：意見探勘、命名實體辨識、深度學習、同義詞辨識

Keywords: Opinion Mining, Named Entity Recognition, Deep Learning, Synonyms Identification.

一、　　前言

　　本研究提出產品名稱機率比對法結合語意概念模型和Word2vec的方法[1]，以機率
方式擴增產品的非正規用詞為目標產品的同義詞，以改善口碑所描述的產品名稱和廠商
產品名稱不一致的問題，降低目標產品口碑搜尋時，所產生的資訊遺漏。

網際網路的發展，造就了消費者對於表達意見的方式有巨大的改變。消費者從被動的接收訊息，轉變成主動對於產品的使用經驗，在各種網際網路的平台上，發表並分享相關的評論[2]。網際網路上所散佈的電子口碑具有巨大行銷價值，消費者可以透過網路口碑，做出購買與否的決定[3]；廠商可以由流傳網路的口碑，分析消費者對於所屬產品的意見，作為產品改進的重要參考[4]。口碑意見以非結構化的文字資料呈現，轉化這些非結構化的大量資料為廠商和網民可以直接利用的知識，一直為意見探勘或情感分析領域的一項重要挑戰[2]。產品名稱不一致的問題，加深此挑戰的困難度，也讓意見探勘成為相關學術界和實務界共同關注的一項重要議題。

在台灣常使用的口碑資料可分為中文或英文，本研究鎖定中文口碑。中文口碑和英文口碑最大的不同處在於，中文並無自然存在的詞間斷詞符號，而英文的空白即為詞與詞之間的分隔依據。單一中文方塊字(Chinese character)的字義過於模糊，無法表達完整的概念，如輸贏的「輸」和運輸的「輸」，字型相同字義卻截然不同。所以對於中文的文字處理，需要再額外的處理中文的斷詞問題[5]。另一方面，口碑文章為使用者所產生的內容(UGC; user generated content)，撰寫風格與用詞用語不受規範，無法避免縮寫字、同音字、新創字、錯別字、別名、同義詞等非正規用詞的發生。當這些非正規用詞，發生於產品、服務或公司名稱時，導致採用關鍵字收集口碑時，因與正式名稱字型不同，會產生資訊遺漏的問題，例如欲尋找「義美豆奶」的口碑文章，則會遺漏誤打為「義美豆漿」的口碑文章。

定義產品、服務或公司名稱的比對的研究稱為命名實體識別(NER; name entity recognition)。常用的方法有二種，第一種為法則法，由人工建立正確的命名實體集，採取比對方式；第二種為機器學習法，使用機器學習演算法，從已標記的資料集建立命名實體識別模型[6]。文獻上，命名實體研究，以找出文章中事先定義的命名實體類別為主要的目的，例如找出人名、地名或是公司名的實例[7]，並忽略因縮寫字、同音字、新創字、錯別字、別名所產生的同義詞等非正規用詞的存在問題。亦即，傳統NER的研究，可以判斷命名實體A和B同屬於人名、地名或是公司名，但並不處理命名實體A和命名實體B是否相同。因此，文獻上，仍然缺乏判斷命名實體間的同義詞關係的相關研究，本研究則專注於命名實體的同義詞研究，除了改善在命名實體中所產生的資訊遺漏的問題，也嘗試填補在此研究領域文獻上的不足。

二、 文獻探討

(一)、 命名實體識別

命名實體識別主要用於辨識名稱特徵的表達方式，這些特徵可以是人名、地名[8]。除了名稱單位之外，數字的表達辨識也是研究的範圍，如時間、日期、貨幣…等等[9]。命名實體識別是將資料進行資訊萃取，其主要的功能包括識別和分類某些種類的資訊元素名稱。因此，其結果可以作為語義標註、本體的建構等應用。同時命名實體識別也是意見探勘的基礎，在口碑意見中透過命名實體的技術可以改善意見的匹配結果[10]。

命名實體識別在自然語言處理中發展許久，命名實體識別主要分為以規則為主的辨識[11]、或是以機器學習法為主的辨識。常見使用於命名實體識別的機器學習法，如隱馬可夫模型(HMM; hidden Markov model)、決策樹(DT; decision tree)、最大熵支援向量機(MESVM; maximum entropy support vector machine)。命名實體識別所辨識的文字資訊種類也是相當多元的，目前主流的研究都是以英文為主[11]，也有以土耳其語為基礎的混合型命名實體識別，其透過規則的建立進行識別，此模型可以同時對於新聞、財經新聞、童話故事、歷史文字資料進行命名實體的識別，其所提出的模型有良好的識別精確率，缺點則為必須依賴繁瑣的規則[11]。

(二)、 文字向量表示

向量空間模型(VSM; vector space model)為主要的文字向量表示方法，廣泛運用於文字探勘、資訊檢索、自然語言處理等研究領域中。向量空間模型將字視為向量的純量或屬性，資料集中的所有不同字構成高維度向量空間，一篇文章使用一個文字向量來表示，兩篇概念類似的文章因使用類似的文字，預期映射到相近的向量空間。單純的文字亦可向量化，相似的文字將出現於概念類似的文章中，因此，概念類似的文字，預期能映射的相近的向量空間中。Baroni [12]將分析文字向量間的關係區分為兩種方法：詞頻統計法(count-based method)，如潛在語意分析(LSA; latent semantic analysis)和預測法 (predictive method)，如類神經機率語言模型(NPLM; neural probabilistic language model)。詞頻統計法從大量文字資料中統計目標字和鄰近字的共現關係，預測法藉由鄰 近字預測目標字。

　　機器學習方法主要運用電腦模擬方式，採用演算法則，其中深度學習(DP; deep learning)在 AlphaGo 機器人程式連續挑戰韓國圍棋棋王成功後聲名大噪。深度學習目前 已使用於計算機視覺的研究領域中，如影像分類、目標偵測、影像檢索，其學習模型可 以分為四類，如限制波爾茲曼機器(restricted Boltzmann machine)、細胞式類神經網路 (cellular neural network)、自編碼器(autoencoders)、稀疏性堆疊自編碼器(stacked sparse autoencoder)，深度學習的模型為類神經網路的一種衍生模型[13]，主要的論點在於採用 大量的資料往往能讓簡單的演算模型的效果，高於只使用較少資料但卻設計複雜的演算 模型[1]。深度學習除了可以運用於計算機視覺中，也可用於文字資料之中，如用於文 字資料的摘要萃取[14]。

　　Word2vec 為 Google 於 2013 釋出之開源工具之一，根據 Mikolov et al. (2013) 發表 的文章所開發。Word2vec 主要的功能為將辭彙轉化成為文字向量，透過向量空間模型 可以計算語義間的相似度，屬於類神經機率語言模型的一種。其模型的預測方式分為兩 種，分別是 CBOW (continuous bag-of-word)和 Skip-Gram [1]。CBOW 並未使用類神經 網路常用的非線性隱藏層(non-linear hidden layer)，在輸入層的所有單詞皆共享隱藏層， 其訓練目標是給定一個目標詞的上下文鄰近詞，以預測目標詞出現的機率，此方法適合 較小的資料集。Skip-gram 與 CBOW 不同，使用一串文字中的一個目標詞，來預測鄰近 詞發生的機率，此方法適合較大的資料集。Word2vec 之所以會受到關注是因為 Word2vec 的高效率和可用性，因為 Word2vec 不像類神經網路架構的方式，必須使用大量的訓練 詞彙向量，即可預測不同目標詞的鄰近詞出現的機率[15]。Word2vec 適合做為文字向量 特徵的運算工具，如 Zhang [16]透過 Word2vec 進行語意特徵的計算再利用 SVM 分類器 進行文本的情感分類，經實驗得知，此方法能夠得到相當高的分類正確率。

三、　產品名稱機率比對法

　　本研究中提出的產品名稱機率比對法擴增同義詞詞庫模型，分別為手動擴增和自動化輸入。手動擴增則為以人工方式建立已知商品同義詞詞庫，自動化擴增如下圖一，透過共現詞彙集、Word2vec、產品名稱比對，分別敘述如下。

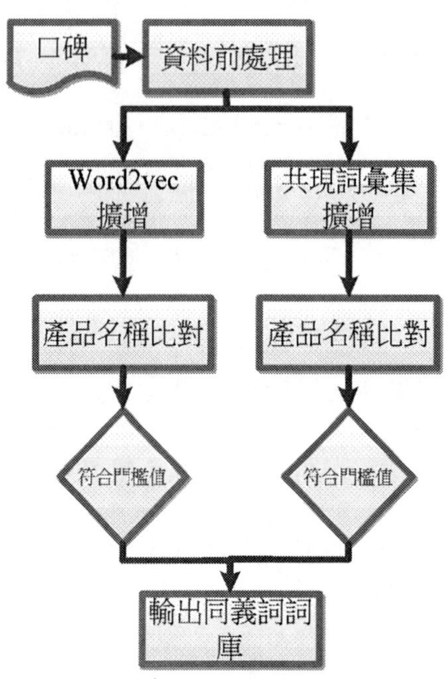

圖一、產品名稱機率比對法

(一)、　口碑收集

　　針對中文情感口碑網站，如 PTT 網路論壇(http://ptt.cc)蒐集口碑資料，並去除 HTML 標籤及非本文內容，提取口碑文本。本研究口碑文章的收集依賴關鍵字，因此所收集的口碑文章，均含有目標關鍵字，在初步的研究中，本研究採取模擬方式，將所收集的口碑文章添加目標關鍵字的同義詞，如複製所收集有關「義美豆奶」的口碑文章，但將其目標關鍵字，如「義美豆奶」修改為「義美豆漿」。

(二)、　資料前處理

　　依前步驟所收集的口碑雖已無 HTML 標籤、CSS 標籤、Java script 語法，但仍含有部分雜訊，如標點符號或是特殊的標籤，本研究去除非中文字元，採用 Jieba (Jieba

Chinese text segmentation, https://github.com/fxsjy/jieba) 斷詞。Jieba 斷詞系統有三種斷詞方式，分別為精確模式、全模式、搜尋引擎模式。由於本研究需要進行詞彙的詞性篩選，因此採用 Jieba 精確斷詞模式。經多次實驗，本研究最後保留的詞性為名詞、動詞和形容詞，因為在中文口碑中此三類詞彙和命名實體關係最為密切。Jieba 斷詞結果仍有過於零碎的問題，對於目標詞彙，則採取完整保留策略，亦即不斷詞，如目標詞彙為「義美豆奶」，則確保不會將其斷開，而產生「義美」、「豆奶」。

(三)、 共現詞彙集建立

目標詞彙的共現詞彙和其同義詞的共現詞彙應具備某種程度的相似性，例如「義美豆奶」的共現詞彙和「義美豆漿」的共現詞彙應該類似。因此，我們從所 PTT 網路論壇收集的口碑文章中，經過資料前處理步驟，依照字詞出現次數，建立共現詞彙集，如表一。產品詞彙組合的相似度會透過公式一，計算餘弦相似度，在此的詞彙相似度組合僅以產品詞彙與口碑詞彙進行運算，不進行口碑詞彙間的運算，如運算「義美豆奶」與「陽光」、「義美豆奶」與「穀物」等的餘弦相似度，不計算「陽光」與「好喝」等口碑詞彙間的餘弦相似度。因此，我們可以得到所有口碑詞彙和產品詞彙的共現值。

表一、共現詞彙集

	陽光	義美豆奶	好喝	無糖
陽光	-	1	1	1
義美豆奶	1	-	1	2
好喝	1	1	-	1
無糖	1	2	1	-

$$\text{Cos}(a,b)=\frac{\sum_i a_i \times b_i}{\sqrt{\sum a_i^2} \times \sqrt{\sum b_i^2}} \qquad (1)$$

其中 a 表口碑文章中的產品詞彙，b 表口碑文章中的口碑詞彙。

(四)、 相似度比對

當輸入未知產品的口碑文章後，如該文章包含「義美豆漿」但並未包含「義美豆奶」，對於未知產品的口碑文章，同樣經過資料前處理步驟後，其口碑詞彙高於共現詞彙集一定門檻值(如 60%)，則此口碑文章和目標產品詞彙具備高度關係。如某口碑文章斷詞後的口碑詞彙(全家 有 無糖 義美豆漿 好喝)，在共現詞彙集中發現，「無糖」、「好喝」、「全家」均和「義美豆奶」有高度共現關係，則此口碑文章所描繪的產品可推定為「義美豆奶」，此時會將口碑中的詞彙(全家、有、無糖、義美豆漿、好喝)視為可能的同義詞讓後續的產品名稱比對法進行比對。

然而，此方法並未考慮產品詞彙和口碑詞彙間的字序關係，因此，互相競爭的產品，如統一和義美的豆奶，其所使用的口碑詞彙有可能完全相同，因而在此階段，只能找出類別相同的產品。因此，我們進一步採用深度學習中的 Word2vec 方法，以弭補共現詞的缺點。

(五)、　同義詞擴增

Word2vec 模型屬於深度學習的一種應用，訓練詞彙時可以選擇兩種模式進行詞彙的訓練：CBOW 和 skip-gram，由於 skip-gram 適合用來處理大量資料，本研究的初期實驗採用的方式為 skip-gram，其類神經網路示意圖，如圖二，能夠根據目標詞彙和其前後詞彙的關係建立模型，當輸入目標詞彙時，產生和目標詞彙最具關係的前後詞彙。此方法和本研究提出，利用共現詞彙集比對的方式不同，會考慮產品詞彙和口碑詞彙間的字序關係。當「義美豆奶」和「義美豆漿」所產生的共現詞具備高度的重複性時，則可推斷為同義詞。

Word2vec 訓練時，必須輸入所要考慮的字序長度，當考慮的字序愈長時，所需訓練的時間愈久，若設定的字序長度為 2，亦即考慮目標詞(如義美豆奶)前 1~2 個字和後 1~2 個字的關係。舉例如下：

(1)全家 有 義美豆奶 無糖 好喝

(2)全家 有 義美豆漿 無糖 好喝

此範例中兩句中只有「義美豆奶」與「義美豆漿」不同，整句話所描述的主角其實都是「義美豆奶」這一個產品。預期 Word2vec 能夠藉著字序關係找出較具可能的同義詞彙。

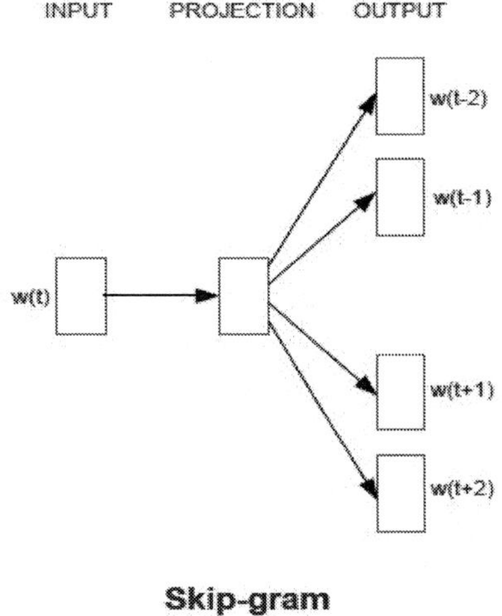

圖二、Skip-gram 模型[1]

(六)、　產品名稱比對

本研究所提出的產品名稱機率比對法為，輸入一產品名稱後，進入到比對的過程，過程中會將已斷詞的口碑文章與產品名稱進行比對。透過此比對方法會找尋相同或相似的名稱，如果找到相同的產品名稱，就會輸出口碑文章並結束比對流程。如果找到相似的產品名稱，計算相似值，當符合門檻值時，以相似度最高者為其產品名稱，並將相似的產品名稱列入產品語料庫中，相似度的計算方式採取口碑文章中產品單一中文字(Chinese character)佔所比對的口碑語料庫產品名稱總字數百分比。相似度公式如公式(2)所示：

$$\text{最大相似度}= \text{Max}\left(\frac{w_i \cap p_j}{w_i} \times \frac{w_i \cap p_j}{p_j}\right) \qquad (2)$$

其中 w_i 表口碑文章中 i 產品的總字數，p_j 表產品詞庫中 j 產品的總字數，$w_i \cap p_j$ 表相同的字數。

四、　　實驗

(一)、　實驗設計

　　本研究的實驗尚處於測試階段，目前資料數量為 2141 筆口碑資料，資料集所包含之口碑的產品名稱為義美豆奶、王子麵、可口可樂，資料集來源為透過資策會的 API(http://api.ser.ideas.iii.org.tw/)擷取 PTT 的口碑資料。並由人為方式產生同樣筆數但將「義美豆奶」產品詞彙代換為「義美豆漿」、「王子麵」代換為「小王子麵」、「可口可樂」代換為「可樂」，此人工資料做為測試資料集，建立目的是本研究是否能夠找到目標的同義詞彙，在實驗中 Word2vec 模型參數如表二，此參數依照 Word2vec 官方文件進行參數設定 (https://code.google.com/archive/p/word2vec/)。

表二、Word2vec 參數表

參數值	參數模式
cbow =0	使用 Skip-gram 模型
Size= 400	輸出詞向量的維度
Window= 5	訓練時包含前後文的長度
Hs= 1	使用 Hierarchical Softmax 最佳化
iter =10	迭代訓練回數

(二)、　實驗結果

　　透過 2141 筆口碑資料所訓練的義美豆奶、王子麵、可口可樂的共現詞彙集，與人工建立之測試口碑資料經過比對、比對門檻為 50%，與義美豆奶可能為同義詞的詞彙為，統一豆漿、全聯、燕麥、義美豆漿…等等。透過共現詞比對所產生的詞彙眾多在此不一一列出。根據 Word2vec 模型參數所計算出與「義美豆奶」相似的詞彙如表三所示，研究將訓練完成模型，透過 Python 的 Gensim 套件計算詞彙的相似度，其顯示最相似詞排序分別為義美豆漿、義美、食品。在此會將可能的同義詞進行後續的產品名稱比對。

表三、義美豆奶相似詞彙表

產品名稱	相似值
義美豆漿	0.999682784081
義美	0.999646663666
食品	0.999582290649

　　本研究除了以「義美豆奶」做為實驗的產品詞彙，也針對王子麵、麥香紅茶、可口可樂三種產品進行同義詞擴充實驗，其可能的同義詞如表四所示。

表四、相似詞彙表

產品名稱	相似值	產品名稱	相似值	產品名稱	相似值
小王子麵	0.9982483	麥紅	0.999598503	可樂	0.997811
冬粉	0.9765478	服務	0.995698630	太古	0.985727
烏龍	0.9749084	主場	0.994993865	百事可樂	0.985078

　　經過前面兩個步驟所產生的可能同義詞，與其所對應的產品名稱比對後的結果如表五，其篩選相似值門檻為 0.5，透過本方法自動化篩選過後之同義詞，將提供人工進行後續的同義詞詞庫建置。

表五、產品名稱比對相似詞彙

產品名稱	同義詞	相似值
義美豆奶	義美豆漿	0.5625
王子麵	小王子麵	0.75
麥香紅茶	麥香紅	0.75
麥香紅茶	麥香奶茶	0.5625
可口可樂	可樂	0.5

五、　　　結論與未來展望

　　本研究所提出的產品機率比對法，主要利用產品詞彙與口碑詞彙的共現關係，找出和目標產品具備高度關係的同義詞，接著使用 Word2vec 模型進行同義詞擴增。根據本研究的初步實作結果，發現本研究所提出的方法，具備高度的應用潛力。文獻上，在命名實體識別(NER)的研究中，很少被應用於同義詞的辨識，本研究的提出，除了能運用於口碑搜尋中，減少資訊遺漏的問題外，也對於 NER 研究，擴充同義詞研究的方向。

　　未來的發展可以更進一步採用機率模型如交互資訊(MI; mutual information)模型，改善共現詞彙集，另外也可運用主題模型(topic model)，找出更具代表性的詞彙，讓向量空間模型更加緊密。

六、 致謝

本研究依經濟部補助財團法人資訊工業策進會「105 年度虛實整合智慧商務關鍵技術與平台研發計畫(3/4)」辦理。

參考文獻

[1] T. Mikolov, K. Chen, G. Corrado, and J. Dean, "Efficient Estimation of Word Representations in Vector Space," *ICLR Workshop*, Jan. 2013.

[2] F. H. Khan, U. Qamar, and S. Bashir, "SentiMI: Introducing point-wise mutual information with SentiWordNet to improve sentiment polarity detection," *Appl. Soft Comput.*, vol. 39, pp. 140–153, Feb. 2016.

[3] J. Berger, "Word of mouth and interpersonal communication: A review and directions for future research," *J. Consum. Psychol.*, vol. 24, no. 4, pp. 586–607, Oct. 2014.

[4] B. Liu, M. Hu, and J. Cheng, "Opinion Observer: Analyzing and Comparing Opinions on the Web," in *Proceedings of the 14th International Conference on World Wide Web*, New York, NY, USA, 2005, pp. 342–351.

[5] N. Xue, "Chinese Word Segmentation as Character Tagging," *Comput. Linguist. Chin. Lang. Process.*, vol. 8, no. 1, pp. 29–48, Feb. 2003.

[6] M. Konkol, T. Brychcín, and M. Konopík, "Latent semantics in Named Entity Recognition," *Expert Syst. Appl.*, vol. 42, no. 7, pp. 3470–3479, May 2015.

[7] 劉昭宏 and 吳宗憲, "使用前後文篩選之快速具名實體擷取技術," *電腦與通訊*, no. 154, pp. 41–47, Dec. 2013.

[8] R. Agerri and G. Rigau, "Robust multilingual Named Entity Recognition with shallow semi-supervised features," *Artif. Intell.*, vol. 238, pp. 63–82, Sep. 2016.

[9] C. V. Sundermann, M. A. Domingues, M. da S. Conrado, and S. O. Rezende, "Privileged contextual information for context-aware recommender systems," *Expert Syst. Appl.*, vol. 57, pp. 139–158, Sep. 2016.

[10] M. Marrero, J. Urbano, S. Sánchez-Cuadrado, J. Morato, and J. M. Gómez-Berbís, "Named Entity Recognition: Fallacies, challenges and opportunities," *Comput. Stand. Interfaces*, vol. 35, no. 5, pp. 482–489, Sep. 2013.

[11] D. Küçük and A. Yazıcı, "A hybrid named entity recognizer for Turkish," *Expert Syst. Appl.*, vol. 39, no. 3, pp. 2733–2742, Feb. 2012.

[12] M. Baroni and G. Dinu, "Don't count, predict! A systematic comparison of context-counting vs. context-predicting semantic vectors," in *In ACL*, 2014.

[13] Y. Guo, Y. Liu, A. Oerlemans, S. Lao, S. Wu, and M. S. Lew, "Deep learning for visual understanding: A review," *Neurocomputing*, vol. 187, pp. 27–48, Apr. 2016.

[14] S. Zhong, Y. Liu, B. Li, and J. Long, "Query-oriented unsupervised multi-document

summarization via deep learning model," *Expert Syst. Appl.*, vol. 42, no. 21, pp. 8146–8155, Nov. 2015.

[15] T. Mikolov, I. Sutskever, K. Chen, G. Corrado, and J. Dean, "Distributed Representations of Words and Phrases and their Compositionality," in *NIPS*, 2013.

[16] D. Zhang, H. Xu, Z. Su, and Y. Xu, "Chinese comments sentiment classification based on word2vec and SVMperf," *Expert Syst. Appl.*, vol. 42, no. 4, pp. 1857–1863, Mar. 2015.

The 2016 Conference on Computational Linguistics and Speech Processing
ROCLING 2016, pp. 284-298
© The Association for Computational Linguistics and Chinese Language Processing

Design of an Input Method for Taiwanese Hokkien using Unsupervized Word Segmentation for Language Modeling

Pierre Magistry

國立成功大學台灣語文測驗中心

pierre@magistry.fr

Abstract

This paper presents the challenges and the methodology followed in the design of a new Input Method (IME) for the Taiwanese (Hokkien) language. We first describe the context, the motivations and some of the main issues related to the input of text in Taiwanese on modern computer systems and mobile devices. Then we present the available resources which our system is based on. We will describe the whole architecture of our system. But since the cornerstone of modern IME is the Language Model (LM), the main Natural Language Processing issue on which we will focus in this paper is the estimation of a LM in the case of this under-resourced language. The solution we propose to rely on unsupervised word segmentation which preserves some degree of ambiguity.

Keywords: Unsupervized Word Segmentation, Language Modeling, Input Method, Taiwanese

1. Introduction

Taiwanese Hokkien (or simply "Taiwanese," Tâi-gí 台語, throughout the rest of the paper) is a language spoken by a vast majority of the Taiwanese people. It is a Sinitic language of the Minnan (bân-lâm-gí, 閩南語) group. Since our work is based on readily available resources which describe the variety in use in Taiwan, it is better fitted for Taiwanese, but it may be useful to more than 60M people in and outside Taiwan who speak closely related variants.

Although this language is still widely spoken in Taiwan, Taiwanese has never been the official language, the efforts in standardization and institutionalization only started in the last decades.

Even without state-run institutionalization, written Taiwanese has been in use in printed and handwritten documents for centuries. Depending on the situation, different scripts have been used, including Hàn characters (Hàn-jī), Latin alphabet, adapted versions of Japanese kana and Zhuyin fuhao (注音符號). Nowadays, Hàn-jī and Latin are the two scripts which cover the vast majority of produced texts. Zhuyin is mostly used for annotation of rare Hàn characters or in teaching materials, and for code-mixing in spontaneous writing.

Texts written using the Latin script can be divided between different Romanization types, the two more important which are encountered in our resources are Pe̍h-ōe-jī (POJ) and Tâi-lô ("Taiwan Romanization System", hereafter TRS). The first one is also called "Church Romanization" due to its origin in missionary works and the latter is recommended by Taiwan's Ministry of Education since 2006.

As a result, the actual situation of written Taiwanese is an interesting case of poly-orthography where one scripter can choose between Hàn-jī and Romanization or (more frequently) mix the two scripts. This requires some specific features from an IME.

In the past decades, the status of Taiwanese at school has changed from being forbidden to being taught in classes of "Mother Languages" in primary schools. However the curriculum is still very limited and even if a large majority of Taiwanese people can speak the language, only a very small proportion is actually literate in Taiwanese. However, almost all Taiwanese are familiar with Hàn-jī and Zhuyin phonetic transcription (taught to be used for writing Mandarin down).

This recent history also leads to a very limited place for Taiwanese in the computing world and this language is usually neglected by computer software designers (even its ISO code 'nan' is very rarely recognized as an option). In addition to the various political and sociolinguistics factors which may lead some to consider Taiwanese Hokkien as an endangered language, we want to stress the impact of the ease to use a language on modern devices. The possibility and the convenience to input texts seem to us to be of first importance to ensure language preservation. This is especially the case for Taiwanese as modern technologies are omnipresent in Taiwan and an important part of language use among

Taiwanese people is made online.

For more details about the history of written Taiwanese, interested readers may refer to [1]. For an overview of the current state of Taiwanese text processing, one can refer to [2].

Multiple Input Methods (IME) have already been developed for desktop computers by different organizations over the years, the most noticeable being probably the FHL's Taigi IME[1] to type in POJ and 吳守禮臺語注音輸入法[2] to type in Zhuyin. The Ministry of Education also provides an IME for desktop computers[3]. More details about available IMEs can be found in [2] (p. 144).

As mobile devices progressively took the largest share of online communications, IMEs for Taiwanese did not follow and no IME was available on mobiles until very recently (2014 for our own first try on Android[4] and 2016 for iOS[5]). We believe that not only such softwares are crucially needed, but they also have to catch up with state-of-the-art Mandarin IME. For now, they are still behind in terms of functionalities, performance and convenience to be adopted by a large number of users (who are typically bilingual with Mandarin). There is still a long way to go.

Our objective is thus to design an IME for Taiwanese on mobile devices which would benefit from modern NLP techniques. To do so, we need efficient Language Models (LM) to provide smarter candidate ranking and prediction. LMs are the cornerstone of modern IMEs for such features. However, unlike Mandarin, Taiwanese lacks of linguistically annotated resources such as segmented corpora to train word-level models. This pushed us to look for unsupervised solutions to be able to benefit from (raw) language corpora without the need for costly and time consuming manual annotation. In this paper, we will present the core architecture of our IME, with a special focus on how we address word segmentation to train the LM needed for input prediction.

---

1   See http://taigi.fhl.net/TaigiIME/
2   See http://xiaoxue.iis.sinica.edu.tw/download/WSL_TPS_IME.htm
3   See http://depart.moe.edu.tw/ED2400/cp.aspx?n=BB47AA61331DDAC8
4   See https://play.google.com/store/apps/details?id=fr.magistry.taigime
5   See https://itunes.apple.com/tw/app/id1080190324

In the next Section we will sum up the specificities of our task. We will then present the resources we used to train our models and build the IME in Section 3. In Section 4 we describe the whole architecture and our main design choices and in Section 5 we focus on the word segmentation and the language modeling part. We finally conclude with a description of some functionalities that are still to be implemented to provide a more appealing and efficient IME.

2. Specific Constraints for a Taiwanese IME

In the introduction, we sketched the unique situation of written Taiwanese, these observations lead us to define a number of constraints and goals we set for ourselves.

2.1 Taking into Account the Diversity of Scripts

As the users are likely to have different habits in the selection of the script, we have to allow for a large spectrum of possibilities. It is important to stress that the same user may want to use different scripts for different genres of documents. For example, one may be willing to use hàn-jī to write poetry but prefer POJ when chatting online.

A related issue is the choice of phonetic input given to the system. Romanization is a natural candidate as it is both a transcription and an orthography, but many potential users are not literate in POJ or TRS. On the other hand, everyone in Taiwan is used to the Zhuyin system to transcribe the sounds of Mandarin. This transliteration system was first designed one hundred years ago for Mandarin but was extended in the 1940s to cover other Sinitic languages such as Taiwanese. It is now part of the norm ISO 15924 and included in the Unicode standard. This fact is often ignored by users of Zhuyin, but only a subset of the symbols need to be learned by native speakers to complete the set of symbols used for Mandarin and enable them to write, almost as easily as they speak. However the Zhuyin is not directly used in formal documents (it is more a transcription system than a script) where mixed script is essentially in Hàn-jī and Latin. As a result, we shall also provide both Hàn-jī and Romanization output for input in Zhuyin. We believe it may even be a way to help the users learn the Romanization.

To sum things up, input has to be allowed either in Zhuyin, POJ or TRS and conversion is provided into Hàn-jī or Romanization.

2.2 Privacy and Security

The Input Method is a very sensitive component in a computer system, as it sees and controls everything the user is writing. It is a position of choice for spyware or other kind malware. To prevent security risks and allow users to trust our software, we choose not to require Internet access permission for the software. This is a special feature of Android that tells the Operating System to forbid any attempt by the IME to communicate over the network.

This design choice has a heavy cost to compete with other systems as it prevents us to crowdsource any data directly from all the user inputs and to provide an online language model that may evolve as other users use the system. We will mention some possible solutions we plan to experiment to get users actively involved in the evolution of the software database and statistical models.

2.3 Taiwanese Hàn-jī （台語漢字）

Some of the Hàn-jī used to write in Taiwanese are specific to this language and are not used for Mandarin. Unfortunately, these are typically absent from OSes's fonts, especially on mobile devices. It is possible to include a font within the package to be installed along and to be used by the UI of the IME. However we cannot enforce its use by other applications so we cannot guarantee that all the characters will be correctly displayed after selection. There is no obvious and user-friendly solution to this issue which is a limitation at the OS level. The only workaround we can think of is to provide an online text editing platform as a website or independent APP. Such software can specify the correct font to have a nice editing environment but this won't fix the OS and the display in other applications.

This issue would be better addressed by Google or by mobile phone constructors.[6]

3. Resources

As we mentioned in the Introduction, we do not have annotated training corpora at hand. However, recent years have seen the development of many resources which are of great importance for our work. Many of them are distributed as Open Data. Without this, our

---

6 And many constructors are indeed Taiwanese !

contribution would simply be impossible. The resources we rely on can be divided into lexicons and corpora.

3.1 Lexicons

In 2008, The Ministry of Education launched the online 「臺灣閩南語常用詞辭典」 [3]. Later, it was decided to release the data under a permissive license (Creative Common CC-BY-ND). This alone was the starting point for my first Input Method on Android. This dictionary contains more than 25,000 entries with pronunciation in TRS, definitions in Mandarin, grammatical information, example sentences and regional variations.

Later, we were also provided with a reference word list of more than 8000 entries with pronunciation in TRS and translation in Mandarin, aligned on the levels defined in the Common European Framework of Reference for Languages (CEFR) [4]. This list was compiled by the Center for Taiwanese Languages Testing (CTLT) at National Cheng Kung University [5]. The valuable CEFR alignment is not used yet but will be important to address the literacy issue more adequately.

We are also in the process of integrating data collected during the digitizing of the Mandarin-Taiwanese dictionary 「國台對照活用辭典」 [6] authored by Prof. Ngôo Siú-lé (吳守禮). As the right holders decided to make it available online under a permissive license and seek the help of the Wikimedia foundation and G0V-tw to face the technical issues. The main goal is to make the dictionary available on Wikisource but once properly structured, the data can also benefit to other projects, including ours.

Finally, the word list used in the FHL IME for desktop computers has also be made available under Creative Commons license by Tân Pektiong (陳柏中) and 林哲民 (Lin Zhemin) [7]. It is a very large word list with 160k entries with Hàn-jī and pronunciation.

3.2 Reference Corpus

In order to estimate a language model for our candidates ranking and input prediction features, we needed a large corpus written in Taiwanese. For this part we benefited from the results of a NSC project lead by Prof. 楊允言 (Iûn Ún-giân) [8] aiming at compiling a reference corpus for modern written Taiwanese. This is a vital resource for us, but it comes as a raw corpus in plain text without any annotation. It requires some pre-processing and word segmentation to be useful for our goal. This corpus contains close to 9M syllables and is divided into two parts, one is written in POJ and the other is in mixed Hàn-jī and POJ. For the moment, we only use the latter one in this work.

4. System Description

In this paper, we don' t address all the GUI and user interaction aspects of the project. Those are less relevant for Computational Linguists and more specific to the Android SDK. For our concerns, an input method is essentially a function that turns an input **I** and a context **C** into an ordered list of transliteration candidates **T**.

$$\text{IME: } I{\times}C \rightarrow T$$

Where **I** and **C** are two Strings and **T** is a List of Strings with a score.
I can be any input as valid POJ, TRS or Zhuyin.
C is expected to be some Hanlo (mix of Hanji and one Romanization)
and strings in **T** are in Hàn-jī, TRS or POJ

The Input can be null, if it is so, depending on previous user actions the system will either try to guess the next word or to suggest other alternatives for the previous word.

To deal with the various scripts used to transliterate the sounds of Taiwanese, we convert them to an internal representation using the International Phonetic Alphabet (IPA) as a basis for this step of normalization.

4.1 Language and licensing Choice

Until recently, only Android provided an API to create third-party IME. We thus naturally started with Android. The fact that Android APPs all run into a JVM also allows us to write a large part of our code in a cross-platform way, and to use it on a desktop for data pre-processing or system evaluation. It will also enable us to easily provide a Web version of the IME in the future. To speed up development and enable us to easily share code between

Android, web server and web client (after compilation in JavaScript), we choose to write everything in Scala.

To ensure the continued existence of the software, we release it under an open source license (AGPL3). The Source code can be found by following this link: https://github.com/a-tsioh/TaigIME2

4.2 Architecture

As far as the LM and conversion function are concerned, the global architecture of our software split into two different processing pipelines (which share a large amount of code). The first one is the data preparation and the estimation of a LM described in Section 4.3 (to be run on a desktop computer). The second one described in Section 4.4 is the use of the LM and the database to make predictions (run on Android devices).

4.3 From Raw Corpus data to Language Model

The first stage of data processing aims at preparing the Language Model data, the whole process is illustrated on Figure 1 and described in this Section.

After some preliminary experiments with syllable-based Language Models, we decided to turn to word-based Language Model. Such LM is likely to give more relevant insights but requires a step of Word Segmentation prior to language modeling.

Word Segmentation is a typical task for written Chinese processing. Just like Mandarin, when using Hàn-jī Taiwanese is written without word boundaries (except some punctuation marks). However, it does mark word boundaries with spaces when romanized. Hence it marks some but not all boundaries when written in mixed Hàn-lô.

Closely related to the issue of Chinese Word Segmentation (CWS) is the issue of Multi-Word Expressions (MWE). Although they seem to be addressed separately by two distinct communities of researchers, we believe that these two NLP issues are two aspects of the same linguistic question regarding the definition of the units of language analysis. In the specific applied case of designing an Input Method, we want to segment "words" but we are also interested in predicting and suggesting larger MWE. Users are very likely to input and expect such larger units from our predictions (untrained native speakers don't perform very well at the CWS task, the pervasiveness of MWE is one possible explanation to this observation).

4.3.1 Tokenization

Our previous works in unsupervised CWS[7] have shown us that the quality of the initial tokenization may have an important impact on the quality of the segmentation. For Mandarin, focus was made on distinguishing between various scripts (Latin, numbers, Chinese, punctuation...) and on spotting some kind of regularly formed named entities (addresses, dates…)

In the case of Taiwanese, we also have to deal specifically with the mixed scripts. When encountering Latin characters, we must also decide whether it is POJ/TRS or a foreign word. Then, we consider each romanized Taiwanese words as a single token. We use regular expressions to do this. In ambiguous cases, we favor the Romanization hypothesis.

4.3.2 Segmentation

To segment the corpus into words prior to language model training, we use two different strategies:

a) A classic Maximum Matching based on our aggregated word list. This is to ensure that words from our lexicon have been seen by the model if present in the corpus.

b) An unsupervised Word Segmentation System which relies only on the raw data to statistically segment the text into words. This allows us to catch words and frequent phrases (MWEs) which are missing in the word list.

After the raw text has been turned into a sequence of tokens, we can start the unsupervised segmentation. We use the system ELeVE presented in Magistry & Sagot [9] which is now available off-the-shelf at https://github.com/kodexlab/eleve. For training and we propose a modified version of the decoding algorithm implemented in Scala for our IME, which keeps some ambiguity in the segmentation output.

---

7   Which was the topic of my Ph.D. dissertation [11]

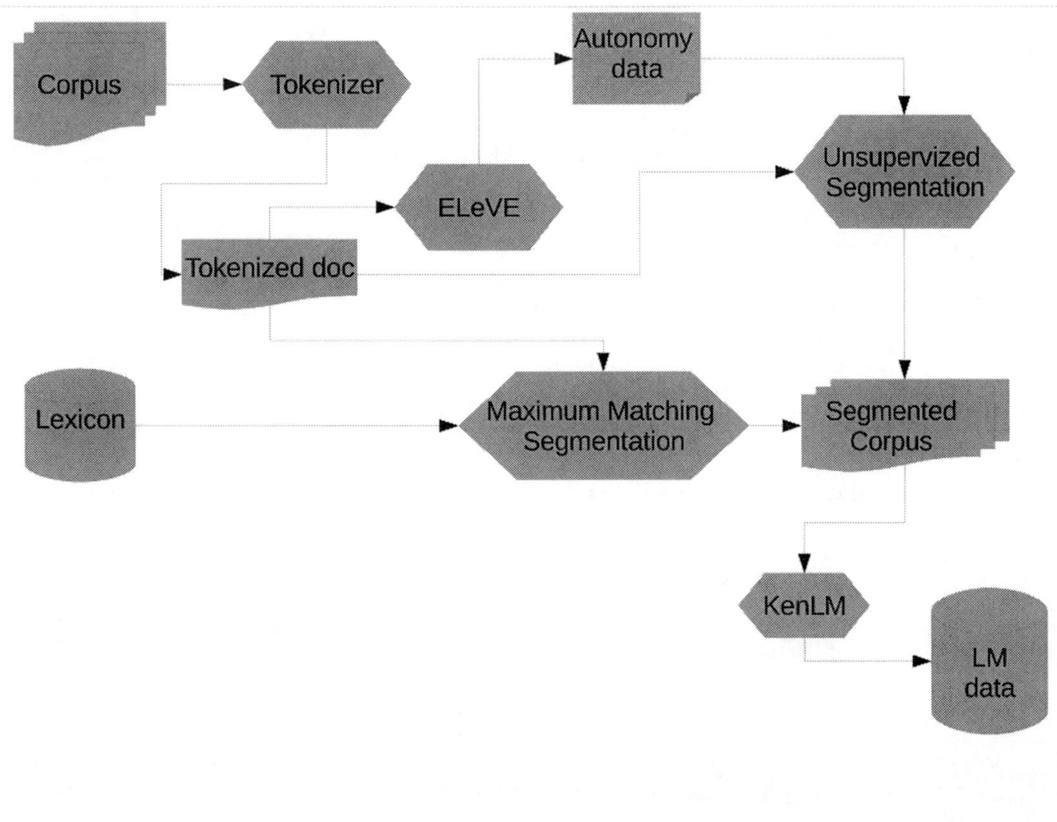

Figure 1: From Raw Text to Language Model

More details on this step are given in Section 5. We then add the lexicon-based segmentation to the list of unsupervized segmentation solutions. We obtain a corpus with many segmented sentences for each sentence of the initial raw corpus. We expect the Language Model to be better at judging between all possibilities as it uses more contextual and global information.

4.3.3 Language Modeling

To estimate the probabilities of the Language Model, we rely on the Open Source tool KenLM by Heafield et al. [10]. It computes a LM with modified Kneser-Ney smoothing and interpolation and yield a standard ARPA file containing all the probabilities and backoff values. This file can be loaded by our software and is easy to use on the android device (ultimately stored as a SQLite database) to compute word sequence probabilities.

4.4 Candidates Selection

At this stage, we have all the data we need to perform the actual IME job. Further computation is done on the Android device. We first load all the required data into a SQLite database:

1. word list with IPA and Hàn-jī conversions
2. Autonomy scores
3. ngrams probabilities and backoff values

The process to build the candidates list is illustrated in Figure 2 and described below

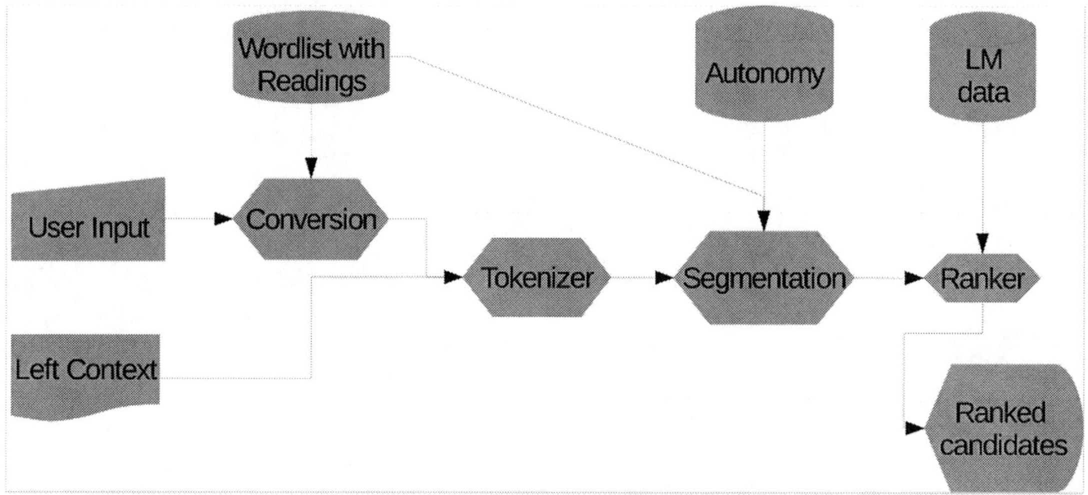

Figure 2: Building candidates list

Whenever text is input on the device, we apply the same rule-based algorithm as in 4.3 to attempt a conversion to IPA. On success we retrieve the possible correspondences in the word list.

We retrieve the left context in which the text is input from the OS API and perform the very same processing chain as in Section 4.3: Tokenization, IPA normalization, and segmentation.

Then we combine the candidates and the possible segmentations and rank the combinations according to the LM, we use the probability of the word sequences (left context + suggested conversion of user input) to define an order on the possible conversions to be provided to the user. For each possible conversion we obtain multiple segmentations. We consider the most probable segmentation for each candidate to build the ranking.

In the case where the input in empty, we rely on the context and the LM data to retrieve possible next words on which we apply the same ordering method.

5. Unsupervised Segmentation with Ambiguous Output

We use ELeVE as the basis of our unsupervised segmentation prior to model estimation. it is based on an "autonomy" measure computed from the normalized Variation of Branching Entropy (nVBE). This measure is an estimate of the extent to which a form (ngram of tokens) is syntactically autonomous. The details of the computation are given in [9]. The original segmentation algorithm we proposed is simply to select the segmentation which would maximize the average autonomy of the words in the segmented sentence. This is computed using dynamic programming. We let the EleVE software provide us the list of autonomy scores of the forms observed in the corpus and define a new segmentation algorithm to maintain some ambiguity in the output.

We observed that due to the occurrences of autonomous and frequent forms inside larger words, the maximization strategy tends to over segment the input. To compensate for this tendency, we keep not only the best solution of the maximization but also the n-bests which contain less boundaries than the first solution. To do this we first run the segmentation algorithm with a beam-search strategy to memorize n-best candidates and then filter out the solution that yield more cuts than the best one.

For a given input sequence of tokens, the n-best segmentations will share some common sub-sequences of words, as we train the Language Model on all the different segmentations, the common sub-sequences will be seen multiple times. We use this fact as a way to give more weight to less ambiguous parts of the segmentation and less weight to the ambiguous parts. This allows us to rely on the LM to disambiguate among different solutions.

6. Evaluation[8]

Due to the applied nature of this work, we set our priority to have a first version of a "smart" IME for Taiwanese and release it to provide it to users. For this reason we can only provide a very preliminary evaluation of our output. We consider this first implementation a baseline (which already useful to our users as is) on which improvement is to be made in the future.

To evaluate the relevance of our ranking and prediction, we use three texts that are aligned with the Romanization. The Romanization is considered as the input that could be made by a user and the Hàn characters sequence is our target. We compute the proportion of cases where the next target was in the n-bests candidates ranked by our IME for n=1,3,5,10. We compare the current state of our IME which uses both input and left context to our old system (which does not use the left context). We provide such figures for two versions of the same text (1227 words extracted from a 歌仔冊, an original and a "corrected" version) and 600 words from the Chapter 2 of a Taiwanese translation of «Le Petit Prince.»

歌仔冊 (original)	1-best	3-best	5-best	10-best
Old (no LM)	0.43	0.61	0.72	0.83
New (with LM)	**0.62**	**0.78**	**0.83**	**0.85**

歌　仔　冊 (corrected)	1-best	3-best	5-best	10-best
Old (no LM)	0.48	0.66	0.76	0.88
New (with LM)	**0.67**	**0.83**	**0.87**	**0.90**

Le Petit Prince	1-best	3-best	5-best	10-best
Old (no LM)	0.42	0.60	0.70	0.79
New (with LM)	**0.61**	**0.72**	**0.76**	**0.80**

---

8 This section was added to the camera-ready version of the paper following reviewers feedback and using newly obtained data. A more comprehensive evaluation remains to be done but we wanted to deliver the software to its users as early as possible.

We see a significant contribution of the language model. we succeed in giving a better ranking of the conversion candidates, this should greatly benefit to the user experience

7. Conclusion and future work

Much more should be said about the evaluation. Many parameters can now be tested and a qualitative error analysis is very likely to provide a good overview of the diversity and complexity of the actual usage of written Taiwanese. But due to time and space constraints, we leave this discussion for a future work.

Another important challenge is also to face the issue of illiteracy. We need to find convenient ways to help users write in Taiwanese, even if they never had the opportunity to learn it from school. A fully featured input system could provide feedback to beginners. We could turn our Input Method to some kind of writing/learning assistants and include features like spelling correction or post-editing suggestions (for example, by detecting the use of "false friends" from Mandarin in Taiwanese text). Convenient access to dictionary data and assessment alignment on CEFR may also enable us to help users in learning new vocabulary, for example if we can find collocations of higher levels of difficulty in CEFR in the corpus data.

Finally, we also need to find ways to involve users in the evolution of the database to include new vocabulary. As we choose not to connect the IME to the Internet, we will need to design a website or a separate application to let the user collaboratively enhance the database. Games With a Purpose may also be an interesting and efficient option to have users involved.

Such efforts have already started with the iTaigi[9] platform. In the future we hope it can provide us newly coined Taiwanese words to keep our lexicon up to date.

7. Acknowledgements

I am very grateful for all the openly available data mentioned in Section 3. Their authors made this project possible.
This work was sponsored by the MOFA's Taiwan Fellowship program which granted funding for conducting my research on Taiwanese language.

---

9   http://itaigi.tw/

參考文獻 [References]

[1] KLÖTER, Henning. *Written Taiwanese*. Otto Harrassowitz Verlag, 2005.
[2] 楊允言 「台語文語料處理 kah 線頂資源研究」 2014 亞細亞國際傳播社 ISBN:9868541891
[3] 中華民國 教育部 【臺灣閩南語常用詞辭典】 2011 http://twblg.dict.edu.tw/
[4] ALDERSON et al., *The development of specifications for item development and classification within The Common European Framework of Reference for Languages: Learning, Teaching, Assessment: Reading and Listening.* (2004) Final report of The Dutch CEF Construct Project.
[5] 國立成功大學台灣語文測驗中心 【全民台語認證語詞分級寶典】 亞細亞國際傳播社 2011. ISBN：9789868541832
[6] 吳守禮 【國臺對照活用辭典】 ISBN：9573240882
[7] 陳柏中、林哲民 信望愛台語語料庫 https://bitbucket.org/pcchen/nan
[8] Iûn Ún-giân et al. *Tâi-gú-bûn Gú-liāu-kò͘ So͘-chip kap Gú-liāu-khò͘ ûi Pún Tâi-gú Su-bīn-gú Im-chiat Sû-pîn Thóng-kè* (台語文語料庫蒐集及語料庫為本台語書面語音節詞頻統計). Hêng-chèng-īnn Kok-ka Kho-ha̍k Uí-oân-hōe Póu-chōu Choan-tôe Gián-kiù Kè-ōe Sêng-kó Pò-kò (行政院國家科學委員會補助專題研究計畫成果報告) 2005, NSC 93-2213-E-122-001-

[9] MAGISTRY, Pierre et SAGOT, Benoît. Unsupervized word segmentation: the case for mandarin Chinese. In: *Proceedings of the 50th Annual Meeting of the Association for Computational Linguistics: Short Papers-Volume 2*. Association for Computational Linguistics, 2012. p. 383-387.
[10] HEAFIELD, Kenneth, POUZYREVSKY, Ivan, CLARK, Jonathan H., *et al.* Scalable Modified Kneser-Ney Language Model Estimation. In: *ACL (2)*. 2013. p. 690-696.
[11] MAGISTRY, Pierre *Unsupervised word segmentation and wordhood assessment: the case for mandarin Chinese* (Doctoral dissertation, Paris 7 Diderot, Labex EFL).

The 2016 Conference on Computational Linguistics and Speech Processing
ROCLING 2016, pp. 299-310
© The Association for Computational Linguistics and Chinese Language Processing

Sarcasm Detection in Chinese Using a Crowdsourced Corpus

林士凱 Shih-Kai Lin
國立臺灣大學語言學研究所
Graduate Institute of Linguistics
National Taiwan University
serenity9078@gmail.com

謝舒凱 Shu-Kai Hsieh
國立臺灣大學語言學研究所
Graduate Institute of Linguistics
National Taiwan University
shukai@gmail.com

Abstract

Based on the assumption that comment with positive sentimental polarity to a negative issue has high probability to be a sarcasm, we propose a simple yet efficient method to collect sarcastic textual data by crowdsourcing with social media and merging *game with a purpose* approach. Taking advantage of Facebook's reaction button, posts triggering strong negative emotion are collected. Next, by using PTT's search engine, we successfully connect PTT's comments to the collected posts in Facebook and build the sarcasm corpus. Based on the corpus data, the performance comparison of sarcasm detection between SVM with naïve features and Convolutional Neural Network models is conducted. An impressive accuracy rate and great potentials of the corpus are demonstrated.

Keywords: sarcasm, PTT, convolutional neural network, support vector machine, crowdsourcing.

1. Introduction

Sentiment analysis is important in automatic interpreting large number of feedbacks from the internet society. However, the usage of sarcasm which typically conveys a negative opinion using positive words could flip the polarity of a message thus interfere the accuracy of the sentiment analysis (Maynard et al. 2014). Therefore, to improve the performance of sentiment analysis model, detection of sarcasm is definitely necessary (Bo et al. 2008).

Linguistically, sarcasm has been regarded as a complicated speech act which utters the opposite of what it literally means, and it distinguishes itself with irony in its intention of making the target the butt of derisive contempt (Ling et al. 2016). Sarcasm can be grammaticalized and lexicalized in various patterns, and often requires context-dependent readings with human involvement. Therefore, the construction of sarcasm corpus providing wider windows as well as training data for predictive model has long been considered as an uneasy task.

However, with the rapid growth of social media platform like Twitter and Facebook, a new solution is provided via crowdsourcing. For instance, a popular method in previous studies, some groups use Twitter's hashtag service to collect tweets with #sarcastic tag and build sarcasm corpus (González-Ibáñez et al. 2011, Reyes et al. 2012, Liebrecht et al. 2013).

Based on the assumption that comment with positive polarity to a negative issue has high probability to be sarcasm, we propose an automatic method to collect sarcastic text data by a two-step algorithm which first takes advantage of Facebook's reaction button then connects to the comments in Gossiping forum of PTT.

Due to the recent progress in machine learning and deep-learning technique, these two method could both handle sarcasm detection as a binary (sarcastic and non-sarcastic utterance) classification problem. However, a performance comparison of sarcasm detection between these two methods has not been conducted before. In this paper, we choose machine learning support vector machine (SVM) and deep-learning convolutional neural network (CNN) to test the difference. Both of them are widely adopted in natural language processing problems (Joachims et al. 1998, Collobert et al. 2008, Kim et al. 2014).

The rest of the paper is structured as follows. Section 2 describes related works on the construction of sarcasm and irony corpus, in Section 3, we describe the procedure of building sarcasm corpus and experimental settings. Results and limitations are discussed in Section 4, and finally, Section 5 draws the conclusion.

2. Related Work

Recently, there have been a great amount of studies in the field of NLP focusing on non-literal semantics such as sarcasm/irony detection. Most of the works exploited various linguistic features and assembled different (semi-) supervised machine learning models in the task. In the view of language resources for sarcastic expressions, (Filatova et al. 2014) proposes a method in generating a corpus with sarcastic text utterances from Amazon product reviews using MTurkers; (Tang and Chen, 2014) adopt a more rhetoric-linguistic approach in mining ironic patterns and bootstrapping an open irony annotated corpus from microblog in Chinese. (Oraby et al. 2016) use lexico-syntactic cues with crowdsourced annotation to reliably retrieve sarcastic utterances in Dialogue.

Considering the importance of sustainability and reproductivity of research, in this paper, we aim to propose a non-paid social crowdsourced and naturalistic method for acquiring corpus data with event and affect annotations.

3. Experiment Setup

3.1 Corpus Data

According to the previous research, the miscellaneous pattern of sarcasm makes it's hard to write down the operational definition, and causes the difficulty in automatic collection from large text data. Therefore, instead of analyzing the lexical structure, we detect sarcastic text with the assumption that positive comment to negative issue has large possibility to be sarcasm (Riloff et al. 2013).

To find content that strongly triggers people's negative emotion, we take advantage of Facebook reaction button. Released on 2016/02/26 in Taiwan, users on Facebook could press five kinds of emotion button including ANGRY, SAD, WOW, HAHA, and LOVE to express their attitude toward a post in addition to the original LIKE button. We crawl the reaction data of Apple Daily's Facebook fan page from March to July, and pick out posts that ANGRY has the highest accumulation among every emotion and value larger than 1,000 in each month as the negative content.

In order to gain more naturalistic sarcasm data, we develop an online game called "酸檸檬 (*suan níng méng*)". Using negative posts from Apple Daily's Facebook's fan page as topic, players are told to type sentence that they think has the lowest pH value. The higher sarcastic level, the lower pH value, and it will accumulate after each round. Once the accumulation exceeds 15, the game is over. Such rule could encourage players to contribute sentence with high sarcastic level for longer survival.

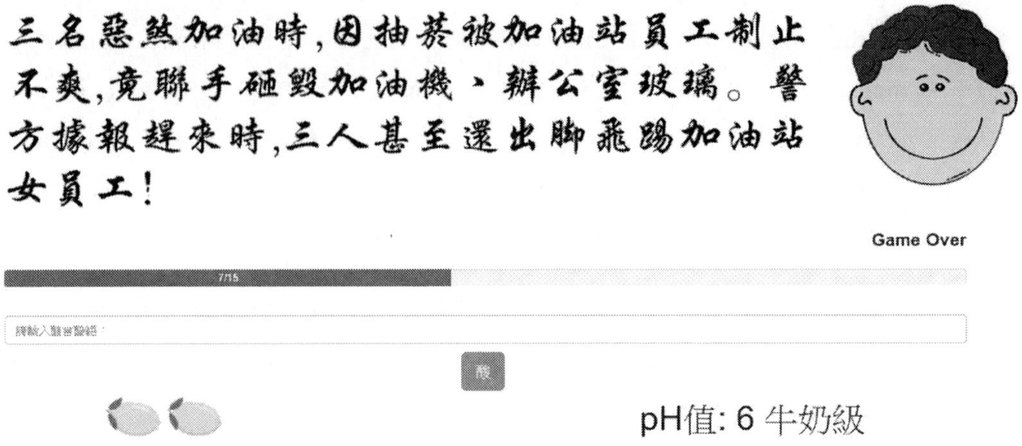

Figure 1. The real game scene of "酸檸檬 (*suan níng méng*)". Players are told to type sarcastic comment to the content above. The pH of each comment will be calculated according to the sentimental polarity analysis.

There are about 400 participants joining the game. According to the design of this game, at least 2~3 sentences should be collected from a single player. However, there's only 300 text data which is much less than expectation and inadequate for machine training. By interviewing with some players, we find that many people decide to close the game after logging because they feel too much effort is needed to come up with a sarcastic sentence.

Owing to the inefficiency of the current game framework, we then alternatively turn to the combination of crowdsourcing approach and social mining. Based on the famous culture of frequent usage of sarcasm and highly active discussion about current event (吳承樺, 2014), Gossiping forum of PTT should be the place second to none for building sarcasm corpus. The official released search engine of PTT is used to check whether the negative post from Apple Daily's Facebook fan page is shared in the Gossiping forum or not. If yes, all the comments will be collected and labeled sarcastic or non-sarcastic according to the polarity analysis. The whole procedure is shown in Figure 2.

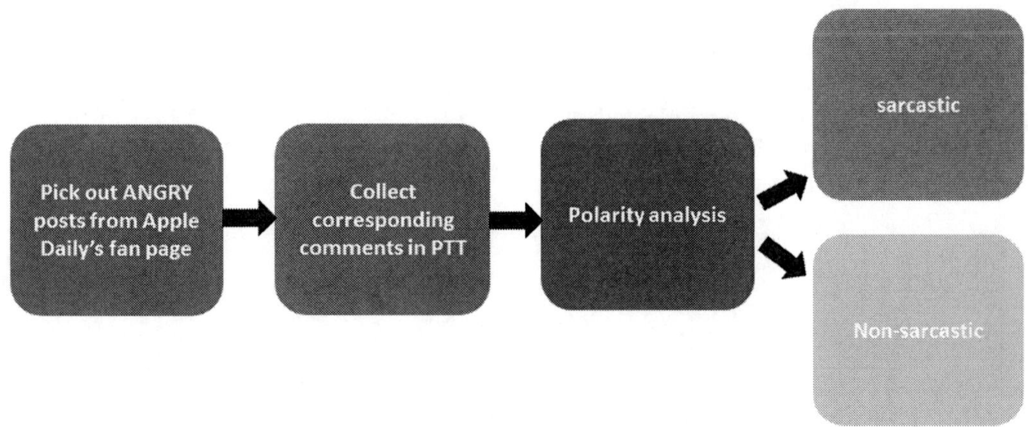

Figure 2. Illustration of the procedure of building a sarcasm corpus.

Lexicon-based approach is adopted for the polarity analysis, which depends on sentimental words appearing in a sentence to determine the polarity. The sentimental word list is built based on the TC-LIWC (黃金蘭 et al. 2012, 林瑋芳 et al. 2014) dictionary file, and two groups are included in the list, positive and negative. Words with posemo/negemo label are categorized into the positive/negative group. In addition, according our observation on PTT's comment, generally used curse words are also included in the negative group.

Simple sum up algorithm then be adopted to examine the polarity of each comment. The polarity score of a comment will add 1 once a word belonging to positive group appears in the sentence, and vice versa. Note that negation and degree terms are also considered for the polarity flipping and strengthening. Comments with polarity >= 0 are labeled as sarcastic, while polarity < 0 are labeled as non-sarcastic.

We observe that comments with negative polarity are mainly composed of curse words because the posts are all related to the extremely ANGRY issues. On the other hand, comments with polarity >= 0 indeed detect lots of sarcasm. However, in addition to the sarcastic comments, some non-sarcastic comments are also included in this category which generally focus on expressing opinion toward the issue rather than be sarcastic or irony to it. According to our observation, it's often to see keywords of the posts be mentioned in such type of comment.

To eliminate these biases, we calculate the term frequency–inverse document frequency

(TF-IDF) of each post, word with value larger than 0.1 as the keyword. If a comment contains any of the keywords, it will be filtered out. There are total 9,373 non-sarcastic and 17,256 sarcastic comments are collected.

3.2 Model Selection

3.2.1 Supporting Vector Machine

For SVM, determination of features mainly depends on human's observation, which is a highly empirical experience (Taira et al. 1999). However, the advantage is that features included in the model training could clearly attribute the importance to the classification result.

The conduction of SVM calculation is based on Python library scikit-learn (Pedregosa et al. 2011). According to the previous study (Mathieu, 2014), n-gram is a very effective feature for sarcasm detection, thus we choose to use bigram, trigram and tetragram of sarcastic comments as the feature for SVM model training. We only keep n-gram whose term frequency is higher than 3, and the total number of feature is 26,751. All the comments are encoded into a binary sparse matrix. An element of the matrix will be assign as 1 when the corresponding feature is included, and 0 vice versa. Linear kernel is used. The parameter C and gamma are both set to the default value.

3.2.2 Convolutional Neural Network

Due to the achievement of good text classification performance and the similarity of using short sentence data (Kim et al. 2014), CNN is selected as the representation of deep learning model for the sarcasm detection task. Figure 3 shows the structure of CNN used in our experiment.

For CNN, features are automatically extracted from the corpus through the filter, pooling algorithm and the complex neural network structure. Although deep-learning model could include features more thoroughly, one could not trace back the actual contribution from each feature.

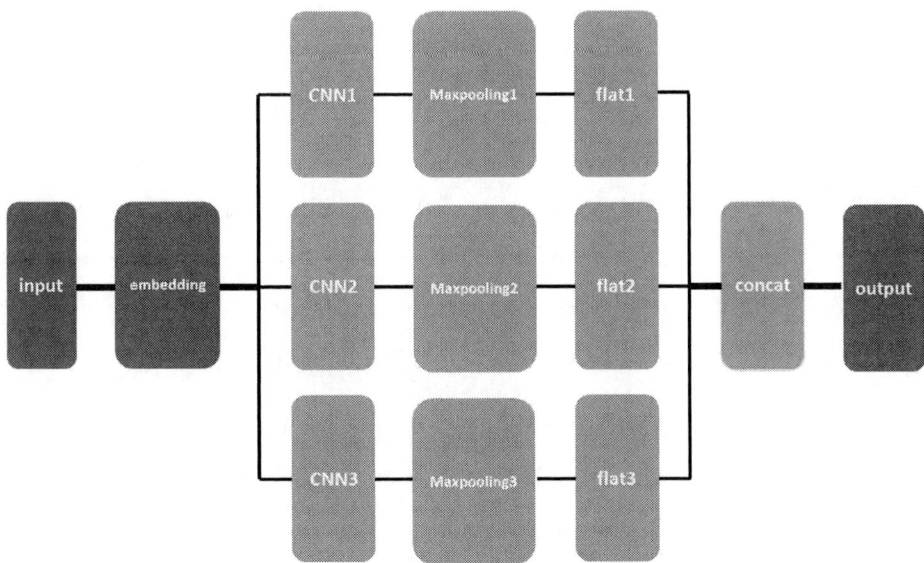

Figure 3. Illustration of the CNN structure. Input data will project into virtual space via word2vec in embedding layer. Three convolution layers with filter window size 2, 5, and 10 are used to extract features from the data.

Because the comments are collected from the Gossiping forum of PTT, we use Python Chinese Word Segmentation library JSEG developed by our lab which include PTT corpus to tokenize our data. Only top 20,000 frequently used tokens are remained as our input. The max length of a comment is defines as 20 words. If the length of a comment is less than 20, zero padding is adopted.

Python library Keras is used to do the CNN calculation (P.W.D. Charles et al. 2013). The embedding layer will conduct word2vec transformation projecting the input into a virtual space with 100 dimensions, and the basis of this virtual space is uninterpretable. Three different filters are used and all with number 200. These filters will slide through the virtual space created by embedding layer with stride size of 1 and extract fragments of the matrix. Rectified linear unit (ReLU) is employed as the activation function. All these fragments will go through a successive max pooling algorithm to generate lots of features.

From Figure 3, we can see that features from the three different CNN layer will concatenate together and feed into hidden layer with 50 neurons. Dropout rate 0.5 is used. Softmax, cross entropy and Adam are used as the activation function, loss function and optimization algorithm of the output layer.

4. Discussion

Both of the models are trained with a balanced data set, composing 9,373 non-sarcastic and 9,373 sarcastic data randomly sampled from the 17,256 data. Here we use Gaussian Naïve Bayes model as the baseline result to compare with. The same n-gram feature for SVM and default parameter setting are adopted. Although the n-gram has included as features for both Naïve Bayes and SVM, the average accuracy of 5-fold cross validation only reaches 57.9% and 55.4% respectively, which is just slightly higher than a random guess.

From the bigram, trigram and tetragram of the comments with polarity $>= 0$, we observe some specially used word appearing with high frequency. Some of them are topic-oriented, like "三寶 (*san bǎo*)" usually relates to car accident. The others are globally showed under different topic, like "不意外 (*bú yì wài*)". Users on PTT are used to using words like these to make comment sarcastic.

Table 1. Average accuracy of 5-fold cross validation

model	average accuracy
Naïve Bayes	57.9%
SVM	55.4%
CNN	87.1%

In contrast, CNN gets impressive 87.1% accuracy of 5-fold cross validation without human involvement in the feature engineering. The 1-D convolution layer collects features by filters with different size sliding through the semantic space, and the successive max pooling algorithm. It's unable to clearly interpret the meaning of the feature get from neural network, however, the result shows that such algorithm seems to include the sarcastic pattern more precisely than the n-gram feature in this pilot study.

However, it is noted that in the current study, it is not our intention to employ/discover/evaluate the most reliable linguistic features that signal the presence of sarcastic utterance in Chinese, such as those identified in English and other languages: emoticons and onomatopoeic expressions for laughter; heavy punctuation marks; quotation marks; positive interjections, or pragmatic features like smiley and frown that have been used as discriminating features in the classification tasks. Gaining insights from linguistics, psychology and cognitive science, we argue that since there is no common agreement on the operational definition of sarcasm and related linguistic phenomena, any one-size-fits-all methodological attempt will run the risk of overfitting and over-generation.

The real challenges of sarcasm detection in texts involves not only linguistic knowledge represented in lexical, semantic-pragmatic, discourse levels, but also common-sense knowledge which is contextualized, situation-anchored and highly individuated. That is, most cases of sarcastic text utterances can only be understood when an individual/a social group placed within a broader context in responding to a certain situation. It is thus more urgent at this stage to build language resources for the exploration of influential factors and social ontologies for situated machine learning models on this task.

5. Conclusion

In this paper, based on the assumption that comment with positive polarity to a negative issue has high probability to be sarcastic, we propose an automatic method to build a sarcasm corpus that is advantageous of its situation-driven architecture and potentials for real-time processing. Start from the concept of crowdsourcing, we first make use of Facebook's reaction button to collect posts related to negative issue, finding comments to these posts from PTT, and finally label these comments sarcastic or not based on the sentimental polarity analysis.

Using the comments as training data, we compare the sarcasm detection performance of machine learning SVM and deep-learning CNN. The result shows that the difference in the feature engineering has great impact on the classification accuracy. Both trained by balanced model, CNN model could reach about 87% accuracy, which is far better than the 55% accuracy got from SVM. Although previous studies show that n-gram features have great importance in sarcasm detection, the automatic feature extraction from neural network seems to have more information in distinguishing a comment is sarcastic or not.

In summary, we propose a social crowdsourcing-based sarcasm corpus generation procedure which could efficiently collect sarcastic comments from PTT together with their original situations, which can be used for a closer look at the nature of sarcastic expressions, and the training data for different machine learning models as well. A preliminary experimental result shows that deep-learning CNN has much stronger ability in detecting sarcasm than SVM.

We are planning to improve our online game "酸檸檬 (*suan ning méng*)" from tedious typing to providing dropping menu for selecting the most sarcastic comment collected from PTT. The complete pipeline from Facebook fan page negative posts identification to PTT comments collection and polarity analysis is ongoing. Players no longer need to figure out sarcastic comments by themselves, rather they just need to select out the most sarcastic PTT comments toward to a specific issue. We believe such improvement could largely decrease the effort to play the game, and could enhance the intention to contribute annotation data.

By making use of such data, we could further filter out the biases in the sarcastic corpus, and develop the original sarcasm classification into sarcastic level regression problems which will facilitate and shed new light on a more realistic and individuated sarcastic computing.

Reference

[1] Maynard, Diana, and Mark A. Greenwood. "Who cares about Sarcastic Tweets? Investigating the Impact of Sarcasm on Sentiment Analysis." LREC. 2014.

[2] Pang, Bo, and Lillian Lee. "Opinion mining and sentiment analysis."Foundations and trends in information retrieval vol. 2.1-2, pp. 1-135, 2008.

[3] Ling, Jennifer, and Roman Klinger. "An Empirical, Quantitative Analysis of the Differences between Sarcasm and Irony." Semantic Sentiment and Emotion Workshop, ESWC, Crete. Greece. 2016.

[4] González-Ibánez, Roberto, Smaranda Muresan, and Nina Wacholder. "Identifying sarcasm in Twitter: a closer look." Proceedings of the 49th Annual Meeting of the Association for Computational Linguistics: Human Language Technologies: short papers-Volume 2. Association for Computational Linguistics, 2011.

[5] Reyes, Antonio, Paolo Rosso, and Davide Buscaldi. "From humor recognition to irony detection: The figurative language of social media." Data & Knowledge Engineering, vol. 74, pp. 1-12, 2012.

[6] Liebrecht, C. C., F. A. Kunneman, and A. P. J. van den Bosch. "The perfect solution for detecting sarcasm in tweets# not." Proceedings of the 4th Workshop on Computational Approaches to Subjectivity, Sentiment and Social Media Analysis, 2013, pp. 29-37.

[7] Joachims, Thorsten. "Text categorization with support vector machines: Learning with many relevant features." European conference on machine learning. Springer Berlin Heidelberg, vol. 1398, pp. 137-142, 1998.

[8] Collobert, Ronan, and Jason Weston. "A unified architecture for natural language processing: Deep neural networks with multitask learning." Proceedings of the 25th international conference on Machine learning, 2008, pp. 160-167.

[9] Kim, Yoon. "Convolutional neural networks for sentence classification." arXiv preprint arXiv:1408.5882 2014.

[10] Filatova, Elena. "Irony and Sarcasm: Corpus Generation and Analysis Using Crowdsourcing." LREC. 2012.

[11] Tang, Yi-jie, and Hsin-Hsi Chen. "Chinese Irony Corpus Construction and Ironic Structure Analysis." COLING, 2014, pp. 1269-1278.

[12] Oraby, S., Harrison, V., Hernandez, E., Reed, L., Riloff, E., and Walker, M. "Creating and Characterizing a Diverse Corpus of Sarcasm in Dialogue." Proceedings of the 17th Annual SIGdial Meeting on Discourse and Dialogue (SIGDIAL), 2016.

[13] Riloff, Ellen, et al. "Sarcasm as Contrast between a Positive Sentiment and Negative Situation." EMNLP, vol. 13, pp 704-714, 2013.

[14] 吳承樺. "網路匿名 酸民文化" .http://hdl.handle.net/11536/37301. 2014.

[15] 黃金蘭、Chung, C. K.、Hui, N.、林以正、謝亦泰、程威詮、Lam, B.、Bond. M., 及 Pennebaker, J. W. 中文版語文探索與字詞計算字典之建立。中華心理學刊，vol. 54, pp 185-201, 2012.

[16] 林瑋芳、黃金蘭、林以正. 從 LIWC 到 C-LIWC：電腦化中文字詞分析的潛力。台灣諮商心理學報，vol. 1, pp 97-111, 2014.

[17] Taira, Hirotoshi, and Masahiko Haruno. "Feature selection in SVM text categorization." AAAI/IAAI. 1999.

[18] Scikit-learn: Machine Learning in Python, Pedregosa et al., JMLR 12, pp. 2825-2830, 2011.

[19] Mathieu , The sarcasm detector, http://www.thesarcasmdetector.com, 2014

[20] P.W.D. Charles, Project Title, GitHub repository, https://github.com/charlespwd/project-title, 2013

The 2016 Conference on Computational Linguistics and Speech Processing
ROCLING 2016, pp. 311-324
© The Association for Computational Linguistics and Chinese Language Processing

基於深層類神經網路之音訊事件偵測系統

Deep Neural Networks for Audio Event Detection

陳智偉　Jhih-wei Chen
國立台北科技大學電子工程系
Department of Electronic Engineering
National Taipei University of Technology
t104368109@gmail.com

劉佳鑫　Chia-Hsin Liu
國立台北科技大學電子工程系
Department of Electronic Engineering
National Taipei University of Technology
Jeff81227@gmail.com

廖元甫　Yuan-Fu Liao
國立台北科技大學電子工程系
Department of Electronic Engineering
National Taipei University of Technology
yfliao@mail.ntut.edu.tw

摘要

現實生活中常有許多聲音事件會一起發生，而聲音會重疊在一起，使得傳統(Gaussian Mixture Model ,GMM)方法很難準確辨認這些重疊的聲音事件。因此，本文提出以深層類神經網絡(Deep Neural Network, DNN)來檢測這些互相干擾的聲音事件，並據此參加 Detection and Classification of Acoustic Scenes and Events 2016 (DCASE2016) 比賽，DCASE2016 評比提供的音訊資料，內有兩種場景，包括居家與戶外，共有 18 種含有背景的聲音事件。實驗結果顯示使用 DNN 與傳統 GMM 比較，其場景偵測錯誤率可從 0.91 降至 0.86、F1 分數並從 23.4%提升到 26.8%。此外針對室內環境的音訊事件偵測，錯誤率可從 1.06 降至 0.86，F1 分數並從 8.9%提升到 27.7%。最後在戶外環境的音訊偵測情境中，錯誤率可從 1.03 降至 0.96， F1 分數從 17.6%降到 12.8%。因為 DACSE2016 比賽主要看錯誤率，所以整體而言 DNN 方法還是明顯比 GMM 方法好。

關鍵詞：聲音事件偵測、深層類神經網路、音頻分析、多標籤分類

一、簡介

聲音是人類感知環境的重要資訊，也是反映人類行為的重要特徵。尤其是在某些環境中，一些特殊的聲音代表了某種狀況正在發生，例如：在辦公室裡，有鍵盤聲、開關門聲、笑聲、玻璃破碎聲…等，在居家環境中，有燒開水聲、嬰兒哭聲、跌倒聲、開門聲…等，或是在街頭環境下，有喇叭聲、碰撞聲、槍擊聲…等。

聲音事件偵測的實際應用很廣泛，例如：美國西雅圖政府日前公開展示一套槍聲偵測系統：ShotSpotter，用以更有效地遏止、打擊城市犯罪[1]。或是年老的長輩幾乎都獨自在家裡，在家中有可能會發生事情，例如：忘記自己正在燒開水，導致引發火災、在浴室跌倒，無法及時求救治療，頂樓窗戶被小偷打破，對家裡財物搜刮…等。此時若有音訊事件聲音偵測系統，就可以即時提供援助。

傳統的聲音事件技術主要可分為三個主流的技術類別，分別是以高斯混合模型(Gaussian Mixture Model, GMM)為基礎的語者辨識技術、以支持向量機(Support Vector Machine,SVM)為基礎的語者辨識技術，結合高斯混合模型與支持向量機(Hybrid GMM-SVM)之雙模型的語者辨識技術。

然而，在實際應用環境中，若遇到干擾偵測因素，例如：太多背景雜訊聲音的干擾或錄音品質太差等，傳統以高斯混合模型為基礎的語者辨識技術及以支持向量機為基礎的音訊辨識技術，因不具備環境適應的能力及對於錯誤容忍的程度太低，常會導致辨識系統的辨識性能無法維持。而對於結合高斯混合模型與支持向量機等兩者的模型而言，雖然該技術擷取兩類模型辨識技術的優點，但是其亦不具備環境適應與系統容錯的能力。這主要是因為 SVM 屬於淺層分析技術，因此訓練出來的模型，仍易受訊號的表面變易干擾[2][4]。

最近幾年，深層類神經網路被大量應用，因其可對訊號做深層分析，學習訊號的隱性結構，因此訓練出來的模型較不易受環境雜訊，不匹配的錄音設定…等等影響，具有強鍵性，可能較適合被應用到聲音事件偵測系統[3]。所以在論文中，我們將採用深層類神經網路，實做居家與戶外兩場景的音訊事件偵測系統，並據此參加 DCASE2016 評比，利用其具公信力的語料，尋找最佳的 DNN 設定。

二、相關研究

目前為止效能較高的聲音事件偵測模型大致分為下列幾種: (1) 傳統高斯混合模型
(Gaussian Mixture Model, GMM)。 (2)支持向量機器(Support Vector Machine, SVM)。 (3)
hybrid GMM/SVM。

首先用高斯混合模型(GMM)來代表聲音模型的主要理由有兩個，第一個理由是高斯混
合模型的每個基本密度函數可以模擬出一些聲音事件的特徵。因此我們可以用高斯混合
模型中第 i 個平均值來代表第 i 個聲音特徵的頻譜形狀，而用共變異矩陣來代表頻譜形
狀的變化。第二個理由是高斯混合模型能很平滑地近似任意形狀的密度。單一型態高斯
混合語者模型是利用一個平均值向量和共變異矩陣來代表聲音事件特徵參數的分佈情
形。而向量量化模型則是利用一組離散的特徵樣板來代表語者的分佈。高斯混合模型可
以說是結合了上述兩種模型的優點，它利用了一組離散的高斯函數，加上高斯函數具有
的平均值向量和共變異矩陣使得它有更好的模型能力。

此外，支持向量機器(SVM)的優勢在於使用上相當容易，SVM 主要要找出一個超平面
(hyperplane)，使之將兩個不同的集合分開。以二維的例子來說，我們希望能找出一條
分界線能夠將目標集合的樣本點和非目標集合的資料點分開，而且我們還希望這條分隔
線距離這兩個集合的邊界(margin)越大越好，這樣我們才能夠很明確的分辨這個樣本點
是屬於那個集合。

最後，Hybrid GMM/SVM 是高斯混合模型（GMM）和判別支持向量機（SVM）的結合。
由於 SVM 模型和 GMM 模型各具優缺點，所以有研究提出建立 GMM 與 SVM 的混和
模型，結合 GMM 對於數據表示特徵能力強與 SVM 對數據區分能力優良的特點，利用
GMM 對 SVM 的輸出做調整，實現 SVM 的概率輸出，以達到辨識率提升的目的。

三、深層類神經網路音訊事件辨認系統

在本實驗中我們使用 DNN 做音訊事件辨認系統，並用以參加 DCASE2016 比賽。
DCASE2016 主辦單位提供的聲音事件資料分成環境與事件兩類，共有兩種環境與 18
種音訊事件，環境包括居家與戶外，其中居家環境中有 11 種音訊事件，戶外則有 7 種
音訊事件[6]。圖一是我們使用的 DNN 音訊事件辨認系統架構。

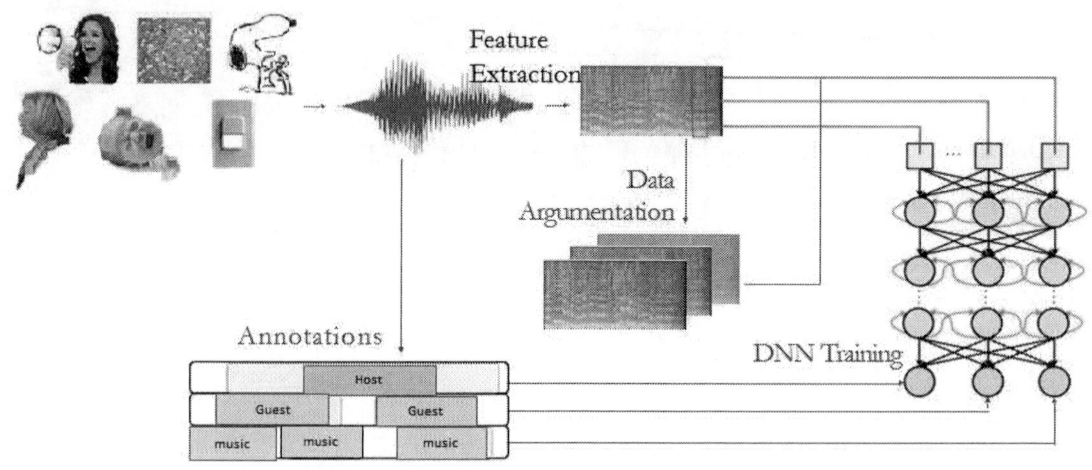

圖一、DNN 音訊事件偵測系統

在此架構中我們使用多組 DNN 建立音訊事件偵測系統模型，因為在不同環境中，各種
事件都有可能同時發生，所以每一種事件都需要建立一個獨立的 DNN 模型，平行做測
試，主要為了確保當事件同時發生時，可以同時被系統偵測到[5]，DNN 模型訓練的示
意圖如圖二。

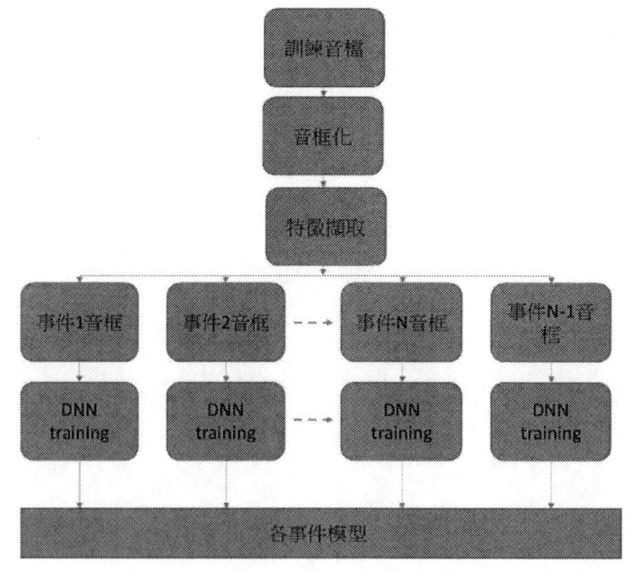

圖二、DNN 訓練模型示意圖

其中建立各個音訊事件模型時，首先將訓練的音檔音框化之後，再擷取音訊事件的特徵
參數(MFCCs)，我們先將所有訓練用音檔取梅爾倒頻譜參數，再個別收集各種事件本身

與非事件本身的音框用以訓練所有可能的 DNNs 模型[7]。

將所有事件模型訓練完畢之後，將測試音檔的音框個別送入各個事件模型，在測試時即可以得到各音檔的音框在不同事件時，為事件本身或不是事件本身的分數值，此外為求穩定判斷，我們再以 moving average 求取音框的平均分數當作最後的判斷依據，因此，最後分數的計算方式如圖三所示的分數計算示意圖。

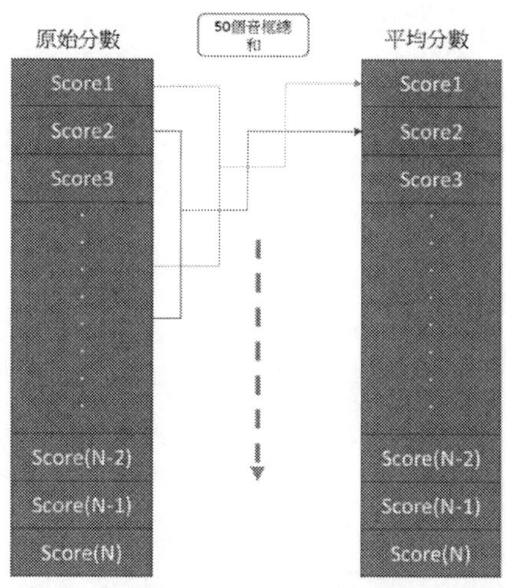

圖三、音訊事件分數計算示意圖

這次的 DCASE2016 挑戰[6]提供了十八種事件聲音，其事件與事件之間擁有同時發生的機會，故最後偵測的結果標籤需為多重標籤[3-5]，結果輸出規定的格式如圖四。

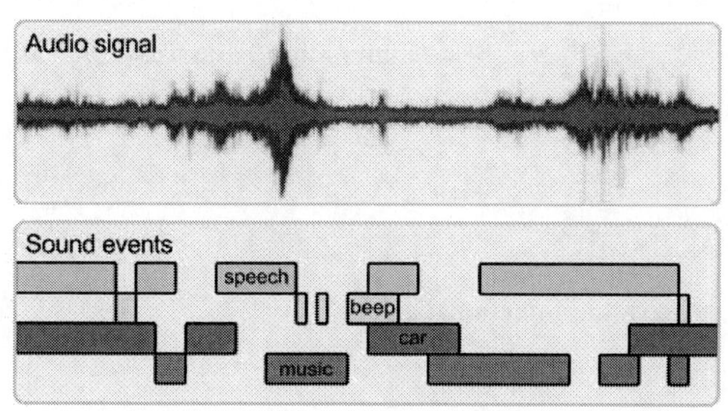

圖四、音訊事件偵測結果輸出方式

(一) DNN 原理

DNN 架構圖主要分為輸入層、隱藏層和輸出層其架構如圖五所示。輸入層在網路架構中為輸入訊息之一方，其神經元數目視輸入特徵參數數量而定。而隱藏層介於輸入與輸出層間，可以為複數層數，其使用非線性激活函數來萃取資訊，隱藏層中的神經元數量需要經由實際測試調整而定，隱藏層數量也跟神經元一樣都需經實驗獲得理想層數。最後，輸出層在網路架構中為提供資料輸出之一方，通常以一層表示，其神經元數目視輸出的內容而定。最後，深層神經網路通常具備至少二個以上的隱藏層，多出的隱藏層是為了提供更高的抽象層次，提高模型的能力。

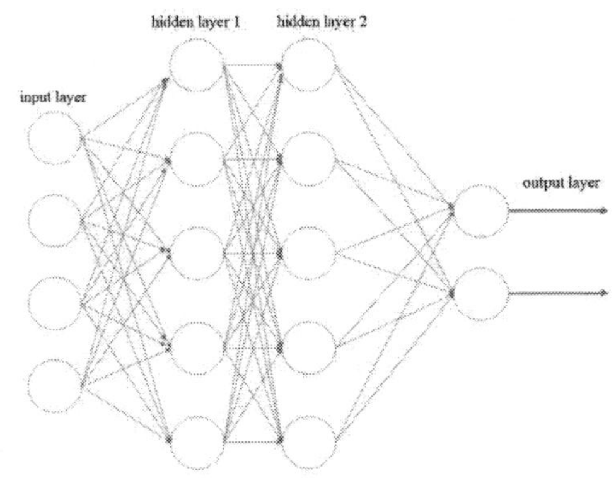

圖五、多層 DNN 架構圖

DNN 中單一的神經元的運算方式如圖六所示，由輸入的參數 X 與連結權值 W，進行連乘加的動作，此一步驟可藉由集成函數(Summation Function)完成，集成函數的目的在於將前一層之輸出經由網路的連結權重值匯集至神經元中，通常是以函數的方式加以表達其公式如公式(1)，其中 W 為連結權值，X 為輸入變數，b 為該神經元的偏權值。經由此公式運算後，其輸出數值越大，則代表神經元被激發；輸出數值越小，則反之。最後再經由作用函數∫(Activation Function)運算輸出，成為下一層神經元的輸入值。

$$f(x) = \int \left[\sum_{i=1}^{n} W_i X_i + b_j \right] \tag{1}$$

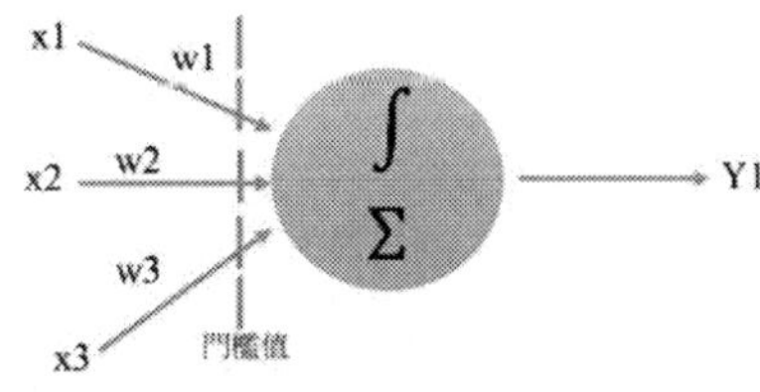

圖六、神經元運算方式示意圖

(二) DNN 訓練

由於在深層類神經網路中，所需調整的系統參數太多，因此 DNN 訓練通常使用 Gradient Descent，Gradient Descent 的公式如(2)表示。

$$x_t = x_t - \eta g_t$$

(2)

其中 x_i 為最佳化時要調整的參數，η 是初始學習率，g_i 為當前的梯度，此外在使用 Gradient Descent 演算法前，我們必須先定義一個 Cost Function 才能計算梯度，最常用的 Cost Function 為 cross entropy，其公式如公式(3)表示：

$$C = -\frac{1}{n}\sum_x [y\,ln_a + (1-y)ln(1-a)]$$

(3)

其中，a 為 DNN 輸出機率值，y 為正確類別指標答案。

(三) DNN 最佳化

此外為建立具強健性的 DNN 模型，常利用 Dropout 演算法。Dropout 在執行時，我們將隨機選擇忽略隱藏層萃取出的語料特徵，方式如圖七(a)所示，每個批次的 DNN 模型訓練過程中，因為每次隨機忽略的隱藏層語料特徵都不一樣，所以使每次模型中訓練到的類神經網路都將是不同的樣式，每次訓練都如同做一個新的音訊事件模型；除此之外，隱藏層語料特徵都是以一定機率隨機出現，因此不能保證每兩個隱藏層語料特徵每次都同時出現，這樣權重的更替不再依賴於有固定關係隱藏層語料特徵的共同作用，就不會出現某些特徵僅僅在其他特徵下才有效果的情況；但在測試語料輸入時，隱藏層特徵將不再隨機選擇忽略而是全部神經元的輸出的平均值如圖七(b)所示，如此可以使模型擁有高抗雜訊能力[9]。

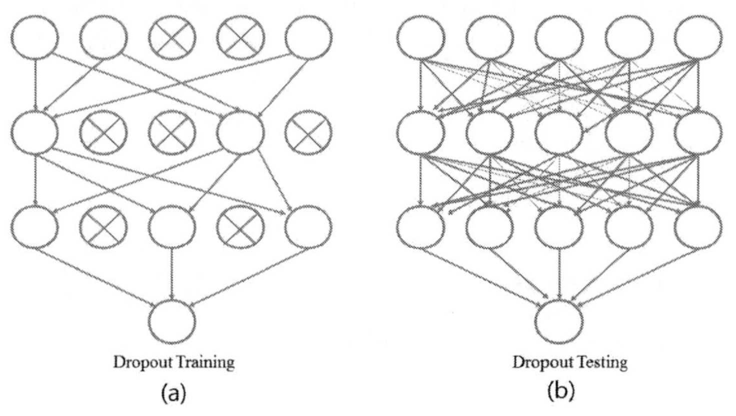

圖七、DNN 模型 Dropout 訓練示意圖

四、場景與音訊事件偵測實驗結果

實驗使用 DCASE2016 比賽提供的 TUT 資料庫，測試大會給予的 GMM baseline 與我們提出的 DNN 方法，DCASE2016 比賽類型分為 4 項，我們選擇其中的第三個任務，Sound event detection in real life audio(Task3)。Task3 任務是在評估我們日常生活中的音訊事件，其中的聲源都是在具有背景音干擾的情形下的多重事件。任務要求是當事件發生時，系統能否正確偵測到事件的發生，還有當多個事件同時發生時，系統是否能同時判斷出多個事件[8][10]。

(一)、實驗資料庫

DCASE2016 比賽提供的 TUT 語料中分為居家與戶外 2 個不同的場景，在不同場景各有不同的聲音事件，這些錄音在多個不同的位置錄製，包括不同的街道，不同的家庭。每次錄音時錄製一個 3~5 分鐘長，44.1 kHz 取樣率的音檔，每個音檔長度皆不同，事件長短也不一樣，並以人工依事件發生時間位置，給予標籤，當作標準答案。資料庫內容包含表一的訓練資料與表二的測試資料：

表一、DCASE2016，Task3 訓練資料庫

場景	聲音事件	音檔	聲音事件	音檔	場景	聲音事件	音檔
居家	(object) Rustling	41	Drawer	23	戶外	(object) Banging	15
	(object) Snapping	42	Glass jingling	26		Bird singing	162
	Cupboard	27	Object impact	155		Car passing by	74
	Cutlery	56	People walking	24		Children shouting	23
	Dishes	94	Washing dishes	60		People speaking	41
	Water tap running	37				People walking	32
						Wind blowing	22

表二、DCASE2016，Task3 測試資料庫

環境	音檔個數	音檔總長
居家	10	36min16s
戶外	12	42min

此外 TUT 資料庫用於記錄音訊之設備為 binaural sound engineer OKM II Kelaxike/studio A3 electret microphone Ear，並使用 44.1 kHz 採樣率和 24 位分辨率的 Roland Edirol R-09 waveform recorder 做錄音。

(二)實驗設定

我們先將所有訓練資料庫中音訊檔案取梅爾倒頻譜參數(MFCCs)，將其音框化之後，將每個事件的音框送進高斯混合模型訓練。最後使用測試資料庫中的音訊檔案進行測試時，先得到的每個音框的分數，再經過與閾值此對判斷，如分數到達標準，再將事件標記寫入文本，最後再拿文本與正確答案相互比對，得到錯誤率與 F1 分數，以下詳細說明各部分設定細節：

● 前處理：

求取梅爾倒頻譜參數時，其中濾波器數量為 40，梅爾倒頻譜參數為 20 維、頻率範圍取 0 Hz ~22050 Hz、傅立葉轉換為 2048，音檔使用的音框大小為 40ms。此外為了避免音框間的變化太劇烈，我們將兩個音框之間取 20ms 重疊。在實驗設定中不採用 MFCCs

的第 0 維，所以共 19 維 MFCCs，再加上一階與二階導數組成共 59 維特徵的向量，其中的一階與二階導數接考慮前後各四個音框。

- GMM 參數設定：

依據主辦單位給予的 GMM baseline 設定標準，在實驗當中，我們將每一個事件訓練為兩個模型，分別為事件本身、非事件的其他聲音。每個 GMM 模型使用混合數為 8，所以一個事件的 GMM 模型總混合數為 16(事件本身+非事件本身)。

- DNN 參數設定：

首先在一前置實驗中，我們先測試輸入音框數與類神經元數目，經把音框數設定為 1、5 或 9 做測試，結果在音框數為 1 時，擁有較佳結果。神經元數則曾經測試 32、64 或 128。結果在神經元數為 64、Dropout 試過 0.9、0.7、0.5，結果 0.7 時效果較好。因此，在以下實驗中皆採用輸入音框數為 1，神經元數 64 與 Dropout 為 0.7 的設定，並進一步測試 DNN 的層數。

(三)評估方式

系統的評分標準有兩種一種是錯誤率(error rate)，另一個則是 F1 分數。錯誤率的計算方式為：

$$ER = \frac{\sum_{k=1}^{K} S(k) + \sum_{k=1}^{K} D(k) + \sum_{k=1}^{K} I(k)}{\sum_{k=1}^{K} N(k)}$$

(4)

其中的 N 代表正確答案的事件發生數。三組數據分別為：插入錯誤(Insertion,I)、取代錯誤(Substitution,S)及刪除錯誤(Deletion,D)。F1 分數的公式如下：

$$F1 = \frac{2(Precision \cdot Recall)}{Precision + Recall}$$

(5)

其中的 precision 和 recall 為

$$Precision = \frac{tn}{tp+fp} \quad , \quad Recall = \frac{tp}{tp+fn}$$

(6)

此公式的符號定義如下：tp:正確判定為正確；fp:正確判定為錯誤；tn:錯誤判定為正確；

fn:錯誤判定為錯誤。

(四)實驗結果

首先測試音檔分為居家與戶外，我們分別使用 DCASE2016 大會給的 GMM 和我們提出的 DNN 模型做測試，在 DNN 系統中我們測試了使用一層和二層隱藏層的情況。音訊事件偵測分為兩大類實驗，共 3 個子實驗，兩大類包括(1)場景偵測和(2)居家與戶外音訊事件偵測。其中子實驗一為場景偵測，目的是要區分場景是在居家或戶外環境。子實驗二為居家環境音訊事件偵測，要在居家環境中要偵測 11 種音訊事件。子實驗三則為戶外音訊事件偵測，要偵測 7 種不同的音訊事件。

首先在子實驗一場景測試實驗方面，從表三的實驗結果來看，DNN 系統的平均總錯誤率 0.86，傳統模型 GMM 則為 0.91，DNN 的 F1 為 26.80%，GMM 的 F1 則為 23.40%，因此，以實驗結果來看，DNN 的錯誤率與 F1 都是最佳。但是以錯誤率來看，DNN 系統還有進步的空間，詳細結果如表三所示。

表三、Performance of Scene Recognition

	GMM		DNN			
#. of layers			1		2	
Scene	ER	F1	ER	F1	ER	F1
home	0.97	15.40%	0.93	13.20%	0.82	31.90%
residential	0.86	31.50%	0.95	11.50%	0.90	21.70%
Average	0.91	23.40%	0.94	12.30%	0.86	26.80%

表四為子實驗二居家音訊事件偵測的實驗結果。從平均錯誤率來看，GMM 為 1.06，而 DNN 則為 0.86，以 F1 分數來看，GMM 為 8.90%，而 DNN 則為 27.70%，總體而言在室內環境使用 DNN 音訊事件偵測系統比較好。

表四、室內環境音訊事件偵測錯誤率與 F1 分數

	GMM		DNN			
#. of layers			1		2	
Event	ER	F1	ER	F1	ER	F1
cupboard	1.00	0.00%	0.94	15.6%	0.93	22.00%
cutlery	1.02	0.00%	1.00	0.00%	0.56	62.80%
dishes	1.16	2.50%	0.98	3.70%	0.87	41.90%
drawer	1.19	0.00%	1.00	8.80%	0.92	26.00%
glass_jingling	1.10	0.00%	0.95	8.70%	0.70	54.00%
object_impact	1.06	19.30%	1.00	0.00%	0.99	1.50%
object_rustling	1.09	7.00%	1.00	0.00%	1.00	0.00%
object_snapping	1.00	0.00%	1.00	0.00%	1.00	0.00%
people_walking	1.10	14.80%	1.00	0.00%	1.00	0.00%
washing_dishes	1.08	20.30%	0.96	25.90%	0.92	29.70%
water_tap_running	0.83	34.10%	0.79	39.60%	0.54	66.70%
Average	1.06	8.90%	0.97	9.30%	0.86	27.70%

最後表五為子實驗三戶外環境的音訊事件偵測實驗結果。從平均錯誤率來看，GMM 為 1.03，而 DNN 則為 0.96，以 F1 分數來看，GMM 為 17.60%，而 DNN 則為 12.80%，雖然 DNN 的 F1 分數比 GMM 差，但是因這次比賽主要是比錯誤率，所以以整體來看，DNN 還是比 GMM 好。

表五、戶外環境音訊事件偵測錯誤率與 F1 分數

	GMM		DNN			
#. of layers			1		2	
Event	ER	F1	ER	F1	ER	F1
bird_singing	0.87	30.10%	1.04	3.60%	0.97	31.60%
car_passing_by	0.71	54.50%	0.77	37.70%	0.95	24.20%
children_shouting	1.07	0.00%	1.00	0.00%	1.00	0.00%
object_banging	1.00	0.00%	1.00	0.00%	0.82	34.00%
people_speaking	0.89	25.00%	1.00	0.00%	1.00	0.00%
people_walking	1.15	1.70%	1.00	0.00%	1.00	0.00%
wind_blowing	1.53	11.80%	1.01	2.20%	1.00	0.00%
Average	1.03	17.60%	0.97	6.20%	0.96	12.80%

五、結論

本研究使用 DNN，建立音訊事件聲學偵測系統。並利用 Dropout 達到最佳化 DNN 事件模型。降低通道雜訊干擾與背景環境的影響。實驗結果顯示 DNN 使用二層隱藏層，神經元數為 64 時，可在 DCASE2016 比賽測試資料中得到最佳結果。若與傳統 GMM 比較，其場景偵測錯誤率可從 0.91 降至 0.86、F1 分數並從 23.4%提升到 26.8%，此外針對室內環境的音訊事件偵測實驗，錯誤率可從 1.06 降至 0.86，F1 分數並從 8.9%提升到 27.7%，而對戶外環境的音訊事件偵測實驗，錯誤率可從 1.03 降至 0.96，F1 分數並從 17.6%到 12.8%，因為比賽主要是看錯誤率，所以從總結果來看，DNN 方法比 GMM 方法要好。所以我們提出的 DNN 架構確實是有效可行的。

致謝

本研究感謝教育部『大學以社教機構為基地之數位人文計畫』（A36 號）與科技部專題計畫（MOST 104-2221-E-027-079, 105-2221-E-027-119 and 103-2218-E-027-006-MY3）支持。

參考文獻

[1] L. Gerosa, G. Valenzise, M. Tagliasacchi, F. Antonacci, A. Sarti, "SCREAM AND GUNSHOT DETECTION IN NOISY ENVIRONMENTS," in EURASIP European Signal Processing Conference (EUSIPCO 2007), Poland, Sept, 2007

[2] Emre Cakir, Toni Heittola, Heikki Huttunen and Tuomas Virtanen, "Polyphonic Sound Event Detection Using Multi Label Deep Neural Networks," in IEEE International Joint Conference on Neural Networks (IJCNN), 2015.

[3] Emre Cakir, Toni Heittola, Heikki Huttunen and Tuomas Virtanen, "MULTI-LABEL VS. COMBINED SINGLE-LABEL SOUND EVENT DETECTION WITH DEEP NEURAL NETWORKS ," 2015.

[4] T. Heittola, A. Mesaros, A. Eronen, and T. Virtanen, "Contextdependent sound event detection," in EURASIP Journal on Audio, Speech, and Music Processing, vol. 2013, no.

1, 2013, p. 1.

[5] Tara N. Sainath, Oriol Vinyals, Andrew Senior, Has,im Sak, "Convolutional, long short-term memory, fully connected deep neural networks," in IEEE International Conference on Acoustics, Speech and Signal Processing (ICASSP), 2015.

[6] Annamaria Mesaros, Toni Heittola, Tuomas Virtanen, "TUT Database for Acoustic Scene Classification and Sound Event Detection," in In 24rd European Signal Processing Conference 2016 (EUSIPCO 2016), 2016.

[7] Karol J. Piczak, "Environmental sound classification with convolutional neural networks," in Proc. of MLSP). IEEE, 2015, pp. 1–6.

[8] D. Scherer, A. Muller, and S. Behnke. " Evaluation of Pooling Operations in Convolutional Architectures for Object Recognition ". In ICANN. 2010

[9] Li Wan, Matthew Zeiler, Sixin Zhang, Yann LeCun, and Rob Fergus. "Regularization of NNs using DropConnect," In ICML, 2013.

[10] Grigorios Tsoumakas, Ioannis Katakis, "Multi-Label Classification: An Overview," in Int J Data Warehousing and Mining, 2007, pp. 1–13

The 2016 Conference on Computational Linguistics and Speech Processing
ROCLING 2016, pp. 325-341
© The Association for Computational Linguistics and Chinese Language Processing

基於增強式深層類神經網路之語言辨認系統

Reinforcement Training for Deep Neural Networks-based

Language Recognition

蕭硯文　Yen-Wen Hsiao

Department of Electronic Engineering, National Taipei University of Technology

eric6300224@gmail.com

劉翃睿　Hung-Jui Liu

Department of Electronic Engineering, National Taipei University of Technology

rayliu0116@gmail.com

廖元甫　Yuan-Fu Liao

Department of Electronic Engineering, National Taipei University of Technology

yfliao@ntut.edu.tw

摘要

本論文之目標要建立一個基於增強式學習之語言辨認系統，並參與 NIST LRE2015 評比。語言辨認常受到其他相似的語系(out of set, OOS)使效能下降。為了能解決目標語言與 OOS 極為相似與常用的訓練準則與實際應用情境偏離的情況，因此本論文提出新的考慮 OOS 的 DNN 架構並使用 reinforcement learning (RL) 來做訓練，系統特色在於先把 OOS 做細分，包括建立一個可同時辨認目標語言與所有 OOS 的 DNN 架構；以及將整個任務分解成兩個輸出相乘的 DNNs，一個負責語言分群，一個負責區分目標與非目標語言。所提出的系統皆以 LRE2015 規定的代價函數(越低越好)進行實驗比較，根據 LRE2015 評分結果，官方給定的 LDA 語言辨識系統，其分數為 39.033，使用傳統 DNN 其分數為 30.136，而使用本論文所提出兩種新 DNN+reinforcement 其分數分別為 20.899

分與 19.384 分，結果可以發現採用本論文所提出的 DNN+reinforcement 能有最佳的辨
識表現。

關鍵詞：語言辨認、網路學習、Q-learning、機率線性鑑別分析、The 2015 Language
Recognition i-Vector Machine Learning Challenge

一、　　簡介

　　美國國家標準技術研究所(National Institute of Standards and Technology, NIST)以往
每兩年都會舉辦語言辨識評估(Language Recognition Evaluation, LRE)競賽[1]，主要的目
的就是藉由世界各個專家或學者的力量來解決語言辨識技術層面的問題,因此參與語言
辨識評比不但能讓各個研究團隊了解自我實力的落點,同時也能在評比之後吸收大家的
優缺點以作為往後技術的研究方向。

　　但LRE2015跟之前比賽相當不同，主要是，2015比賽只給予音檔的特徵函數i-Vector，
來做目標語言的辨認，而且以往LRE都只要求辨識約20類目標語言，但在LRE2015需辨
識的語言種類卻多達50種之多，此外語料裡還包含非目標語言(out of set, OOS)，且非目
標語言與目標語言兩者語系十分相近0，更糟糕的是LRE2015的評分標準對OOS的辨認
錯誤率(false alarm)給予相當大的處罰,因此在處理LRE2015語料上我們將會面臨三大問
題分別為：

- 需要辨識更多語料種類。

- 目標語言與OOS極為相似，不易做線性區分。

- 傳統的語言模型訓練準則,會有訓練結果可能與實際應用情境評分標準偏離的
  情況。

　　傳 統 的 語 言 辨 識 系 統 通 常 使 用 LDA(Linear Discriminant Analysis)[2] 、
PLDA(Probabilistic Linear Discriminant Analysis)[4]或是深度類神經網路(Deep Neural
Network, DNN)，前兩者語言系統主要為線性分類，對於只辨識區分比較明確的目標語

言還可以達到一定的水準，不過面臨到重疊性很嚴重的OOS與目標語言相近的問題時，單單使用線性分類來處理是不夠的。於是有學者提出使用深度類神經網路(Deep Neural Network, DNN)架構的非線性分類的特性來解決有OOS語料的情況，傳統上DNN是用交叉熵法(cross-entropy)[5]，不過在使用交叉熵法來訓練模型實際上與比賽要求的最終目標不一致，因為比賽設定的false alarm和missing的權重並不一樣，但cross-entropy對此兩種錯誤卻是一視同仁，因此使用cross-entropy可能會有偏離預期目標，造成錯誤判斷等情況。

由於目標語系與OOS語系相當接近，本論文提出了兩個新的DNN架構利用其非線性的特性來解決語料重疊嚴重的情況，並把重點放在把目標語言與OOS再細分處理上，因此建立兩種新的DNN架構包括：一為可同時辨認目標語言與所有OOS的DNN架構；以及一為可將整個任務分解成兩個輸出相乘的DNNs，一個負責語言分群，一個負責區分目標與目標語言。

此外為了避免訓練結果與預期目標偏離的現象，本論文使用增強式訓練系統（Reinforcement Learning ,RL）[6]來做訓練，由於RL是直接依據比賽最終目標來不斷更新語言模型的訓練方向，以達到自我學習的效果，因此能夠解決Cross-Entropy對missing與false alarm一視同仁的問題，使其訓練結果貼近LRE 2015要求的評估方式。

二、　　　相關研究

　　傳統方法對於語言辨識會使用 LDA 或 PLDA，近幾年來則常使用 DNN，彼此間各有特色，本章節將針對 LRE2015 來探討以上三種辨識系統。

（一）　　LDA 與 PLDA 語言辨識系統[2]

LDA / PLDA 語言辨認系統架構如圖一所示：

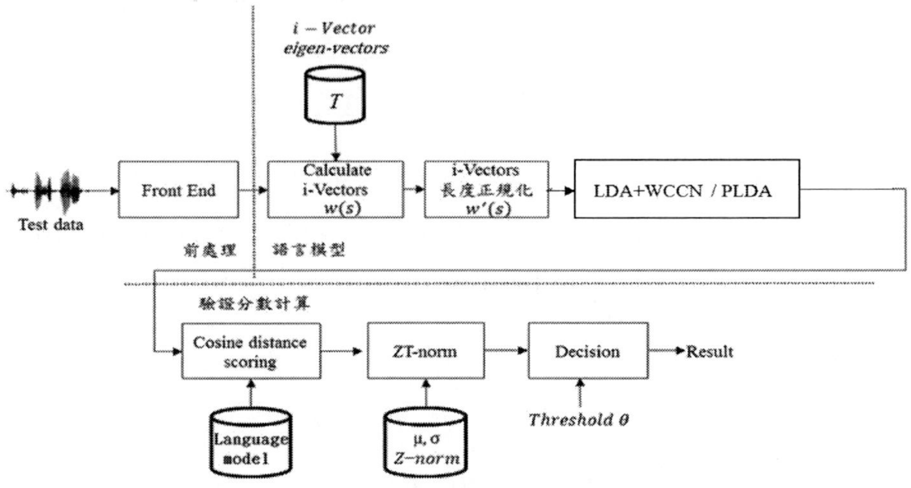

圖一、LDA / PLDA 語言辨認系統架構

　　LDA 與 PLDA 系統一開始都會將所有的語料先經過前處理產生強健的聲特徵參數，然後使用訓練語料建構出 i-Vector 的空間基底 T 。之後使用線性識別分析(Linear Discriminant Analysis; LDA)來處理 i-Vector 的投影量 w(s)，LDA 能將資料群由高維度的空間中投影到低維度的空間，因此會先找出一組基底向量來進行線性座標轉換，轉換後的資料群使用類別內散佈矩陣(within-class scatter matrix, WCCN)加以處理，使得同一類的資料群藉由投影後可以愈拉近愈好，不同一類的資料群藉由投影後可以愈分開愈好。相對於 LDA，PLDA 則未使用 WCNN，但依舊可以達成讓同種語言間的變異量變小，不同種語言間的變異量變大。最後驗證分數的部分，LDA 與 PLDA 都將目標語言和測試語言進行 Cosine Distance Scoring 來計算答案，以完成有效的訓練與分類。

不過 LDA 與 PLDA 系統都是使用線性分類來做辨識，對於處理重疊性較小的語言類別上都能有不錯的辨識效果，但面對 LRE2015 裡每一種目標語言與相近的 OOS 語系狀況時就可能無法分割目標與 OOS 語系，可能造成的辨識結果不佳。

（二） 傳統 DNN 語言辨識架構+交叉熵 Cross-Entropy

深度類神經網路(Deep Neural Network, DNN)是一種具備至少一個隱藏層的類神經網路，因此擁有多節點及多層的結構特性，這對於在訓練及分析數據特徵上有很大得益處。DNN 不同於 LDA 或是 PLDA 辨識系統僅止於線性分類，在 DNN 上則是使用像 Rectified Linear Unit (RLU)或是 Sigmoid Function 等非線性激活函數來辨識語言。

由於 LRE2015 的目標是分類目標語言(50 類)與非目標語言，於是傳統 DNN 在輸入端輸入 i-Vector，輸出端則依據 LRE2015 目標，直覺的分為 50 類目標語言以及 1 類 OOS 共 51 類。其架構通常如下圖二所示(以下以 DNN1 代表)：

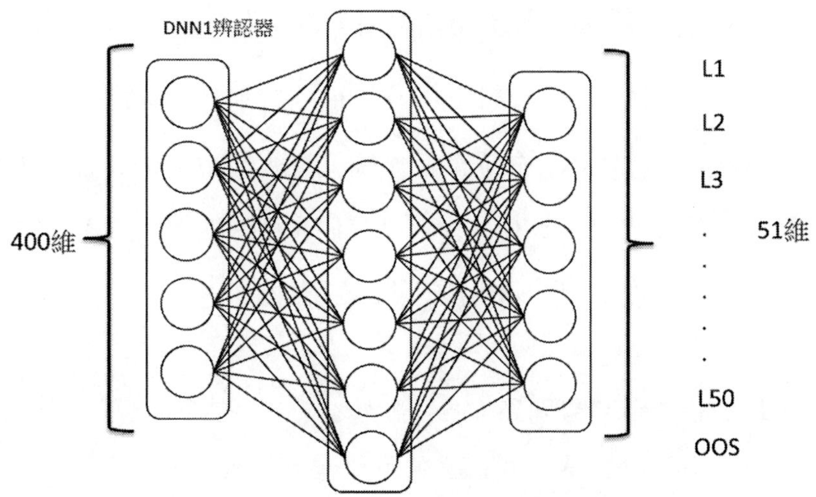

圖二、傳統 DNN 針對 LRE2015 架構(DNN1)

此外傳統訓練方法常使用交叉熵 (Cross-Entropy)，Cross-Entropy 是一個常見的成本函式。Cross-Entropy 產生於信息論裡面的信息壓縮編碼技術，後來演變成為從博弈論再到機器學習等，並成為其他領域裡的重要技術手段。其定義如下：

$$Cost_{y'}(y) = -\frac{1}{n}\sum_{i}[y_i'lny_i+(1-y_i')ln(1-y_i)] \qquad (1)$$

其中y是我們預測的概率分佈，y'是實際的分佈。簡單來說交叉熵用來衡量我們的預測，評估整體訓練的好壞。

傳統 DNN 在面對 LRE2015 目標語言與非目標語言相似的問題時，可以用非線性分類來做辨識，相對於線性分類而言這能達到更好的辨識結果；但使用傳統 DNN 架構來處理 LRE2015 的語料還是不夠成熟，主要在於傳統 DNN 在分類上是把全部 OOS 歸為同一類來與 50 類目標語言來做辨識，但 LRE2015 中的 OOS 並不是都同語系的，若只把 OOS 當成一類其實是把很多不同東西放在一起，就會讓 DNN 很難學習。

此外在訓練上使用 Cross-Entropy 可能會產生訓練結果與 LRE2015 預期目標偏離的現象，原因主要在於 Cross-Entropy 在面對 OOS 與 50 類目標語言時，兩者重視的比例程度是一致的，這可能導致最後辨識結果偏離比賽要求的目標。

三、　　基於增強式學習的語言辨識系統

為了解決 LRE2015 目標語言語與 OOS 相似，及訓練模型結果與實際目標可能偏差等問題，本篇論文採取 DNN 的語言辨識系統，並提出新的 DNN 語言辨識架構，來促使有效分類 50 類目標語言及 OOS，此外我們也搭配使用增強式學習(Reinforcement Learning, RL)來訓練語言模型，藉以提升辨識的效果。

（一）　新的 DNN 語言辨識架構

為了了解 OOS 與目標語言實際嚴重重疊的情況，在前置實驗中我們實作(T-Distributed Stochastic Neighbor Embedding, T-SNE)[8]，把 400 維 i-Vector 共 21431 筆語料(15000 筆 50 類目標語言+6431 筆 OOS)與 50 類目標語言+OOS 的標記丟入 T-SNE 系統來做處理，輸出 2 維特徵矩陣共 21431 筆語料，其結果為 2 維特徵語料分布圖，如下圖三所示，

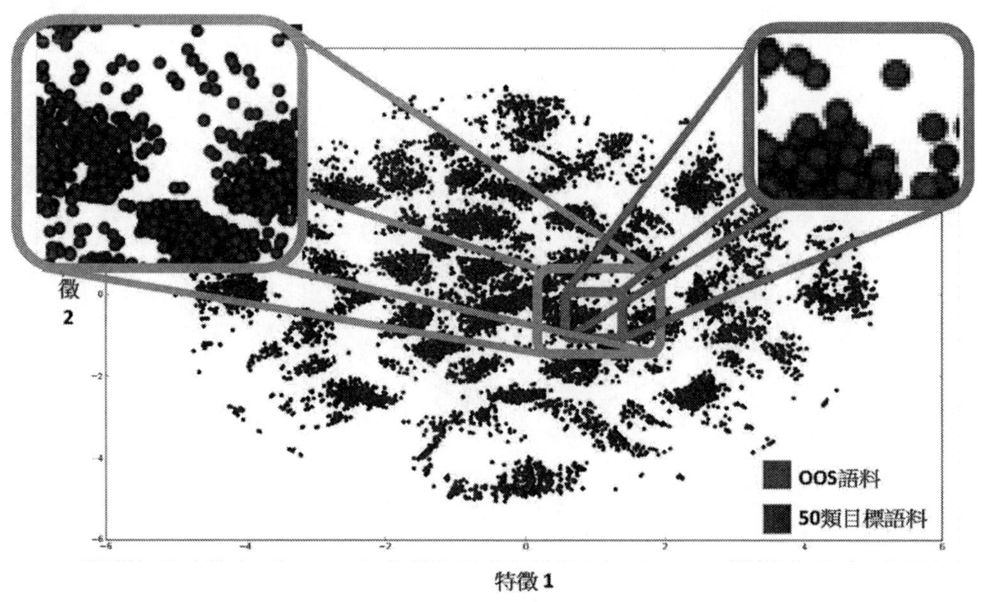

圖三、T-SNE 二維特徵圖

　　從 T-SNE 二維特徵圖可以看到非目標語言與 50 類目標語言幾乎重疊在一塊(由上圖的局部放大圖可知)，但有趣的是從整體來看其中 OOS 的分布也有 50 類的現象，因此我們認為要解決 OOS 與目標語言重疊的問題，必須要先將目標與其相似非目標分成多個相似語言群，再進一步對每一群相似語言做細分成目標與非目標語言，因此，我們提出兩種新的 DNN 架構，以下我們會以分別以 DNN2 與 DNN3 來代表之。新的 DNN 主要改變在於我們將 OOS 仔細區分為 50 類來做辨識，於是新的 DNN2 與 DNN3 需要辨識 100 種語言類別，其架構如下圖四與圖五所示，其中 DNN2 在 OOS 的細分上是直接分為 50 類然後與 50 類目標語言一起來做辨識；DNN3 將整個任務分解成兩個輸出相乘的 DNNs，一個負責語言分群，一個負責區分目標與非目標語言，兩者分工。

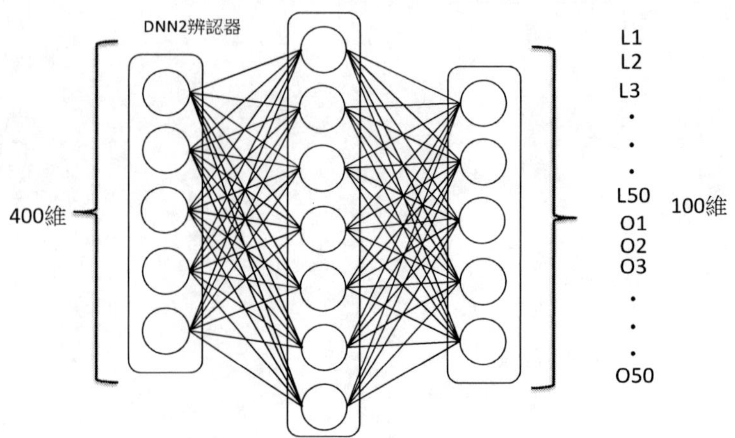

圖四、基於增強式的語言辨識系統之 DNN2 架構圖

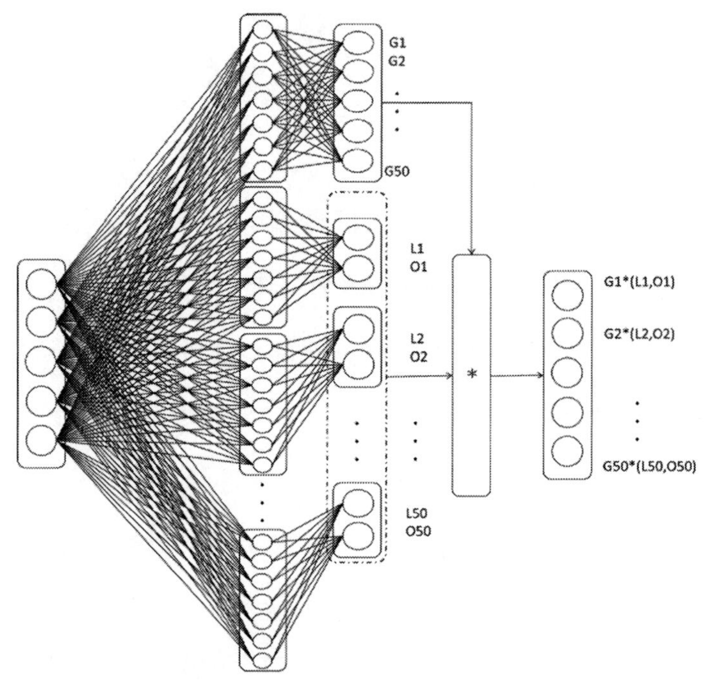

圖五、基於增強式的語言辨識系統之 DNN3 架構圖

（二） 增強式學習(Reinforcement Learning, RL)訓練方法。

增強式學習是從系統與環境的互動中，不斷地嘗試不同的行動，來找尋最佳的策略的一種學習方式。在 RL 裡會有一個學習代理人(agent)會根據現在所處的 state 採取對應的 action 。在一開始沒有任何辨別認知的基礎下，agent 可任意選擇一項動作，environment 接收到此動作後，會根據此 action 回饋給代理人一個 reward，讓 agent 得知執行此 action 是好還是壞。當得到 reward 的同時，environment 也會提供下一個 state 給 agent，之後不斷重複下去，直到代理人學會如何對每 state 採取正缺的 action，其架構如下圖六所示。

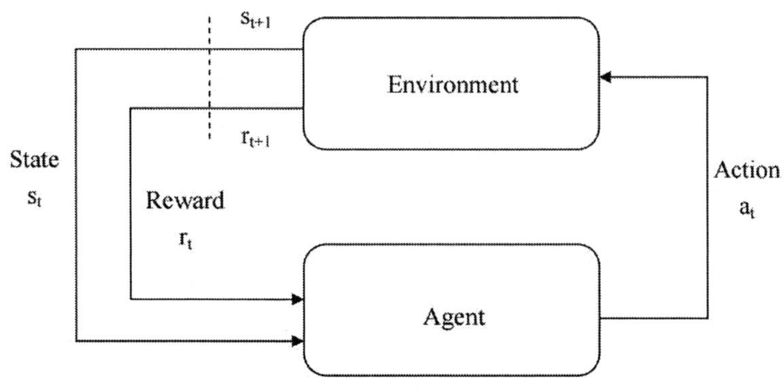

圖六、增強式學習法關係圖

在 Q-learning 裡，我們定義一個函數$Q(s,a)$代表針對系統能得到最大利益，其定義如下公式(2)。

$$Q(s_t, a_t) = \max R_{t+1} \tag{2}$$

$Q(s,a)$就好比在s下，執行什麼a，最後能得到回應最佳的反應，並稱為 Q-function，其值則為 Q-value。

那如何來更新 Q-value 呢? 我們可以使用 Bellman 方程式迭代更新 Q-value。其表示如公式(3)。

$$Q(s,a) = r + \gamma max_{a'} Q(s', a') \tag{3}$$

由 Bellman 方程式(3)延伸出以下更新 Q-value 的公式(4)。

$$Q(s,a) = Q(s,a) + \alpha[r + \gamma max_{a'} Q(s', a') - Q(s,a)] \tag{4}$$

α 為學習率(learning rate)，做為預判未更新前的 Q-value 和新提出的 Q-value 之間可能的差異。特別是，當 $\alpha=1$，表示完全學習新的 Q-value，不考慮舊 Q-value。使用$max_{a'} Q(s', a')$來更新 Q-value 在早期學習階段可能是完全錯誤的，但經過多次迭代後就能獲得良好的結果[7]，因此如果我們執行此更新次數足夠的話，Q 函數將漸漸收斂並得到正確的 Q-value。

以下我們提出一個使用 Q-Learning 來訓練語言模型的演算法，如圖七的 pseudo code 所示：

```
Initialize Q(s, a) arbitrarily
Observe initial state s
Repeat
        Select and carry out action a
        Observe reward r and new state s'
        Q(s, a) = Q(s, a) + α[r + γmax_a' Q(s', a') − Q(s, a)]
        s = s'
Until terminal
```

圖七、Q-Learning 訓練語言模型之 pseudo code

我們定義 Environment 表示 LRE2015 的訓練語料與其相對應的語言種類標準答案；Agent 表示語言辨識系統，會對訓練語料中取樣出來的測試語句(state)做出反應(action)，即猜測測試語句的語言種類，並其會依據 Environment 給予的 reward 調整辨識系統；其中 Reward 表示 Environment 將猜測答案與該語料的實際語言標準答案做比較後所得到的加分與扣分結果，若結果正確則保持原狀，錯誤則修正系統。

Q-Learning 的流程如下，第一次訓練會先隨機初始化語言模型，之後進行迭代，首先對給予的語料猜測其最有可能語言，然後觀察猜測語言之 reward 結果，再根據以上參數更新語言模型，接著換下一個語料，直到獲得最佳語言辨識效果。

四、　　實驗結果

本章節我們將實作官方給定 LDA(baseline)、傳統 DNN 以及本論文所提出的兩種
DNN 語言辨識系統，在 DNN 方面我們會分別使用 Cross-Entropy、加權式代價函數法
(Cost-function)及 Reinforcement Learning 來訓練語言模型，並使用官方給定的評分標準
評估以上辨識系統。

（一）　　實驗資料

NIST LRE2015 提供 400 維 i-Vector，當中包含訓練語料 15000 筆、6500 筆未做標
示的測試語料以及 6431 筆非目標語言(OOS)之語料，如表一所示，其所包含語言如下表
二所示。

表一、NIST2015 全部語料數量

語料種類	Data(400 維)數量
ivec15_lre_train_ivectors	15000
ivec15_lre_test_ivectors	6500
ivec15_lre_dev_ivectors	6431

表二、NIST LRE2015 50 類分類語言

Target Languages(train_ivectors)				
Amharic	Dari	Kazakh	polish	Tagalog
Arabic	English	Khmer	Portuguese	Tajik
Armenian	Farsi	Korean	Punjabi	Tatar
Azerbaiiani	French	Kosovo	Romanian	Thai
Bengali	Georgian	Kurdish	Russian	Tibetan
Bosnian	Greek	Kyrgyz	Shona	Turkish
Burmese	Hausa	Laotian	Slovak	Ukrainian
Cantonese	Hindi	Mandarin	Somali	Urdu
Creole	Indonesian	Oromo	Spanish	Uzbek
Czech	Japanese	Pashto	Swahili	Zulu
Out of Target Languages(dev_ivectors)				
out_of_set				

（二） 實驗評分方法

主辦方所提出的評分標準如下：

$$Cost = \frac{(1 - P_{oos})}{n} * \sum_{k}^{n} P_{error}(k) + P_{oos} * P_{oos}(oos) \tag{5}$$

$$P_{error} = \left(\frac{\#errors\_class\_k}{\#trials\_class\_k}\right), n = 50, and P_{oos} = 0.23 \tag{6}$$

其中 $P_{oos}(oos)$ 表示為 OOS 但被歸類在 50 類的錯誤率；$P_{oos} = 0.23$ 表示比例權重參數，因此 LRE2015 對 OOS 錯誤率的處罰相當嚴厲。

（三） 實驗設定

先利用 LRE2015 官方所給定的 LDA 語言辨識系統，算出基礎分數，之後再與利用深層網路學習和強化式語言辨認系統訓練出來的分數做分析與比較，以下是各系統的設定。

1. 基礎語言辨識系統 LDA

LDA 的實驗設定方面：

輸入部分：400 維 i-Vector 共 21431 筆語料(15000 筆 50 類目標語言+6431 筆 OOS)與 50 類目標語言+OOS 的 Label。

輸出部分：50 類目標語言+1 類 OOS = 51 維。

2. DNN 語言辨識系統

DNN 的實驗設定方面，會設計 3 種 DNN 架構包含 DNN1 表示傳統 DNN(圖二)、DNN2 表示圖四新提出 DNN 架構、DNN3 表示圖五新提出的 DNN 架構，並分別採用 Cost-function、Cross-Entropy 以及 Reinforcement Learning 來做訓練。

（1） DNN1：目標語言 50 類 ＋OOS 1 類

在 DNN1 方面有 1 層隱藏層，輸入 400 維 i-Vector，輸出則為 51 維(50 類目標語言+1 類 OOS)。

（2） DNN2：目標語言 50 類 ＋OOS 50 類

在 DNN2 方面有 1 層隱藏層；輸入 400 維 i-Vector，輸出則為 100 維(50 類目標語言+50 類 OOS)。

（3） DNN3：目標語言 50 類 ＋OOS 50 類

在 DNN3 方面有一層語言分群 DNN，一層 80 個目標與非目標分群 DNN 再搭配 1 個乘法 Gate；輸入 400 維 i-Vector，輸出則為 100 維(50 類目標語言+50 類 OOS)。

（四） 實驗結果

我們實驗所使用的語料庫以及 NIST LRE2015 評比的實驗環境設定，計算評比項目中的結果，且整理所有結果如表三，並針對評比結果做出實驗分析。

表三分為兩大部分，分別將訓練語料(Train)及測試語料(Test)丟入經過訓練的語言模型之後記錄其結果。訓練語言模型的方式有 7 種，分別為：官方給定的 LDA 語言辨識系統、DNN1+Cross-Entropy、DNN1+加權式代價函數法(Cost)、DNN1+增強式學習(reinforcement)、DNN2+Cross-Entropy、DNN2+加權式代價函數法(Cost)、DNN2+增強式學習(reinforcement)、 DNN3+Cross-Entropy、DNN3+加權式代價函數法(Cost)、DNN3+增強式學習(reinforcement)。

計分部分分為 Correct (%)與 Scores，Correct(%)表示成功辨識的語料占所有語料多少百分比，數值越高越好；Scores 表示將辨識正確的語料數量與錯誤的語料數量丟入 LRE2015 官方所給定的計分標準所算出的結果，數值越低其辨識系統表現越好。其中 LRE2015 以 Scores 為準，Correct(%)只是我們用來作為參考。

表三、語言辨識系統評估分數統計表

		Train		Test	
		Correct (%)	Scores	Correct (%)	Scores
baseline	LDA			60.3544	39.590
DNN1	entropy	85.5076	21.8589	64.2769	35.7433
	cost	97.7935	23.8572	65.4308	34.5135
	reinforcement	97.1935	24.0021	69.8308	30.1356
DNN2	entropy	97.9335	24.5862	69.6462	24.2055
	cost	97.7202	24.7397	72.7692	24.721
	reinforcement	97.7135	24.6911	73.8462	20.8996
DNN3	entropy	99.8497	23.4157	71.5837	23.4153
	cost	99.7592	23.5721	72.6493	22.5627
	reinforcement	99.9453	23.6834	74.5771	19.3847

　　從表三來看辨識測試語料的部分，採用主辦方給定的 LDA 訓練系統其結果為 39.590 分，使用 DNN 架構方面分數都高於 LDA 系統分數，其中 DNN1 架構無細分 OOS 但採用 reinforcement 能得到最佳 30.1356 分，而在 DNN2 架構有細分 OOS 並採用 reinforcement 能得到最佳 20.8996 分，DNN3 架構細分 OOS，但採取兩個 DNN 分工並採用 reinforcement 能得到最佳 19.3847 分。由表三數據結果可以看出使用 DNN3 的分類方式明顯優於其他兩種架構，整體而言我們更可以看出使用 reinforcement 來訓練模型的最佳表現也遠高於使用 Cross-Entropy 和加權式代價函數法，且使用 DNN3 的架構來處理 OOS 又比 DNN2 好，所以最好的結果是使用 DNN3+reinforcement 語言辨識系統。

五、　　　結論

在本論文中我們所提出的新 DNN 架構搭配 reinforcement 的語言辨識方法，並參加
LRE 2015 評比，經比較 LDA，傳統 DNN，與我們提出的兩種新的 DNN 架構的效能，
得到如下圖八的結果。

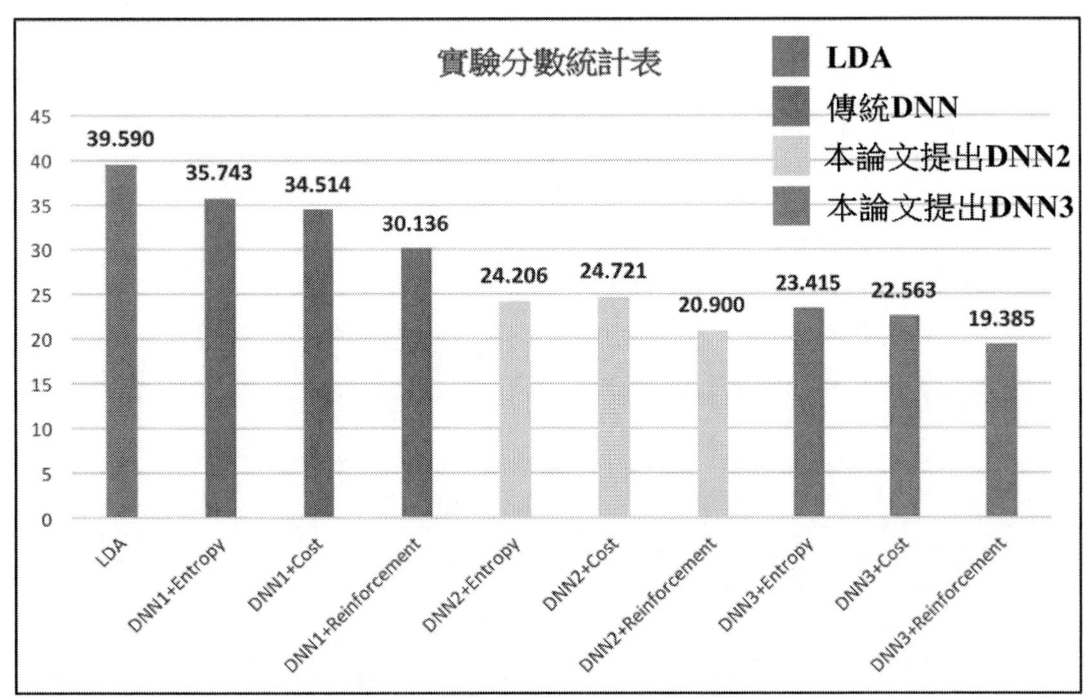

圖八、辨識系統評估分數統計表

其中由圖八數據總結得知，不管是 DNN1，DNN2 或者 DNN3，在測試語料的部分，
DNN 使用 reinforcement 都比使用 Cross-Entropy 或是 Cost function 來的更好；此外考慮
OOS 的 DNN 架構也優於傳統 DNN，能有效的解決 LRE2015 目標語言與 OOS 語料相
似的問題。因此我們提出的方法 DNN3+ Reinforcement Learning 的確對於 LRE 2015 評
比能達到有效語言辨認結果。從表四 NIST LRE2015 官方評分結果排行榜，更可以發現
我們所提出 DNN3+ Reinforcement Learning 辨識分數 19.385 分與前十名相比還算不錯。

表四、NIST LRE 2015 官方評分結果排行(前 10 名)

Rank	Name	Affiliation	Score on eval set
1	Hanwu Sun	Institute for Infocomm Research, Singapore	17.736
2	Konstantin Simonchik	individual	18.022
3	Kong Aik Lee	Institute for Infocomm Research, A*STAR, Singapore	17.802
4	Sergey Novoselov	individual	18.066
5	Haizhou Li	Institute for Infocomm Research, A*STAR, Singapore	17.758
6	Nguyen Trung Hieu	Institute for Infocomm Research	18.462
7	UTD-CRSS Team	University of Texas at Dallas (CRSS)	22.154
8	Qian Zhang	Center for Robust Speech Systems (CRSS),UT Dallas	23.011
9	Chengzhu Yu	University of Texas at Dallas (CRSS)	23.077
10	Chunlei Zhang	Center for Robust Speech Systems (CRSS),UT Dallas	24.308

致謝

本研究感謝教育部『大學以社教機構為基地之數位人文計畫』（A36 號）與科技部專題計畫（MOST 104-2221-E-027-079, 105-2221-E-027-119 and 103-2218-E-027-006-MY3）支持。

參考文獻

[1] NIST i-vector Machine Learning Challenge:

https://ivectorchallenge.nist.gov/

[2] Chengzhu Yu, Chunlei Zhang, Shivesh Ranjan, Qian Zhang, Abhinav Misra, Finnian Kelly, John H. L. Hansen," utd-crss system for the NIST 2015 language recognition i-Vector machine learning challenge". Available:
http://www.utdallas.edu/~gxl083000/pdfs/2016_ICASSP_LRE_ivML.pdf

[3] Najim Dehak, Pedro A.Torres-Carrasquillo, Douglas Reynolds, Reda Dehak, "Language Recognition via Ivectors and Dimensionality Reduction", 2011. Available:
https://groups.csail.mit.edu/sls/publications/2011/Dehak_Interspeech11.pdf

[4] Saad lrtza, "Scalable I-vector concatenation for PLDA based language identification system",IEEE ,2015.Available:
http://ieeexplore.ieee.org/xpl/login.jsp?tp=&arnumber=7415458&url=http%3A%2F%2Fieeexplore.ieee.org%2Fxpls%2Fabs_all.jsp%3Farnumber%3D7415458

[5] Geoffrey Hinton, Li Deng, Dong Yu, George Dahl, Abdel-rahman Mohamed, Navdeep Jaitly, Andrew Senior, Vincent Vanhoucke, Patrick Nguyen, and Brian Kingsbury," Deep Neural Networks for Acoustic Modeling in Speech Recognition". Available:
http://static.googleusercontent.com/media/research.google.com/zh-TW//pubs/archive/38131.pdf

[6] Tambet Matiisen, "Demystifying Deep Reinforcement Learning". Available:
https://www.nervanasys.com/demystifying-deep-reinforcement-learning/

[7] Francisco S. Melo, "Convergence of Q-learning: a simple proof". Available:
http://users.isr.ist.utl.pt/~mtjspaan/readingGroup/ProofQlearning.pdf

[8] Laurens van der Maaten , Geoffrey Hinton " Visualizing Data using t-SNE ".Available:
https://lvdmaaten.github.io/publications/papers/JMLR_2008.pdf

The 2016 Conference on Computational Linguistics and Speech Processing
ROCLING 2016, pp. 342-351
© The Association for Computational Linguistics and Chinese Language Processing

中文近義詞的偵測與判別[*]
Detection and Discrimination of Chinese Near-synonyms

李詩敏[†]Shih-Min Li、白明弘 Ming-Hong Bai、吳鑑城 Jian-Cheng Wu、

黃淑齡 Shu-Ling Huang、林慶隆 Ching-Lung Lin

國家教育研究院編譯發展中心
{smli, mhbai, wujc, slhuang, cllin}@mail.naer.edu.tw

摘要

本文嘗試以自然語言處理及語言學分析之方式，結合語料庫及電子資源，採用中文語料庫、雙語語料庫及 Word2Vec 模型工具及廣義知網電子資訊，以偵測並判別中文近義詞。藉由訓練資料，建立近義詞偵測及判別規則，並利用測試資料評估規則的正確性及可行性；本文建議透過國家教育研究院近義詞系統自動偵測近義詞組，並採用詞性訊息、詞性異同、英文翻譯、詞素數目、雙語對譯等規則，可篩選出豐富的近義詞組。經由本文所建立近義詞系統以及人工判別近義詞規則，可避免過去研究因傳統人工編纂近義詞而費時耗力或是單採中文語料庫而有資料雜訊較多之缺點，同時本文篩選的近義詞具客觀性及正確性，並兼顧詞彙的句法和語用特點，未來可應用至發展中文近義詞自動辨識技術及系統，以及近義詞辨析、辭典編纂、中文教學及文章寫作等方面。

關鍵詞：近義詞，華語文語料庫，Word2Vec，雙語語料庫，詞性

一、前言及目的

探究近義詞，首先必須釐清近義詞的範圍與定義。過去探討中文詞彙語意的研究，部分主張應區分同義詞和近義詞，此派尤以中國大陸學者居多 [1]；對於可替換性是否為同義詞的必要條件，學者們看法不盡相同 [2][3][4]。相較之下，採西方語言學觀點者多認為同義詞少之又少，故以近義詞指稱語意相似的詞彙群組群；例如，Pinker [5] 認為同形異義詞很多，但同義詞很少，事實上所有被認定是同義詞的詞彙語意都仍有差異；Taylor [6][7] 提到，完全同義詞(perfect synonyms)應語意相同且可在任何語境中互相替換，因此完全同義詞的數量極少，大多數同義詞其實是近義詞，這些近義詞共享某些核

---

[*] 本文感謝科技部補助延攬科技人才計畫（MOST 105-2811-H-656-001、MOST 105-2811-H-656-002）之補助與支持。文中若有疏漏及錯誤，概由作者負責。
[†] 本文通訊作者。

心（語意）相似，而邊緣（語意）相異；Saeed [8] 認為真正的同義詞極少。Chung 與
Ahrens [9] 綜合前人研究指出，同義詞的意涵(connotations)、蘊含(implications)、選擇
限制(selectional restrictions)及句法變異(syntactic variations)等各方面均可能有所差異。概
括上述研究可知，真正的同義詞數量鮮少，因此本文以近義詞統稱核心語意相同但次要
或邊緣語意具細微差異的詞彙群組，並以近義詞作為本文討論範圍。

根據周荐之研究結果顯示 [1]，研究近義詞不可忽視以下現象：不少被認定為近義詞的
詞 語是帶有主觀性及隨意性，沒有多少科學依據，甚至不被大家認同，例如以下的近
義詞 組：「痛快」和「喜歡」、「忽視」和「蔑視」、「助手」和「幫凶」、「心力交瘁」
和「鞠 躬盡瘁」。此外，以人工分析近義詞，雖可藉助語料庫觀察詞彙出現的情形、
分佈及頻 率，達到細緻分析，但逐個檢視判斷詞彙關係是否為近義詞的方法極為費工
耗時。為避 免上述缺失，本文擬建立綜合自然語言處理技術及語言學知識，先以模型
工具自動計算 詞彙的相似度，再透過人工分析找出協助電腦判別近義詞的規則；研究
目的主要為利用 自然語言處理之模型工具計算詞彙在真實語境中的相似度，並輔以人
工分析建立近義詞 判別規則，客觀且正確提供較遠傳統辭典數量更為豐富的近義詞，
此規則未來可應用於 建立中文近義詞自動辨識技術及發展自動辨識系統。

二、文獻探討

鑑於人工選取近義詞過於主觀，也為提升近義詞研究的效能性及科學性，不少研究以計
算語言學角度採用電子資源、語料庫等方式，利用程式自動且大量計算詞彙語意的相似
度，並將研究成果應用至機器翻譯、文本分類、訊息檢索及解除岐義等方面。採用電子
資源計算詞彙相似度者，利用 WordNet（詞彙網路）[10][11]、《同義詞詞林》[12]、知
網(HowNet) [13] 等原已建立之電子辭典或語意網路等資源，建構詞彙與詞彙的關係，
進而計算出詞彙之間的語意相似度。採用語料庫計算詞彙相似度者，將語意特徵以在語
意空間向量的方式表達 [14]，詞彙的相似即是其在向量空間位置的相似，詞彙相似度
通常以兩兩詞彙之向量夾角 consine 值來表達 [15][16]，例如應用「背景向量模型」
(Context Vector Model) [17]、「潛在語意分析」(Latent Semantic Analysis) [18][19]、
Word2Vec [20][21]。

---

[1] 以下敘述請參照 [1]。

根據劉群、李素建的論述 [2]，採用電子辭典或語意網路等電子資源，雖無需語料庫，仍 可準確反映詞彙語意的相似相異，但容易流於直觀，無法客觀反映事實，且對詞彙句法 和語用特點考量較少；而採用語料庫方法的優點則是客觀，可綜合反映詞彙在句法、語 意及語用的相似及相異，但缺點是計算量大且受資料雜訊(noise)干擾較大。

再比較以上應用語料庫者所採用的技術，「背景向量模型」雖具演算公式，但程式碼不公開，外界無法取得及應用；「潛在語意分析」的程式碼開放，但其處理大量語料時，矩陣會變得龐大，演算時間增加，且「潛在語意分析」對句子線性結構的訊息處理較少；Word2Vec 程式碼開放，處理大量語料的速度快，且它是雙層的類神經網路，將詞彙的上下文語境以矩陣方式表達，可以比較精確找到詞彙間的語意和句法關係，並可以用向量加減法方式調整模型結果以找出最符合需求的詞彙語意關係。

根據蔡美智的研究結果 [22] 顯示，近義詞的語意及語法功能、搭配關係也經常部分相同。鑑於語料庫方法可反映近義詞在語言各層面的相似及相異，其缺點為資料雜訊干擾較大，但此方法遠較採用電子資源更為客觀；因此，為避免單採語料庫之缺點，本文將採用國家教育研究院「華語文語料庫」[3] 大型語料庫之書面語語料 [23]，並利用雙語語 料庫的中英對譯以降低雜訊較大的缺點；再以 Word2Vec 模型為工具，可快速處理大量 語料及自動計算詞彙之間的相似度。

三、研究方法

鑑於「華語文語料庫」資料龐大但斷詞和詞類標記均為電腦自動處理，斷詞及詞類正確性仍有提升空間，相較之下，「中央研究院漢語平衡語料庫 4.0 版」語料雖較少，但斷詞和詞類標記均經過人工檢視，正確性極高，有助於提高近義詞偵測的正確率，因此本文同時採用「華語文語料庫」和「中央研究院漢語平衡語料庫 4.0 版」以達到語料量大及正確性高之雙重優點。[4]

---

[2] 相關論述詳見 [13]。

[3] 「華語文語料庫」（Corpus of Contemporary Taiwanese Mandarin，簡稱 COCT）為國家教育研究院華語 文八年計畫「建置應用語料庫及標準體系」所建置；截至目前為止，共收錄書面語語料 1 億 1,220 萬字，口語語料 960 萬字，華英雙語語料 340 萬字，華語中介語 42 萬字。

[4] 原訂以「華語文語料庫」為本，但在研究過程發現「華語文語料庫」自動斷詞及標記之部分結果降低詞彙比對之正確率。例如，「中心」在「華語文語料庫」全被標記為 Nc（地方詞），無 Na（普通名詞）；然而，坊間辭典將「核心」與「中心」視為近義詞，可知此「中心」指「事物的主體」之意（詞性 Na），而非「正中央位置」或「樞紐地位之地點」（詞性 Nc）。由於「中心」僅被標為 Nc，導致模組工具無法

本文擬結合自然語言處理及語言學之研究方法，先以 Word2Vec 模型為工具，從而計算
詞彙在「華語文語料庫」及「中央研究院漢語平衡語料庫 4.0 版」之相似度，以電腦自
動偵測出個別詞彙的近義詞群，而後輔以國家教育研究院、臺灣師範大學的雙語索引典
等工具，再以人工檢視方式分析訓練資料，從語言學分析角度歸納得到影響詞彙相似度
的因素並建立判別近義詞的規則，最後再利用測試資料驗證以上規則，用以評估本文選
取近義詞的正確性及完整性。

近義詞資料來自坊間六部辭典（《現代漢語同義詞詞典》（朱景松主編）、《1700 對近義
詞語用法對比》、《同義詞詞林》、《現代漢語同義詞典》（賀國偉主編）、《繪圖同義詞辨
析造句詞典》、《教育部國語辭典簡編本》）所提供的近義詞資料。例如，在《現代漢語
同義詞詞典》，主要詞項「哀求」的同義詞項為「懇求」；在《現代漢語同義詞典》，主
要詞項「尊崇」的同義詞項為「尊敬」、「尊重」、「崇敬」、「崇尚」、「敬重」。當某個主
要詞項的近義詞項同時被過半數辭典所編納，則此組近義詞即列入本文觀察；換言之，
假設「懇求」在三部以上辭典都被認為是「哀求」的近義詞，則「哀求」和「懇求」就
列入觀察之列。

從以上列入觀察的近義詞組資料中，從中挑選一部分作為訓練資料，用以分析並建立近
義詞偵測及判別規則；再挑選另一部分近義詞組資料作為測試語料，用以確認以上規則
的信效度。藉此，預計本文將建立中文近義詞自動辨識技術。

四、結果與討論

以下研究結果分訓練資料及規則建立、測試資料及驗證結果兩大部分來討論。

（一）訓練資料及規則建立

以下以同時出現在六部辭典的「高興」和「愉快」以及同時出現在五部辭典的「根本」
和「基本」為例，作為本文判別及建立近義詞規則的來源之一。

利用 Word2Vec 檢索得到的原始語料，「愉快」位於「高興」的近義詞組第 48 名。首先

判讀「核心」（詞性　Na）與「中心」（詞性　Na）的近似值。因此，本文增加已經人工校正之「中央研究 院
漢語平衡語料庫4.0版」，作為近義詞比對來源之一。

利用廣義知網(E-HowNet)知識本體架構[5]檢視兩者的語意分類及定義是否相近，但結果不甚理想，兩者的分類層次並不同，「高興」在「MentalState|精神狀態」之下，「愉快」在「AttributeValue|屬性值」之下。接著，因為近義詞的詞性和語法功能接近[6]，本文將詞性特徵[7]加入近義詞判別規則中，其用意有二：一是倘若近義詞本身為多義或多詞性，可利用詞性訊息區別語意和語法行為[8]；二是倘若近義詞本身非多義或多詞類，藉由詞性訊息可增加獲知其鄰近詞詞性的訊息，可協助更進一步細緻分類和區辨，以增強鄰近詞彙鑑別度。加入詞性訊息後，「愉快」位於「高興」的近義詞組排名降為第 77 名，顯示詞性訊息對此組近義詞作用不大。[9]而後，以國家教育研究院、臺灣師範大學的雙語語料庫之中英對譯為輔助工具，利用雙語索引典查詢「高興」的英文翻譯有：*glad, happy, pleased, excite*d, *delighte*d, *joy, enjoyed*，再找出「高興」77 名近義詞候選名單（即加詞性訊息後所偵測出的近義詞結果）的英文翻譯，倘若候選者的英文翻譯為「高興」的英文翻譯其中之一，則候選者被判定為「高興」的近義詞；藉由以上方法，「愉快」排名提升至第 10 名（前 10 名為：「開心」、「興奮」、「興高采烈」、「雀躍」、「歡喜」、「慶幸」、「快樂」、「欣慰」、「快活」、「愉快」）。並非所有學者都認同近義詞的完全可替換性，但無法否定近義詞具部分替換性；本文建議嚴謹的中文詞彙替換及使用應考量構詞的詞素數，亦即，近義詞之間的詞素數目應相同；在本文所參考的六部辭典中，僅《同義詞詞林》未將近義詞組詞素數相同考慮在內，由此可知，詞素數相同仍列為近義詞辭典編纂考量之一；因此，考慮詞素數後，「愉快」的排名變成第 9 名（即刪除「興高采烈」）。

以上本文所偵測及判別的「高興」9 個近義詞，「開心」、「興奮」、「愉快」被五部辭典[10]列為「高興」的近義詞，另一方面，本文模組工具偵測到五部辭典所列的「高興」全部 的近義詞，僅未偵測到《現代漢語同義詞典》所列的「喜歡」。

為了找出更多的近義詞，以「高興」前 9 名近義詞的英文翻譯為本，再利用雙語語料庫找出這些英文翻譯的中文對譯詞彙；為了避免結果過於發散，再取中文對譯詞彙交集數

---

[5] 2.0 版線上查詢系統網址為 http://ehownet.iis.sinica.edu.tw/index.php。

[6] 相關論述請參考 [1] 及 [26]。

[7] 本文詞性標記參照「中央研究院漢語平衡語料庫」詞性標記 http://asbc.iis.sinica.edu.tw/images/98-04.pdf。

[8] 當詞彙具歧義時，其語意會比較模糊。用意一即在解歧，則訓練模組可降低雜訊問題。

[9] 此時自動偵測的近義詞包括：「難過」、「著急」、「生氣」等，人類知識判別為非近義詞。本文曾考慮增加語意角色訊息，但結果顯示語意角色相同與否對近義詞偵測幫助不大，推測是因為近義詞的語法功能並非完全相同而有此結果。基於同樣原因，語意角色詞組是否同樣為動詞組或名詞組也無助近義詞判別。 [10] 《同義詞詞林》未考慮近義詞組詞素數目，且許多近義詞組語意已偏離原主詞項語意，故本文分析及 驗證時均暫未將此部辭典的近義詞納入評估。類似情形也出現在廣義知網的同義詞/近義詞。

較高者，便找出更多近義詞。結果顯示，「幸福」、「喜悅」、「歡樂」、「滿意」、「樂意」、「美滿」、「欣喜」、「愉悅」、「和樂」、「美好」、「喜歡」、「激動」、「驚喜」、「歡娛」均被判定為「高興」的近義詞。在前一個步驟以近義詞英文彼此對應而找出的近義詞獨漏「喜歡」，利用近義詞英文對應中文的方式擴大尋找「高興」的近義詞，則將「喜歡」納入。

利用以上所歸納的近義詞偵測及判別原則，再檢視「根本」和「基本」的關係，以確定以上所提出的規則具可操作性。由於「根本」和「基本」均有歧義，詞性訊息便發揮效用；首先，在廣義知網，「根本」和「基本」名詞詞性的分類，以及「根本」動詞和「基本」非謂形容詞的分類，兩者均不在同一類別；[11] 原始語料不具詞性訊息，「基本」位於「根本」的近義詞組第 101 名，因為缺乏詞性訊息，故無法得知「基本」身份為何。增加詞性訊息後，名詞「根本」的近義詞排名第 20 名為名詞「基本」，第 28 名為非謂形容詞「基本」；而後剔除和名詞「根本」詞性不同者（包括動詞、非謂形容詞），名詞「基本」排名變成第 17 名。[12] 接著，以雙語語料庫輔助，「根本」的英文翻譯為：*root, key*，囿於雙語語料庫字數及資料的侷限，無法以以上英文翻譯找到「基本」；雖然前面提到廣義知網的同義詞/近義詞未列為本文評估工具之一，但其詞彙的英文意涵仍具功效，利用「根本」的英文意涵 *essence, foundation* 及「根本」的英文翻譯對應至中文，偵測到更多的「根本」近義詞：「根源」、「根基」、「基礎」、「地基」、「基石」、「基底」、「基本」、「利基」，除了「基本」之外，這些近義詞均未列在五部辭典中，但根據語感判斷，它們也和「根本」享有同樣的核心語意，仍可視為「根本」的近義詞。

經由以上訓練資料的分析，本文建立近義詞偵測及判別的規則如下：

1. 詞性訊息：以達到解歧及增加詞彙鑑別度；

2. 詞性異同：剔除詞性不同（名詞 Na, Nb, Nc, Nd 各為不同分類，動詞 V 和 A 視為一類），以達到近義詞的部分可替換性；

3. 英文（雙語語料庫及廣義知網）翻譯：具部分相同英文翻譯，以達到近義詞的準確率；

4. 詞素數目：近義詞之間的詞素數相同，以達到較為嚴謹的近義詞判定結果；

---

[11]　　名詞「根本」分類在「thing|萬物」，「基本」在「Other(object|物體)」；動詞「根本」在「PropertyValue|性質值」，非謂形容詞「基本」在「SituationValue|狀況值」。
[12] 增加詞性訊息後，動詞「根本」的近義詞排名第 25 名為非謂形容詞「基本」，名詞「基本」則排名落在 3200 名之後，兩者相似值僅 0.14333088954344522，可見詞性訊息確有其作用。

5. 雙語對譯：以近義詞的英文再次對應中文，以提高近義詞的召回率。

（二）測試資料及驗證結果

選取另一部分近義詞作為測試資料，用以驗證及評估以上所建立的近義詞偵測及判別原則是否適切，以下以同時出現在六部辭典的「核心」和「中心」、同時出現在五部辭典的「活潑」和「活躍」為例說明。

以「核心」和「中心」為例：第一步驟，增加詞性原則，「中心」歧義（Na 及 Nc）產生辨識性，「中心」(Na) 在「核心」的近義詞候選名單排名第 40 名；第二步驟，考慮詞性異同，剔除詞性相異者，「中心」成為第 25 名；第三步驟，以英文翻譯找到「核心」的近義詞如下：「主軸」、「關鍵」、「關鍵性」、「重心」、「中心」，「中心」排名提升至第 5 名；第四步驟，考慮詞素數目，「中心」排名升至第 4 名；第五步驟，利用雙語對譯找到更多近義詞候選詞條，包括：「重點」、「要素」。本文找到「核心」的近義詞有：「主軸」、「關鍵」、「重心」、「中心」、「重點」、「要素」，已涵蓋五部辭典所列的「中心」近義詞，亦涵蓋《教育部重編國語辭典修訂本》近義詞 [13]；此外，「重心」和「重點」則 見於《同義詞詞林》。

以「活潑」和「活躍」為例：第一步驟，增加詞性原則，「活躍」在「活潑」的近義詞候選名單排名第 1,137 名；第二步驟，考慮詞性異同，剔除詞性相異者，「活躍」排名提升至第 776 名；第三步驟，以英文翻譯找到的近義詞如下：「生動」、「好動」、「鮮活」、「爽朗」、「傳神」、「有勁」、「神氣」、「旺盛」、「鮮明」、「明朗」、「活躍」，「活躍」成為第 11 名；第四步驟，考慮詞素數目，「活躍」仍為第 11 名；第五步驟，利用雙語對譯找到更多近義詞候選詞條，包括：「積極」、「主動」、「踴躍」、「靈活」、「活絡」、「燦然」、「外向」、「開朗」、「豪爽」。本文找到「活潑」的近義詞有：「生動」、「好動」、「鮮活」、「爽朗」、「傳神」、「有勁」、「神氣」、「旺盛」、「鮮明」、「明朗」、「活躍」、「積極」、「主動」、「踴躍」、「靈活」、「活絡」、「燦然」、「外向」、「開朗」、「豪爽」，已涵蓋五部辭典所列的「活潑」近義詞，亦涵蓋《教育部重編國語辭典修訂本》近義詞（「靈活」、「活躍」、「生動」）。

---

[13]　《教育部重編國語辭典修訂本》採用「相似詞」之說法，其概念等同近義詞。

五、結論

經由本文所建立的近義詞偵測及判別規則，可搜尋到坊間辭典所提供的大部分近義詞，亦可提供更多的近義詞候選詞條。本文貢獻如下：（一）以自然語言處理和語言學分析方式處理近義詞，綜合語料庫及電子資源方法，充分反映詞彙語意、句法和語用特點，避免傳統人工編纂費時耗力及資料雜訊過多的缺點；（二）本文所建立的近義詞偵測及判別規則，經由詞性訊息、詞性異同、英文翻譯、詞素數目、雙語對譯等規則，本文提供遠較傳統方式更正確豐富的近義詞候選詞條；（三）本文所提供的近義詞可作為近義詞辨析、辭典編纂、詞彙教學及文章寫作等方面應用；（四）本文所建立的近義詞判別規則，未來可應用至發展中文近義詞自動辨識技術及系統

本研究在研究資料及方法上，受限於以下三點：（一）「華語文語料庫」自動分詞及標記之正確性若能提升，其龐大且經合法授權之語料可俾利中文自然語言處理；（二）雙語語料庫待擴充，華英對譯精確度需更細緻調校，將有助於改善目前出現無資料可搜尋或找不到對譯之情形；（三）廣義知網的部分同義詞/近義詞和坊間辭典編列的近義詞差距較大，建議廣義知網可再行編纂調整各詞項之同義詞組/近義詞組。

未來研究可進一步處理的議題，包括：（一）利用雙語對譯所找出的中文近義詞，需達到多少交集數方不致過於發散，仍待討論；（二）在以上處理訓練資料及測試資料的過程，目前人工判定及對應較為耗時，故暫設定主詞項最後一個近義詞項為坊間辭典提供的近義詞；未來自動化偵測查詢時，近義詞查詢數的準確率及召回率需再確切實驗及評估；（三）在近義詞偵測方法上，本文曾嘗試以加減法調整 Word2Vec 向量，目前動詞的近義詞判別準確率較高，名詞仍待加強；此外，本文曾嘗試以模組樣版為本 (pattern-based)分析近義詞共現的句型結構，目前發現共現情形未必搭配對等連接詞（大多數對等連接詞所連接的不是近義詞關係），近義詞間較常帶標點符號「、」；未來仍需將以上方法和模組工具結合，以便調整自動偵測結果，讓查詢更為便利。

參考文獻

[1] 周荐，《漢語詞彙研究史綱》，北京：語文出版社，1995。

[2] 周祖謨，《漢語詞彙講話》，西安：人民教育出版社，1959。

[3] 王理嘉、侯學超，〈怎樣確定同義詞〉，語言學論叢，第 5 卷，頁 232-249，1963 年。

[4] 曾志雄，〈利用同義關係進行語文教學舉例〉，跨世紀的大專語文教學，香港：中文大學出版社，頁 147-154，2001 年。

[5] S. Pinker, *The Language Instinct: How the Mind Creates Language*. London: Penguin, 1995.

[6] J. R. Taylor, *Linguistic Categorization*. Oxford: Oxford University Press, 1995.

[7] J. R. Taylor, "Near synonyms as co-extensive categories: "High" and "tall" revisited," *Language Sciences*, vol. 25, no. 3, pp. 263-284, 2003.

[8] J. I. Saeed, *Semantics*, 3rd ed. Oxford: Wiley-Blackwell, 2009.

[9] S.-F. Chung, and K. Ahrens, "MARVS revisited: Incorporating sense distribution and mutual information into near-synonym analyses," *Language and Linguistics*, vol. 9, no. 2, pp. 415-434, 2008.

[10] E. Agirre, and G. Rigau, "A proposal for word sense disambiguation using conceptual distance," *Proceedings of the First International Conference on Recent Advances in NLP (1995)*, Tzigov Chark, Bulgaria, 1995, pp. 258-264.

[11] P. Bhattacharyya,and N. Unny, "Word sense disambiguation and measuring similarity of text using WordNet," *Real World Semantic Web Applications*, Amsterdam: IOS Press, pp. 3-28, 2002.

[12] 王斌，《漢英雙語語料庫自動對齊研究》，博士論文，中國科學院研究生院計算技術研究所，1999。

[13] 劉群、李素建，〈基於《知網》的辭彙語義相似度計算〉，中文計算語言學期刊，第 7 卷，第 2 期，頁 59-76，2002 年。

[14] T. K. Landauer, D. S. McNamara, S. Dennis, and W. Kintsch (Eds.), *Handbook of Latent Semantic Analysis*, Jersey: Lawrence Erlbaum Associates, 2007.

[15] I. Dagan, "Contextual word similarity," *Handbook of Natural Language Processing*, New York: Marcel Dekker, pp. 474-491, 2000.

[16] I. Dagan, L. Lee, and F. Pereira, "Similarity-based models of word cooccurrence

probabilities," *Machine Learning*, vol. 34, no. 1-3, pp. 43-69, 1999.

[17] K.-J. Chen, and J.-M. You, "A study on word similarity using context vector model,",
Computational Linguistics and Chinese Language Processing, vol. 7, no. 2, pp. 37-58,
2002.

[18] T. Wang, and G. Hirst, "Near-synonym lexical choice in latent semantic space,"
*Proceedings of the 23rd International Conference on Computational Linguistics (Coling
2010)*, Beijin, 2010, pp. 1182-1190.

[19] 陳明蕾、王學誠、柯華葳,〈中文語意空間建置及心理效度驗證:以潛在語意分析
技術為基礎〉,中華心理學刊,第 51 卷,第 4 期,頁 415-435,2009。

[20] T. Mikolov, K. Chen, G. Corrado, and J. Dean, "Efficient estimation of word
representations in vector space," *Computation and Language, arXiv preprint arXiv:
1301.3781*, 2013.

[21] A. Kutuzov, and I. Andreev, "Texts in, meaning out: Neural language models in semantic
similarity task for Russian," Computational Linguistics and Intellectual Technologies.
Papers form the Annual International Conference, dialogue, vol. 14, no. 21, pp. 143-154,
2015.

[22] 蔡美智,〈華語近義詞辨識難易度與學習策略初探〉,臺灣華語教學研究,第 1 期,
頁 57-79,2010。

[23] 柯華葳、林慶隆、張俊盛、陳浩然、高照明、蔡雅薰、張郁雯、陳柏熹、張莉萍,
《華語文八年計畫「建置應用語料庫及標準體系」105 年工作計畫書》,國家教育研
究院,2015。

The 2016 Conference on Computational Linguistics and Speech Processing
ROCLING 2016, pp. 352-371
© The Association for Computational Linguistics and Chinese Language Processing

構建一個中文國小數學文字問題語料庫
Building a Corpus for Developing the Chinese Elementary School Math Word Problem Solver

繆慎耘　Shen-Yun Miao
中央研究院資訊科學研究所
Institute of Information Science
Academia Sinica
jackymiu@iis.sinica.edu.tw

林素朱　Su-Chu Lin
中央研究院資訊科學研究所
Institute of Information Science
Academia Sinica
jess@iis.sinica.edu.tw

馬偉雲　Wei-Yun Ma
中央研究院資訊科學研究所
Institute of Information Science
Academia Sinica
ma@iis.sinica.edu.tw

蘇克毅　Keh-Yih Su
中央研究院資訊科學研究所
Institute of Information Science
Academia Sinica
kysu@iis.sinica.edu.tw

摘要

本篇論文提出了一個理想數學文字問題語料庫所應具備的特性，並敘述我們如何建置一個完善的中文國小數學文字問題語料庫：其過程、所標註的內容、以及遭遇的困難。求解數學文字問題是自然語言理解在人工智慧領域的一個常見應用。近年來有關於英文數學文字問題的研究，都是以機器學習的方法為主。但不論是執行機器學習，或比較不同的解題系統，都需要一個完善的語料庫。目前國際上雖然已有數個公開的英文數學文字問題題庫，但他們所收錄的數學題庫多偏頗於自家解題系統的特性，難以公平評估各系統的真實性能。而在中文方面，迄今尚無任何一個公開的數學文字問題題庫可資使用。

為了能有一個可供研究使用的數學文字問題語料庫，並修正前述英文題庫之缺失，我們建立了一個頗具規模的中文國小數學文字問題語料庫。此語料庫原始資料是由台灣三個國小教科書及參考書的出版社所授權提供。為完整提供所有的數學文字問題題型及內容，我們僅僅清除了無關解題的垃圾符號，並不增刪原始內容，以完整呈現文字敘述之原貌。此外，我們還加註了額外的訊息，並在部分題目上標註題型和語言分析，以助研究者瞭解數學文字問題之特性及建立模型。

本語料庫是第一個完整的中文國小數學文字問題語料庫。依各個年級分類，含有數種補充資訊，便於評估各解題系統的解題能力；亦可讓使用者按個別應用需求，塑造不同組態的特殊語料庫，將有助於從事相關研究者之工作。

關鍵詞：數學文字問題，語料庫，標註

1.　緒論

求解數學文字問題(Math Word Problem)[1-4]，基於以下的原因[3, 4]常被選作研究自然語言理解的測試案例：(1) 數學文字問題的答案，無法單純地藉由實行關鍵字或特徵配對被擷取（如傳統的問答（Q&A）系統），因此可以清楚地顯示出理解和推理的優勢。(2) 與其他領域相比，數學文字問題通常不具有那麼複雜的語法（如人文社會領域），並僅需要少量的領域知識（與物理化學領域相較），因此研究人員可以著重於自然語言理解和推理的任務上。(3) 數學文字問題的"主幹"部分（即描述問題給定資訊的部分），通常只由少數句子組成，因此理解和推理過程能被程式快速執行，加速研發進程。(4) 數學文字問題求解器有實際的應用，如小學數學家教，和生活數學助手等。

在 2014 年以前，大多數提出的方法都是基於規則（Rule-based）的[1-2, 35-37]，也就是以人工建構的規則做各種相關決策的判斷。但構建一個高涵蓋度（Coverage Rate）的規則集，是相當困難且所費不貲的工作。此外，在求解歧異問題上也顯得笨拙。因此近來大部分提出的方法[3-7]都是基於統計（Statistic-based）的，也就是其中一些（或全部）的相關決策是透過統計分類進行的。但統計分類器需要先有一個相關的訓練集，才能訓練模型。因為目前數學文字問題求解器以小學程度為主，所以我們必須先構建一個國小數學文字問題語料庫，以便從事相關的研究。

在過去有許多標註或未標註的語料庫被建立。但其文本據我們所知，都沒有針對數學文字問題的；而且它們大部分著重在標註語言學知識，如剖析樹[8]、語意角色[9]、依存結構[10]、片語結構[11]、語篇（Discourse）[12]、共同指稱關係（Coreference Relations）[13]、和述語參數（Predicate-Argument）[13, 14]等。然而數學文字問題文本的特性，與其他領域的文本特性並不相同（如含有相當多的零指代（Zero Anaphora）等），而且需要額外的年級分類、數學主題、所需數學運算及答案等其他非語言學的標註。因此若要建立一個數學文字問題解題系統，有必要構建一個對應的數學文字問題語料庫。

目前國際上已有數個英文數學文字問題題庫[2, 5-6, 32-34]可供解題系統比較。它們主要是從美國數學論壇網站，抓取特定的數學題目。然而它們只涵蓋少數數學運算子（即加法，減法，乘法，除法和代數方程），並且刪除超過他們系統解題能力的題目（或對題目內容加以人為修改，以滿足系統要求）。此外，也沒有對數學題目做年級分層。最後，題庫上沒有標註任何語言學資訊（因此無法參照對應的語言分析）。例如，Kushman 等人[5]僅僅抓取代數文字問題的題目；而 Hosseini 等人[2]也只是截取出組合加法、減法、一元一次方程和美元文字問題。最近，Roy 等人[6]則是發佈相對較大的語料庫。他們在題目中增加了需要兩個以上運算子（Multi-step）的算術問題，但刪去了需要背景知識的問題。此外，概數問題也一併被刪掉。Upadhyay 和 Chang[32]、Koncel-Kedziorski 等人[33]、Huang 等人[34]雖然利用爬蟲程式（Crawler）或自動抽取程式個別建立了大型（1,000 題、3,320 題和 18,000 題）的多樣性數學文字問題題庫，更採用最佳化演算法降低大量方程式樣板和辭彙的重複率[33]，可惜都還是以線性代數問題為主，而根本忽略那些線性代數以外的數學問題。

至今雖然有少數研究中文數學文字問題的論文發表[35-37]，但據我們所知，還沒有任何公開、可供研究使用的中文數學文字問題語料庫，因此我們構建了第一個中文國小數學文字問題語料庫。建立這個語料庫的目的，是要提供語料庫以研究數學文字問題文本的特性，以便找出貼切的特徵、提出合適的架構和模型，並提供統計分類器所需要的訓練數據。另一方面，建立這樣一個標註過的語料庫，將簡化其他研究者在數學文字問題上往後的研究工作。此外，藉由使用這個語料庫，我們可以評估系統達到怎麼樣的程度。最後，為了克服上述的現有英文數學文字問題題庫缺陷，這個新的語料庫應該包含所有的國小數學類型並予以分級，並且在部分題目上標註語言學資訊。

與前述的英文數學文字問題題庫[2, 5-6, 32-34]相比，我們的數學文字問題語料庫是取自三個台灣出版社題庫（非從數學論壇網站抓取特定的數學題目），依據國小學生年級分別建立（非不分年級混在一起），包含所有數學問題（只過濾掉那些純數字問題），並且註記教育部頒布的能力指標所對應的數學主題。另外，為了讓我們的資料不失真，我們不對任何文句作增刪。因此本語料庫並非針對某一個特定解題系統所構建，可適用於任何小學數學文字問題求解器之研發。最後，我們還在部分題目上標註對應的語言分析，以供設計發展系統的人作為參考。

本論文其餘部分的安排如下：第二章，揭示一個理想的數學文字問題語料庫該如何構建；第三章，敘述建構語料庫的過程及工作；然後在第四章討論我們在建構語料庫時，所遇到的問題和所學到的經驗；第五章，回顧相關的研究工作；最後，結論將撰寫在第六章。

2.　理想數學文字問題語料庫的特性

在設計構建一個數學文字問題語料庫之前，我們必須先確立一些準則，以便在各種設計選項上，能有所取捨。由於求解數學文字問題是自然語言理解在人工智慧上面的應用，因此一個理想的數學文字問題語料庫，我們認為應該具備下列特性（而前述的英文數學文字問題題庫，都或多或少違反這些原則）。

第一，它應包含各種自然語言的描述方式（因為求解系統應該具備相當的自然語言理解能力）。因此我們不應對題目表達方式加以人為修改（即人工簡化句型），而應完整保留所有數學文字問題的現存型式（除了清除亂碼及垃圾資訊外），以便公平比較不同解題系統的自然語言理解能力。

第二，求解數學文字問題是人工智慧的應用。因此一個解題系統應具備處理普通常識的能力。為了忠實的反映各個解題系統之表現，我們不應刪減需要背景知識的問題（或對題目內容加以人為修改），而應完整保留所有的此類數學文字問題，以便衡量不同解題系統在人工智慧的推論能力。

第三，即使是國小數學文字問題，它們已經涵蓋十六種不同的數學運算題型（請參閱 3.3.1 節表三）及需要兩個以上運算子（Multi-step operation）的算術問題。我們不應針對任一系統刪減掉超過他們解題能力的題目，而應完整保留所有出現的數學文字問題，以便測試解題系統的真正程度，並能公平比較不同系統的解題能力。

第四，隨著各個年級不同，數學文字問題的難易程度也不相同。我們不應將他們混合而不加分辨，而應分別標記其對應的各個年級，以便知道各個解題系統到達何種程度。

第五，國小數學文字問題應包括所有出現的數學運算題型。而且每個數學問題應標註其所屬的主題（如時間、空間等）及答案，以方便在研發解題系統時，可以明確知道系統的缺漏並能自動評估正確率。 第六，至少在部分數學問題上，應標註題目中的語言

學現象（例如：句法分析、指

代、蘊涵、指稱等）及所對應的數學運算式，以方便在研發解題系統時，研究者可以據以分析建模，並可執行半教導式學習（Semi-supervised Learning）。 若一個數學文字問題

語料庫，能滿足上述所列的六個條件，就可用來清楚的評估解

題系統的真正程度（並可與國小各個年級對應）、公平比較不同系統的解題能力、並明確指出各系統的偏頗及缺失。此外，若有個別的應用或規格，亦能讓研發人員按其各自需求，組合出對應的檢索條件，從完整的語料庫中抽取出不同組態的特殊語料庫，便於供各研究系統來評量自己的效能。例如：可按年級分層、依主題分類、依數學題型分類、或組合上述條件等。

3. 語料庫構建

本章節安排如下：3.1 節提及原始題庫的來源與組成；然後我們在 3.2 節討論語料庫預處理的程序；3.3 節揭示標註數學語料庫的過程；最後，3.4 節將敘述對語料庫所做的統計分析。

3.1 原始題庫

我們所拿到的國小數學文字問題原始題庫，是由台灣三個國小教科書和參考書的出版社所提供。這些資料都封裝成電子書軟體、或以電腦檔案型態呈現（如 Microsoft Office Access(.mdb)和 Microsoft Office Word(.doc)檔案），以方便任課教師自由取材，做輔助教學或提供給學生練習。其中包含國語、數學、社會、自然、生活、健康體育等科目，而此資料內容除了題目與題號之外，也附有相對應的學期年級、題型、教育部訂定的能力指標、題目難易度，以及試題屬性等。

此三家出版社的原始數學題目資料中，包含了許多類型（指題目呈現的方式），有

些是利用文字表示（例如：是非題、選擇題、應用題、填空題等等），有些則以數學符號或計算式的方式呈現（例如：計算題），另外還有以圖案表達、作答之方式（例如：配合題、畫畫看、量量看、看圖做做看等等），不勝枚舉。本語料庫僅取出以文字表示的數學題目作為我們的語料。表一顯示三種不同的題目類型原始資料的呈現方式。

表一、三種特定題型的原始題目資料

題型	文字題目
選擇題	1 隻蜘蛛有 8 隻腳，8 隻蜘蛛共有幾隻腳？（①42 隻②64 隻③74 隻）
應用題	6 包糖果賣 186 元，10 包糖果賣幾元？
填空題	量角器中從刻度 0 的線旋轉到刻度 20 的線，所形成的角是（　）度。

在表一所示的選擇題與填空題當中，通常含有非文字、數字等與解題無關的符號，因此我們必須做些修正。例如：將選擇題選項部分刪除、把填空題括號改為國字"幾"，並將句號換上問號而成為問句，如下表所示。

表二、處理後的數學文字資料

題型	文字題目
選擇題	1 隻蜘蛛有 8 隻腳，8 隻蜘蛛共有幾隻腳？
填空題	量角器中從刻度 0 的線旋轉到刻度 20 的線，所形成的角是幾度？

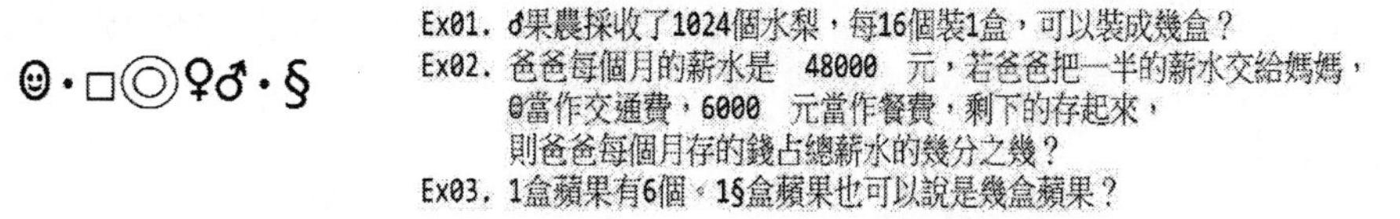

(a) 文本中垃圾符號　　　　　　　　　(b) 原始題目範例

圖一、原始文本中的符號問題

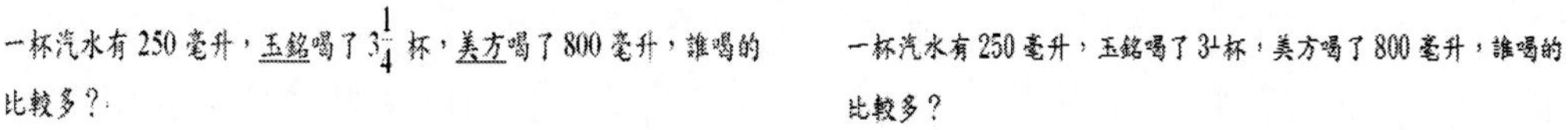

(a) 紙本題目原樣　　　　　　　　　(b) 資料庫題目樣貌

圖二、格式轉換的符號丟失問題

當然，在處理這些題目時，我們還遇到一些不可避免的雜訊問題。例如：文本中帶有許多的垃圾符號（圖一(a)(b)），並且在格式轉換時因符號資訊丟失而導致題目內容表

3.2 構建語料庫的前置作業

如上節所述，在原始數據庫中有許多無用的信息和垃圾符號。由於這些雜訊與數學文字問題解題無關，為避免研發人員耗費無謂的精力，我們先將它們清除，以免干擾後續作業。於是我們使用文字編輯器的規則運算式，來過濾並清理帶有此類問題的數學題目。我們將在下面描述其中所遇到的一些問題。

圖三、可讀式中文分數、帶分數的正確敘述

如圖二(b)所示，有些類型的題目，在紙本原樣中帶有圖案的符號，因為格式轉換而造成垃圾符號出現。這些垃圾符號在經過上述清理雜訊的手續後，喪失了數學符號資訊也扭曲了題目的原意。因此我們利用原始資料所提供的答案資訊，來檢查發生此類符號丟失的題目，並且以人工手動方式，對可讀式中文分數、帶分數等題目，恢復其正確的表達敘述（如圖三所示）。

最後，為了系統程式處理方便起見，我們把題目切割為"主幹"部分（乃題目中提供解題所需之資訊；但可能包含額外的不相關訊息）和"問句"部分兩段成分。在一個題目中，"問句"主要是介於問號之前和最後一個逗號之後。而對於多重問句，我們則是將題目以手動方式分開成一個"主幹"和多個"問句"，使不同的"問句"和相同的"主幹"可以分別連接在一起求解。

3.3 語料庫標註

為了建構我們所提出的理想語料庫，我們全文保留了所有三個出版社的國小數學文字問題（不因解題難易或題型做任何增刪修改），並以六個年級的分層方式來建構（每一百個題目製成一個 XML 檔案）。我們將資料庫的所有數學題目轉換成表格型式(Microsoft Office Excel)，然後直接以編輯工具過濾、處理題目、並對每題設定其年級總編號，再轉換成 XML 格式，好讓相關程式方便讀取檔案資料，並可讓人直接透過網頁瀏覽。此外，為著機器學習需要，我們在各年級中以隨機抽取的方式組成三種子集合（即訓練集、

```
<Unit Code="Train-G3-001533" ID="IIS-MR-MATH-GRADE03-001752">
  <Body>文華有49元，</Body>
 - <QA idx="1">
    <Question>最多可以買一枝7元的鉛筆幾枝？</Question>
    <Answer>7枝</Answer>
  </QA>
</Unit>
```

```
<Unit Code="Train-G3-001534" ID="IIS-MR-MATH-GRADE03-001753">
   <Body>每9公分長的繩子可以做成一個蝴蝶結，</Body>
 - <QA idx="1">
     <Question>77公分長的繩子最多可以做幾個？</Question>
     <Answer>8個</Answer>
   </QA>
 - <QA idx="2">
     <Question>剩下幾公分？</Question>
     <Answer>5公分</Answer>
   </QA>
 </Unit>
```

(a) 單問句的數學問題   (b) 多問句的數學問題

圖四、數學問題的 XML 型式

在每一個題目的訊息部分，我們都列出其子集合及年級的資訊，以及其對應的分類流水號。如圖四(a)中第一列"Train-G3-001533"，表示此題是被指定為訓練集中屬於三年級的第 1533 號題目（也就是此題是被儲存在訓練集中，三年級的第 16 個 XML 檔案裡），以方便研究者定位或查詢。另外，每個題目還附有一個年級總編號（即圖四(a)中第一列的 ID）。如此例中"IIS-MR-MATH-GRADE03-001752"，表示此題號是位於全部三年級中第 1752 號題目（此編號為此題在原始題庫的位置，以便對比原始資料作校對）。

在 XML 檔案中，每一個題目均包含了"主幹"、"問句"、和"答案"部分（我們在兩端分別給予"Body"、"Question"和"Answer"的標籤）（如圖四(a)所示）。如 3.2 節所述，每一個問句和一個答案為一組。因此每一組問句和答案皆有一個編號（QA idx，如圖四(b)所示），目的在於求解多重問句題目時，能參考先前問答所提供的解題訊息，以求解下一個問答。以圖四(b)為例，可由第一個問句的求解過程（77÷9＝8 餘 5）來獲得第二個問句（"剩下幾公分？"）的答案（即"5 公分"）。

每一個題目除包含"主幹"部分和"問句"部分外，還標註了以下訊息：(1)答案的單位，(2)概數和分數問題的標註。這兩項的標註工作，我們仍然利用 Microsoft Office Excel 和文字編輯器工具來幫助完成。具體內容詳述如下。

(1)增加答案的單位：添加答案單位的原因是因為在原始 Access 數據集中，只有數字而沒有其所屬的單位。然而在數學文字中，幾乎每個數量都有其物理單位，因此完整的答案應包含其所屬的單位。這項工作是由一位研究助理和數位兼職標註人員以人工方式來完成。

(2)在概數和分數問題中加上適當的標註：在有關概數的問題中，加上相關的解題說明，如"（先用四捨五入法…）"等。另外，我們在每個分數題目之後，也加入"（請用帶分數表示答案）"作為題目的補充資訊。此部分標註工作也以文字編輯器工具搜尋包含關鍵字彙（如"大約"、"約"、"*分之*"等）的題目，再由人工方式標註，如下圖所示。

```
- <Unit Code="Train-G5-000352" ID="IIS-MR-MATH-GRADE05-000403">
    <Body>一瓶汽水2公升，平分倒成7杯，</Body>
  - <QA idx="1">
    <Question>每杯約幾公升（用四捨五入法求商到小數第三位）？</Question>
    <Answer>0.286公升</Answer>
    </QA>
  </Unit>
```

(a)概數問題

```
- <Unit Code="Train-G4-001066" ID="IIS-MR-MATH-GRADE04-001230">
    <Body>一袋10元錢幣有25個，</Body>
  - <QA idx="1">
    <Question>78個10元錢幣是多少袋（用帶分數表示）？</Question>
    <Answer>3又25分之3袋</Answer>
    </QA>
  </Unit>
```

(b)分數問題

圖五、概數與分數的題目標註

3.3.1 題型及語言學標註

為了瞭解文本的性質、執行半教導式學習（Semi-supervised Learning）及測試模型，除了對每一個題目加註基本資訊外（如上節所述），我們還從語料庫當中選擇若干題目進行數學題型及語言學標註（因語料庫標註非常耗時耗力，故本研究僅標記 75 題訓練語料、200 題發展集語料及 200 題測試語料）作為先導研究（Pilot Study）之用，以期幫助機器學習進行題型分類。其中 200 題發展集語料及 200 題測試語料為隨機抽選；而為了涵蓋每一種數學題型，75 題訓練語料則為人工從訓練集中每一類題型抽幾題組成。

表三、十六種題型分佈統計（單位：百分比）

解題類型	訓練集	發展集	測試集	解題類型	訓練集	發展集	測試集
1.幾何	18.39	6.9	4.8	9.代數	3.45	2.8	2.2
2.乘法	16.09	13.8	21.1	10.加法	2.30	14.7	14.0
3.除法	16.09	18.8	19.3	11.單位轉換	2.30	4.1	2.6
4.總合	14.94	8.3	6.1	12.最小公倍數	2.30	0	0.9
5.減法	8.05	20.6	17.5	13.差距	1.15	0.9	1.3
6.比較	4.60	2.8	3.5	14.最大公因數	1.15	0.5	0.9
7.餘數	4.60	1.8	2.6	15.集合	1.15	1.4	0.4
8.比/比例	3.45	2.3	2.2	16.分數	0	0.5	0.4

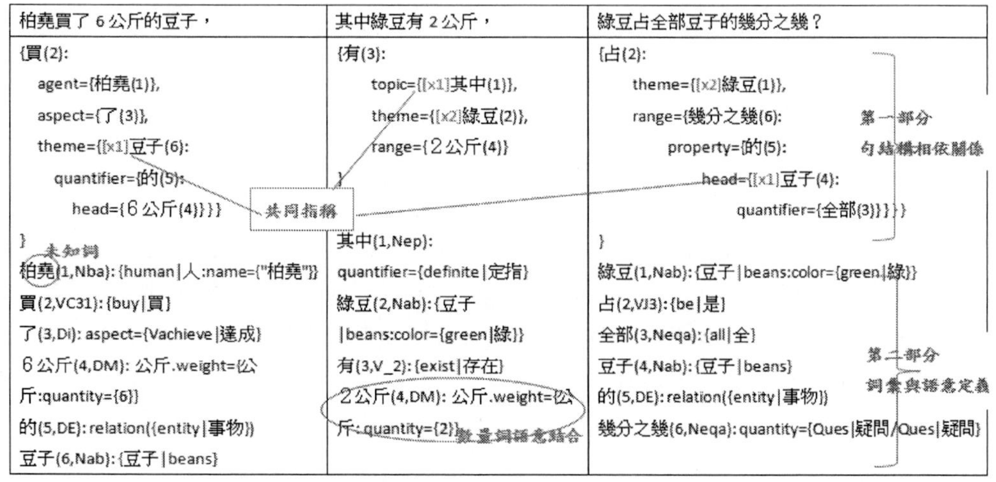

圖六、國小數學語料的語意表達標記

　　表三顯示所標註的十六種數學題型（以數學解題方式分類，而非以數據形式分類；並依各題型在訓練集中的百分比排序）。因同題中可能有多個問句，因此 75 題訓練集被標註了 87 次、200 題發展集被標註了 218 次、200 題測試語料被標註了 228 次。訓練集中以幾何(18.39%)、除法(16.09%)、乘法(16.09%)與總合(14.94%)比例較多，以分數(0%)最少；發展集中則以減法(20.6%)、除法(18.8%)、加法(14.7%)和乘法(13.8%)比例較多，以最小公倍數(0%)最少；而測試語料中以乘法(21.0%)、除法(19.3%)、減法(17.5%)和加法(14.0%)比例最多，以分數(0.4%)與集合(0.4%)題型比例最少。

　　對語言學的標註 [1]，主要包含語法結構標記及語意表達標記。語法結構標記與中研院的中文句結構樹資料庫 [2][26, 27]標記方式一致，含括詞類、語法結構和語意角色訊息。而語意表達標記則分成兩部分，第一部分採用中研院句結構樹的語義角色以及相依關係，但轉換成廣義知網 [3][28, 29]所採用的線性語意表達形式，內容包含語意角色、詞彙與詞序，少數中心語省略會在這階段補回。此外，表達式中更附加了共同指稱訊息，在方括號內以 x 與數字標註兩個詞彙有相同的指稱，如圖六中第一句短語和第三句短語出現的「豆子」與第二句短語的「其中」三個詞彙皆指稱相同事物，因此以[x1]共同標記之。第二部分則是將詞彙的語意遵照廣義知網的詞彙定義解歧後，依序分別列於其下；若詞彙為廣義知網中未出現過的未知詞，則會透過語義猜測模組來給予適當定義式。如題目中「柏堯」可自動猜測為人名，並給予定義式；此外，廣義知網的表達優勢之一是

---

[1]　機器閱讀的語意表達 http://sunlight.iis.sinica.edu.tw/SC4MR/

[2]　中文句結構樹資料庫 http://TreeBank.sinica.edu.tw

[3]　廣義知網 http://ehownet.iis.sinica.edu.tw/

可以很方便的進行語義結合的操作與表達。現階段我們的語義結合僅呈現數量詞的結合，如“2 公斤”的定義式：“weight={公斤：quantity={2}}”是由“公斤”的定義式：“weight={公斤}”以及 “2”的定義式: “quantity={2}”進行語義結合後的結果。 在數學文字題的語意表達中，數詞與量詞是很重要的環節，會影響後續解題與推論。數詞的值（包含阿拉伯數字、國字或兩者混合的數詞）有整數、小數、分數和疑問詞等形式，如圖六的「幾分之幾」def: quantity={Ques|疑問/Ques|疑問}便是疑問詞與分數結合的表達方式。而中文裡多元而豐富的量詞語義類型[30]與數詞的結合也會形成語意的差別。我們將數量複合詞修飾名詞的語意加以正規化，給予一致性的表達方式，以利數學計算或在不同量詞單位中轉換。下述為幾個數量複合詞的例子：

1 顆蛋　def:{蛋|egg: quantifier={顆.null|無義: quantity={1}}}
1 盒蛋　def:{蛋|egg: 盒.container={盒子|box: quantity={1}}}
1 打蛋　def:{蛋|egg: 打.quantity={12: quantity={1}}}
1 公斤蛋　def:{蛋|egg: 公斤.weight={公斤: quantity={1}}}

我們依照量詞不同的語義內涵，給予不同的廣義知網詞彙定義，而數詞和量詞結合後的數量詞語意表達方式[31]基本上與功能詞相同，皆以 relation={value} 形式出現。不同的量詞單位帶來不同的語義，在數學文字題中更放大它的特殊性，事物必須能夠在不同量詞單位中轉換結合的語意，得以正確的理解文字題的題幹。語法結構標記及語意表達標記，是先由程式做猜測，再由標註人員（俱語言學專業背景）做檢查、更正。

3.4 相關統計資料

在前一節中，我們已提到所有的題目被分成六個年級，並且以亂數抽取方式分成三個集合，其中訓練集有 20,093 題，發展集和測試集都各有 1,700 題（包含上節所述之已標註的語料及其他未標註的語料），因此我們國小數學語料庫合計有 23,493 題（如表四所示）。各年級題目數量以三年級 5,210 題為最多，其餘依序為六年級 4,461 題、四年級 4,338 題、五年級 4,062 題、二年級 3,642 題，而以一年級 1,780 題為最少。表五顯示題目“主幹”部分的平均長度為 27 個中文字。使用中研院中文詞庫小組的斷詞和標詞性工具加以斷詞後，每個題目平均含有 18.2 個中文詞。在另一方面，題目“問句”部分的平均長度則為 9.4 個中文字，以及 6.8 個中文詞。

表四、中文數學語料庫統計

語料庫集合	各年級題目數量						
	一年級	二年級	三年級	四年級	五年級	六年級	合計
訓練集	1,380	3,042	4,610	3,738	3,462	3,861	20,093
發展集	200	300	300	300	300	300	1,700
測試集	200	300	300	300	300	300	1,700
合計	1,780	3,642	5,210	4,338	4,062	4,461	23,493

表五、中文數學題目的平均長度

題目的兩部分	平均中文字數 (Char.)	平均中文詞數 (Word)
主幹	27	18.2
問句	9.4	6.8

該斷詞工具會以標點符號將題目斷開成數個句子，經過分析後發現："主幹"與"問句"句長為 5 至 8 個詞的句數比例，分別佔句子總數（79,822 句）的 63%和 70%，其中"主幹"以 7 個詞的比例為最多（21.8%），"問句"以 6 個詞數為最多（19.4%）（如表六(a)所示）。此外，由表六(b)可見，不論"主幹"或"問句"，詞長皆以 2 個字所佔的比例為最多（50.1%與 64.1%），與一般語料所見相同。

表六、中文數學語料庫斷詞統計表

(a)句長分析(#79,822 句)

句長(詞數)	主幹	問句
1~3	1.0%	0.7%
4	4.9%	6.3%
5	12.7%	16.4%
6	16.8%	19.4%
7	21.8%	19.0%
8	11.6%	15.1%
9	9.3%	9.2%
10~12	14.8%	11.1%
13 以上	7.1%	2.8%

(b)詞長分析(#608,732 詞)

詞長(字數)	主幹	問句
1	7.7%	14.4%
2	50.1%	64.1%
3	20.4%	17.8%
4	13.3%	3.0%
5	5.3%	0.6%
6 以上	3.2%	0.1%

在另一方面，表七顯示詞性標註的分析結果。在"主幹"部分的詞性比例排序前五名依序是普通名詞(Na)佔 29%、數詞定詞(Neu)佔 26.1%、專有名詞(Nb)佔 13.3%、動作及物動詞(VC)佔 6.3%，而地方詞(Nc)佔 5.5%，其他零星詞類比例佔 19.8%；在"問句"部分則以普通名詞(Na)佔 41.2%為最多，其次依序是專有名詞(Nb)佔 11.8%、動作及物動詞(VC)佔 8.7%、數詞定詞(Neu)佔 7.6%、地方詞(Nc)佔 5.2%，而其他零星詞類則佔 25.5%。由於題目中所有解題資訊（含多數名詞、數詞、動作及物動詞）皆由"主幹"提供，而"問句"主要在詢問單一名詞的數量，因此"主幹"的詞類以普通名詞、數詞定詞最多，但"問句"則以普通名詞最多，而數詞定詞偏少。

表七、中文數學語料庫詞性標註統計表

詞類	主幹	問句
普通名詞(Na)	29.0%	41.2%
數詞定詞(Neu)	26.1%	7.6%
專有名詞(Nb)	13.3%	11.8%
動作及物動詞(VC)	6.3%	8.7%
地方詞(Nc)	5.5%	5.2%
其他詞類	19.8%	25.5%
合計	100%	100%

最後，表八顯示教育部能力指標[4]類別（原始題庫所提供）的分佈情形。因為一個題目可能包含多種能力指標，因此在題庫資訊中有單一類別（佔語料庫 80.90%的題目）與組合類別（由單一類別做組合）（佔語料庫 19.10%的題目）之分。

表八、教育部能力指標分類統計表

(a)單一指標類別

單一類別	百分比
數與量	72.04%
代數	6.72%
幾何	1.68%
統計與機率	0.05%
連結	0.40%
小計	80.90%

(b)組合指標類別

組合類別	百分比
數與量+代數	13.25%
數與量+幾何	4.44%
代數+幾何	0.21%
數與量+代數+幾何	1.20%
小計	19.10%

表八(a)顯示我們的中文數學語料庫在單一能力指標方面，主要以"數與量"(72.04%)

---

[4] 國民教育社群網，九年一貫課程題綱，數學能力指標 http://teach.eje.edu.tw/9CC/fields/math_3_1.php

為最多，其餘數量則低於 10%；在組合指標方面（如表八(b) 所示），主要以"數與量+代數"(13.25%)較多，表示此數學語料著重於建立國小數學的基本概念和基礎運算，但空間幾何、代數、統計機率等進階類別則較少。

4. 討論

在處理數學語料庫的各階段任務中，我們遇到一些不同的問題：包括了題目切割、標註單位，以及斷詞錯誤等方面。首先，當我們執行在 3.2 節中所提切割主幹及問句的原則（即"問句"主要是介於問號之前與最後一個逗號之後）後，發現大部分題目都能正確地被切割開來，但有極少數的題目並不一定適用（如"[小玉和家人一起去爬山，上山花了 145 分，下山花了 2 時 18 分，上山花的時間比較長，][還是下山花的時間比較長？]"）。再者，在"主幹"部分以搜尋關鍵字"大約"、 "*分之*"來查找概數、分數題目是不容易的，反而必須藉由"問句"所要求答案的敘述（如"大約"、"約"、"*分之*"等），才得以找到此類題目。以上這些問題，皆是藉由人工檢視後才予以確認並修訂。

最後，我們發現因為數學文字問題語料與用來發展斷詞工具的通用型語料差異甚大，而導致在人名（如"[小][聰]"）及動詞片語（如"[拼拼][圖]"）常有斷詞錯誤的情形。因此在解題系統所用的斷詞工具，有必要執行領域調適（Domain Adaptation）。

5. 相關研究

在過去語料庫標註方面，不乏著重於研究剖析樹[8, 15-18]、語意角色[9, 19-22]、依存結構[10, 23]、片語結構[11]，或者是語篇[12]、共同指稱關係[13]和述語參數[13, 14]等等方面，卻缺乏針對數學文字問題的語料庫。

近年雖然已有關於數學文字問題研究的題庫出現[2, 5-6, 24-25]，但都是從網站論壇抓取的特定數據資料組成的：如 Kushman 等人[5]刪掉了非線性代數問題的題目，Hosseini 等人[2]只抓取組合加法、減法、一元一次方程和美元文字等問題（但帶有多餘數字資訊和辭彙空缺（Lexical Gap）），Roy 等人[6]雖然增加了兩個以上運算子（多步驟）的問題，卻把需要背景知識的概數題目排除在外，Shi 等人[24]只抓取數字運算文字問題，Koncel-Kedziorski 等人[25]只抓取代數文字相關的問題（取材自[2]），但其中有高度重疊的辭彙與公式。換句話說，許多題目皆大同小異。總而言之，上述這些數學文字問題的題庫，在題目抽樣上皆有所偏頗，無法公平比較不同解題系統及反映各個解題系統之真正能力。相反地，我們的中文數學語料庫卻是依各個年級分類，且不做任何增減，因此可以充分評測、比較不同的系統。

6. 結論

總括來說，我們所建立的中文國小數學文字問題語料庫，乃完整取材自出版社數學題庫中的文字問題，並且按照年級分層將每題（包含切割題目為"主幹"和"問句"兩部分）轉成解題系統容易使用的格式。不僅如此，我們還在題目中添加答案單位、分數與概數題的補充訊息、及教育部指標分類；並於少部分語料中標註十六種題目類型和語言學現象（句法分析、指代、蘊涵、指稱等），使研究者可以瞭解數學文字問題的文本特性，並可讓解題系統測試模型及執行半教導式學習。

本語料庫是第一個完整的中文國小數學文字問題的語料庫，可用來清楚的評估解題系統的真正程度（與國小各個年級對應）、公平比較不同系統的解題能力、並可清楚的反映出各系統的偏頗及缺失。此外，若有個別的應用或規格，亦能讓研發人員按其需求組合出想要的檢索，便於塑造不同組態的特殊語料庫。

致謝

本研究感謝中央研究院資訊科學研究所許聞廉教授主持之智慧型代理人系統實驗室提供並授權國小題庫，以及感謝科技部「建立一個領域相關機器閱讀系統之探討」(MOST104-2221-E-001-025)計劃經費補助。此外，我們也要謝謝本所的自然語言理解實驗室及詞庫小組實驗室其他參與研究和協同指導之老師與相關同仁。最後，我們感謝所有匿名審稿教授的寶貴意見，以改善此論文闕漏之處。

參考文獻

[1] A. Mukherjee and U. Garain, "A review of methods for automatic understanding of natural language mathematical problems," *Artificial Intelligence Review*, vol. 29, no. 2, pp. 93–122, Apr. 2008.

[2] M. J. Hosseini, H. Hajishirzi, O. Etzioni, and N. Kushman, "Learning to solve arithmetic word problems with verb Categorization," in *Proceedings of the 2014 Conference on Empirical Methods in Natural Language Processing (EMNLP)*, 2014. [Online]. Available: http://ssli.ee.washington.edu/~hannaneh/algebra-emnlp14.pdf.

[3] Y.-C. Lin *et al.*, "Designing a Tag-Based Statistical Math Word Problem Solver with
     Reasoning and Explanation," *International Journal of Computational Linguistics and
     Chinese Language Processing (IJCLCLP)*, vol. 20, no. 2, pp. 1–26, Dec. 2015. [Online].
     Available: http://www.aclclp.org.tw/clclp/v20n2/v20n2a1.pdf.

[4] C.-C. Liang, K.-Y. Hsu, C.-T. Huang, C.-M. Li, S.-Y. Miao, and K.-Y. Su, "A tag-based
     English math word problem Solver with understanding, reasoning and explanation," in
     *Proceedings of the 2016 Conference of the North American Chapter of the Association
     for Computational Linguistics: Demonstrations*, Association for Computational
     Linguistics (ACL), 2016, pp. 67–71. [Online]. Available:
     http://aclweb.org/anthology/N/N16/N16-3014.pdf.

[5] N. Kushman, Y. Artzi, L. Zettlemoyer, and R. Barzilay, "Learning to automatically solve
     algebra word problems," *Association for Computational Linguistics (ACL)*, vol. 1, pp.
     271–281, Jun. 2014. [Online]. Available:
     http://homes.cs.washington.edu/~lsz/papers/kazb-acl14.pdf.

[6] S. Roy, T. Vieira, and D. Roth, "Reasoning about quantities in natural language,"
     Transactions of the Association for Computational Linguistics (TACL), vol. 3, pp. 1–13,
     Jan. 2015. [Online]. Available:
     https://transacl.org/ojs/index.php/tacl/article/view/452/102.

[7] S. Roy and D. Roth, "Solving general arithmetic word problems," in *Proceedings of the
     2015 Conference on Empirical Methods in Natural Language Processing (EMNLP)*,
     2015, pp. 1743–1752. [Online]. Available:
     http://www.emnlp2015.org/proceedings/EMNLP/pdf/EMNLP202.pdf.

[8] Z. Min, J. Hongfei, T. A. Ai, S. Jun, L. Sheng, and L. T. Chew, "A tree-to-tree alignment-
     based model for statistical machine translation," in *MT-Summit*, 2007, pp. 535–542.
     [Online]. Available:
     https://www.semanticscholar.org/paper/A-Tree-to-tree-Alignment-based-Model-for-Zha
     ng-Jiang/5fb3ded74c75a78f637e198337b8a83c54975010/pdf.

[9] M. Palmer, D. Gildea, and P. Kingsbury, "The proposition bank: An annotated corpus of
     semantic roles," *Computational Linguistics*, vol. 31, no. 1, pp. 106–71, Jan. 2005.
     [Online]. Available: http://dl.acm.org/citation.cfm?id=1122628.

[10] J. Hockenmaier and M. Steedman, "CCGbank: A Corpus of CCG Derivations and
     Dependency Structures Extracted from the Penn Treebank," *Computational Linguistics*,
     vol. 33, no. 3, pp. 355–396, Jan. 2007. [Online]. Available:
     http://dl.acm.org/citation.cfm?id=1288685.

[11] N. Xue, F. Xia, F. Chiou, and M. Palmer, "The Penn Chinese TreeBank: Phrase structure annotation of a large corpus," *Natural Language Engineering*, vol. 11, no. 2, pp. 207–238, Jan. 2005. [Online]. Available: http://dl.acm.org/citation.cfm?id=1064785.

[12] Y. Zhou and N. Xue, "The Chinese discourse TreeBank: A Chinese corpus annotated with discourse relations," *Language Resources and Evaluation*, vol. 49, no. 2, pp. 397–431, Nov. 2014.

[13] R. Iida, M. Komachi, K. Inui, and Y. Matsumoto, "Annotating a Japanese text corpus with Predicate-Argument and Coreference relations," in *Proceedings of the Linguistic Annotation Workshop*, Association for Computational Linguistics (ACL), 2007, pp. 132–139. [Online]. Available: http://aclasb.dfki.de/nlp/bib/W07-1522.

[14] M. Roth and A. Frank, "Aligning predicate argument structures in monolingual comparable texts," in *the First Joint Conference on Lexical and Computational Semantics-Volume 1: Proceedings of the main conference and the shared task, and Volume 2: Proceedings of the Sixth International Workshop on Semantic Evaluation*, Association for Computational Linguistics (ACL), 2012, pp. 218–227. [Online]. Available: http://dl.acm.org/citation.cfm?id=2387672.

[15] W. Wang, K. Knight, and D. Marcu, "Binarizing Syntax Trees to Improve Syntax-Based Machine Translation Accuracy," in *Proceedings of the 2007 Joint Conference on Empirical Methods in Natural Language Processing and Computational Natural Language Learning (EMNLP-CoNLL)*, 2007, pp. 746–754. [Online]. Available: http://aclasb.dfki.de/nlp/bib/D07-1078.

[16] H. Mi, L. Huang, and Q. Liu, "Forest-Based Translation," Association for Computational Linguistics (ACL), 2008, pp. 192–199. [Online]. Available: http://www.aclweb.org/anthology/P/P08/P08-1023.pdf.

[17] Y. Marton and P. Resnik, "Soft Syntactic Constraints for Hierarchical Phrased-Based Translation," Association for Computational Linguistics (ACL), 2008, pp. 1003–1011. [Online]. Available: http://www.anthology.aclweb.org/P/P08/P08-1114.pdf.

[18] D. Xiong, M. Zhang, and H. Li, "Learning translation boundaries for phrase-based Decoding," in *Proceedings of Human Language Technologies: The 2010 Annual Conference of the North American Chapter of the Association for Computational Linguistics*, Association for Computational Linguistics (ACL), 2010, pp. 136–144. [Online]. Available: http://www.aclweb.org/anthology/N10-1016.

[19] V. Nastase, J. Sayyad-Shirabad, M. Sokolova, and S. Szpakowicz, "Learning noun-modifier semantic relations with corpus-based and WordNet-based features," in *Proceedings of the national conference on Artificial intelligence (AAAI-06)*, 2006, pp. 781–786. [Online]. Available: http://dl.acm.org/citation.cfm?id=1597538.1597663&coll=&dl=&preflayout=tabs.

[20] A. Burchardt, K. Erk, A. Frank, A. Kowalski, S. Padó, and M. Pinkal, "The SALSA corpus: A German corpus resource for lexical semantics," in *Proceedings of the International Conference on Language Resources and Evaluation*, 2006, pp. 969–974. [Online]. Available: http://www.nlpado.de/~sebastian/pub/papers/lrec06_burchardt1.pdf.

[21] P. Moreda, B. Navarro, and M. Palomar, "Corpus-based semantic role approach in information retrieval," *Data & Knowledge Engineering*, vol. 61, no. 3, pp. 467–483, Jun. 2007. [Online]. Available: http://www.sciencedirect.com/science/article/pii/S0169023X06001133.

[22] V. Basile, J. Bos, K. Evang, and N. Venhuizen, "Developing a large semantically annotated corpus," in *Proceedings of the International Conference on Language Resources and Evaluation*, 2012, pp. 3196–3200. [Online]. Available: http://www.lrec-conf.org/proceedings/lrec2012/pdf/534_Paper.pdf.

[23] S. Mille and L. Wanner, "Syntactic Dependencies for multilingual and multilevel corpus Annotation," in *Proceedings of the International Conference on Language Resources and Evaluation*, 2010, pp. 1889–1896. [Online]. Available: http://lrec-conf.org/proceedings/lrec2010/pdf/697_Paper.pdf.

[24] S. Shi, Y. Wang, C.-Y. Lin, X. Liu, and Y. Rui, "Automatically solving number word problems by semantic parsing and reasoning," in *Proceedings of the 2015 Conference on Empirical Methods in Natural Language Processing (EMNLP)*, Lisbon, Portugal, 2015, pp. 1132–1142. [Online]. Available: http://www.aclweb.org/anthology/D/D15/D15-1135.pdf.

[25] R. Koncel-Kedziorski, H. Hajishirzi, A. Sabharwal, O. Etzioni, and S. Dumas, "Parsing algebraic word problems into equations," *Transactions of the Association for Computational Linguistics (TACL)*, vol. 3, pp. 585–597, 2015. [Online]. Available: https://transacl.org/ojs/index.php/tacl/article/viewFile/692/164.

[26] K.-J. Chen *et al.*, "Sinica Treebank: Design criteria, representational issues and implementation," in *A. Abeille (ed.), Treebanks: Building and Using Parsed*. Kluwer Acade, 2003, pp. 231–248. [Online]. Available:

https://www.researchgate.net/profile/Chu-Ren_Huang/publication/226727962_Sinica_T
reebank/links/0912f509c0082732b9000000.pdf.

[27] C.-R. Huang, F.-Y. Chen, K.-J. Chen, and Z. Gao, "Sinica Treebank: design criteria, annotation guidelines, and on-line interface," in *Proceedings of the second workshop on Chinese language processing held in conjunction with the 38th Annual Meeting of the Association for Computational Linguistics*, Association for Computational Linguistics (ACL), 2000, vol. 12, pp. 29–37. [Online]. Available: http://www.aclweb.org/old_anthology/W/W00/W00-1205.pdf.

[28] K.-J. Chen, S.-L. Huang, Y.-Y. Shih, and Y.-J. Chen, "Extended-HowNet- A Representational Framework for Concepts," in *OntoLex 2005 - Ontologies and Lexical Resources IJCNLP-05 Workshop*, Jeju Island, South Korea, 2005. [Online]. Available: http://ckip.iis.sinica.edu.tw/CKIP/paper/Extended-HowNet-_A_Representational_Fram ework_for_Concepts.pdf.

[29] S.-L. Huang, Y.-M. Hsieh, S.-C. Lin, and K.-J. Chen, "Resolving the Representational Problems of Polarity and Interaction between Process and State Verbs," *International Journal of Computational Linguistics and Chinese Language Processing (IJCLCLP)*, vol. 19, no. 2, pp. 33–52, Jun. 2014. [Online]. Available: http://godel.iis.sinica.edu.tw/CKIP/paper/2014_IJCLCLP_33-52.pdf.

[30] S.-M. Li, S.-C. Lin, C.-H. Tai, and K.-J. Chen, "A Probe into Ambiguities of Determinative-Measure Compounds," *International Journal of Computational Linguistics and Chinese Language Processing (IJCLCLP)*, vol. 11, no. 3, pp. 245–280, Sep. 2006. [Online]. Available: http://www.airitilibrary.com/Publication/alDetailedMesh?DocID=1027376x-200609-11-3-245-280-a.

[31] C.-H. Tai, J.-Z. Fan, S.-L. Huang, and K.-J. Chen, "Automatic Sense Derivation for Determinative-Measure Compounds under the Framework of E-HowNet," *International Journal of Computational Linguistics and Chinese Language Processing (IJCLCLP)*, vol. 14, no. 1, pp. 19–44, Mar. 2009. [Online]. Available: http://www.aclweb.org/anthology/O09-3002.

[32] S. Upadhyay and M.-W. Chang, "DRAW: A challenging and diverse algebra word problem set," Number MSR-TR-2015-78, Oct. 2015. [Online]. Available: https://www.microsoft.com/en-us/research/wp-content/uploads/2016/02/tech_rep.pdf.

[33] R. Koncel-Kedziorski, S. Roy, A. Amini, N. Kushman, and H. Hajishirzi, "MAWPS: A math word problem repository," in *Proceedings of the 2016 Conference of the North*

American Chapter of the Association for Computational Linguistics: Human Language Technologies, Association for Computational Linguistics (ACL), 2016, pp. 1152–1157. [Online]. Available: https://www.aclweb.org/anthology/N/N16/N16-1136.pdf.

[34] D. Huang, S. Shi, C.-Y. Lin, J. Yin, and W.-Y. Ma, "How well do computers solve math word problems? Large-scale Dataset construction and evaluation," in *Proceedings of the 54th Annual Meeting of the Association for Computational Linguistics (Volume 1: Long Papers)*, Berlin, Germany, Association for Computational Linguistics (ACL), 2016, pp. 887–896. [Online]. Available: http://www.aclweb.org/anthology/P/P16/P16-1084.pdf.

[35] W.-K. Wong, S.-C. Hsu, S.-H. Wu, C.-W. Lee, and W.-L. Hsu, "LIM-G: Learner-initiating instruction model based on cognitive knowledge for geometry word problem comprehension," *Computers & Education*, vol. 48, no. 4, pp. 582–601, 2007. [Online]. Available: http://iasl.iis.sinica.edu.tw/webpdf/paper-2005-LIM-G_Learner-initialing_Instruction_ Model.pdf.

[36] Y.-K. Wang, Y.-S. Chen, and W.-L. Hsu, "Empirical study of Mandarin Chinese discourse analysis: An event-based approach," in *Proceedings Tenth IEEE International Conference on Tools with Artificial Intelligence (Cat. No.98CH36294)*, Institute of Electrical & Electronics Engineers (IEEE). [Online]. Available: http://iasl.iis.sinica.edu.tw/webpdf/paper-1998-Empirical_Study_of_Mandarin_Chinese _Discourse_.pdf.

[37] Y.-K. Wang, W.-L. Hsu, and Y.-C. Chen, "The Anaphoric expressions of Chinese algebraic word problem," in *Proceedings of the 1998 International Symposium on Multimedia Information Processing*, 1998. [Online]. Available: http://iasl.iis.sinica.edu.tw/webpdf/paper-1998-The_Anaphoric_Expressions_of_Chines e_Algebraic_.pdf.

The 2016 Conference on Computational Linguistics and Speech Processing
ROCLING 2016, pp. 372-386
© The Association for Computational Linguistics and Chinese Language Processsing

基於深層遞迴類神經網路之多通道電視回聲消除系統

Multi-Channel Television Echo Cancellation based on Deep Recurrent Neural Networks

黃宏 Huang Hung
國立台北科技大學電子工程學系
National Taipei University of   Technology Department of Electronic Engineering
mainmemory1103@gmail.com

洪瑋嶸 Hung Wei-Jung
國立台北科技大學電子工程學系
National Taipei University of   Technology Department of Electronic Engineering
waylong711022@gmail.com

廖元甫 Liao Yuan-Fu
國立台北科技大學電子工程學系
National Taipei University of   Technology Department of Electronic Engineering
yfliao@ntut.edu.tw

摘要

本論文研究智慧型電視操作情境下之電視節目回聲消除，希望能在電視節目持續播放的情形下，仍能錄到說話者的清晰語音，並能應用在即時語音通訊與遠距語音辨認人機介面上。本論文的回聲消除系統演算法是以遞迴類神經網路(Recurrent Neural Network，RNN)演算法，再配上多通道麥克風做回聲消除，達到人聲增強，抑制噪音雜訊，提高語音清晰度。實驗分別實作單純電視節目聲、人聲混電視節目聲兩種實驗，再導入前五秒無人聲預訓練，後五秒有人聲之電視節目回聲消除模式實驗，實驗結果以回聲衰減量來判斷效能優劣。實驗顯示，以多通道深層遞迴類神經網路效能優於其他方法，透過多聲道 RNN 處理，的確能有效地濾除雜訊。

關鍵詞: 聲學回聲消除、適應性濾波器、類神經網路、遞迴類神經網路

一、簡介

聲控電視是非常人性化的功能，但礙於電視回聲與雜訊等問題影響，常會干擾使用者語音操作。因此一般需要加上聲學回聲消除系統，以適應性濾波器演算法[1-2]，在實際空間環境下，學習回聲路徑，預測並消除電視節目回聲，增強使用者語音質量。

聲學回聲主要是聲音經喇叭播出，由空間響應導致的一次或多次的反射聲到麥克風所引起，主流的回聲消除方法運用其架構如圖 1 所示，其使用適應性演算法自動地調整濾波器權重係數，使輸出信號能夠逼近所期望的信號。

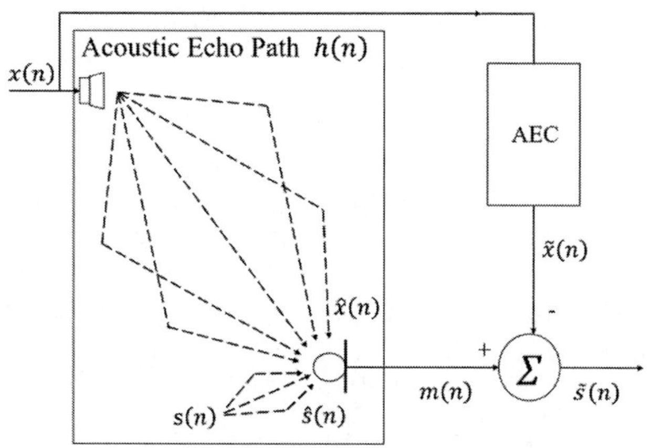

圖 1 典型聲學回聲消除系統架構圖

適應性濾波器演算法有線性與非線性消除兩種作法，傳統上線性方法常以正規化最小均方演算法(Normalized least mean squares，NLMS)[3-4]來實現，但是由於在室內背景雜訊眾多，NLMS 演算法未能有效解決非線性回聲，於是常進一步引進非線性適應性演算法，改善非線性回聲的部分，常用的非線性演算法包括輻射基底函數類神經網路(Radial Basis Function Neural Network，RBFNN)[3,5-6]與多層感知機(Multi-layer Perceptron Neural Network，MLP)[3, 5-6]演算法，其透過具適應性學習能力的類神經網路演算法，克服非線性的因素。不過 RBF 與 MLP 雖然相當有效，但因其輸入訊號的長度通常是有限的且不能太長，以免運算太久，因此通常只能處理較短時間的回聲，若回聲的影響時間太久，其效果通常不好。

但在觀看電視時，因電視節目聲音通常開很大聲，且回聲經過重重反射，殘響時間通常很長。而且電視節目是動態持續的播放著，上一個時間點播放的聲音會影響下一個時間點的聲音。若我們想捕捉長期時間關聯的資訊，就必須使用含有回授功能的深層遞迴類神經網路[7]，其把上個時間點的輸出值存下來，並重新導入到輸入端，以便在時間上能夠抓取大長度的輸入訊號，使系統能有大量的歷史資料去學習電視節目回聲的路徑。此外我們並考慮空間資訊，改用多支麥克風組成的多通道系統[8]，以強化語音輸入訊號。因此，基於以上兩點考量，在本論文中我們將提出多通道深層遞迴類神經網路電視回聲消除系統，在以下章節將會再詳細介紹其架構與訓練方法。

二、相關研究

常用的回聲消除方法包括 NLMS、RBF 即 MLP，其中最小均方演算法(LMS)簡易實現、計算量小及穩定特色，受到不少人青睞且廣泛地運用，同時為了解決系統收斂緩慢的缺點，在使用上將輸入訊號的能量進行正規劃處理，也就是 NLMS 演算法，其採用可變步長的方法來穩定收斂過程。LMS 與 NLMS 的基本原理是計算輸入信號與參考信號的關聯性，下圖 2 為 NLMS 自適應濾波器架構圖。

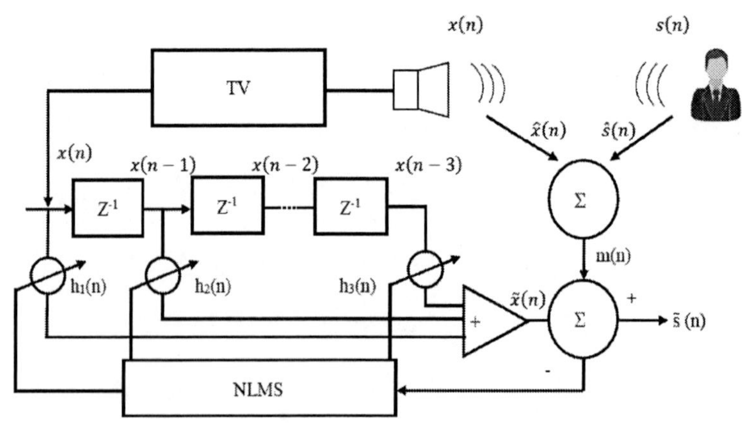

圖 2　NLMS 自適應濾波器架構圖

另外，輻射基底函數類神經網路(RBFNN)具有逼近任意的非線性函數的能力，而且具備一般化能力，對未知資料能有效地處理，再加上快速的學習收斂速度及低計算複雜度，已成功廣泛應用在非線性回聲消除，下圖 3 為 RBF 類神經網路用於回聲消除的架構圖。

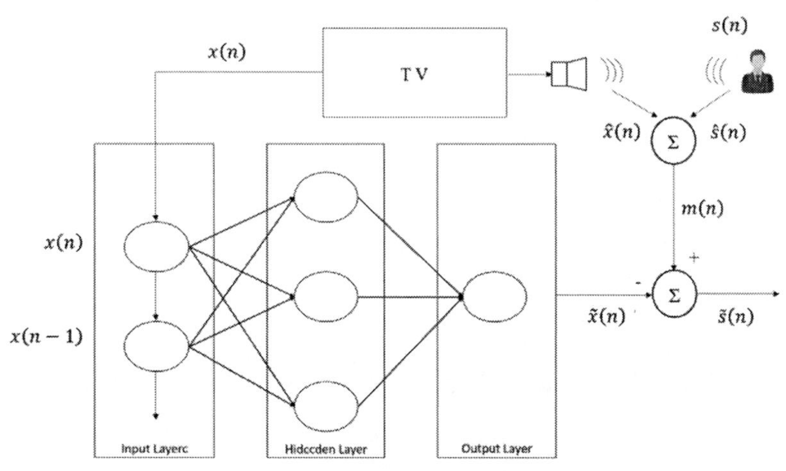

圖 3 RBF 神經網路架構圖

RBF 網路架構只由一層的隱藏層、輸入層及輸出層共三層所構成，其核心為高斯核函數所組織，訓練過程可看作在高維空間中找尋最佳逼近參考數據的解，主要由第一層輸入層的感知單元將神經網路與外界相聯接收訊息，並直接傳遞到隱藏層；接著第二層隱藏層則是藉著對輸入向量空間到隱藏空間之間的非線性映射變換，而第三層輸出層經由線性組合加權變成輸出。

而多層感知機類神經網路含有兩層以上的隱藏層，其中用到的激活函數為 Sigmoid 激活函數，核心演算法為反向傳播演算法，用於回聲消除的網路架構如下圖 4 所示:

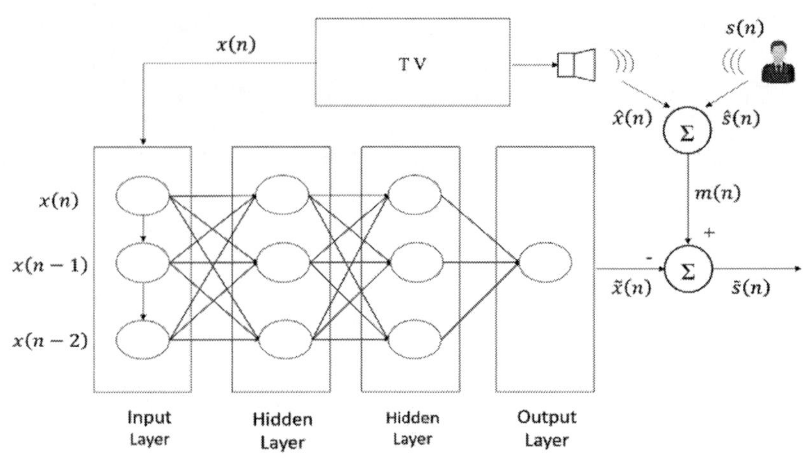

圖 4 三層多層感知機網路架構圖

主要網路架構由輸入層、多層隱藏層及輸出層組合而成，網路運作為輸入層把資訊傳送到隱藏層，再由最後的隱藏層傳輸到輸出層，加權總和出整個網路的輸出值，此時為前饋網路，而且權重值及偏壓值是固定值，其中層與層之間溝通是神經元透過權重及偏壓值相互的連結，得到整個網路的輸出值後，對比目標期望的輸出值算出誤差值，透過反向傳播演算法把誤差倒傳送回神經網路中，去做權重及偏壓值調整，此時為倒傳遞網路，得到整個網路輸出層的值後，與目標期望的輸出值相減獲得誤差值，再利用其誤差值所以定義出來的成本函數，透過反向傳播演算法來對其網路權重及偏壓值作更新，然後再代回網路求新誤差值，使誤差平方趨近極小值，讓網路輸出逼近於目標期望值。

最後，由以上討論可知，NLMS，RBF 與 MLP 能看到的歷史訊號受到它的濾波器長度，或輸入神經元數目限制，通常是有限的且無法太長。

三、基於深層遞迴類神經網路之回音消除系統

因為電視節目聲會在室內反射造成殘響，而且殘響時間長度常常大於 0.5 秒，而傳統消除回聲系統都受限於輸入長度固定，如果輸入設定太長，會導致運算量過大，收斂太慢，無法有效增強使用者語音訊息，故我們改用深層遞迴類神經網路[8]，因其可以經由回授線路看到很久以前的資料以學習長時間的回聲路徑，並猜出下一時間點的聲音，而單

層的遞迴類神經網路就足以獲取的長時間資訊，因此多層遞回類神經網路就能看得更廣，抓取更大的資料。以下先以單聲道回聲消除的做法，然後在說明多聲道迴音消除的做法。

(一) 單聲道深層遞迴類神經網路回音消除

下圖 5 其運作原理為運用麥克風所收集到的語音 m(n)與透過電視音源線輸出取的電視節目聲 x(n)，利用深層遞迴式神經網路預測可能錄到的電視回聲 x̃(n)，相減後將回聲消除，此時系統的誤差訊號 s̃(n)為輸出得到的清晰語者聲音。

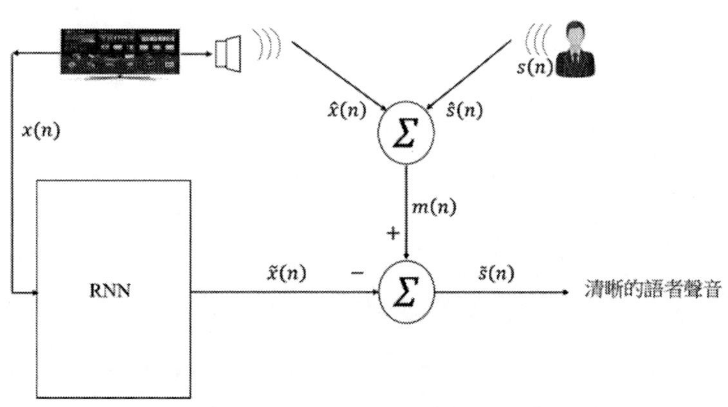

圖 5 單聲道深層遞迴類神經網路系統架構

其中本論文提出深層遞迴類神經網路(RNN)架構[6]除了與一般類神經網路一樣有輸入層、隱藏層以及輸出層外，還會多出兩個或兩個以上的遞迴層當回授功能，其運作原理主要透過回授線路，把上個時間點的隱藏層神經元輸出值記錄下來，並重新導入到隱藏層神經元輸入端；與輸入層輸入值整合在一起，當下一個時間點的隱藏層輸入，以此讓神經元下個時間輸入值與過去輸出值有關，簡單來說讓整個神經網路是有記憶性的，也可以說是把輸入層給放大了，其核心參數更新演算法還是反向傳播演算法，但不一樣的地方在於需要根據時間先後順序來做權重調整，所以權重調整會透過不同時間點的隱藏層訊息進行，先由最後時間點開始對於成本函數作偏微分，往前算出到一開始時間點的偏微分值，直到整個權重作出調整完後，再代回網路求新誤差值，使誤差平方趨近極小值，讓網路輸出逼近於目標期望值。下圖 6 為本論文中使用的深層 RNN 運作構造。

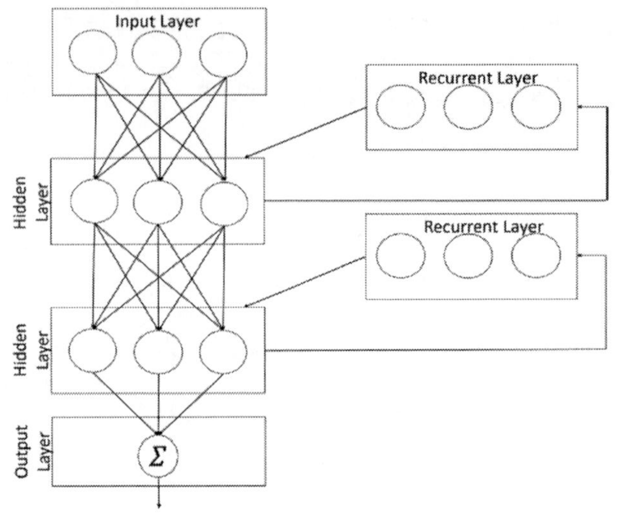

圖 6 深層遞迴網路架構圖

(二)多聲道深層遞迴類神經網路回音消除

為了提高收音品質以及降低收音角位的影響，我們改進圖 5，加上多隻麥克風放在不同位置，構成麥克風陣列，建立如圖 7 的多通道深層遞迴類神經網路之電視回聲消除系統架構，其運作原理為運用 Kinect for Xbox one 麥克風 4 通道收集到的語音 $m_i(n)$，再透過電視線輸出取得電視節目聲 x(n)，分別去做四次深層遞迴式神經網路，將回聲消除系統的誤差訊號加權平均以加強語音訊號。

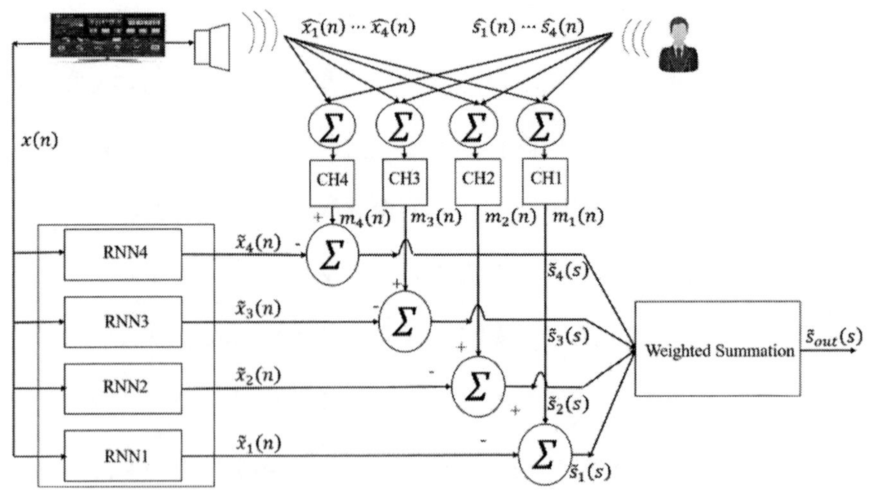

圖 7 多通道遞迴類神經網路電視回聲消除系統架構

其中 x(n)原始電視節目聲，並把它當成聲學回聲系統的參考信號，同時也是四個深層類神經網路的輸入。i 為麥克風聲道數，i=1,2,3,4。$m_i(n)$為 Kinect for Xbox one 麥克風陣列所錄製的電視節目聲及使用者說話聲的混合聲音。$\hat{x}_i(n)$為電視節目聲的回聲，i=1,2,3,4。s(n)為使用者說話聲，$\hat{s}_i(n)$為說話的回聲。$\tilde{x}_i(n)$為逼近 $\hat{x}(n)$的估計值，即為回聲抵消預測信號。$\tilde{s}_i(n)$為 $m_i(n)$- $\tilde{x}_i(n)$的誤差信號；即我們想要獲得的使用者說話聲。$\hat{s}_{out}(n)$為四個 RNN 回聲消除系統輸出的加權平均誤差信號。

四、實驗結果

本論文的實驗語料包含 8 個語者 TCC300 測試人聲以及 4 類 40 個電視節目聲，測試 NLMS、RBF、MLP 以及 RNN 等四種適應性濾波器演算法。其中輸入音框為 2048 的取樣點，RNN 演算法設定為兩層隱藏層，每層神經元為 100。在以下實驗中先測試(A)全部方法在單通道回聲消除的效果，取其中最好的方法在(B)測試多通道的情形。

(A)在單通道回音消除:

將進行三個實驗，實驗一單純先考慮只有電視節目音，而實驗二加入人聲混合電視節目聲。由於實驗二有可能會學習到人聲，除了消除電視節目回聲外，可能也把人聲給濾掉了，導致人聲訊號變形，因此再加入實驗三，實驗三為前五秒單純電視節目聲預訓練後五秒人聲混電視節目聲回聲消除模式，利用前五秒只有電視節目聲，可以預先學習環境響應，這樣不會學到使用者的人聲，而後五秒則把學習率調低，降低濾除人聲的可能性，達到消除電視回聲並增強使用者的語音訊號。在所有實驗中，我們透過回聲返回損失強化作為回聲消除後的評估，來比較四種演算法的好壞，並選出最好的演算法。

(B) 多通道回音消除實驗中:

依據之前實驗三的設定，進行多通道回音消除實驗，以在單通道表現最好的 RNN 依後面的實驗結果，製作多通道回聲消除，並與單通道 RNN 的回聲消除實驗比較。

(一) 語料說明

測試人聲錄音語料從 TCC300 語料庫中選擇了 4 男 4 女的音檔，且為隨機擷取十秒鐘片段說話聲；而所回錄的電視節目聲為四大類，每類為有 10 個音檔，從中隨機擷取十秒鐘片段節目聲，且每一類有10個音檔；所以共有40個測試背景電視節目聲。由於TCC300的語料檔案格式為.pcm 檔與所下載的電視節目聲音壓縮格式為 MP4 檔，加上兩者語音內容長短差異過大，導致無法直接作程式輸入測試的音檔，所以先以音頻處理工具作格式及時間上的整理。以下表 1 為語料格式整理。

表 1 語料格式設定整理

	測試人聲 (speech)	電視節目聲
聲音壓縮格式	.wav	.wav
取樣率	16K Hz	44.1K Hz
樣本大小	16 bit	16 bit
音檔長度	串音後原始長度	每個音檔取 20 分鐘

(二) 語料錄音實驗情境假設

為了能夠模擬真實的聲學回聲消除系統情形，我們在一個類似客廳的房間模擬遠距離收音情境，首先，把 Kinect for Xbox one 充當接收端麥克風，並在 Kinect for Xbox one 位置左右兩旁平行放上兩顆主動式監聽喇叭，當成電視回聲背景音的來源，且在 Kinect for Xbox one 的正前方距離 2m 處也擺上主動式監聽喇叭播放出人聲，模擬使用者正在講話，如此一來；可以想像出，當播放出人聲時，影片節目聲也同時混進疊加其中，一起被麥克風陣列所接收並錄音起來，這樣可以用來當我們聲學回聲消除系統的語料了。實際上我們共錄製說話者在 90，60 與 30 度角位置的人聲，但目前本論文實驗回聲消除只有拿 90 度角的 TCC300 測試人聲錄音語料來使用，暫不考慮其他角度，其佈局擺設如下圖 8 及 9。

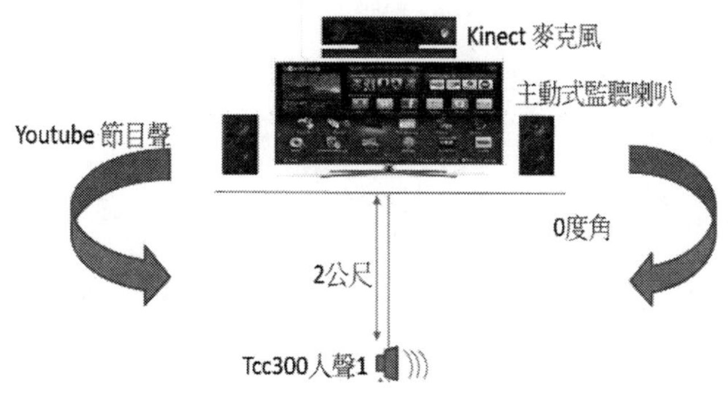

圖 8 90 度角擺設圖

圖 9 實際電視喇叭、收音麥克風與實際模擬說話者之音源喇叭擺設

(三) 回聲消除評估

回聲消除成效除了主觀的由耳朵聽取聲音外，還可以用平均誤差值(Mean Squared Error，MSE)與回聲返回損失強化((Echo Return Loss Enhancement，ERLE)[8]數值化在時域上的差異，作為回聲消除後的評估其方程式如下所示:

$$ERLE=10\log_{10}\frac{m^2(n)}{\tilde{s}^2(n)} \qquad (1)$$

其中，m(n)為 TCC300 測試人聲混電視節目聲的錄音訊號聲。$\tilde{s}$(n)為誤差訊號；即經回聲消除系統消除影片節目聲後得到的 TCC300 測試人聲。藉由原始的訊號聲 m(n)與經

回聲消除後得到的 TCC300 測試人聲 s̃(n)兩者相互去比較，當分子 s̃(n)越小時，此時 ERLE 值就愈大，代表消除性能愈好；也表示得到愈清晰的 TCC300 測試人聲。

(四) 實驗結果

在以下實驗中，測試人聲與電視節目聲混合的比例皆保持一樣大聲，即模擬 SNR = 0dB 的情形。以下進行兩大類實驗，包刮(A)單聲道(B)多通道電視回聲消除實驗。

(A)單通道電視回聲消除實驗

1. 實驗一，純電視節目聲消除實驗:

演算法對電視節目聲每一類的音檔做回升消除，並做回聲返回損失強化性能比較評估，用來了解演算法在不同類別的電視節目聲表現如何，然後看四類性能比較評估做總平均觀察其對四類電視節目聲整體表現。 如下圖 10 所示。

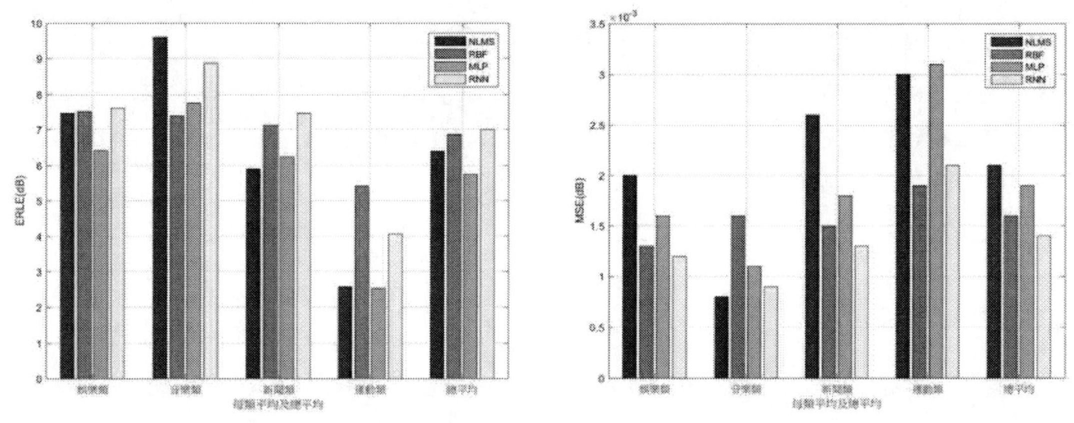

圖 10 實驗一 所有電視節目類型以 NLMS，RBF，MLP 與 RNN 回聲消除的 ERLE 與

MSE 結果圖

在實驗一純電視節目聲消除實驗上，整體來說音樂類最容易處理，新聞類最難處理。此外，RNN 在大部分情況下的表現都相當不錯，所以其總平均分數優於所有方法。

2. 實驗二，人聲混電視節目聲實驗:

以下是八個不同的測試使用者混電視節目聲的回聲消除實驗,可藉此觀測不同測試使用
者在每一類電視節目聲的演算法平均效能，最後再看八個人的總平均，結果如下圖 11
所示,當電視回聲混合人聲時,所有方法都會變差,其中以 RBF 受到的影響最小,RNN
次之，且兩者差距不大，但效果都遠比 NLMS 與 MLP 要好。

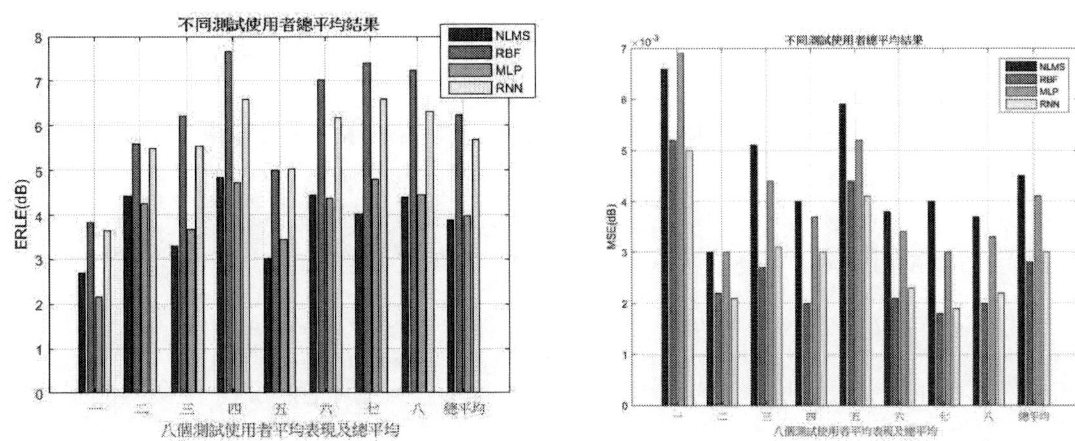

圖11 實驗二 所有人聲混電視節目聲以 NLMS，RBF，MLP 與 RNN 回聲消除的 ERLE
與 MSE 結果圖

3. 實驗三，前 5 秒純電視節目聲預訓練加後五秒混人聲與電視節目回聲消除實驗:

結果如下圖 12 為前五秒單純背電視節目回聲，後五秒混有不同的測試使用者的聲音，
測試演算法平均效能以及八個人的總平均。由圖 12 明顯得知此時 NLMS 表現最差，單
聲道深層遞迴類神經網路回聲消除系統在總平均要好於 RBF 及 MLP。

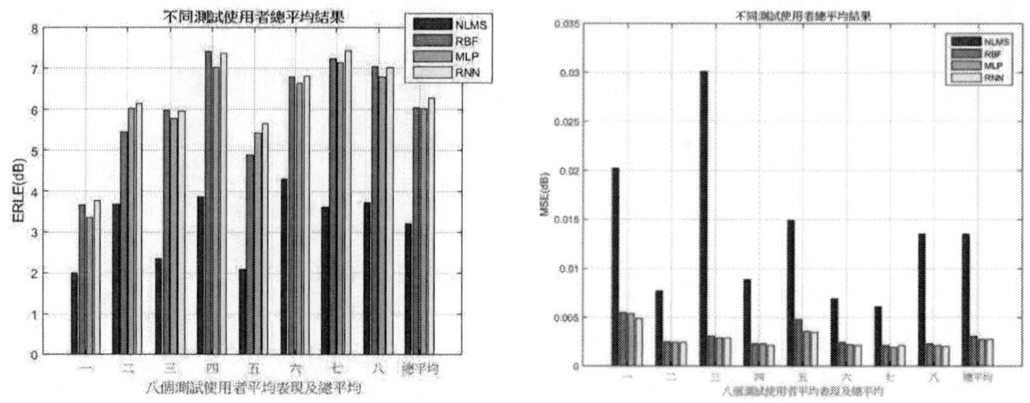

圖 12 實驗三 前五秒單純電視節目聲預訓練，後五秒混和人聲電視回聲消除模式，對
所有不同測試使用者的回聲消除 ERLE 與 MSE 結果圖

(B)多通道電視回聲消除實驗

1. 實驗一，單通道 RNN 及多通道 RNN 的回聲消除實驗

結果如下圖 13 為前五秒單純背電視節目回聲，後五秒混有不同的測試使用者的聲音，
測試單通道 RNN 及多通道 RNN 演算法平均效能以及八個人的總平均。由圖 13 得知，
多通道深層遞迴類神經網路回聲消除系統相當好，且更優於單聲道深層遞迴類神經網路
回聲消除系統。

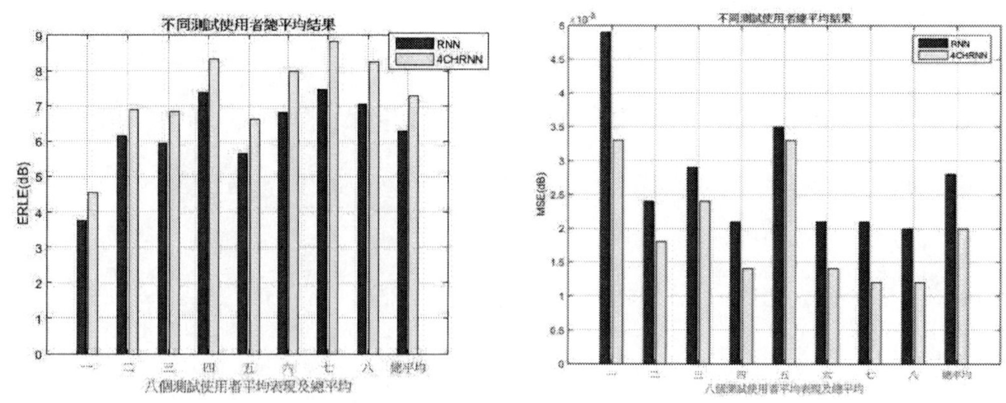

圖 13 實驗一 比較單通道 RNN 與多通道 RNN 電視回聲消除模式，對所有不同測試使
用者的回聲消除 ERLE 與 MSE 結果圖

經由這些模擬實驗結果可以發現，在(A)單通道實驗一純電視節目聲消除上，對於某些種類的節目而言，有些演算法消除效能表現比較突出，例如：NLMS 在音樂類、RBF 在運動類等；也顯示了非線性濾波演算法對於比較複雜的環境具有較佳的消除回聲能力。而在實驗二人聲混電視節目聲消除上，可以發現其人聲會溢入到適應性濾波器中，所以學習出來的電視背景聲有些許的人聲，這會影響消除性能，但整體來說非線性濾波演算法對於混聲消除效能表現比較佳。最後在實驗三透過先在前五秒純電視節目聲時學習背景回聲路徑，接著後五秒人聲混電視節目聲直接用訓練後的系統作回聲消除，藉此來降低人聲溢入適應性濾波器的影響，結果顯示了此方法對於非線性濾波演算法有明顯的提升。而在(B)多通道實驗中加入多通道深層遞迴類神經網路，因其能錄取不同方位的聲音資訊，比單通道系統得到更多的資料，也就能更有效的學習電視節目回聲路徑，由實驗結果可以知道，多通道深層遞迴類神經網路回聲消除系統更好於單聲道深層遞迴類神經網路回聲消除系統。

五、結論

在本實驗中，利用了監聽式喇叭及 Kinect 等器材，實際錄音模擬智慧型電視操作情境下的回聲，作為電視節目回聲消除實驗的語料，接著分別先後導入了線性濾波算 NLMS 以及非線性濾波演算法如 RBF、MLP、RNN 等，作電視節目回聲消除實驗。

經由實驗結果可知，在大部分情況下，RNN 的表現相當穩定，尤其是多通道深層遞回類神經網路回聲消除的效果可以達到最佳。本論文實驗結果，可以為日後回聲消除研究提供參考，相信未來仍有許多可以改進的空間，例如：深層類神經網路增加層數以及每一層網路神經元數的調整等等，還可以多模擬一些情況，來了解對於回聲消除系統有什麼影響，像角度回聲的影響以及多人使用者情況下等等，這些都是日後可以加以考慮的因素。

致謝

本研究感謝教育部『大學以社教機構為基地之數位人文計畫』（A36 號）與科技部專題
計畫（MOST 104-2221-E-027-079, 105-2221-E-027-119 and 103-2218-E-027-006-MY3）
支持。

參考文獻

[1] 胡立寧,自適應回聲消除算法的研究與實現,碩士論文,吉林大學,2007.

[2] A. Stenger, L. Trautmann and R. Rabenstein, "Nonliner Acoustic Echo Cancellstion
With 2nd Order Adaptive Volterra Filters," IEEE Int. Conf. on Acoustics, Speech &
Signal Procrssing(ICASSP), 1999.

[3] Paulo S. R. Diniz, Adaptive Filtering Algorithms and Practical Implementation 4th,New
York：Springer Verlag,2012,pp.469-477.

[4] 張晉維,主動式噪音控制耳機之設計與實現,碩士論文,國立台灣科技大學電子工程
研究所,2008.

[5] 諶愛文,基於 BP 和 RBF 神經網路的數據預測方法,碩士論文,中南大學,007.

[6] Liu Yong and Zhang Liyi, Implementation of BP and RBF neural network and their
performance comparison, Master Thesis, University of Technology, 2007.

[7] 郭奕志,基於背景音消除法之智慧型電視的聲控技術研究,碩士論文,國立台北科技
大學,2013.

[8] 劉淵翰,語音強化與立體聲回聲消除於智慧型電視之應用,碩士論文,國立交通大
學,2013.

The 2016 Conference on Computational Linguistics and Speech Processing
ROCLING 2016, pp. 387-401
© The Association for Computational Linguistics and Chinese Language Processing

基於多模態主動式學習法進行需備標記樣本之挑選用於候用校長評鑑之自動化評分系統建置

A Multimodal Active Learning Approach toward Identifying Samples to Label during the Development of Automatic Oral Presentation Assessment System for Pre-service Principals Certification Program

孫泓敬　　Hung-Ching Sun
國立清華大學電機工程學系
Department of Electrical Engineering
National Tsing Hua University
s103061558@m103.ntnu.edu.tw

李祈均　　Chi-Chun Lee
國立清華大學電機工程學系
Department of Electrical Engineering
National Tsing Hua University
cclee@ee.nthu.edu.tw

摘要

主動式學習 (active learning)在機器學習領域中越來越受到重視，因為它可以用來優化訓練的過程，讓結果更好[13]。主要的概念是假如學習演算法可以在學習的過程中選擇比較決定性的資料點而不是挑選全部資料來做學習。接著根據對於模型而言具有代表性的資料點做挑選，將會對於學習的效果更有幫助，獲得更佳的結果。換句話說，透過觀察已知的標記資料，主動地挑選未標記的資料，並藉此獲得比挑選全部資料或是隨機抽樣資料的監督式學習方式更高的準確率以及更少的資料量。

對於任何監督式學習 (supervised learning)來說，假如想要促使學習系統表現的更好，則需要大量的被標記的資料來做訓練。但是，在這些被標記的資料中，可能會存在著對於學習系統有著負面影響的資料，從而降低學習效果與準確率。在這篇論文中，我們將會應用主動式學習的概念在系統學習的過程上，藉此來分辨資料對於系統的好壞；並測試主動式學習在訓練過程中的實際效果[9]。

Abstract

Active learning is becoming more and more important in machine learning that can optimize the learning process [13]. The main concept is that if learning algorithm can choose the most informative data points from which it learns, instead of choosing all of them, it will perform better with less training. In other words, we recursively select the unlabeled data instances by observing the known labeled data instances to obtain higher recognition accuracy while using smaller amounts of data instances, i.e., a subset of all of the dataset or random choose data when training the supervised learning system. [9]

For any supervised learning, if you would like to make the system perform well, it had to be trained on lots of labeled instances. But, in these labeled instances, there might be some worthless instances which affect the learning system and raise your training cost. So, we used the active learning concept during training process to discriminate whether the data instance is good for the learning system or not. In this work, we would like to know that the concept of active learning to select the training data, will work or not.

關鍵詞：主動式學習、資料選取、多模態訊號處理、機器學習

Keywords: active learning, data selection, multimodal signal processing, machine learning

一、緒論

　　近年來，機器學習已經在科學、工業、金融、疾病預防上發展越來越蓬勃，透過設計和分析並從中獲得規律，來預測未知數據可能的分布以及未來可能出現的情況。由於機器學習需要大量的資料來輸入，假如我們能夠嘗試對於這階段來做優化，找出更具有資訊性與代表性的資料數據，刪除特例、離群值(outliers)，這樣不但可以讓整個訓練效果提升、降低訓練的時間，更可以透過篩選去抽出值得被標記的資料去做標記，免去標記所有資料而產生出的巨幅成本[7]。在這篇論文中，我們將會基於主動式學習的概念來做為資料篩選的核心。根據部分已知的資料來篩選出對於系統最有價值的未標記資

料，也就是變異度大的資料，並將這些未標記的資料給予專家來標記。讓我們不再毫無目的性的輸入所有資料或是隨機性的輸入，而是循著讓學習系統的學習效果更快更有效率的方向前進[12]。

在這裡我們將會使用在主動式學習方式中常見的方法 Sampling by Uncertainty (SU)，以及其改善過後的方法 Sampling by Uncertainty and Density (SUD) [16]，並基於標籤傳播演算法、最大熵模型來建構在主動式學習法上[2]。前篇論文[3]中，我們使用此資料庫來建置一個校長演講自動化評量系統，希望透過此系統來輔助評分校長對於候用校長的演講評分上能夠更加客觀。我們根據這些演講內容，分別以聲音與影像部分著手，透過人類行為訊號處理的方法[8]來擷取出個別的特徵作為我們此篇論文所使用的資料庫。為了建置這個校長演講自動化評量系統，我們需要對於每個演講進行評分。個別演講需要至少兩位資深校長來進行評分，而每個演講被評分的平均時間長度大約三分鐘，對於每年度 200 筆演講來說，整個評分過程相當耗費人力與時間，因此希望透過主動式學習，來有效減少需要被評分的演講。

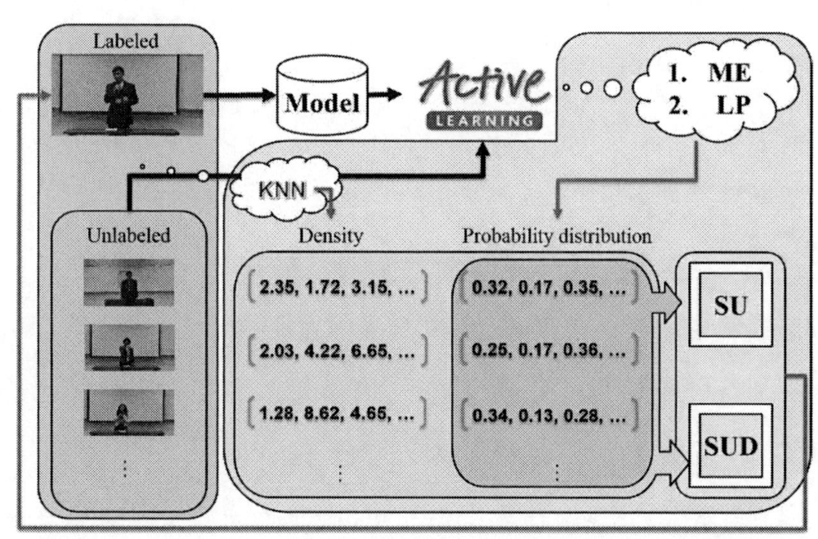

圖一、實驗流程

實驗內容的整體核心架構如圖一，我們設計出一組實驗來驗證並分析主動式學習對於機器學習上的幫助，並分析資料篩選過程與其對應篩選資料的特色。在一個連續性的評分中，將經過主動式學習的方式所篩選的資料與完全沒有篩選過的資料，分別算出與實際評分校長評比分數的相關性。對於聲音與影像以及將兩者合成後三種結果來比較選擇前後其相關性高低。

二、資料蒐集

（一）、　校長演講儲訓計畫資料庫

在這裡我們蒐集 103 年度的校長儲訓計畫(NAER)資料作為聲音與影像特徵的來源。總共分為四個班級，大約包含 200 名的候用校長。在這 200 名候用校長中，只有 186 個演講擁有至少兩名評分校長來對他們做評分。評分校長們會根據他們的表現細分出七個方面做評比[10], [11]，如下：

1. 內容：演說內容是否符合主旨(0-20)

2. 架構：架構是否分明、井然有序(0-20)

3. 用字遣詞：用字對於聽眾是否適合(0-20)

4. 態度得體：服裝、儀態(0-10)

5. 發音標準：咬字(0-10)

6. 語調：音量適切、語句流暢(0-10)

7. 時間：控制得宜與否(0-10)

我們選擇將這七大項目的評比做加總來做為最後訓練模型時候的標記。在錄製的器材上，我們採用高解析度的索尼(Sony)攝影機並配備外部指向性麥克風，為了讓整體影像都能夠捕捉到整個演講者的上半身，我們將攝影機做固定；而錄製環境則是位於一間教室裡，演講者使用手拿式麥克風連接擴音器來進行演講。

在校長儲訓計畫中，透過對於候用校長的口頭演講作為他們的期末測驗，而他們的評分表格則會用來作為系統學習的標記。總共八位評分校長分別對應四個班級，而每位評分校長大約對 30 至 40 位不重複的候用校長作評分。在這篇論文裡，只針對最後總分部分作為學習系統的標記，並且將分數另外作正規排序法作為另一種分數標記的向度。

（二）、　資料庫標記與正規排序法

　　二元標記法在目前訓練機器學習系統去辨識客觀性評比上是一種常見的標記方式，優點在於比較極端的行為預測上有較好的分辨效果。大部分機器學習在學習標記上都是從比較極端的分類部分著手研究自動化系統的可能性，對於中間模糊地帶則是依靠著強化訓練模型或是對於特徵做更高維度的編碼來提高那部分的辨識率。在此篇研究中，我們將各評分校長評比完成的 186 組演講分數做平均，然後加以排序並提取高分、低分組各 20%來標記成「高」與「低」，而剩下的中間模糊地帶則標記為「中」。

　　由於每位評分校長評分上的分部差異皆不盡相同，而導致在選擇高低分組別時候會出現偏差，所以在這裡我們引入正規排序法[5]來降低因為評分的範圍不同而影響各組別選取資料的偏差。正規排序法是一種對於訊息提取與標記正規化上常用的方式，首先他會對個別評分者所評分數做排序並從小到大依序從 1 標記它們到結束，接著對這些標記的分數做總個數的正規化(除以分數的總個數)。最後將評比同一組別的兩位評分者分數在將其分成高低組之前，正規化後取平均值。透過使用原始分數的標記與正規排序化後的標記來作為整個系統的學習標記。

三、實驗理論

（一）、　短時高密度特徵擷取法

1.　短時高密度聲音特徵擷取法

　　我們使用高維度的特徵擷取方法來對於校長演講中的聲音部分擷取特徵，這種特徵擷取分析方式在很多過去的研究上，用來表示演講在不同面向上的特徵，配合上影像訊號的特徵對於複雜的辨識上有著高分辨率。除此之外，也可以用於複雜且全面性的人類行為模型建構、情緒辨識等部分上[1], [6]。一般來說，計算聲音特徵的方法是依照演講者的停頓為一個段落的方式(segmentation per utterance)將演講的聲音檔案分段，接著對於每份聲音檔案按照固定音框為單位並重疊一半音框大小來計算出低階描述特徵 LLD (low level descriptors)。之後再對整個結果接續計算出其在統計學上的各種基本函數值，產生出一組高維度的向量特徵。

與之前不同的地方是，這篇論文不僅僅只對於整個音檔計算統計學數值，而是使用移動式音框的方式(sliding window approach)對於單一聲音檔案按照 200ms 為單位的音框並重疊其 50%音框大小來移動，即 100ms 來計算高維度的統計函數值，以此方式來嘗試捕捉聲音在統計數值上面更詳細的時變性。

總結來說，聲音短時高密度聲音特徵擷取法是對於三分鐘的演講來執行，步驟如下：

1. 使用語音活性檢測 VAD(voice activity detection)，來進行聲音檔案的自動化切割。

2. 透過移動式音框的方式，對每組句子產生維度 171 維的聲音低階敘述特徵向量。

3. 透過移動式音框對聲音低階敘述單元計算統計函數，產生 8861 維的特徵向量。

4. 合併同一演講中個別不同長度的切割後音檔，對於每組演講產生出維度 8861 維的聲音特徵矩陣。

由於每組聲音檔案計算後的長度不同，所以我們將會對於這些聲音特徵做更進一步的編碼，將其轉換成一組固定長度的聲音編碼特徵。實驗的特徵擷取是採用 opensmile 計算工具來完成[4]。

2. 短時高密度影像特徵擷取法

這篇論文使用短時高密度軌跡方法來計算影像的特徵值[14]，在這裡的資料點單位代表的是影像幀數 (15Hz ≈ 66ms)。與其他影像特徵擷取不同的地方是，這個方法是對於影像幀數進行高密度的取樣，而不是尋找影像的關鍵特徵點。基本上，這個演算法首先對於個別幀數進行高密度特徵點取樣，接著刪除不需要的特徵點，包含了根據自相關函數計算而無法隨著時間追蹤的特徵點(可能肇因於沒有移動)，或是太過頻繁移動的特徵點(錯誤的特徵點追蹤)。對於演講的影像部分，最重要的地方在於身體的移動、手勢的動作等，所以我們擷取了與其最相關的特徵來使用，如下：

● MBH_{xy}：基於光流(optical flow)對於 x 和 y 方向計算相對移動，以減少受到相機晃動等干擾，並量化為直方圖(motion boundary histogram)

- Traj：將 x 和 y 方向的高密度移動訊息軌跡正規化[15]

這篇論文中，我們還採用基於加速穩健特徵 SURF(speed up robust features)和隨機抽樣一致性 RANSAC(random sample consensus)兩種方法來改進攝影機位置估算法。透過新的算法，可以在計算特徵值之前移除由於攝影機的移動所造成的誤差而產生出錯誤的追蹤軌跡。總結來說，短時高密度影像特徵擷取法對於軌跡計算出以下兩種特徵值：

1. TRAJ：每 15 個幀數(frame)計算 x 和 y 的移動訊息軌跡，維度為 30 維。

2. MBH_x 和 MBH_y：個別維度為 96 維的 x 和 y 方向相對應的移動軌跡邊界直方圖。

（二）、　段落層級特徵值編碼

透過短時高密度特徵擷取法所產生的特徵中，聲音部分是根據每 200ms 為一個音框單位重疊 100ms 時間長度來移動計算，最後得到長度為 8861 維度；影像部分則是對於每 66ms 來計算，最後得到長度為 222 維，並且降維成 111 維(15 維 Traj、48 維 MBH_{xy})。根據不同演講的時間長度，會計算出不同長度的特徵結果，所以在這邊我們將會使用兩種編碼方式來編碼，將短時小單位的高密度特徵轉變成段落層級的固定長度向量表示方法：K 類分群方式的詞袋模型 k-means bag of word encoding (BOW)以及費雪向量編碼 Fisher-vector encoding (FV)。

1. 基於 K 類分群方式之詞袋模型編碼

首先我們對於輸入的所有資料的特徵值作個別的隨機取樣，並透過 K-means 分類方式來對於全部抽樣後的資料，訓練出類似字典(dictionary)或是密碼書(codebook)。接著，再根據訓練好的密碼書來將我們的輸入特徵值分配到其對應最相近的密碼或是字，計算距離的方式是使用歐式距離(Euclidean distance)。之後根據每個口頭演講被分配完後的結果，再對他們作直方圖，並使用標準分數正規化(z-score normalization)來正規化個別演講。最終對於個別演講會得到一個長度為 K 的聲音與影像的特徵值。

2. 費雪向量編碼

費雪向量編碼被證明在影像辨識上的結果優於 BOW，它擁有的優點在於生成模型以及判別模型上，而且相較於 BOW 只有一階的統計層，它則分成兩階的統計層來對於特徵值作編碼[19]。首先對於高密度單位的影像特徵值隨機抽樣，並將抽樣後的個別特徵值進行費雪核(Fisher Kernel)的計算，此方法是結合了生成式模型、判別式模型的優點，用來計算兩種不同的資料分布間的相似性。接著假設一組似然函數(likelihood)，其梯度向量表示：

$$G_\lambda^X = \nabla_\lambda log\ u_\lambda(X)$$

$u_\lambda(X)$ 代表了 X 的機率密度函數(pdf)，接著透過高斯混合模型 Gaussian mixture model(GMM)訓練輸入特徵值，並產生出機率密度函數，接著取出高斯混合模型的標準差、平均值分布作為機率密度函數的輸入。最後對於這兩項計算上列的公式的梯度向量，並計算費雪信息矩陣(FIM)的一階、二階導數，得到最後的費雪向量結果，再對其使用 L2 正規化[18]。

最後比較兩種編碼在聲音、影像的結果後，聲音部分使用 BOW 的編碼方式，而影像則是使用 FV 的編碼作為最後機器學習的輸入特徵。以下為特徵擷取與編碼流程圖：

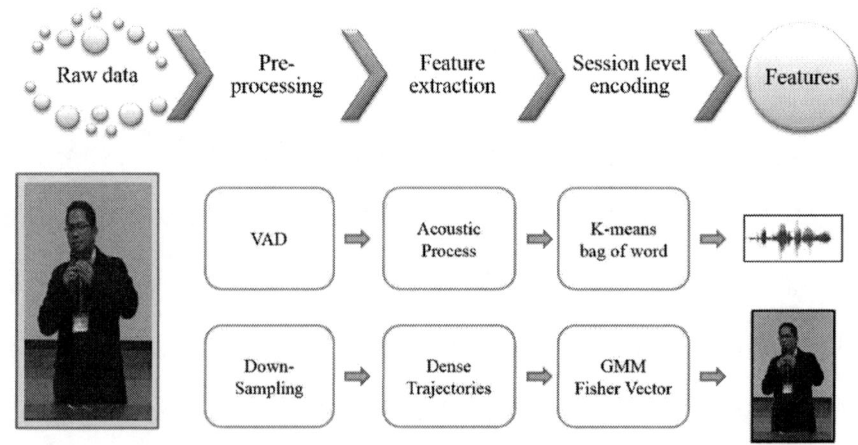

圖二、特徵值擷取與編碼流程

（三）、　主動式學習法

　　大部分的情況下沒有標記的資料非常多，而且每筆資料給予專家標記的成本都很高。所以我們透過每次學習系統所回饋的資訊來推導出符合何種性質的資料，對於接下來系統的學習有所幫助，再將這些數據資料給專家進行標記，最後將標記好的資料加進訓練樣本裡進行系統訓練。主動式學習法由五種元素所構成，分別為：L 為已標記資料樣本、μ 為未標記資料樣本、C 為機器學習使用分類器、F 為分類器在學習中透過此信息函數來回饋信息、H 為專家標記，實際操作流程如圖三。

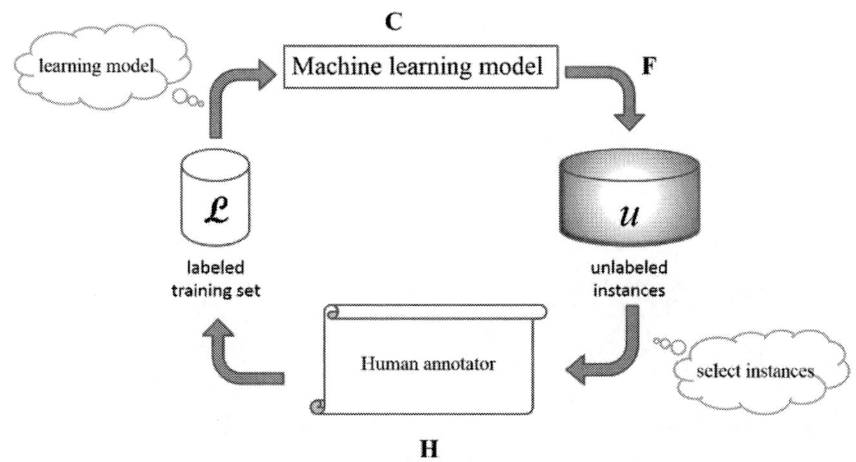

圖三、主動式學習流程圖

　　主動式學習的主要核心在於如何設計 F 來擷取學習模型所回饋的資訊，使其能夠從 μ 未標記資料樣本中選擇出最佳的資料，經過不斷的疊代以及回饋的資訊讓其被標記後能夠有效提升準確率。

1.　不確定性採樣法

　　直觀的來說，這個方法就是尋找對於目前學習模型來說，哪些未標記資料可以提供最多的信息量，讓學習模型可以更全面性的學習其缺乏的地方。透過尋找「最不確定」的資料，我們稱為不確定性採樣法(Sampling by Uncertainty)。對於擁有較大不確定性的資料來說，意味著根據經過訓練的學習模型上，其提供對於每項資料的可信度裡，該筆資料擁有比其他資料更具有資訊性的性質，對於目前系統來說變異度比較大，希望透過學習此資料來提高模型的辨識率。相反的，可信度較高的資料反而無益於模型辨識率的提高，因為這些資料基本上已經在學習模型裡完善的學習過了。在每筆資料數據裡，可以得到對於每種標記的預測機率分布，接著根據這些機率分布來計算其信息熵作為前面所提到的 F(信息函數)。信息熵的計算公式如下：

$$H(x) = -\sum_{y \in Y} P(y|x) \log P(y|x)$$

在這邊的$P(y|x)$代表的是資料數據對於標記的預測機率分布，H 則是我們所計算出來的信息熵。接下來我們將介紹在這篇論文中，用來計算信息熵的兩種學習模型演算法。

（1）、　　標籤傳播演算法

標籤傳播演算法是一種半監督式的機器學習方法[17]。核心概念是，相似的資料點或鄰近的資料點應該具有相同的標記；也就是說，資料點的標記會根據他們的鄰近程度來傳播。已標記的資料如同一種資料源一樣，傳播到附近的未標記資料。透過標籤傳播演算法算出每筆資料對於各種標記的機率分布，再對其機率分布計算信息熵，以實現不確定性採樣法的實驗架構。經過測試後採用參數為$\sigma = 0.3$ (RBF kernel)的標籤傳播學習模型來實現，可以得到最佳的結果。

（2）、　　最大熵模型學習法

邏輯回歸法(logistic regression)基本上就是最大熵模型學習法在對應學習類別為兩類的情形，當其擴展到三類別甚至多類別的學習時候，就是我們所熟悉的最大熵模型(Maximum Entropy Model)。最大熵模型學習法的原理是一種計算機率模型的準則，在學習許多不同的隨機變量統計模型時候，在滿足全部的已知條件下且不對於未知情況作主觀的假設，此時的機率分布相對的比較平均，預測的風險相對來說最小；也就是說，對所有可能的機率分布中挑選出最客觀的機率分布。因為此機率分布保留最不確定性的資訊，也就是熵最大的情況，所以稱為最大熵模型學習法。

2. 不確定性密度採樣法

不確性採樣法的目的在於找出靠近決定邊界(decision boundaries)附近的未標記資料點，而且假設這些資料點有著最大不確定性，但是這個方法實際上還是有一些問題存在。通常來說，資料庫中會出現一些特異的資料點，可能具有一定程度的信息量(信息熵很高)，但是卻對於訓練系統的學習上比較沒有幫助，我們稱這些特異的資料點為離群值或極端值[20]。

為了避免離群值的情況出現，而且我們希望挑選出來的未標記資料點，不但具有資訊性(信息熵高)，而且還要具有代表性(密度大)。所以我們透過一種密度計算方式，來計算未標記資料點附近有幾個與其相似或相鄰，密度越高則該資料點屬於離群值的機會就越小。該密度計算方式，我們是基於最近鄰近法 KNN(K-Nearest-Neighbor)加上餘弦相似性法(cosine similarity)來實現密度計算。

四、實驗設計與結果

聲音部分，透過使用短時高密度聲音特徵擷取法對於每個演講產生出音框數不一，但是均為 8861 維的特徵值。接著再透過 K 類分群方式的詞袋模型對其作編碼，最後對於每個演講皆可得到對應一組 2000 維的最後編碼特徵。影像部分，透過使用短時高密度影像特徵擷取法對於每個演講產生出 111 維的特徵值。接著進行費雪向量編碼，對應每個演講者將產生出個別為 56832 維的輸入特徵值。

（一）、　實驗設計

在這部分，我們將會設計一個對於總分部分的連續性分數實驗預測。對象包含聲音、影像兩大部分來執行，並計算個別使用主動式學習後的效果以及對兩者進行多模態特徵融合模型訓練(Multimodal fusion)。最後我們將個別計算後的斯皮爾曼相關性做為最後結果(在情緒辨識上，經常會將此結果做為最後評判系統學習好壞的指標)。支持向量回歸模型使用的參數為$\epsilon = 0.15$來得到最好結果。多模態特徵融合則是將聲音、影像兩部分最後預測的分數結果，做平均值來計算新的斯皮爾曼相關性。

（二）、　　實驗結果

以下為聲音、影像個別對應原始分數、正規化分數的最佳相關性結果，並且將最佳值標記為紅色。其對應表示參數：傳播標籤法(LP)，最大熵模型學習法(ME)，不確定性採樣法(SU)，不確定性密度採樣法(SUD)

表一、聲音、影像之主動式學習結果

Active Learning Spearman results				
Spearman: Raw				
LP_SU	LP_SUD	ME_SU	ME_SUD	baseline
Audio 0.494	0.505	0.528	0.495	0.443
Video 0.353	0.368	0.357	0.362	0.343
Fusion 0.515	0.538	0.551	0.529	0.485
Spearman: Rank				
LP_SU	LP_SUD	ME_SU	ME_SUD	baseline
Audio 0.512	0.525	0.532	0.501	0.483
Video 0.365	0.387	0.347	0.393	0.336
Fusion 0.542	0.566	0.536	0.560	0.516

以上結果都顯示出，使用主動式學習方法後對於準確率有一定程度的改善。這也可以解釋說，對於全部資料的方式進行訓練可能會受到離群值的影響，導致學習結果變差。在表一中，可以看到最大熵模型的效果較佳，而且可以發現聲音部分最好的結果在不確定性採樣法上，而影像則剛好相反。影像不論在何種分數標記(原始、正規化)、使用的不確定性採樣密度方法(標籤傳播、最大熵模型)，皆可以發現相關性結果都是正的。證明在加入密度這項因素下，其結果會變得更好，更可以反映出影像資料比較集中的特性，同時也可以推斷密度法可以有效的去除掉離群值。在未來擁有更大量的資料情況下，效果應該會更加明顯。聲音部分在標籤傳播標記方法中，反映出其基於此方法的情況下，對於密度法的效果比較顯著；而在最大熵模型中則有著比較差的效果。原因可能在於，標籤傳播的概念也是透過將標記的作一種傳播源來擴散出去，自然會受到密度的影響，所以標籤傳播方法對於密度法的向性比較好。同時也反映出聲音資料比較分散的特性，因為資料分布較為分散，所以先透過標籤傳播的方法對於距離上的分布作信息

熵的計算，之後加上密度法對於在高維角度的密度計算，從而強化了對於最後訓練支持向量回歸模型的資訊提供。

五、結論

藉這次實驗證明，主動式學習的方式的確有用，在方法 2 的效果可以有效的降低系統所需要的資料量，而且結果更好。大約只需要 70%的未標記資料即可有效的讓模型進行學習，這對於追求訓練資料數量減少的目標上有很大的幫助，也證明了上述的實驗流程設計有一定的可行性。透過有效的降低資料被標記的數量，來減少整個標記的成本與時間的耗費。最重要的是，使用主動式學習法可以有效的找出對於目前的模型來說，變異度最大的(對於模型資訊性最大)未標記資料來進行標記。

在未來，短期目標上會尋找不同的信息熵求取方式來應用在不確定性採樣法與密度法，並研究何時停止主動式學習方法可以得到最好的效果，而非透過結果回推實際的挑選個數；同時也研究其他的主動式學習方式來強化整體架構。中期目標上，會對於主動式學習過程進行簡化，並應用在其他的資料庫。遠程目標裡，希望能夠設計出一個主動式學習系統，在完全不需要計算最後的相關性的基礎上，透過加入其他的方法讓我們可以統整出一種參數，並依照此參數來篩選整個未標記的資料庫予以專家標記，藉此減少大量標記時產生的成本耗費，並獲得更佳的模型訓練成果，以提供更有幫助的行為訊息來輔助專家做出評判。

參考文獻

[1]　L. Baraldi, F. Paci, G. Serra, L. Benini, and R. Cucchiara. Gesture recognition in ego-centric videos using dense trajectories and hand segmentation. In Proceedings of the IEEE Conference on Computer Vision and Pattern Recognition Workshops, pages 688-693, 2014.

[2]　A. L. Berger, V. J. D. Pietra, and S. A. D. Pietra. A maximum entropy approach to natural language processing. Computational linguistics, 22(1):39-71, 1996.

[3]   Shan-Wen Hsiao, Hung-Ching Sun, Ming-Chuan Hsieh, Ming-Hsueh Tsai, Hsin-Chih Lin, Chi-Chun Lee: A multimodal approach for automatic assessment of school principals' oral presentation during pre-service training program. INTERSPEECH 2015: 2529-2533.

[4]   F. Eyben, M. Wöllmer, and B. Schuller. Opensmile: the munich versatile and fast open-source audio feature extractor. In Proceedings of the 18th ACM international conference on Multimedia, pages 1459-1462. ACM, 2010.

[5]   H. D. Kim, C. Zhai, and J. Han. Aggregation of multiple judgments for evaluating ordered lists. In Advances in information retrieval, pages 166-178. Springer, 2010.

[6]   C.-C. Lee, E. Mower, C. Busso, S. Lee, and S. Narayanan. Emotion recognition using a hierarchical binary decision tree approach. Speech Communication, 53(9):1162-1171, 2011.

[7]   I. Muslea, S. Minton, and C. A. Knoblock. Selective sampling with redundant views. In AAAI/IAAI, pages 621-626, 2000.

[8]   S. Narayanan and P. G. Georgiou. Behavioral signal processing: Deriving human behavioral informatics from speech and language. Proceedings of the IEEE, 101(5):1203-1233, 2013.

[9]   M. Prince. Does active learning work? a review of the research. Journal of engineering education, 93(3):223-231, 2004.

[10]   D. S. Cheng, H. Salamin, P. Salvagnini, M. Cristani, A. Vinciarelli, and V. Murino, "Predicting online lecture ratings based on gesturing and vocal behavior," Journal on Multimodal User Interfaces, vol. 8, no. 2,pp. 151–160, 2014.

[11]   P. Salvagnini, H. Salamin, M. Cristani, A. Vinciarelli, and V. Murino. Learning how to teach from "videolectures": automatic prediction of lecture ratings based on teacher's nonverbal behavior. In Cognitive Infocommunications (CogInfoCom), 2012 IEEE 3rd International Conference on, pages 415-419. IEEE, 2012.

[12] G. Schohn and D. Cohn. Less is more: Active learning with support vector machines. In ICML, pages 839-846. Citeseer, 2000.

[13] B. Settles. Active learning literature survey. University of Wisconsin, Madison, 52(55-66):11, 2010.

[14] A. Tamrakar, S. Ali, Q. Yu, J. Liu, O. Javed, A. Divakaran, H. Cheng, and H. Sawhney. Evaluation of low-level features and their combinations for complex event detection in open source videos. In Computer Vision and Pattern Recognition (CVPR), 2012 IEEE Conference on, pages 3681-3688. IEEE, 2012.

[15] H. Wang, A. Kläser, C. Schmid, and C.-L. Liu. Action recognition by dense trajectories. In Computer Vision and Pattern Recognition (CVPR), 2011 IEEE Conference on, pages 3169-3176. IEEE, 2011.

[16] J. Zhu, H. Wang, T. Yao, and B. K. Tsou. Active learning with sampling by uncertainty and density for word sense disambiguation and text classification. In Proceedings of the 22nd International Conference on Computational Linguistics-Volume 1, pages 1137-1144. Association for Computational Linguistics, 2008.

[17] X. Zhu and Z. Ghahramani. Learning from labeled and unlabeled data with label propagation. Technical report, Citeseer, 2002.

[18] F. Perronnin, J. S′anchez, and T. Mensink, "Improving the fisher kernel for large-scale image classification," in Computer Vision–ECCV 2010. Springer, 2010, pp. 143–156.

[19] K. Chatfield, V. S. Lempitsky, A. Vedaldi, and A. Zisserman, "The devil is in the details: an evaluation of recent feature encoding methods." in BMVC, vol. 2, no. 4, 2011, pp. 8–19.

[20] Rousseeuw, Peter J., and Annick M. Leroy. *Robust regression and outlier detection*. Vol. 589. John Wiley & Sons, 2005.

The 2016 Conference on Computational Linguistics and Speech Processing
ROCLING 2016, pp. 402-411
© The Association for Computational Linguistics and Chinese Language Processing

Generation of Conceptual-Level Text Cloud with Graph Diffusion

Ying-Chun Lin, Po-An Yang, Yen-Kuan Lee and Kun-Ta Chuang

Dept. of Computer Science and Information Engineering

National Cheng Kung University

yclin@netdb.csie.ncku.edu.tw, yangpoan@gmail.com, yenkuanlee@gmail.com,

ktchuang@mail.ncku.edu.tw

Abstract

In this paper, we explore a novel framework to generate a well-known text cloud visualization with the conceptual sense. The traditional text cloud is usually generated according to the word occurrence, possibly including the idf-based concept for word weight. The solution is applicable for the long articles. However, for a set of short sentences such as daily news titles, we cannot easily understand the weight of each keyword and its importance to users since the idf value and occurrence in short sentences are difficult to be both well discriminative. In this paper, we propose a graph-based diffusion model to generate conceptual level keyword cloud. We utilize the RDF-based Wikipedia word relation and apply in the Chinese news titles from different news sources. The result shows that our visualization can easily capture the importance concept revealed in a set of news titles.

Keywords: Keyword extraction, Document analysis, Document visualization, Graph-based ranking algorithm

1. INTRODUCTION

As of today, information is ubiquitously generated as the advance of Internet and mobile device. News, movies or books are digitalized to reach more people around the world. For example, Google undertook a Google Books Library Project[1] to scan some old and hard-copy books into its search database, allowing people to query the content in the convenient

---

[1] http://www.google.com.tw/googlebooks/library/

manner. Information from anywhere and at anytime can be reached in seconds. However, the amount of information needed for each person is significantly small comparing to the all available information. The previous keyword extraction algorithms [5] have been developed for providing concise yet accurate keywords about an article or a piece of news. As such, people can easily acquire sufficient information by merely viewing the keywords.

On the other hand, people can consume less time to grasp the concept of a piece of information simply from the extracted keywords. For example, if we know a piece of news has "AlphaGo", "Lee Sedol" and "Go match" as its keywords, it is easy to know that the news is about the Go match[2] between the 18-time world champion, Lee Sedol, and a computer Go program, AlphaGo. Likewise, if we extract the keywords from a complex system, we can help people understand the system without diving into large amount of information within the system. Take another scenario as an example. To understand the current status in the US, we simply collect the news title of the past few weeks or months and extracted the keywords from those titles. The extracted keywords from the titles may contains "Hillary", "Trump" and "President". It is easy to know that this year is the election year for the US president. Users can easily conclude that the current biggest issue of the US is the presidential election.

However, some important keywords do not always frequently appear in the title of the news. For instance, Pokemon Go[3], a promising mobile game, can be seen in many tech news during June and July, 2016. But Niantic Inc., which is the developer of the game, is seldom mentioned in the news titles. The developer company should be as important as the game when we want to understand the trend in tech at that time. Similarly, the conceptual keywords behind the explicit keywords should be considered when keywords are extracted for any other complex systems. The keyword extraction process is more comprehensive when the conceptual and explicit keywords are both considered.

To extract keywords from a system comprehensively, in this paper, we developed a Knowledge Extracting Framework (KEF). The KEF consists of 5 phases. The primary

---

[2]https://en.wikipedia.org/wiki/AlphaGo_versus_Lee_Sedol

[3]http://www.pokemongo.com/

goal of the KEF is to extract keywords from the given information about the interested system, such as the current status of a country. To resolve the problem of conceptual keyword extraction, we outsource to a well-established knowledge graph built from Wikipedia[4]. We also refer to the technology of graph diffusion to evaluate the importance of each term, including the conceptual terms and explicit terms used in the documents. As such, some hidden conceptual keywords related to the explicit terms can be found from the Wikipedia knowledge base. After extracting all the keywords, KEF will further visualize the result into a Keyword Cloud (KC) according to their significance to the interested system. The KC helps people understand the concepts or issues in the interested system at a glance.

2. RELATED WORKS

The keyword extraction algorithms are investigated to help readers better understand a single document or a collection of documents by the high-level descriptions. A popular mean to extract keywords for each document from a collection of documents is TF-IDF (Term Frequency - Inverse Document Frequency). Instead of identifying the keywords of a single document, Lee *et al.* re-defined the calculation of the term frequency to find the keywords of a collection of news articles[3]. On the other hand, some works evaluate the keywords based on merely the structure of a single document, such as the co-occurrence in sentences between each terms[7] or the dominance between words by influence interval structure[2].

The graph-based keyword extraction algorithms aim to identify keywords by the graph of words and relations between those words. In [8], Mihalcea *et al.* employ PageRank [9] to find the important words in a document and develop the TextRank framework. In [10], Yang *et al.* add the topic information into each word in the graph of TextRank to add the semantic relation between words. Therefore, some latent relations between words are found by assigning the topic to each word. Another algorithm which considers the topic of each word is Topical PageRank (TPR) proposed by Liu *et al.* [6]. They state that the measurement for the word importance should be separately considered in different topics, as shown in their result, TPR can find the keywords more accurately.

---

[4]https://en.wikipedia.org/

However, the above algorithms can not solve the problem of conceptual keywords mentioned in Section 1. Because those algorithms find keywords only based on the collected documents. If a hidden conceptual keyword is never mentioned in any document of the collection, it is impossible to consider the conceptual keyword as important information. Then, the extracted keywords may not be comprehensive for understanding an interested system.

3. KNOWLEDGE EXTRACTING FRAMEWORK

We aim to exploit the simplicity and accuracy of keywords to help people understand a complex system quickly and easily. In this paper, "system" refers to various possible paradigms, which can be the current status of a country, the fashion trend or the products of a company. As long as we have the information relevant to the targeted system, Knowledge Extracting Framework (KEF) utilizes the information to generate a Keyword Cloud (KC). As a result, the comprehensive concept about the complex system can be grasped at a glance.

The KEF consists of four phases: keyword extraction, diffusion, significance evaluation and text cloud visualization. $D = \{d_1, d_2, ..., d_n\}$ are the documents related to the targeted system. After keyword extraction phase, $K_e = \{k_{e_1}, k_{e_2}, ..., k_{e_m}\}$ are extracted from D as well as the term frequency of each keyword. To reveal the conceptual information behind K_e, we use a knowledge graph of the RDF format in diffusion phase. The conceptual keywords $K_i = \{k_{i_1}, k_{i_2}, ..., k_{i_l}\}$ can be obtained from the RDF graph. Both K_e and K_i are ranked by the significance scores calculated in significance evaluating phase. Finally, the keywords are visualized in a KC according to the their significance scores.

3.1 Keyword Extraction Phase

We first transform the sentence into a set of terms. As such, each document in D is represented by a set of terms. We use the tf-idf technique to identify the explicit keywords K_e in D. After filtering the stop words, the overall term frequency $TF(k_{e_x})$ for each $k_{e_x} \in K_e$ is calculated within all documents in D. $TF(k_{e_x})$ can be considered as the significance score for each keywords. However, the problem of the conceptual terms may appear. Consequently, users cannot easily obtain a comprehensive KC.

3.2 Diffusion Phase

In this phase, we aim to solve the conceptual keyword problem. The conceptual keywords may not be seen or not appear frequently in D. However, the conceptual keywords are as critical as K_e. In following sections, we call the conceptual keywords the implicit keywords K_i.

To find implicit keywords K_i behind K_e, we refer to a well-established RDF graph built from DBpeida[1][4]. DBpeida is a database maintaining all information in Wikipedia. The storing format of the database is n-triple, such as $triple = (subject, predicate, object)$. The subject is related to the object by the predicate. For example, (Pokémon Go, developer, Niantic Inc.) indicates that Pokémon Go is developed by Niantic Inc. A triple is a fact. DBpedia is the database consisting of more than billion facts. These facts can be transformed into the RDF graph. In the RDF graph, the subjects and the objects are the nodes and the predicates are the edge between nodes.

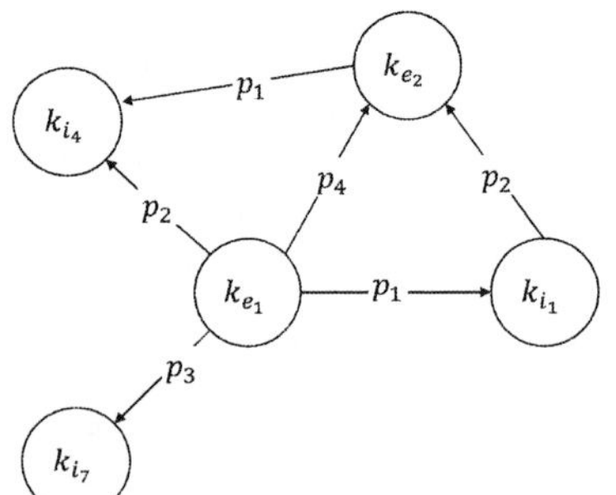

Keywords	Significance Score
k_{e_1}	$TF(k_{e_1}) + TF(k_{e_2}) \times \delta_1$
k_{e_2}	$TF(k_{e_1}) \times \delta_2 + TF(k_{e_2})$
k_{i_1}	$TF(k_{e_1}) \times \delta_1$
k_{i_4}	$TF(k_{e_1}) \times \delta_1$
k_{i_7}	$TF(k_{e_1}) \times \delta_1 + TF(k_{e_1}) \times \delta_2$

Figure 1. An example of RDF graph.

The implicit keywords K_i are found from the RDF graph. Every explicit keyword k_{e_x} is a node in the RDF graph. The implicit keywords are those nodes found by the 2-step propagation. They are the neighbors of k_{e_x}, represented as $N(k_{e_x})$, and the neighbors of the neighbors, represented as $\bigcup_{k_i \in N(k_{e_x})} N(k_i)$. As shown in Figure 1, the implicit keyword found by k_{e_1} is k_{i_1}, k_{i_4}, k_{i_7} and k_{e_2}. p_1, p_2, p_3 and p_4 are the predicates. The calculation of significance score is discussed in Section 3.3.

3.3 Significance Evaluating Phase

To determine the importance of each keywords, a significance score is given to each K_e and K_i in this phase. For an explicit keywords, the term frequency $TF(k_{e_x})$ is calculated in the keyword extraction phase. The $TF(k_{e_x})$ can be used as a reference score for each keywords. We define the significance score of a keyword as

$$\text{significance score}(k) = \begin{cases} TF(k) & \text{if } k \in K_e \\ TF(k_{e_x}) \times \delta_l & \text{if } k \in K_i \text{ and } k \in [N(k_{e_x}) \text{ or } \bigcup_{k_i \in N(k_{e_x})} N(k_i)] \end{cases}$$

The significance score of an implicit keyword given by an explicit keywords is $TF(k_{e_x}) \times \delta_l$, where l is the distance to the explicit keyword. The adjustment of the value δ_l is shown in the Section 4. As a result, the score of each keywords is illustrated in Figure 1. The score given by k_{e_x} is the term frequency for k_{e_x} and the score for the implicit keywords is $TF(k_{e_x}) \times \delta_l$.

An implicit keyword may be the neighbor of several explicit keywords. An explicit keyword could be the implicit keyword for many other explicit keywords. Therefore, the significance score is accumulated each time when a node in the RDF graph is identified as an implicit keyword.

3.4 Visualization Phase

To help people understand the targeted system quickly and easily, we employ a visualization technique considering both the keywords and their significance - the word cloud. The generated word cloud is called the Knowledge Cloud (KC). In the KC, the top-k keywords are selected according to their scores. The selected keywords are scattered in the KC. If a keyword has higher significance score, its font size is larger.

4. EXPERIMENTAL STUDIES

In this section, we discuss the performance of the KEF framework. To illustrate the simplicity and the accuracy with keywords in a KC, we use the status in Taiwan for each month as the targeted system. Further, we adjust the decay parameter δ_l to investigate how the value for δ_l can affect the final KC of the targeted system.

4.1 Experimental Setup

We use the news titles for each day in Taiwan as a mean to understand the status in Taiwan every month. The news titles are obtained from a website called NewsDiff[5] and they are published from September, 2013 to June, 2016. Specifically, six major Internet news sources, such as Chinatimes and UDN news, are included. In our experimental studies, only news titles are utilized since the news contents are too noisy. In average, there are 134,395 news generated in each month.

We are interested in showing the status in Taiwan in September 2014, in short 2014 September status. At that time, a series of sit-in street protest, called Umbrella Revolution happened in Hong Kong[6]. The students in Hong Kong led a strike against the decision regarding to the reform of Hong Kong electoral system. The event caught the attention of people in Taiwan because a similar protest, namely Sunflower Student Movement, happened in Taiwan six months earlier. Therefore, the keywords of 2014 September status are highly related to the Umbrella Revolution. Therefore, we compare different methods and observe that whether the keywords related to the 2014 Hong Kong protest appear.

The final result in the KC relies on how to calculate the significance score. The significance score reflects the important concepts happening in 2014 September. To demonstrate that the importance of finding implicit keywords, we compare our method, i.e., KEF, with the Term Frequency (TF). In TF, the frequency of keywords is counted by the number of occurrence in the news titles.

Additionally, the decay parameter δ_l affects the results in the KC as well. The value of δ_1 and δ_2 are set to 1 in the $KEF_{uniform}$, which means the importance of the implicit keywords is the same as the related explicit keywords. The $KEF_{hierachy}$ reduces the significance score of the implicit keywords according to an exponential function $\delta_1 = \lambda e^{-\lambda l}$.

---

[5] http://newsdiff.g0v.ronny.tw/

[6] https://en.wikipedia.org/wiki/2014_Hong_Kong_protests

4.2 Performance Evaluation

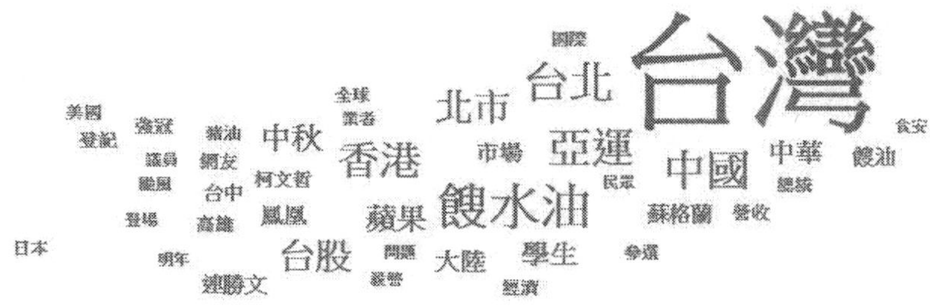

Figure 2. The 2016 February status is generated by the TF method.

In Figure 2, we observe that the words related to the Umbrella Revolution, such as "Mainland China"(大陸), "Hong Kong"(香港) and "Student"(學生), are in the KC generated by the TF method. However, the related information about the event is not observed in the KC. On the other hand, the KC generated by the $KEF_{hierachy}$ has richer information. For example, the Hong Kong protest caused a severe slump in Hong Kong tourism(香港旅遊業). Sen-Hong Yang (楊憲宏) who is a journalist and human rights activist made many comments about the protest. Through the KC of the $KEF_{hierachy}$, users can have a comprehensive understanding about the most interested issue of 2014 September status.

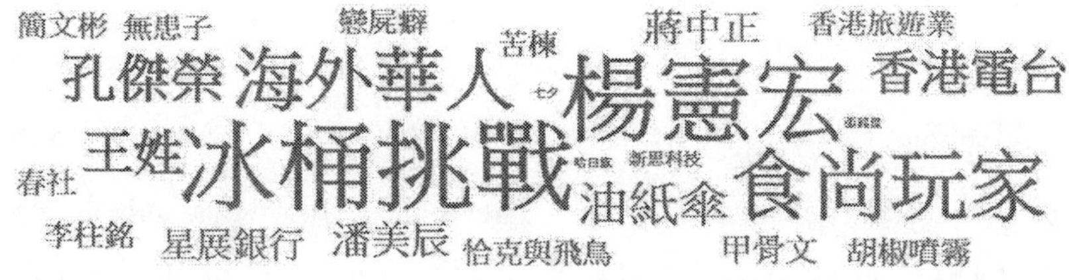

Figure 3. The 2016 February status is generated by the $KEF_{hierachy}$ method.

In Figure 3 and 4, the effect of the value of δ_1 can be observed. For both $KEF_{hierachy}$ and $KEF_{uniform}$, we find the neighbors of k_{e_x} within distance 2 as the implicit keywords. The $KEF_{uniform}$ gives the same significance score to the implicit keywords. The $KEF_{hierachy}$ reduces the significance of the implicit keywords according to the distance to k_{e_x}. The λ value of the exponential function is set to 1.

Comparing to the KC in Figure 2 and 3, the keywords in this Figure 4 are less relevant to 2014 September status. Instead, the KC is full of many hub keywords, which is the keywords related to many explicit keywords. Because the significance score is added by each k_{e_x} equally, the hub keywords can have higher score easily. The effect of δ_1 can be observed through Figure 3 and 4.

Figure 4. The 2016 February status is generated by the $KEF_{uniform}$ method.

5. CONCLUSIONS

In this paper, we aim to generate a conceptual-level KC of an interested system. The generated KC can help people understand a complex system at a glance. We argue that, when the importance of a keyword is weighted, we should consider both term frequency and the conceptual relation between keywords. The proposed framework, KEF, utilizes RDF-based word relation graph to find the hidden relation between keywords. In the significance evaluation phase of the KEF framework, the significance of the keywords is calculated not only based on the term frequency but also the relations between keywords. The experimental results demonstrated that the KEF framework can accurately generate a comprehensive KC for the status in Taiwan in September 2014e. In the future, we plan to apply KEF to different systems, such as tech trend detection. Furthermore, a generalized KEF could be devised as a general-purpose service to help people easily understand the concepts of their interested systems.

ACKNOWLEDGMENTS

This study is conducted under the "Fundamental Industrial Technology Development Program(4/4)" of the Institute for Information Industry which is subsidized by the Ministry of Economic Affairs of the Republic of China. In addition, this paper is also supported in part by Ministry of Science and Technology, R.O.C., under Contract 105-2221-E-006-140-MY2.

REFERENCES

[1] C. Bizer, S. Auer, G. Kobilarov, J. Lehmann, and R. Cyganiak. Dbpedia—querying wikipedia like a database. In *Developers track presentation at the 16th international conference on World Wide Web, WWW*, pages 8–12, 2007.

[2] D.-Y. Lee, K.-R. Kim, and H.-G. Cho. *A New Extraction Algorithm for Hierarchical Keyword Using Text Social Network*, pages 903–912. Springer, 2016.

[3] S. Lee and H.-j. Kim. News keyword extraction for topic tracking. In *Networked Computing and Advanced Information Management, 2008. NCM'08. Fourth International Conference on*, volume 2, pages 554–559. IEEE, 2008.

[4] J. Lehmann, J. Schüppel, and S. Auer. Discovering unknown connections-the dbpedia relationship finder. *CSSW*, 113:99–110, 2007.

[5] M. Litvak and M. Last. Graph-based keyword extraction for single-document summarization. In *Proceedings of the Workshop on Multi-source Multilingual Information Extraction and Summarization*, pages 17–24, 2008.

[6] Z. Liu, W. Huang, Y. Zheng, and M. Sun. Automatic keyphrase extraction via topic decomposition. In *Proceedings of the 2010 conference on empirical methods in natural language processing*, pages 366–376. Association for Computational Linguistics, 2010.

[7] Y. Matsuo and M. Ishizuka. Keyword extraction from a single document using word co-occurrence statistical information. *International Journal on Artificial Intelligence Tools*, 13(01):157–169, 2004.

[8] R. Mihalcea and P. Tarau. Textrank: Bringing order into texts. Association for Computational Linguistics, 2004.

[9] L. Page, S. Brin, R. Motwani, and T. Winograd. The pagerank citation ranking: bringing order to the web. 1999.

[10] K. Yang, Z. Chen, Y. Cai, D. Huang, and H.-f. Leung. Improved automatic keyword extraction given more semantic knowledge. In *International Conference on Database Systems for Advanced Applications*, pages 112–125. Springer, 2016.

Association for Computational Linguistics
209 N. Eighth Street
Stroudsburg, Pennsylvania 18360